权威·前沿·原创

皮书系列为
"十二五""十三五"国家重点图书出版规划项目

氢能汽车蓝皮书

BLUE BOOK OF HYDROGEN VEHICLE

中国车用氢能产业发展报告（2018）

ANNUAL REPORT ON THE DEVELOPMENT OF AUTOMOTIVE HYDROGEN INDUSTRY IN CHINA (2018)

编　著／中国汽车技术研究中心有限公司

社会科学文献出版社
SOCIAL SCIENCES ACADEMIC PRESS (CHINA)

图书在版编目（CIP）数据

中国车用氢能产业发展报告.2018／中国汽车技术研究中心有限公司编著. --北京：社会科学文献出版社，2018.9
（氢能汽车蓝皮书）
ISBN 978-7-5201-3544-3

Ⅰ.①中… Ⅱ.①中… Ⅲ.①氢能－燃料电池－应用－电传动汽车－汽车工业－产业发展－研究报告－中国－2018　Ⅳ.①F426.471

中国版本图书馆 CIP 数据核字（2018）第 217603 号

氢能汽车蓝皮书
中国车用氢能产业发展报告（2018）

编　　著／中国汽车技术研究中心有限公司

出 版 人／谢寿光
项目统筹／曹义恒
责任编辑／吕霞云　王京美

出　　版／社会科学文献出版社·社会政法分社（010）59367156
　　　　　　地址：北京市北三环中路甲29号院华龙大厦　邮编：100029
　　　　　　网址：www.ssap.com.cn

发　　行／市场营销中心（010）59367081　59367018

印　　装／三河市龙林印务有限公司

规　　格／开　本：787mm×1092mm　1/16
　　　　　　印　张：30.5　字　数：465千字

版　　次／2018年9月第1版　2018年9月第1次印刷

书　　号／ISBN 978-7-5201-3544-3

定　　价／99.00元

皮书序列号／PSN B-2018-744-1/1

本书如有印装质量问题，请与读者服务中心（010-59367028）联系

▲ 版权所有　翻印必究

编委会

名誉顾问	干　勇　王秉刚　白荣春　衣宝廉　张进华 陈清泰　陈清泉　欧阳明高　顾大钊
顾　　问	干　频　王　赓　王　青　王云石　马金华 史　丹　石耀东　刘　刚　许　国　许心超 李宏刚　李万里　张希良　张卫东　侯　明 高世楫　蒋利军　戴彦德
编委会主任	于　凯
副 主 任	吴志新
主　　编	王　成
副 主 编	梁晶晶　朱　成　张长令
主要执笔人	（按姓氏笔画排序） 于　丹　王　成　王　刚　王　赓　王云石 王建建　韦　瑾　申　彤　任海波　朴钟震 吕泽伟　朱　成　乔　丽　刘志祥　刘建国 孙　颖　麦家铭　李　燕　杨燕梅　吴志新 吴金兰　吴保宁　吴聪萍　何广利　何云堂 汪　雪　宋　微　张　晓　张艺书　张长令 张祥春　张碧航　邵志刚　周柳初　胡辰树 赵　巍　赵吉诗　荣文伟　段必杨　俞红梅 黄　林　曹光宇　曹锦亮　梁　晨　梁晶晶 蒋利军　韩敏芳　管　宇　缪　平　潘　珂 潘相敏

序　言

　　氢能是具有战略意义的清洁能源，燃料电池汽车是新能源汽车发展的重要方向。国外氢能与燃料电池汽车发展较快，日本已将氢能发展确定为国家战略，燃料电池汽车已在美国、日本、韩国等国家开始产业化。2017年以来，中国氢能燃料电池汽车发展迅速，氢能技术创新与产业发展态势良好，整车企业加快推出燃料电池汽车产品，关键零部件企业技术及产品性能进一步提升，示范运行规模和范围不断扩张，投资和国外技术密集涌入。然而，作为一种新的二次能源，氢能的制取、存储、运输、压缩、加注及车用氢能的相关应用还处于发展初期，车用氢能技术不成熟、供给体系不完善以及供给效率低、成本高等问题突出，需要针对车用氢能技术创新及产业化应用的重大问题开展系统研究。

　　作为国内汽车领域第三方技术服务机构和产业智库，中国汽车技术研究中心有限公司（简称"中汽中心"）在车用氢能与燃料电池汽车领域具有深厚研究基础，已与国内外政府部门、组织机构和主要企业合作，开展了氢燃料电池汽车示范运行、产品测试及评价、燃料电池汽车及加氢设施标准制定等多项重要工作。为适应氢能与燃料电池汽车产业快速发展态势，中汽中心北京工作部在两院院士、国内外车用氢能领域资深顾问的指导下，自2018年初开始组织一批权威机构专家、学者启动编撰工作，本书聚焦车用氢能产业发展的重大问题，研究车用氢能产业发展的路径及机制，推进车用氢能产业与燃料电池汽车产业的良性互动。

　　随着燃料电池汽车产业化基础的不断巩固和产业化进程的加快推进，中国车用氢能产业发展将逐渐进入关键时期。本书基于新兴产业发展的特征和一般规律，结合中国传统燃油汽车、电动汽车与国外氢能燃料电池汽车产业发展的经验教训，分析中国车用氢能技术创新、产业化应用的关键问题和瓶颈问题，研究车用氢能产业发展的进程和态势，提出推进产业发展的政策建议。本书将对国内外车用氢能技术创新及应用、氢能供给能力、燃料电池汽车示范运行，以及车用氢能产业链特征、产业化进展、示范运行、商业模式、国外经验等进行持续研究。

作为国内首部专门的"氢能汽车蓝皮书"，本书得到了国家主管部门、国内外主要智库机构和研究机构、车用氢能相关企业及社会各界的广泛关注和支持。《中国车用氢能产业发展报告（2018）》是"氢能汽车蓝皮书"的第一本，在本书编撰过程中，中汽中心北京工作部王宇跃和张秀丽承担了大量的资料搜集整理工作。本书副主编张长令对书稿进行了统稿和初审，本书主编王成和副主编梁晶晶、朱成对书稿进行了复审。本书主编、中汽中心北京工作部副主任王成进行了终审和定稿。

感谢能源、汽车领域和社会各界对本书编撰工作的支持。尤其要感谢本书每篇文章作者的辛勤工作，以及车用氢能界同人的意见和建议，感谢社会科学文献出版社编辑老师的辛勤付出，保证了本书的顺利出版。本书凝聚了众多人士的心血，但由于时间仓促、水平有限，书中难免有纰漏和不足，敬请各位专家、读者批评指正。

2018 年 8 月 25 日

摘 要

作为我国新能源汽车的主体之一，氢能燃料电池汽车具有能源补充时间短、续驶里程长等优势，受到广泛关注，开始快速发展。为适应氢能燃料电池汽车发展需求，中国汽车技术研究中心有限公司（以下简称"中汽中心"）组织编写"氢能汽车蓝皮书"。氢能供给是燃料电池汽车发展的关键，车用氢能将成为燃料电池汽车发展的重要支撑。《中国车用氢能产业发展报告（2018）》是关于中国车用氢能产业发展研究的年度性报告，也是"氢能汽车蓝皮书"系列丛书的第一本，2018年首次出版。本书是中汽中心在车用氢能领域资深顾问的指导下，组织一批权威机构专家、学者，以及行业内相关领域的专家共同撰写完成。2018年度报告主要包括总报告、专家视点篇、产业篇、政策篇、热点篇、区域篇、借鉴篇七大版块。

近年来，大力发展清洁能源和可再生能源已成为各国实施能源战略转型升级的共识。党的十九大报告提出，构建市场导向的绿色技术创新体系，壮大清洁能源产业，构建清洁低碳、安全高效的能源体系。研究表明，清洁能源体系的构建将实现由化石能源消耗型向清洁能源再生型、由高碳燃料向低碳燃料的转变，其本质是燃料的加氢减碳过程。大力发展氢能产业，是能源结构调整和构建清洁能源体系的重要途径。氢能是清洁的二次能源，来源广泛，制取途径多样，具有清洁无污染、储运方便、利用率高等优势，不仅能够消纳风、光、水等富余电力，还能够为燃料电池汽车、分布式能源等下游产业提供清洁燃料。

《中国制造2025》提出，到2030年我国将实现燃料电池汽车大规模应用。"十五"以来，在国家科技计划支持下，我国初步形成了以科研院所、中小企业为主，涵盖制氢、储氢、输氢、氢安全的车用氢能产业体系。然

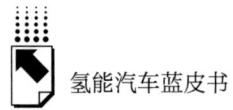

而，我国尚缺乏对车用氢能的能源属性的清晰界定。同时，作为一种新的二次能源，氢能的制取、存储、运输、压缩、加注及车用氢能的相关应用还处于发展初期，尚不能满足燃料电池汽车大规模示范需求，需要针对车用氢能技术创新及产业化应用的重大问题开展系统研究。

本书基于新兴产业发展的规律和经验教训，对我国车用氢能产业发展情况进行了全面系统的分析。该书既从受众的角度让广大读者了解中国车用氢能产业发展现状和趋势，宣传普及氢能燃料电池汽车发展理念，又从专业角度客观评价车用氢能技术和应用，分析产业发展面临的问题并提出建议措施。该书将有助于能源及汽车产业管理部门、研究机构、车用氢能相关企业、燃料电池整车和零部件生产企业、社会公众等了解中国车用氢能产业，并可为制定车用氢能及燃料电池汽车产业相关的政策法规提供借鉴和参考。

Abstract

As one of the subject of new energy vehicles in China, hydrogen fuel cell vehicle has the advantages of short energy supplement time and long range. It has received extensive attention, and its development is accelerating. To meet the hydrogen demand of fuel cell vehicles, China Automotive Technology and Research Center Co., Ltd. (hereinafter referred to as "CATARC") organizes the compilation of the Blue Book for Hydrogen Vehicle. Hydrogen supply is key to the development of fuel cell vehicles, and hydrogen for vehicles will become an important support for the development of fuel cell vehicles. Annual Report on the Development of Automotive Hydrogen Industry in China (2018) is an annual report on China's automotive hydrogen industry. It is also the first report of the Blue Book for Hydrogen Vehicle series. It is first published in 2018. Under the guidance of senior consultants in the field of automotive hydrogen energy, a group of authoritative experts and scholars, as well as experts in the related fields are organized by CATARC to finish the book. The 2018 annual report includes the general report, expertise viewpoint, industry reports, policy reports, hot issue reports, region reports, experience and lessons.

In recent years, vigorous development of clean energy and renewable energy has become the consensus of countries to implement energy strategy transformation and upgrading. The report of the 19th National Congress proposed to build a market-oriented green technology innovation system, expand the clean energy industry, and build a clean, low-carbon, safe and efficient energy system. Studies have shown that the construction of a clean energy system will transform from fossil energy consumption to clean energy regeneration, from high carbon fuel to low carbon fuel, which is essentially the hydrogenation and carbon reduction process of fuel. Vigorously developing the hydrogen energy industry is an important way to adjust the energy structure and build a clean energy system. Hydrogen energy is a clean secondary energy source with a wide range of sources and various sources of production. It has the advantages of clean and pollution-free, convenient storage and transportation, and high utilization rate. It can not only absorb surplus electricity such as wind, light and water, but also fuel cell vehicles. Downstream industries such as distributed energy provide clean fuels.

"Made in China 2025" proposes that by 2030 China will realize large-scale application of fuel cell vehicles. Since the "10th Five - Year Plan", with the support of the national science and technology plan, China has initially formed a hydrogen energy industrial system for vehicles that mainly includes research institutes and small and medium-sized enterprises, covering hydrogen production, hydrogen storage, hydrogen transportation and hydrogen safety. However, China still lacks a clear definition of the energy properties of hydrogen energy for vehicles. At the same time, as a new secondary energy source, the related applications of hydrogen energy production, storage, transportation, compression, filling and vehicle hydrogen energy are still in the early stage of development, and still cannot meet the large-scale demonstration needs of fuel cell vehicles. Conduct systematic research on major issues of automotive hydrogen energy technology innovation and industrial application.

The Blue Book of Automotive Hydrogen Energy Industry has carried out a comprehensive and systematic analysis of the development of China's automotive hydrogen energy industry based on the laws and lessons learned from the development of emerging industries. The book not only allows readers to understand the development status and trends of China's automotive hydrogen energy industry from the perspective of the audience, publicizes the development concept of hydrogen fuel cell vehicles, and objectively evaluates the hydrogen energy technology and application of vehicles from a professional perspective, analyzing the development of the industry. And propose suggested measures. This book will help the energy and automotive industry management departments, research institutions, automotive hydrogen energy related enterprises, fuel cell vehicle and parts manufacturers, the public, etc. to understand the Chinese automotive hydrogen energy industry, and can be used for car development. Hydrogen energy and fuel cell vehicle industry related policies and regulations provide reference and reference.

目 录

Ⅰ 总报告

B.1 车用氢能产业逐步进入发展关键期，顶层设计和基础设施亟待突破
——2018年中国车用氢能产业发展综述
………………………… 吴志新　王　成　梁晶晶　张长令 / 001

Ⅱ 专家视点篇

B.2 专家评述车用氢能产业发展 ………………… 王　青等 / 023

Ⅲ 产业篇

B.3 中国氢能技术创新及产业化进展
………………… 中国可再生能源学会氢能专委会编写组 / 047

B.4 中国车用氢能技术示范与应用
………………………………………… 何广利　缪　平 / 110

B.5 水电解制氢技术及产业化应用……… 张碧航　张祥春　吴金兰 / 135

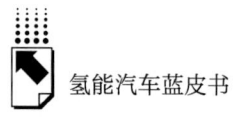

B.6 中国车用燃料电池技术研发进展

.... 宋　微　邵志刚　俞红梅 / 149

Ⅳ 政策篇

B.7 国内外氢能技术标准及发展趋势

.... 王　赓　杨燕梅　李　燕　潘　珂 / 167

B.8 中国燃料电池标准及认证进展

.... 曹锦亮　王　刚　黄　林　孙　颖　吴聪萍　刘建国 / 184

B.9 中国车用氢能产业发展战略与支持政策

.... 张长令　朱　成　于　丹　王建建 / 201

B.10 中国燃料电池电动汽车标准化工作进展 .... 何云堂 / 218

Ⅴ 热点篇

B.11 中国车用氢能产业经济性分析 .... 张　帅　彭　聪 / 277

Ⅵ 区域篇

B.12 北京车用氢能产业发展与燃料电池汽车示范运行

.... 梁　晨　韦　瑾　申　彤　张　晓　张艺书 / 308

B.13 上海车用氢能产业发展与燃料电池汽车示范运行

.... 荣文伟　曹光宇　乔　丽　汪　雪　任海波 / 332

B.14 佛山/云浮车用氢能产业发展实践

.... 赵吉诗　麦家铭　刘志祥　周柳初　段必杨 / 353

B.15 如皋氢能燃料电池汽车产业进展 .... 赵　巍 / 371

Ⅶ 借鉴篇

B.16 韩国氢能产业发展战略与支持政策的启示 ………… 朴钟震 / 384

B.17 美国氢能燃料电池汽车产业与支持政策
……………… 王云石　张长令　管　宇　胡辰树 / 404

B.18 日本氢能与燃料电池产业现状及对我国的启示
………………………………………… 韩敏芳　吕泽伟 / 422

B.19 日本车用氢能产业进展及启示 ………………… 吴保宁 / 442

CONTENTS

I General Report

B.1 Automotive Hydrogen Industry Steps into Key Period Gradually, Urgent Need of Top-level Design and Infrastructure
Wu Zhixin, Wang Cheng, Liang Jingjing and Zhang Changling / 001

II Expertise Viewpoint

B.2 Expert Viewpoint on Development of Automotive Hydrogen Industry
Wang Qing etc. / 023

III Industry Reports

B.3 Advances in Hydrogen Technology Innovation and Industrialization in China
Drafting Group of Hydrogen Committee of China Renewable Energy Society / 047

B.4 Demonstration and Application of Automotive Hydrogen Technology in China
He Guangli, Miao Ping / 110

B.5 Technology and Industrial Application of Hydrogen Water Electrolysis
Zhang Bihang, Zhang Xiangchun and Wu Jinlan / 135

B.6　Progress of Automotive Fuel Cell Technology Research in China

Song Wei, Shao Zhigang and Yu Hongmei / 149

IV　Policy Reports

B.7　Domestic and Foreign Hydrogen Technology Standards and
　　 Future Trend　　　　*Wang Geng, Yang Yanmei, Li Yan and Pan Ke* / 167

B.8　Progress of Fuel Cell Standards and Authentication in China

Cao Jinliang, Wang Gang etc. / 184

B.9　Development Strategy and Support Policy of Automotive Hydrogen
　　 Industry in China　　　　*Zhang Changling, Zhu Cheng etc.* / 201

B.10　Advances in Fuel Cell Vehicle Standardization in China

He Yuntang / 218

V　Hot Issue Reports

B.11　Economic Analysis of Automotive Hydrogen Industry in China

Zhang Shuai, Peng Cong / 277

VI　Region Reports

B.12　Automotive Hydrogen Industry Development and Fuel Cell Vehicle
　　 Demonstration in Beijing　　　　*Liang Chen, Wei Jin etc.* / 308

B.13　Automotive Hydrogen Industry Development and Fuel Cell Vehicle
　　 Demonstration in Shanghai　　　　*Rong Wenwei, Cao Guangyu etc.* / 332

B.14　Practice of Automotive Hydrogen Industry Development in
　　 Foshan & Yunfu　　　　*Zhao Jishi, Mai Jiaming etc.* / 353

B.15　Progress of Hydrogen and Fuel Cell Vehicle Industry in Rugao

Zhao Wei / 371

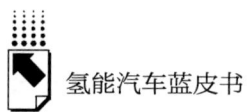
氢能汽车蓝皮书

Ⅶ Experience and Lessons

B.16　Inspiration of Hydrogen Industry Strategy and Support Policy in
　　　South Korea　　　　　　　　　　　　　　　　*Jongjin Park* / 384

B.17　Hydrogen Fuel Cell Vehicle Industry and Support Policy in America
　　　　　　　　　　　　　　　　Wang Yunshi, Zhang Changling etc. / 404

B.18　Hydrogen and Fuel Cell Industry Situation in Japan and Its
　　　Lesson to China　　　　　　　　　*Han Minfang, Lv Zewei* / 422

B.19　Progress and Inspiration of Automotive Hydrogen Industry in Japan
　　　　　　　　　　　　　　　　　　　　　　　　Wu Baoning / 442

总 报 告

General Report

B.1
车用氢能产业逐步进入发展关键期，顶层设计和基础设施亟待突破

——2018年中国车用氢能产业发展综述

吴志新 王 成 梁晶晶 张长令*

摘 要： 作为一种新的车用能源，车用氢能主要包括车用氢能供给和车用氢能应用两个方面，涉及车用氢能制取、存储、运输、加注等环节，以及氢能在燃料电池汽车上的应用等。当前，我国车用氢能产业正在完成从技术研发为主向示范和产业化推进的转变，产业发展逐步进入关键时期。大型国有企业、新创企业、外部资本、国外技术及企业等加快涌入，原有企

---

* 吴志新，工学博士，教授级高级工程师，中国汽车技术研究中心有限公司副总经理；王成，高级工程师，中国汽车技术研究中心有限公司北京工作部副主任；梁晶晶，高级工程师，中国汽车技术研究中心有限公司北京工作部产业发展市场咨询部部长；张长令，博士后，高级工程师，中国汽车技术研究中心有限公司北京工作部产业发展市场咨询部。

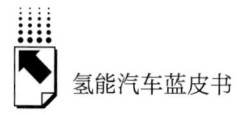

业也积极开发新产品和扩张产业化能力,地方政府对车用氢能产业关注度持续升温,不断强化和扩大区域产业布局。与此同时,我国车用氢能技术创新进程加快,企业产业化能力、生产装备水平不断提升。随着燃料电池汽车示范运行的推进,车用氢能应用不断强化。为保障产业发展,我国车用氢能产业支持政策体系逐步形成。然而,我国车用氢能产业发展也存在一些突出问题。例如,不考虑企业技术基础、区域资源禀赋优势和产业基础而盲目跟风的现象,以及跑马圈地、投资泡沫、产业无序发展、恶性竞争的态势已初现端倪。并且,我国车用氢能产业化技术不成熟、产业体系不健全、产业化能力不强、产业发展不经济等问题突出,加氢站建设已成为亟待解决的瓶颈问题。为满足氢能燃料电池汽车用氢需求和保障车用氢能产业发展,我国当前亟需完善产业发展的顶层设计,以政策支持和引导突破车用氢能产业化瓶颈,和加快制定国家加氢基础设施发展规划。

关键词: 车用氢能 支持政策 燃料电池 示范运行 加氢站

车用氢能是一种新的车用能源,主要是指用于为燃料电池汽车提供能源的氢能。车用氢能产业,主要包括车用氢能供给和车用氢能应用两个方面,涉及车用氢能制取、存储、运输、加注等环节,以及氢能在燃料电池汽车上的应用等。不难发现,车用氢能产业与氢能燃料电池同属新兴产业。并且,车用氢能产业发展属于清洁能源体系构建的范畴。

本书以车用氢能产业发展为研究对象,针对我国车用氢能技术创新及产业化应用的重大问题开展系统研究,总结车用氢能产业发展的进程和态势,分析产业发展的路径和机制,把握产业发展脉络,提出推进产业发展的政策建议。通过系统分析和研究，本书认为，当前我国车用氢能产业发展主要有以下几个方面特征。

一 多元化主体加快涌入，车用氢能产业即将迎来爆发期

面对化石能源枯竭和环境问题的挑战，以新能源替代不可再生的化石能源是发展的必然趋势。氢能作为一种清洁高效的可再生能源，具有来源广泛、大规模稳定储存、持续供应、快速补充等特点，近年来受到广泛关注，许多发达国家在政策规划中将氢能技术发展列为重点实施战略。

与此同时，经过多年发展，我国电动汽车产业布局基本完成。整体来看，我国电动汽车产业已出现企业基本饱和、产能局部过剩、投资过度涌入等问题。作为新能源汽车重要的发展方向，氢能燃料电池汽车具有能源补充时间短、续驶里程长等优势，在我国越来越受到重视。2016年以来，我国燃料电池汽车示范运行的力度开始不断强化，范围不断扩大。受此影响，不少地区纷纷加快布局氢能燃料电池汽车。在氢能燃料电池汽车快速发展的带动下，车用氢能产业需求不断扩张。近两年，随着各类主体加快涌入，我国车用氢能产业即将迎来爆发期。

（一）大型国有企业积极进军车用氢能领域

一方面，具有技术基础的大型国有企业加大了车用氢能相关领域的发展力度。国家能源集团将氢能业务作为未来的重要方向，专门成立了神华新能源有限责任公司和北京低碳清洁能源研究所，开展了氢能产业投资、氢能关键技术开发、加氢站建设等一系列工作。中国东方电气集团中央研究院于2010年成立了燃料电池研发团队，聚集国内外高层次专业技术人才，重点致力于燃料电池发电应用和交通应用领域的前沿技术、共性技术、系统集成技术研究及产品开发。另一方面，一些以传统产业为主的大型国有企业开始布局车用氢能产业，如中国石油化工集团公司（简称"中石化"）、潍柴动力股份有限公司（以下简称"潍柴动力"）等。面对车用氢能产业发展机

遇，中石化积极布局加氢站建设。同时，潍柴动力也开始进入车用氢能产业。2018年8月，潍柴动力股份有限公司宣布与加拿大巴拉德动力系统公司建立战略合作伙伴关系，共同在山东省成立合资公司，研发生产"氢燃料电池动力系统产品"供中国市场使用。根据长期供应协议，合资公司将从巴拉德独家购买燃料电池的关键技术组件——膜电极组件（MEAs），应用于中国公交车、商用卡车和叉车市场。

（二）投资主体快速涌入车用氢能领域

具有代表性的是，多家上市公司纷纷调整业务战略，快速布局车用氢能产业。如美锦能源、雪人股份、汉钟精机、厚普股份、京城股份等，它们已通过收购、兼并、入股、新建等方式快速进入了这个领域。作为一家传统能源类上市公司，美锦能源原有主业为煤炭和焦化。其焦化业务板块在炼焦过程中焦炉煤气富含50%以上氢气，可以低成本制氢，有利于布局发展加氢站，促进氢能和燃料电池汽车的发展。得益于在氢能方面的资源禀赋优势，美锦能源开始了车用氢能产业布局。美锦能源于2017年9月在山西综改区成立山西示范区美锦氢源科技发展有限公司。此后，美锦能源受让佛山市飞驰汽车制造有限公司（简称"飞驰汽车"）51.2%股权，成为飞驰汽车控股股东、实际控制人。在控股飞驰汽车的基础上，美锦能源进一步布局包括加氢站建设运营等车用氢能全产业链投资。

（三）气体类相关企业加速业务转型

面对车用氢能产业发展带来的机遇，一些原有气体类企业纷纷转型。这些企业不仅包括原有工业氢气企业，也包括天然气等气体其他类企业。上海浦江特种气体有限公司（简称"浦江气体"）是工业氢气类企业的代表，该公司具有工业氢、纯氢、高纯氢、超纯氢等完整的产品系列，广泛应用于化工、电子、金属表面处理、玻璃等行业。目前，浦江气体已开始在上海建设加氢站，积极推进车用氢能业务。北京天海、富瑞特装均为天然气储运装备企业，目前正积极拓展车用氢能相关业务。张家港富瑞氢能装备有限公司是上市公司张家港富瑞特种装备股份有限公司的控股合资公司,公司专业从事液氢容器、氢气增压装置与加氢站、车载燃料供氢系统等产品的设计、制造和相关的技术服务。北京天海工业有限公司原为以天然气业务为主的企业,2016年成功研制出TYPE III型工作压力为35MPa铝内胆碳纤维全缠绕复合气瓶,其供氢系统目前已在重卡上开展应用,并于2017年开发TYPE III型工作压力为70MPa铝内胆碳纤维全缠绕复合气瓶和车载供氢系统。

(四)一批新企业相继成立

具有车用氢能技术基础的团队创立新企业是车用氢能产业发展的一大特征。明天氢能公司成立于2017年8月,是集氢能源研究、推广、生产于一体的高科技公司。公司加快推进燃料电池系统的研发和制造基地建设,拥有双极板、MEA、电堆、压缩机、氢气循环装置和燃料电池系统集成与控制等全产业链的关键核心技术。明天氢能公司由三支产学研队伍深度融合而成,其中制造业成员来自江淮、奇瑞、安凯、吉利、北汽、上汽等自主品牌汽车企业以及跨国零部件公司;科研院所分别是同济大学、大连理工大学、中国科学院大连化学物理研究所。新研氢能源科技有限公司是一家成立于2017年的新企业,也是自主开发、设计、制造和销售燃料电池极板、电堆、发电系统和测试台的高科技企业。

(五)原有企业产业化步伐提速

为适应车用氢能产业快速发展趋势,原有企业加快了产业化扩张步伐。上海舜华新能源系统有限公司建立了上海驿蓝能源科技有限公司和云浮舜为氢能有限公司,致力于推进上海、佛山等地区的氢基础设施建设,推动国内氢能技术发展。上海驿蓝能源科技有限公司是由上海舜华新能源系统有限公司、上海鉴鑫投资有限公司、上海驿动汽车服务有限公司、林德气体(香港)有限公司共同出资成立的上海市氢能源基础设施投资建设运营平台公司。河北张家口市引进北京亿华通科技股份有限公司(以下简称"北京亿华通"),2017年2月正式签约,氢燃料电池发动机生产项目一期工程同步启动,8月建

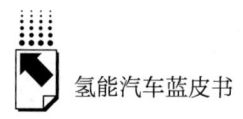

成并投产国内首条自动化氢燃料电池发动机大批量生产线，一期设计产能为2000台/年，二期规划建设产能10000台/年。北汽福田不仅积极推进原有主导产品燃料电池客车的升级，还加快研发新的燃料电池汽车产品。北汽福田第三代燃料电池客车较前两代在整车冷启动性能、氢耗水平等方面都有显著提升，并于2016年5月首次签订大批量氢燃料电池客车百台订单。北汽福田于2013年启动8吨燃料电池增程式物流车项目，并得到国家科技支撑计划支持，与清华大学、北京亿华通、盟固利、大洋电机和北京交通大学累计合作开发5台样车，并取得了燃料电池物流车的整车公告。另外，北汽福田于2017年启动全新平台8吨燃料电池物流车和12吨燃料电池环卫车两个燃料电池车项目。

（六）国外车用氢能技术及企业加快流入

中国车用氢能发展也引起了国外的广泛关注，国外车用氢能技术和企业加快流入国内。例如，加拿大巴拉德动力系统公司先后将燃料电池模块技术授权给4家中国公司，分别为国鸿氢能、大洋电机、南通泽合、碧空氢能。2017年10月，丰田在中国建立的首座加氢站正式落成，并且丰田汽车开始启动氢燃料电池汽车"MIRAI未来"在中国的实证实验。丰田计划在2017~2020年的3年时间，利用氢燃料电池汽车"MIRAI未来"，对"中国使用环境下的车辆行驶调查""氢燃料品质调查""各种品质耐久性评测"等方面进行实证实验。另外，一批国外企业已在江苏如皋布局。例如，总部位于美国波士顿的制氢、加氢设备生产商和加氢站集成服务商南通安思卓新能源有限公司2017年落户如皋，正在全力推进500Nm^3/h集装箱式制氢设备以及制氢加氢一体机的生产。专注于膜电极及燃料电池系统的开发与应用的加拿大星动新能源也已落户如皋。南通泽禾新能源科技有限公司与加拿大巴拉德紧密合作，走进口产品国产化替代路线，引进巴拉德的模块集成技术，建成了两条氢燃料电池生产线。

（七）地方政府加紧车用氢能产业布局

面对车用氢能产业发展的机遇，地方政府开始了车用氢能产业布局。截至2018年8月,我国已有14个省份开始布局车用氢能产业。除北京、上海、广东、江苏等先行地区,山西、四川、辽宁、陕西、浙江等省份也积极谋划车用氢能产业发展。其中,《上海市燃料电池汽车发展规划》制定了多重目标,提出到2021年,形成有国际影响力的整车企业1家、动力系统企业2~3家、关键零部件企业8~10家,氢能燃料电池汽车全产业链年产值突破1000亿元。在示范运行与推广层面,建成加氢站50座,乘用车不少于2万辆,其他特种车辆不少于1万辆。

另外,还有一些地区也将开始发展车用氢能产业。例如,根据2018年8月发布的《海南省清洁能源汽车发展规划(公开征求意见稿)》,海南省将燃料电池汽车作为未来发展的重要产品技术,前期重点针对社会运营领域以及景区、园区等封闭区域开展示范运营,并逐步扩大至其他用车领域。

二 聚焦产业化应用,车用氢能技术创新加快

与之前的氢能、燃料电池技术创新相比,当前的车用氢能相关技术创新更加聚焦燃料电池汽车应用,技术创新步伐也在加快。

(一)产业化技术创新持续推进

北京海德利森开发的移动式氢气加注系统,在常温下可实现35MPa和70MPa氢气加注,加压最高压力为120MPa,采用风冷自冷却方式,加注系统包括移动式、固定式,可全自动或手动加注。北京科泰克专注于大容积Ⅲ型气瓶研发生产。2007年和2009年,北京科泰克35MPa、140L车用压缩氢气瓶分别应用于北京奥运会和上海世博会燃料电池客车,并进行示范运行。目前,北京科泰克已完成70MPa铝合金内胆氢气瓶的开发。燃料电池方面,新研氢能源公司的技术创新主要体现在如下方面。①良好的空冷和水冷金属极板设计和加工。极板的有效利用率高,定位方式和进气方式独特,密封性好,便于组堆。36kW水冷金属板电堆在性能、质量功率密度和体积功率密度方面达到较高水平,60kW和80kW电堆的开发已经开始。②空冷电堆极

板流道采用阶梯状设计，攻克了工艺加工的难点，使空冷电堆可以在更高的环境温度下非加湿运行。

（二）多种技术路径探索更加明显

不同于常见的高压气态氢能装备，富瑞氢能公司专业从事氢液化装置、液氢容器、液氢储运、氢气增压装置与加氢站、车载燃料供氢系统等产品的设计、制造和相关的技术服务。另外，武汉氢阳能源有限公司在国内积极推进常温常压有机液体储氢技术的商业化开发与示范。燃料电池方面，不同于普通的质子交换膜燃料电池，上海博氢着重甲醇燃料电池的开发，开发单体20kW 的燃料电池系统将可用于乘用车，多组并联时可以用于商用车。此外，在重整器方面，目前上海博氢正在着眼第三代重整器的技术开发，通过使用微反应器技术，可以使系统更加紧凑，同时也更能承受复杂的使用环境。

（三）加快开发新产品

富瑞氢能公司以70MPa 高压储氢、四型瓶、70MPa 加氢站、氢气液化、液氢和超临界储氢系列装备产品为研发方向。新研氢能源公司开发的产品包括百瓦到千瓦级空冷电堆和千瓦到百千瓦级水冷电堆，用于便携式、固定式和交通运输用燃料电池发电系统。为了进一步提升电堆的性能和耐久性，新源动力通过结构与过程仿真等手段，推动金属双极板电堆及其关键部件的设计和开发，现已经开发出高性能大功率燃料电池电堆，额定功率达到60kW，峰值功率72kW，体积比功率2.5kW/L，可以实现 -20℃ 无辅助低温启动和 -30℃ 低温储存。北京氢璞创能科技有限公司（以下简称"北京氢璞创能"）于2012 年完成第一代甲醇制氢及燃料电池电堆的研发，在2014 年完成第二代电堆核心部件研制并完成首辆燃料电池汽车测试，2016年完成第三代水冷电堆研制并对车载集成系统进行优化升级。2018 年氢璞创能实现了第四代电堆的量产，采用量产型复合板技术和采用低铂载膜电极，具有高速单片电压巡检系统，并在多款新能源商用车上展开商业化应用。

三 面向规模化生产，产业化能力逐步形成

随着车用氢能产业化的不断深化，我国车用氢能相关企业开始逐渐由样品试制、小批量生产转向规模化生产，积极构建规模化生产能力，加快提升生产的装备水平，产业配套体系也在逐步构建。

（一）车用氢能规模化生产能力逐步形成

富瑞氢能公司2017年已建成一期年产10000只高压储氢瓶（3000套车载供氢系统），以及50套加氢站生产线。二期2018年底将建成50000只高压储氢瓶（15000套车载供氢系统）、300套加氢站、液氢系列新产品生产线。为满足市场需求，武汉理工新能源公司在原有的燃料电池膜电极生产线基础上，正在新建一条国内规模最大的自动化膜电极生产线，建成后产能将提高4倍，达到2万平方米/年。昆山桑莱特新能源科技有限公司进行了生产工艺及产能规模的放大，搭建了燃料电池电堆生产线（产能为5000台/年）及其核心关键材料与部件的生产线（催化剂产能为300千克/年，膜电极产能为6000平方米/年），从而确保了催化剂及膜电极等电堆关键材料与部件的一致性，进而大幅提高了电堆的寿命及稳定性，并降低了生产成本。目前，北京亿华通正在建设国产化燃料电池电堆生产线，将于2018年10月前实现批量化生产。上海重塑在广东省云浮市建成首条燃料电池系统生产线，已实现年产能5000套，扩充产能可达20000套/年。

（二）批量化生产线建设加快推进

依托产品研发成果，东方电气已完成了燃料电池发动机中试生产线的建设，形成了燃料电池核心零部件及燃料电池发动机的批量生产和质量控制能力。新研氢能源公司金属极板冲压、焊接、镀层和电堆组装、封装的自动化工艺，预计在2018年底完成，将大幅提高生产效率、产品质量，并降低成本。明天氢能公司完全掌握MEA的研发及制造技术，在中科院大连化物所现有膜

电极制备工艺的基础上，进行工艺放大；同时通过与国内外的相关喷涂设备和涂布设备提供商合作，开发高性能、低铂载量、高耐久性膜电极的批量化生产工艺。上海神力科技有限公司拥有年产能2000台的国产化燃料电池核心电堆半自动化生产线和双极板自动化生产线各1条，拥有氢系统集成制造生产线1条。

（三）产业配套体系逐步构建

（1）企业测试平台。北京海德利森车载供氢系统检测平台，采用2～20MPa储气瓶中的氢气（氦气、氮气）作为被压缩介质，使用压缩空气（或氮气减压）作为动力源，通过加氢枪充入用户测试单元进行保压、循环加压等测试，全套系统包含手动、自动控制，并含流量测试单元，自动可调流量控制。新源动力已经拥有了燃料电池电堆、系统及关键零部件工程技术、工艺验证以及测试平台和氢源技术工程化实验平台等，已经可以满足燃料电池系统500台/年的集成试制和工程技术验证能力。北京亿华通建有"氢见未来"系统，对燃料电池汽车进行实时监测、传输和诊断。围绕氢燃料电池商用车整车开发，中国重汽开展了结合氢系统及高压电设备的整车结构布置、整车可靠性、制动能量回收、氢—电安全等关键技术的研究，建立了氢燃料电池商用车开发软、硬件测试平台。

（2）区域平台。上燃动力已构建上海市燃料电池汽车运营的维保中心，提供氢燃料电池汽车的维修保养工作，包含氢系统安全检测、燃料电池发动机系统维修与保养等服务。上海智能新能源汽车科创功能平台有限公司（以下简称"功能型平台"）构建贯穿基础研发、测试评价、工程服务的技术服务体系。在燃料电池技术领域，构建材料形貌分析、电化学过程研究等贯穿燃料电池基础测试试验体系；构建催化剂性能测试评价、制备合成、材料结构和功能分析实验室；构建膜电极等测试评价、制备能力；建设单电池（短堆）测试评价实验室等。通过向社会提供开放实验室和燃料电池仿真开发平台等服务方式，托举初创企业，推动原始创新。依托测试服务，构建贯穿材料、单体电芯、动力系统等层面数据链，累积数据平台，服务于产品研发、技术经济研究和战略决策支持。

(3) 国家平台。为做好车用氢能产业相关测试评价，中汽中心联合行业内50多家企业、高校和科研机构，于2017年9月启动燃料电池汽车测评工作组，测试内容包括整车性能与示范运行、燃料电池发动机及其关键部件、氢电安全、供氢系统、碰撞安全、电磁兼容、氢能与基础设施等，基本覆盖了车用氢能与燃料电池汽车的全技术链。南京大学昆山创新研究院检验检测中心是获得燃料电池产品相关的CMA和CNAS检测资质的检测机构，已获得中国国家认证认可监督管理委员会颁发的国家实验室资质认定计量认证。

四 强化自主技术研发，构建自主创新能力

从技术来源来看，我国车用氢能技术的获取主要有自主研发和国外引进两种渠道。其中，在国家科技研发计划的支持和引导下，我国企业不断进行自主研发，在加氢、燃料电池及燃料电池汽车等方面具备了自主技术。面对车用氢能产业快速发展的趋势，我国企业在不断强化技术研发，车用氢能技术自主创新能力初步形成。

（一）氢能及燃料电池自主技术不断突破

舜华新能源成功自主研发了70MPa加氢机，在大连加氢站得到成功应用，是国内首家拥有70MPa加氢技术的企业。在其他车载氢系统部件方面，舜华新能源已开发车载氢系统控制器、红外通信模块等，正在研发加氢口、减压集成模块及管路连接系统等。武汉理工新能源公司率先在国内自主开发了CCM型膜电极技术，大幅降低了Pt载量，并提高了膜电极性能。最新开发的膜电极Pt用量进一步降低至0.2g/kW，仅相当于第一代膜电极的1/4用量；同时膜电极性能也从最初的$0.6W/cm^2$提升到$1.4W/cm^2$；用户反馈的膜电极寿命在备用电源中的实际使用已超过18000小时。基于膜电极技术开发的金属极板燃料电池电堆功率密度最高可达2.7kW/L。北京亿华通已开发出具有自主知识产权的燃料电池动力系统、燃料电池电堆、DC/DC转换器和车载氢系统。其中，北京亿华通开发的燃料电池专用DC/DC转换器

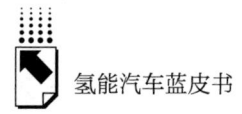

产品通过交流阻抗技术完成对燃料电池在线状态识别，防护等级达到IP67，效率达到96%~97%，性能达到国际先进水平。目前，新源动力拥有自主知识产权专利技术290余项（授权专利），包括国际专利2项，涵盖了质子交换膜燃料电池发动机系统关键材料、关键部件、电堆、系统等各个层面。通过核心技术的自主创新与突破，东方电气掌握了燃料电池领域核心部件—功能模块—系统集成的全套核心技术。明天氢能公司完成了年产10000台套燃料电池系统的自主知识产权工艺开发，与国内知名自动化装备公司开发了八大工艺线，分别是单极板冲压生产线、双极板焊接生产线、双极板镀膜生产线、CCM生产线、GDL生产线、MEA合成生产线、电堆组装与测试生产线、燃料电池系统生产线。北京氢璞创能拥有30多项水冷燃料电池电堆及生产线发明专利，拥有150MW/年产能的自主知识产权电堆自动化生产线及10MW/年的工艺验证生产线。中国科学院大连化物所、上海交通大学、北京大学、清华大学、厦门大学等高校和研究机构开展了燃料电池的材料新体系及其电化学机理过程等基础研究，为加速燃料电池产业化提供有力的技术支撑。

（二）燃料电池汽车自主技术研发稳步推进

近年来，上汽集团在燃料电池领域不断取得突破。围绕燃料电池汽车项目，上汽集团累计投入超过10亿元，开发完成了200型燃料电池系统（200A、200B两个系列），完成三款燃料电池汽车的开发制造，自主掌握了燃料电池电堆及系统、电控、整车集成、整车验证的开发能力，拉动建成了国内燃料电池产业链雏形，在乘用车、商用车、大客车方面均取得突破。宇通客车在技术创新方面取得较大突破：①通过能量优化管理技术，宇通客车将12米燃料电池公交车的氢气消耗量控制在6.5kg/100km以下，有效提高了整车经济性。②强化燃料电池系统集成开发，完成高集成度、高效60kW燃料电池系统开发。③通过将氢气的化学能大部分转化成热能，从而达到升温的目的，实现整车-20℃低温启动。④通过氢电结构耦合，提升整车安全性。2017年，中国重汽自主研发的中国第一台氢燃料码头牵引车拉开了中国重型商用车领域氢燃料电池技术应用的序幕。

五 立足车辆示范运行，车用氢能应用不断强化

为推进氢能燃料电池汽车的产业化，我国自2003年起开始了燃料电池汽车示范运行，由全球环境基金（GEF）、联合国开发计划署（UNDP）共同支持，科技部和财政部联合地方城市共同实施。截至目前，我国已完成了两期燃料电池汽车示范运行。2016年8月，由全球环境基金（GEF）、联合国开发计划署（UNDP）支持，科技部、财政部联合北京市、上海市、河南省、广东省和江苏省政府共同实施的"促进中国燃料电池汽车商业化发展"项目正式启动（简称GEF三期），计划分别在北京、上海、佛山、郑州、盐城等国内5个城市，示范运行推广112辆燃料电池汽车，其中包括36辆客车、41辆轿车、30辆物流车和5辆物流卡车。从我国车用氢能应用和燃料电池汽车示范的实践来看，主要呈现以下几个方面特点：示范区域扩大化、示范车型多元化、示范规模批量化、能源供给多样化、商业模式创新化。

（一）示范区域扩大化

除以上5个示范城市之外，我国一些省份也有了对氢能燃料电池汽车示范运行的探索和布局。2018年1月，东方电气与四川本地整车厂联合开发的9米氢燃料电池客车正式下线。该车续驶里程超过500公里，百公里氢耗4~5千克。2018年4月28日，2辆装载东方电气氢燃料电池动力系统的9米城市客车正式在郫都区P09公交线路进行商业化载客运营；6月28日，10辆"东方芯"氢燃料电池客车全面上线运行，这是四川省内首条氢燃料电池客车示范线路。辽宁沐与康新能源集团公司旗下"沐与康氢缘"公司于2017年12月购进上汽大通FCV80燃料电池轻型客车40辆。为保障40辆FCV80的正常运营，新宾满族自治县沐海氢能有限公司与北京海德利森科技有限公司联合建设35MPa撬装加氢站，并于2018年1月正式投入使用。目前，40辆FCV80燃料电池轻型客车已累计行驶50万公里。2018年7月，

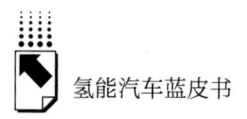

河北省张家口市引进的49辆氢燃料电池公交车和25辆氢燃料电池大客车投运,到第三季度末,共有74辆燃料电池客车用于张家口城市公交的批量示范运营。

(二)示范车型多元化

2017年12月,东风牌7.5t燃料电池物流车在上海完成了销售并上牌,以租赁的形式开启了商业化运营。中国重汽推出的国内首款氢能燃料码头牵引车,将在美国洛杉矶长滩港展开示范运营;中国重汽推出的燃料电池环卫车和燃料电池城市客车将在2019年在国内城市开展大批量的示范运营。上海浦江特种气体有限公司自购3台上汽大通FCV80车辆用于员工班车及化工区示范运营。另外,上海博氢新能源科技有限公司(以下简称"上海博氢")的甲醇重整制氢燃料电池物流车已获得工信部的车辆产品公告,产品已进入《新能源汽车推广应用推荐车型目录》和《免征车辆购置税的新能源汽车车型目录》。2019年3月之前,上海博氢将交付50辆甲醇重整制氢燃料电池物流车用于示范运行。

(三)示范规模批量化

佛山市计划2019年底在公交领域实现"全电动化"。根据市交通局等部门的工作计划,佛山市将在2018年投放290辆氢燃料电池公交车替代传统燃油车辆,到2019年底,佛山市新增或替换的公交车中氢燃料电池汽车的数量将超过1000辆。同时,佛山市出台了系列政策鼓励在物流行业推广氢燃料电池汽车。

根据上海市新能源汽车数据采集及监测研究中心后台数据,上海目前有589辆燃料电池汽车接入平台(见表1)。上海已启动燃料电池乘用车、通勤车、邮政物流车和厢式物流车的示范运营,共运营里程将近90万公里,其中UNDP三期"促进中国燃料电池汽车商业化发展"示范项目运营8万多公里,UNDP框架外其他车辆商业化运营80多万公里。

车用氢能产业逐步进入发展关键期，顶层设计和基础设施亟待突破

表1 上海燃料电池汽车已启动运营情况

单位：辆

企业名称	车辆备案品牌	车型销售名称	数量
上海汽车集团股份有限公司	荣威牌	荣威950燃料电池轿车	50
上汽大通汽车有限公司	大通牌	燃料电池客车FCV80	39
东风汽车公司	东风牌	燃料电池厢式运输车	500

资料来源：上海国际汽车城。

北京市积极推进燃料电池示范应用，推动产业研发环节向示范运行环节延伸，截至2018年7月底，在北京和张家口共运行燃料电池客车142辆，并积极推进全球环境基金（GEF）和联合国开发计划署（UNDP）"促进中国燃料电池汽车商业化发展"项目实施。

（四）能源供给多样化

在开展燃料电池汽车示范运行的同时，如皋还积极开展氢燃料电池备用电源示范项目。如皋经济技术开发区负责采购燃料电池系统，与开发区博爱医院、开发区实验中学和移动运营公司合作开展燃料电池备用电源应用示范，目前博爱医院氢燃料电池备电系统已安装结束，与移动公司的合作正在细节对接中。张家口拥有丰富的可再生能源，目前形成了"北风南光"的分布式可再生能源格局。北部风场可采用分布式风电制氢的方式，南部可采用光伏电或者风电集中式制氢。目前北部风场建有全球最大的风电制氢项目——沽源风电制氢。南部在望山循环经济示范园区，由海珀尔建设一座制氢站并配套加氢站，一期年产大于1300吨，每天可为300辆燃料电池客车提供燃料补给；二期年产大于6000吨氢气的制氢厂，每天可为1500辆燃料电池客车提供氢气加注服务，预计2018年10月完成建设并提供加注服务。不同于高压气态加氢和运输，富瑞氢能公司为燃料电池汽车提供液氢运输和加氢的方式。目前，富瑞氢能公司正在建设的陕西渭南8吨/天的液氢工厂是目前中国规模最大的氢液化工厂，中国首台ISO液氢罐式集装箱新产品正在技术评审中。2008年，北京海德利森为上海世博会提供了第一套移动式70MPa加氢站并为上汽

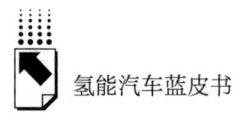

乘用车加氢。目前,北京海德利森45MPa商用移动加氢站应用于北京亿华通张家口临时加氢站,每日供氢量1000kg,保障张家口49辆公交车日常运营。

(五)商业模式创新化

我国车用氢能产业主体积极开展商业模式创新的探索。液化空气集团与中国初创企业氢车熟路汽车运营(上海)有限公司(以下简称"氢车熟路")签署了一项合作协议,以加速氢能电动卡车车队在中国的启用。通过此次合作,液化空气集团将获得初创企业氢车熟路约1000万欧元的部分股权。氢车熟路是一个定位在城市物流运输的氢能物流平台,目前已在上海拥有一个加氢站及一个500辆氢能卡车的车队。液化空气将为氢车熟路提供其在整条氢气供应链方面的专长,从生产储存到配送,来加速氢车熟路发展的步伐。上海500台氢燃料电池物流车的示范推广运营工作,将由氢车熟路负责运营管理。

在国外,车用氢能相关企业已在氢能燃料电池乘用车商业化运营、加氢站建设等方面开展了一系列商业模式创新。现代汽车已进军氢燃料电池出租车和共享汽车领域。途胜 ix FCEV 作为氢燃料电池出租车,2015年在法国巴黎、2016年在韩国蔚山广域市投入运营。特别是在巴黎,一年半期间共投入37辆氢燃料电池出租车,累计搭载乘客约10万人。共享汽车方面,全球工业气体企业林德集团从2016年起就在德国慕尼黑市中心及其周边地区启动50辆途胜 ix FCEV 共享汽车"零排放"(BeeZero)服务。法国巴黎"Hype"旗下氢动力出租车车队规模已经达到100辆。"Hype"公司由法国初创公司 STEP(法国电动出租车电气公司)与液化空气集团于2015年底合作成立,主要运营车型为丰田 Mirai。为加快加氢基础设施建设,在日本政府有关部门和丰田的协调下,2018年3月,11方共同出资设立加氢站建设实体,统一规划、建设和经营加氢站。具体情况为:汽车厂家(丰田、日产、本田)、目前为止主导建设了101座加氢站的燃气公司、加油站公司和商社(东京燃气、东邦燃气、岩谷产业、出光、JXTG能源、液化空气和丰田通商)以及国家政策银行,以体系化地建设燃料电池汽车加氢站为宗旨,成立了"日本加氢站网络公司"(Japan H2 Mobility,简称 JHyM)。

六　地方政府先行探索，加快支持政策体系建设

车用氢能产业是一种新兴产业，需要相应的支持政策体系来保障其发展。为促进车用氢能产业发展，我国在国家层面出台了一些支持政策。同时，为加快区域车用氢能产业发展，地方政府开始了支持政策体系建设的探索。

（一）国家层面的支持政策

我国已有相关政策对车用氢能产业的支持主要集中在技术创新与研发支持方面。具体来看，现有车用氢能产业相关支持政策以方向性引导为主，对技术创新与研发的支持主要体现在相对宏观的能源或新能源汽车产业政策中，车用氢能产业缺乏独立、完善的支持政策。2016年4月，国家发改委、国家能源局发布《能源技术革命创新行动计划（2016～2030年）》，提出氢能战略方向为氢的制取、储运及加氢站，重点在大规模制氢、分布式制氢、氢的储运材料与技术，以及加氢站等方面开展研发与攻关。到2020年，建立健全氢能及燃料电池规模化应用的设计、工艺、检测平台；基本掌握高效氢气制备、纯化、储运和加氢站等关键技术；开发出接近质子膜燃料电池操作温度、储氢容量高于5wt%的储氢材料或技术，以及长距离、大规模氢的储存及运输技术。到2030年，实现大规模氢的制取、存储、运输、应用一体化，实现加氢站现场储氢、制氢模式的标准化和推广应用。2012年，国务院发布《国务院关于印发节能与新能源汽车产业发展规划（2012～2020年）的通知》，提出主要目标：到2020年，燃料电池汽车、车用氢能产业与国际同步发展；扎实推进新能源汽车试点示范；继续开展燃料电池汽车运行示范，提高燃料电池系统的可靠性和耐久性，带动氢的制备、储运和加注技术发展。2016年12月，国务院发布的《国务院关于印发"十三五"国家战略性新兴产业发展规划的通知》提出，到2020年，系统推进燃料电池汽车研发与产业化；加强燃料电池基础材料与过程机理研究，推动高性能低成本燃料电池材料和系统关键部件研发；加快提升燃料电池堆系统可靠性和工

程化水平，完善相关技术标准；推动车载储氢系统以及氢制备、储运和加注技术发展，推进加氢站建设。

（二）地方层面的支持政策

佛山市是我国车用氢能产业支持政策体系最完善的地区，为巩固车用氢能产业先发优势，佛山市不断推进体制机制创新，加快车用氢能产业支持政策制定。2018年6月，佛山市经济和信息化局发布了《佛山市加快新能源汽车产业发展及推广应用若干政策措施（征求意见稿）》，在引进培育方面，对于总投资达到一定额度的整车和关键零部件企业，按照标准分别给予500万~5000万元以及300万~2000万元的一次性奖励，对燃油车整车企业则鼓励其转型研发新能源汽车，研发销售后按标准分别给予乘用车100万元/款，客车、货车50万元/款，专用车40万元/款的一次性奖励。在技术研发方面，对新落户的新能源汽车整车及关键零部件技术平台按标准予以奖励或配套扶持。在推广应用方面，佛山市将大力推进新能源汽车在公共服务领域的应用，并制定有利于新能源汽车使用便利性及实惠性的措施。佛山市出台的《佛山市2018~2019年新能源公交推广应用和配套基础设施建设财政补贴资金管理办法》，明确规定了佛山市新能源公交车和公交加氢站的建设运营补贴标准。其中，氢能燃料电池公交车按照国家补贴的100%确定地方购车补贴，且各级财政对车辆购置的补贴总额不超过车辆销售价格的60%。在加氢站方面，2018~2019年建成的加氢站，日加氢能力在300~500公斤的固定式加氢站，补贴300万元，大于500公斤的固定式加氢站，补贴500万元，对于日加氢能力不低于200公斤的撬装式加氢站，补贴150万元。南海区是佛山车用氢能产业发展的重点区域，近年来陆续出台了一系列区级产业扶持政策。2015年4月，南海区出台《佛山市南海区新能源汽车产业发展规划（2015~2025年）》。2017年7月，南海区出台了《佛山市南海区促进新能源汽车产业发展扶持办法》。2018年4月，南海区针对氢能产业进一步推出扶持政策《佛山市南海区促进加氢站运营及氢能源车辆运行扶持办法（暂行）》，明确了加氢站建设与运营补贴政策。此外，南海区的《南海区氢能源产业发展规划》也在研究制定当中，预计年内将正式发布，为突破加氢站建设瓶颈，佛山市积极探索政策创新。佛山市正研究制定《佛山市加氢站管理暂行办法》（目前正征求意见），该办法率先在加氢站审批、建设、验收、运营等环节取得了突破，将有效加快佛山市加氢站等基础设施的建设进度，提升管理运营水平。

上海是我国最早出台地方产业规划的区域，2017年9月出台的《上海市燃料电池汽车发展规划》，提出到2020年，实现电堆、系统集成与控制、关键零部件等核心技术跟踪国际水平，全产业链年产值突破150亿元。

七 保障产业发展进程，顶层设计及基础设施亟待突破

总体来看，我国车用氢能产业正在完成从以技术研发为主向示范和产业化推进的转变，逐步进入产业发展的关键时期。大型国有企业、新创企业、外部资本、国外技术及企业等加快涌入，原有企业也积极开发新产品和扩张产业化能力，地方政府对车用氢能产业关注度持续升温，不断强化和扩大区域产业布局。与此同时，我国车用氢能技术创新进程加快，企业产业化能力、生产装备水平不断提升。随着燃料电池汽车示范运行的推进，车用氢能应用不断强化。为保障产业发展，我国车用氢能产业支持政策体系逐步形成。然而，我国车用氢能产业发展仍然存在一些突出问题。针对这些问题，本书提出了一些政策建议。

（一）我国车用氢能产业发展的面临的主要问题

然而，在这种转变的过程中，我国车用氢能产业发展也面临一些突出问题，主要表现在以下几个方面。

1. 产业发展缺乏顶层设计

如前所述，我国现有车用氢能产业政策以偏宏观的产业引导和侧重于技术路线、技术研发的引导为主，缺乏系统、健全的支持车用氢能相关技术产业化和规模化示范应用的政策。当前，虽然各类主体正加快涌入车用氢能产

业，一批地方政府也在进行产业布局，但我国缺乏从国家层面进行规范和引导。不考虑企业技术基础、区域资源禀赋优势和产业基础而盲目跟风的现象，以及跑马圈地、投资泡沫、产业无序发展、恶性竞争的态势已初现端倪。并且，由于我国车用氢能产业发展方向、发展目标、发展重点等尚不明确，现有产业主体存在一定的盲目性，对技术创新不够重视、急于产能扩张的苗头时有显现。如果不能及时从国家层面对产业发展做好顶层设计，我国车用氢能产业发展容易出现急速盲目扩张、产能过剩和技术空心化等风险。

2. 产业化瓶颈问题突出

目前，我国车用氢能产业化的突出瓶颈问题主要表现为产业化技术不成熟、产业体系不健全、产业化能力不强、产业发展不经济等。第一，车用氢能产业化技术不成熟。虽然我国制氢技术相对成熟，但以面向工业应用的制氢技术为主，专门的车用氢能制取技术较少。车用氢能储运技术较为匮乏，现有储运技术以高压气态为主，技术路线较为单一。车用氢能应用技术方面，虽然我国已经构建了燃料电池关键技术体系，但与国外相比，燃料电池技术特别是产业化技术还不够成熟。第二，车用氢能产业体系不健全。从车用氢能供给来看，我国专门的车用氢能制氢企业较少，专业的车用氢能储运企业更少，加氢设施及运营企业数量增长较快，但以新企业为主。从车用氢能应用来看，我国已拥有一批燃料电池企业，但碳纸等关键材料企业及空压机等关键部件企业缺乏。更为突出的问题是，我国比较缺乏法液空、林德气体等具有竞争力的车用氢能企业。第三，车用氢能产业化能力不强。这主要表现为，我国现有车用氢能企业技术不够成熟、产品不够完善和装备水平不高等。第四，产业发展不经济。不管是车用氢能供给，还是车用氢能应用，成本较高的问题仍然突出。车用氢能储运环节薄弱，加氢设施成本高，导致车用氢能供给成本较高。在车用氢能应用方面，一些燃料电池关键材料和关键部件需要进口，燃料电池系统及整车集成技术不够成熟，以及没有形成规模经济等原因，导致燃料电池汽车成本较高。

3. 加氢站建设成为突出瓶颈

当前，随着燃料电池汽车示范应用的加快推进，我国一些地区和企业已经开始了面向百辆级甚至千辆级燃料电池汽车示范运行需求的氢能供给探索。服务于燃料电池汽车的氢气制取、运输和加注越来越受到重视，百辆级燃料电池汽车示范运行将在上海、佛山、云浮等地集中开展。然而，我国不仅缺乏对氢气纯化、存储、运输等产业化技术的支持政策，国家层面的加氢站审批流程、加氢站运营管理规范等也较为匮乏。在加氢站的建设过程中，规划、立项、审批、运营监管方面经常会遇到难题，相关方面的政策不健全。加氢站建设已成为我国车用氢能产业发展的突出瓶颈。

（二）我国车用氢能产业发展的政策建议

为满足氢能燃料电池汽车用氢需求和促进车用氢能产业发展，我国需在以下几个方面完善支持政策。

1. 完善产业发展的顶层设计

顺应我国能源结构优化调整趋势，瞄准清洁能源体系建设，研究日本、韩国、德国、美国等主要国家氢能发展战略，结合我国氢能与燃料电池汽车产业发展的实际，确定车用氢能产业发展战略导向；由国务院牵头，明确我国车用氢能产业发展的领导机构和牵头部门，加快推进车用氢能产业协调发展的组织机构建设，制定国家车用氢能产业发展规划。

完善我国车用氢能产业顶层设计，还应做好以下几个方面的工作：第一，强化对产业发展的规范和引导。引导地方政府和企业结合本地资源禀赋优势、产业基础和自身竞争力，科学合理布局区域产业。第二，明确产业发展目标。结合国内外车用氢能产业发展实践，科学合理划分产业发展阶段，明确各阶段发展目标和任务。第三，理顺产业发展机制。针对车用氢能产业的不同主体，厘清主导者、参与者及其相互关系，有效把握产业发展需求，有的放矢，为不同主体之间的协同创新创造条件。第四，构建产业政策体系。为保障发展战略和产业规划的实施，我国还应构建支持车用氢能产业发展的政策体系，如车用氢能供给及应用的支持措施，以及对自主技术创新、产业化技术开发、产业示范应用、产业配套体系建设等方面的支持措施等。

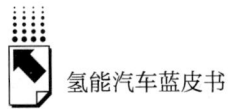

2. 以政策支持和引导突破车用氢能产业化瓶颈

面对车用氢能产业技术不成熟、产业体系不完善、产业化能力不强、产业发展不经济等突出问题，我国应统筹规划，系统设计，通过有力、有效的政策支持和引导，实现车用氢能产业化瓶颈的突破。第一，强化车用氢能技术研发。针对车用氢能产业化需求，加快车用氢能制氢、存储、运输、加注及氢安全技术研发。当前，尤其要注重工业副产氢纯化技术、可再生能源发电电解水制氢技术研发，以及车用氢能储运等产业化技术。第二，加快完善车用氢能产业体系。加强对产业薄弱环节的政策支持和引导，支持和鼓励车用氢能储运企业技术创新，为车用氢能储运新企业进入产业营造发展环境。燃料电池方面，支持和引导现有企业强化对进口依赖较强的关键材料和关键部件的开发。第三，提升车用氢能产业化能力。支持车用氢能企业提升技术水平和企业竞争力，在我国车用氢能产业不同环节培育若干龙头企业。第四，有效降低成本，提高产业经济性。研究针对性的政策措施，降低车用氢能储运成本。加强对加氢设施压缩机、加氢枪等进口部件的替代，强化燃料电池关键材料和关键部件的国产化。

3. 加快制定国家加氢基础设施发展规划

加氢站是车用氢能供给和燃料电池汽车运行的基本保障，也是当前我国车用氢能产业发展的突出瓶颈。为破解加氢基础设施建设瓶颈，我国需加快制定国家加氢基础设施发展规划。第一，我国需要明确车用氢能的车用能源定位，完成氢气从化工气体向车用能源的角色转变。第二，建立加氢基础设施组织机构。针对加氢基础设施建设及运营，我国需要从国家层面明确主管部门和协作部门，健全加氢基础设施建设及运行机制。第三，为保障加氢基础设施建设和运营，我国需明确加氢基础设施建设及运营审批流程，制定相应的技术标准和管理规范。第四，研究和制定加氢基础设施支持政策。聚焦加氢设施进口部件多、建设成本高、协调难度大、运营不经济等问题，制定和出台支持政策，加快加氢基础设施发展。

专家视点篇

Expertise Viewpoint

B.2
专家评述车用氢能产业发展

马金华

如皋市委常委、如皋经济技术开发区党工委副书记

中国氢燃料电池汽车产业进入发展新阶段

氢能是少数几个可以将不同能源来源和终端用户融合交互在一起的纽带技术之一，能够广泛应用到交通运输、工业生产、家庭生活等各个领域，必将成为未来低碳清洁能源系统的核心组成部分。氢燃料电池汽车能够实现车辆使用阶段"零排放"、全生命周期"低排放"，同时具有续驶里程长、燃

料加注时间短、能源利用高质效等优势。在当前环境污染、能源匮乏的大背景下，氢能及燃料电池汽车领域已热度渐起，投资热潮初现，中国氢燃料电池汽车产业发展进入新阶段。当然也有很多不同的声音出来，在电动汽车和氢燃料电池汽车孰优孰劣、关系是否对立问题上纠缠。其实，在车辆适用类型、应用领域等方面，氢燃料电池汽车与纯电动汽车有较强的互补性，可以在低速短程和远距离运输方面互为补充。我国汽车产业增长空间巨大，应该说，在今后较长一段时期内，氢燃料电池汽车将与纯电动汽车共同发展、长期并存，共同支撑我国汽车产业的转型升级。不过，从长远来看，随着技术的不断升级衍进，我相信氢燃料电池汽车机遇大于挑战，后劲更足。

一个新兴产业的成长一般要经过酝酿期、导入期、快速发展期与成熟期四个阶段。从国际上来看，在各国政府的大力支持下，以丰田、本田、现代为代表的部分车企经过多年的研发攻关和特定用途领域商业化示范，基本完成了性能研发阶段工作，整车性能已达传统燃油车的水平，已进入快速发展期前期。从国内来看，在国家科技计划和产业技术创新工程等项目的支持下，我国目前已初步掌握了相关核心技术，基本形成了从燃料电池电堆、燃料电池系统到氢燃料电池整车的配套研发体系及生产制造能力，并陆续开展了以客运、物流等商用车型为先导的小规模示范推广。总体而言，我国氢燃料电池汽车产业发展已进入导入期末期的全新阶段。我国北京、上海、江苏如皋、广东佛山、云浮、武汉、张家口等各地都在纷纷布局氢燃料电池汽车产业，但要真正在我国实现燃料电池车大规模示范运行，进入商业化快速发展期，眼前还有很长的路要走，可谓任重而道远。

一是核心技术有待突破。要进一步提升催化剂利用率、提高电堆的体积和重量比功率，降低氢燃料电池电堆成本，要进一步提高膜电极寿命，提升电堆和电池系统的可靠性和耐久性等，以氢燃料电池的功率密度为例，目前国内仅为 2.0kW/L，而国际先进技术水平已经达到了 3.1kW/L。

二是产业链较为薄弱。我国的氢燃料电池汽车产业培育刚刚起步，产业链相对薄弱，产能不足，部分关键材料部件缺失，特别是燃料电池用催化剂、质子交换膜、碳纸等关键材料基本还处于实验室样品阶段，低功耗空压机、氢气循环泵，70Mpa氢瓶等核心部件还没有成熟的技术和产品供应。国内也还没有形成成熟的、标准化燃料电池及燃料电池汽车生产线，目前企业生产线大部分是采购国外产品或是专业化定制。

三是基础设施不够健全。目前加氢站仍然是制约国内氢燃料电池汽车发展的最主要因素。基础设施不健全，消费者自然就没有动力去采购氢燃料电池车。虽然国内已陆续建设了十余座加氢站，但都是各单位自建自用的，更多的尚在规划中。从更深层次去探究，关键原因在于加氢站从行政审批、建设到运营监管目前都还是一片盲区，我国广东佛山、云浮、武汉、江苏如皋等地都在互相学习，摸索前行，进度缓慢。

四是标准法规亟待完善。氢能产业是新兴产业，在氢气供给涉及的储/运系统安全要求和试验方法、加氢站建设及运营规范、车用氢气品质要求、车用氢瓶标准等方面都还没有建立一套成熟完善的标准、法规。从更好地指导和规范产业发展出发，与燃料电池汽车相关的从零部件、系统到整车不同层级的检测评价体系迫切需要建立完善。

王云石

加州大学戴维斯分校中国交通能源中心主任

车用氢能产业:"氢燃料电池汽车在中国前景广阔"

至2018年7月,加州有近5000辆燃料电池车在路上;享用35个民用加氢站;还有29个正在建造。2009年,联邦能源部部长朱棣文指出氢燃料技术被大规模使用需要的四个重大技术突破:氢能的非天然气生产,高密度储藏,氢能配送基础设施,以及燃料电池的价格。燃料电池的价格已大大下降。配送氢能的基础设施也在加快建设——已从示范阶段过渡到初步商业化的阶段。受到美国政府的影响,中国的氢燃料电池汽车发展在过去的十年也十分缓慢。从2016年底,在节能与新能源汽车技术路线图的影响下,中国政府对氢燃料电池技术发展有了新的重视。毫无疑问,与电动车相比,氢燃料电池技术在中重型长途卡车客车上有很大的优势。而这方面因为中国公共客运的发达与人口的密集,对燃料电池大巴的发展尤为有利。这一点美国没法比。美国的公交车在上下班以外的时段常常没几个乘客。

此外因为家庭无固定停车位,许多城市顾客也会考虑氢燃料电池汽车。在加氢站加氢就如在加油站加油一样便利。所以我们觉得燃料电池汽车在中国的私家车里占有一定的市场。目前中国的纯电动车的发展已经处于国际领先地位。燃料电池汽车既是下一个挑战又是一个相对来说低垂的鲜果。

与美国相比,中国在基础设施领域有巨大优势。中石油、中石化、中海油都是国有企业。它们占了中国加油站的极大部分。在原有的加油站上加建加氢设施在加州已是司空见惯的事了。建加氢站也符合这三家企业的商业利益。只要有需求，加氢基础设施的发展会有良好的基础。

  需要关心的是氢的来源。国内常常听人讲我们有很多的工业副产品氢。但这些氢纯度如何？是否可以用在车上？来源是否稳定？还是需要做科学的认证。最终的理想来源是可再生能源，但这还需技术的进一步突破才能达到商业化的水平。假如有什么建议的话，就是在规划加氢基础设施时，宁可站多车少；不要车多站少。我在加州州府地区迄今为止只有一个加氢站。因为车不多，理论上够了，但大概因为是第一批建的站，常常发生故障。2018年元旦居然停了一周；给开车者带来了诸多不便。听说南加州刚开始时因为车多站少，许多人把车退了。这些人恐怕以后再也不会租买氢燃料电池车了吧。

王青

国务院发展研究中心市场经济研究所副所长，中国电动汽车百人会理事

车用氢能产业："期待技术与市场携手共进"

新能源技术的发展决定了新能源汽车技术的产业化进程。新能源汽车技术和产业化，很大程度上具有时间节点上的偶然性，特别是与能源技术和材料技术的突破密切相关。在出现能源危机、环境危机或者其他重大因素影响时，汽车产业总会或多或少地面临技术进步的压力。此前，燃气、生物燃料、醇醚、燃料电池等技术路线，都在世界各国有所尝试。

直到近年，在动力电池技术较快发展后，汽车的电气化已经成为普遍认可的过渡性的技术路线，也成为各大企业共同选择和努力的方向。但由于在续驶里程、操控性能、能源可得性和环保效果较好，以氢能源为核心的燃料电池汽车，成为普遍认可的中远期技术路线。而且可以肯定的是，氢能源也必然不是人类对新能源认知和使用的终极，面对日新月异的技术创新，未来还会出现更新的、更优越的新能源汽车技术。

如果说技术路线选择是一个技术问题，那么商业化则是一个经济问题。在燃油汽车获得大发展之前，电动汽车就是"主流"；而在20世纪60年代，燃料电池汽车也开始萌芽，但由于各种原因，特别是从技术到市场的产业路径尚未打通，燃料电池汽车也只能停留在实验室和小批量生产阶段。只有当技术创新和商业化携手共进时，才能形成席卷全球的革命性浪潮，让汽车产业发生天翻地覆的变化。

从演变过程看，燃料电池汽车的发展，主要取决于两个因素：一是外部约束条件变化，特别是排放政策、基础设施、扶持政策体系，等等。二是燃料电池汽车技术是否获得关键性突破，特别是在关键技术的突破性创新。实际上，这两种因素往往是交织进行的，使技术格局和市场格局产生动态互动。同时，不同技术路线都在实现改良和突破，不同路线之间相互替代的动力也将长期存在。

我国燃料电池技术相对发达经济体起步不算晚。1958年，天津电源研究所就开始开展固态燃料电池研究。在"九五""十五"时期新能源汽车"三纵三横"的研发布局下，燃料电池汽车及关键技术一直也是我国新能源汽车研发的重要内容。1999年以来我国实施的"清洁汽车行动"，也对燃料电池汽车的技术研发、发展目标、试点示范和基础设施建设等方面做出了规划。经过长期探索和积累，我国在燃料电池汽车整车集成技术、动力平台开发、整车可靠性及成熟性方面都有一定提升。但整体来看，目前尚没有达到规划预期的目标和效果。其中既有技术瓶颈的原因，也有市场和成本原因，既有世界面临的共性难题，也有我国体制机制上存在的一些问题。例如，核心技术缺失、研发布局分散、经济性不足、部门和行业支撑互补不强等。

立足当前，展望全球，在发展燃料电池汽车的过程中，下一步仍有以下问题需加以关注和解决：一是提升定位。需要将燃料电池汽车更加突出地体现在国家新能源汽车发展战略中。二是完善政策。一方面，要针对燃料电池汽车的研发和产业化，制定符合发展阶段和行业需要的政策体系；另一方面，要在补贴、示范、上牌等政策上，与其他技术路线统筹考虑，避免厚此薄彼，以及出现结构性失误风险。三是形成合力。加强多部门协同，与氢能开发利用协调推进。四是加强研发。围绕核心技术、共性技术和基础设施，改变研发模式，突出企业主体地位，增强研发与市场需求的衔接。五是强化合作。整合利用各种资源，形成国内外企业、研发机构的合作，完善标准体系制定。六是舆论引导。通过各种途径的宣传和科普，消除消费误区，提升民众认知和预期。

逆水行舟，时不我待。期待燃料电池汽车技术突破和市场化的携手共进。

衣宝廉*
中国科学院大连化学物理研究所研究员
中国工程院院士
侯明
中国科学院大连化物所研究员

车用氢能产业:"降低燃料电池车用氢的成本"

近期,氢能在燃料电池汽车的应用上得到了政府、企业界、科研单位的极大关注与投入,大家集各方之力共同推进燃料电池车商业化进程。我认为现阶段氢能在燃料电池车大规模应用,降低氢成本是一个关键。降低成本除了降低燃料电池车的本身成本外,燃料电池车运行成本也是不可忽视的,要保证燃料电池车运行环节盈利,在加氢站加注的氢气价格要降到40元/千克以下。如何能达到这一目标?建议考虑以下几个方面。

第一,要充分利用我国的工业副产氢,如氯碱工业及炼焦工业都会产生大量的副产氢,这些副产氢通过一定的净化与提纯技术,可以供一定规模的氢燃料电池车使用;另外,要重视与可再生能源的融合,如将弃风、弃光、弃水用于电解水制氢,可以大幅降低制氢成本。

第二,发展优化的煤制氢技术。我国是产煤大国,传统的煤制氢技术很成熟,通常采用煤、空气、水反应,但是空气中的氮气存在使得产物分离技术要附加一定的成本。我们建议优化与改良煤制氢技术路线,发展"煤制氢+水电解制氢"联合方案,把水电解制氢过程中的副产氧替代空气用于煤制氢,这样既可以降低水电解制氢成本,又可以减少煤制氢气体分离环节的成本,也有利于CO_2的集中处理,进而降低煤制氢的成本。

第三,要进一步降低氢储运成本。目前,氢气运输通常采用高压气态管

---

* 照片为中国工程院衣宝廉院士。

束车运输,其中运输成本相对较高,有些甚至超过提纯副产氢成本,且高压气体运输过程中的安全性也不容忽视。这方面,我们建议探索有机化合物液态储运氢技术,如杂环化合物等,要进一步研究加、脱氢过程能耗与转换效率。杂环化合物液态储氢技术在国内进行了一些探索,目前这种技术用于车辆的在线车载储氢由于受脱氢速率、效率、技术成熟度等限制还有一定的局限性,但是杂环化合物用于氢气的离线储运从安全性、成本等方面还是一个值得探索的方向。

第四,要进一步降低加氢站装备的成本。目前加氢站建设成本中装备的成本占有较大的比例,要发展具有自主知识产权的低成本装备技术,有效地降低加氢站成本。

要重视以柴油发动机为动力的大功率重卡车的替代,如运煤的重卡车,发展燃料电池重卡车,在重点的运煤路线建立运煤氢高速公路;也可以在港口建运集装箱的燃料电池车队替代重型柴油车,这对降低柴油车的环境污染是非常有效的。

许国

佛山市副市长，云浮市委常委、副市长
佛山对口帮扶云浮指挥部总指挥

关于我国氢能产业发展实践的几点思考

美国《时代周刊》曾将氢燃料电池列为21世纪高科技之首；美国能源部长助理理克·西格尔曾说过，"燃料电池技术在21世纪上半叶对技术上的冲击影响会产生类似于20世纪上半叶内燃机所起的作用"。2014年底以来，佛山市依托广东省粤东西北地区对口帮扶平台，将氢能产业作为对口帮扶云浮市的主要抓手，率先在云浮市建立了20000台套氢燃料电池电堆和5000台氢燃料电池汽车整车两条生产线，并在制氢、储氢、加氢站等氢能基础设施领域超前进行了大胆探索和示范实践，取得突出成效，在国内外产生较大影响。

应《氢能汽车蓝皮书》编写组的邀请，结合佛山、云浮两市氢能产业发展实践经验，我分享一下关于我国氢能产业发展实践的几点思考，供领导们和业界专家们参考。

一、要精于实施"拿来主义"，在技术创新方面坚持"引进转化"与"自主创新"并重，加快缩小与国际先进水平的差距

在佛山、云浮推动氢能产业过程中，我多次赴美国、日本和欧盟等发达国家或地区实地调研，其目的就是要厘清在氢能与燃料电池技术领域我们与国际先进水平到底有多大差距，又究竟具体体现在哪些领域。经实地调研发现，我们与国际先进水平的差距几乎是全方位的。质子交换膜、碳纸、催化剂及极板等关键材料，氢气循环泵、空压机、空气过滤器、增湿器等氢燃料电池电堆核心关键零部件，我们都远远落后于人，具有自主知识产权的技术基本不具备产业化条件。在此背景下，我们借鉴中国高铁发展模式确立了依靠"引进转化"和"自主创新"两条腿驱动技术进步的方针。一方面经筛选和论证后，快速与加拿大 BALLARD 签订了技术引进协议，全线引进了 9SSL 电堆生产线，另一方面同步组建氢能研究院，并迅速引进了包括 BALLARD 原技术总监在内的多名具有产业化经验的专家，建立起了同步转化国际先进技术的专家团队。目前除 MEA（与 BALLARD 有协议约定）依赖进口外，9SSL 电堆其他部件和组装已经全部实现国产化，同时自主开发了世界首套 9SSL 电堆全自动生产线。实践证明我们当初的决策是正确的。参考佛山、云浮两地实践，我认为当前我国发展氢能产业，应坚定"拿来主义"、加大力度引进并转化国际先进技术，加快自主创新，在动力总成与整车设计方面缩短由"逆向开发"过渡到"正向开发"的时间周期，尽快缩小与国际领先水平的距离。

二、要善于做好"加减乘除"，有的放矢进行区域性氢能产业布局，充分发挥氢能产业在产业结构转型升级中的重要作用

当前我国正处于产业结构转型升级的攻坚期，经济社会发展仍面临较大压力，以投资拉动经济的冲动日趋强烈。氢能产业横跨能源、材料、装备制造等多个领域，既能有效带动传统产业转型升级，又能衍生新产业链，整合带动效果突出。近两年来，国内已有超过 20 个地区宣布要发展氢能产业。仅从公开报道来看，大多地方政府布局的重点有两个：一是氢燃料电池电堆及系统，二是氢燃料电池汽车。据不完全统计，各个地方政府规划的氢燃料电池电堆产能总计超过 1500MW，氢燃料电池汽车产能总计近万辆。我国氢能产业化尚处于起步阶段，市场容量有限，短时间内这些产能很难释放，一旦规划实施可能会马上面临产能过剩的风险。在佛山、云浮氢能产业发展实践中，我们逐步调整优化产业布局，并注重与本地产业基础充分结合。例如，依托佛山市南海区新能源汽车零部件制造基地和广顺新能源等企业，重点布局氢燃料电池电堆核心零部件，依托云浮氢燃料电池电堆与系统的先发优势，重点布局高性能氢燃料电堆在应急电源、备用电源等应用领域的拓展。因此，建议各地方政府在氢能产业规划布局过程中，要充分结合区域资源禀赋、产业基础等优势，注重与其他地区的协作，避免一拥而上无序竞争，造成整个产业链失衡。下一步我们将重点建设运营平台，在制氢加氢机制、氢燃料电池电堆与系统集成检测标准方面进行探索，加快推动中国氢能产业进入一个全新阶段。

三、要勤于不断"借船出海"，充分发挥我国制度优势，超前推动建设加氢站等基础设施网络，促进氢能终端产品推广应用

加氢站数量少已经成为制约我国氢能产业发展的主要因素，加快推进加氢站等基础设施建设意义重大，迫在眉睫。推进加氢站建设，政府应做好两方面工作，一方面，应充分对接龙头企业"借船出海"，对接争取中石油、中石化、国家能投等大型传统能源企业采取"加油站+加氢站+充电桩"等"3合1"新模式，积极参与加氢站项目推广，为氢能产业发展和基础设施建设导入巨大动力；另一方面，加大政策扶持力度，支持民营企业等社会资本参与加氢站等基础设施建设，调动全社会资源打造科学合理的氢能基础设施网络，促进氢能终端产品快速推广。

四、要勇于实现"换道超车"，以可再生能源制氢为突破口，建立完善绿色氢源供应链，科学构建氢气优势价格体系

我国是世界上可再生能源装机规模最大的国家，借鉴德国"P2G"发展模式，利用可再生能源大规模制氢是我国建立完善绿色氢源供应链的重要途径，这既能消纳相对过剩的可再生能源，减少资源浪费，又能在制氢过程中实现零碳排放。同时，应以终端需求为导向，通过建立与油气价格联动的氢气定价机制，与使用传统油气能源相比形成明显的价格比较优势，确保极大降低氢燃料电池汽车的运营成本，用极短时间扩张终端市场规模，以我国庞大的市场优势推动引进并快速转化国际先进技术，实现"换道超车"，赶超氢能产业发达国家。

五、要敢于强化"顶层设计"，全面对标发达国家发展经验，尽快研究制定氢能产业发展规划，引导产业健康、快速、可持续发展

在《能源技术革命创新行动计划2016~2030》《"十三五"国家战略性

新兴产业发展规划》《"十三五"国家科技创新规划》都将氢能发展与燃料电池技术创新列为重点任务，提升到国家战略高度。然而仍未形成指导氢能产业发展的政策体系和出台专项规划。建议强化顶层设计，对标美国、日本、韩国及德国等氢能产业相对发达的国家，研究制定国家层面的氢能产业发展规划，构建完善扶持氢能产业发展的政策体系，规范加氢站、制氢厂等氢能基础设施的审批流程，引领氢能产业健康可持续发展。

吴保宁

（日本）现代文化研究所上席主任研究员

车用氢能战略必须基于国情

中国领导人访问日本，政务外交之余，考察了丰田汽车公司的技术，特别是燃料电池汽车。在各种媒体的热心报道下，中国各地的地方政府和资本市场似乎对氢能，特别是燃料电池车再度高度垂青，新的一轮热潮呼之欲来。

在氢能的利用方面，日本确实独树一帜，将"建立氢能社会"作为其国家基本战略之一，其中的重点就是燃料电池车。现在日本全国的燃料电池车保有量虽然只有2400辆，但是为了在2020年的东京奥运会上展现日本的最新技术，日本计划将燃料电池车的保有量大幅提高到4万辆。

必须注意到日本的这种举措有其独特的背景：一方面，作为石油的纯进口国，日本随时都面临国家安全和可持续性发展的桎梏问题。另一方面，由于福岛核泄漏事件，核电站的新建几无可能，电力不足将常态化。有效地运用大量的工业副产氢等成了日本能源结构多元化和供给安全化的必经途径。

同时还必须注意到：日本也在不断地适时调整其氢能战略的目标和内容。既往多有宣传的是："氢能是未来能源的终极解决方案"，近来提得更多的是："氢电共存"。那些视燃料电池车为"最终生命线"的日本厂家，亦在适时推出纯电动汽车车型。

因此可以说：汽车生产先行国家发生的事情并不见得一定就是最先进的，但可以说一定是符合其本国国情的。中国方面有必要在冷静地审视以上背景的前提下，摸索出一条符合中国国情的能源多元化的路径。

陈清泰

中国电动汽车百人会理事长

车用氢能产业:"氢能产业的发展需要跨界技术协同共进"

氢能是一种绿色高效的二次能源,具有来源广、热值高、清洁无污染、利用形式多样、储运方便和安全性好等优势。普遍认为,氢是能源领域的未来之星,被很多专家称为终极能源,认为人类最终应走向氢能社会。我国科技部门和一些大学、研究机构,较早关注氢能的发展和利用。

国家通过设立科技规划项目等方式支持氢技术的前期研究,为今天氢能产业化发展奠定了基础。2010 年,我国把电动汽车上升为国家战略,重点发展基于车载储能电池的"纯电驱动"电动汽车。在当时,我国独树一帜,是一项风险很大的战略决策。十年之后证明我们的路走对了,成了领头羊,但我国政府的科技和产业部门始终保持着清醒的头脑。

从长远看,由于氢燃料是汽车能源的一种终极解决方案,所以我国对氢燃料电池电动汽车的研发一直没有停顿。近年来,随着技术的进步,国家政府部门和上海、武汉等一些城市相继出台指导性文件,在研发产业基础设施等方面出台了一系列的支持政策,引导并鼓励氢能和氢燃料电池技术的开发。国内的大学、研究机构和汽车企业加大了研发投入强度,并取得了阶段性的进展。可喜的是,当前中国的大型能源公司开始高调进入,纷纷将氢能纳入公司的发展战略,加大对氢能技术的研发投入。

相关零部件和专业性公司也在快速增长。2017 年,全国燃料电池商用车的产量达到了 1226 辆,燃料电池电动车开始进入试运行阶段。但是,从运用期向产业化转型是一个十分艰难的过程,一些发达国家和跨国公司对此

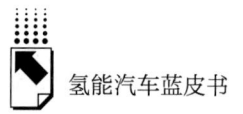

已经做了长期的努力,有的半途退出了,我国企业对此要有充分的准备。

我想有两点值得注意:第一,氢能是一种普适性的能源,氢燃料电池是一种普适性的转换装置,但它的开发和利用中,难度最大、最典型的应用场景是氢燃料电池汽车,把它作为氢能利用的技术突破口是很好的选择;第二,氢燃料电池汽车对储能电池的电动汽车不是一般的替代关系,两者在行驶中都是零排放,但在不同的运行场合却各有所长。所以从长远来看,将是车载动力电池的电动汽车与氢燃料电池汽车并行发展,不可顾此失彼。

氢能产业的发展涉及跨界技术的协同,涉及产业链的重建,涉及产业政策、能源政策、基础设施、商业模式以及技术标准、政策法规等诸多领域的配合,这是一个大的系统,需要官、产、学、研的齐心协力。基于氢能发展具有巨大的正外部性和系统性,政府应该承担起统筹各方、促进建立良好的产业生态的责任,发展过程的推动力应该充分发挥市场的力量。只有从未来的能源结构、人类生存和生活环境以及全产业链的角度来观察氢能、发展氢能,系统规划,才能使氢能造福社会的潜能较早地充分发挥。

高世楫
国务院发展研究中心资源与环境政策研究所所长

以更加有效的绿色产业政策，支持我国氢能燃料电池汽车发展

氢能燃料电池汽车是新能源汽车发展的重要技术路线之一，因其零排放、效率高、行驶里程长以及氢气的易获得性而被认为具有广阔发展前景。特别是减少温室气体排放、应对气候变化成为全球主流共识，加快推动能源向低碳转型已成世界大趋势的今天，包括氢能燃料电池汽车在内的新能源汽车开始加速发展。各主要工业国政府也加大了政策支持的力度，使新能源汽车成为一场涉及主要跨国汽车集团和各国政府的国际竞争新领域。从公共政策角度看，支持新能源汽车发展是现代产业政策在绿色发展领域的重要应用，因此，要高度关注其他国家如何使用绿色产业政策支持新能源汽车、包括氢能燃料电池汽车的发展，总结我国绿色产业政策的经验和教训，提高政策协调性，支持我国氢能燃料电池汽车产业健康发展。

虽然关于产业政策上存在诸多争议，但包括美国在内的发达国家都以不同形式或以不同的名义实施过广泛的事实上的产业政策，支持本土产业发展和提高本国企业国际竞争力。例如，在新能源领域汽车领域，美国政府21世纪初就通过其能源部提出了"美国向氢能经济转型的国家愿景"（A National Vision of America's Transition to a Hydrogen Economy-to 2030 and Beyond）（2002），制定了氢能燃料电池计划（Hydrogen Fuel Initiative）（2003）以支持氢能和燃料电池技术的研究开发与示范（RD&D）。美国2005年的《能源政策法》就拨付财政经费支持发展氢能和燃料电池技术，包括研究开发、补贴消费者和补贴氢能基础设施建设。为应对2008年金融

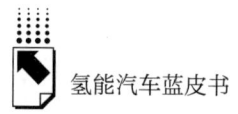

危机，美国将绿色产业政策融入经济刺激政策中，在《2009 年恢复与再投资法》提出的 7890 亿美元经济刺激计划中，约 500 亿美元用来支持包括氢能和燃料电池研发在内的新能源、可再生能源发展。美国以创新政策、先进制造计划等名目出现的绿色产业政策，有力地支持了美国新能源汽车的发展。著名的电动车企业特斯拉，就是在美国先进汽车制造贷款项目（Advanced Technology Vehicle Manufacturing Loan Program）支持下实现成功的。日本、德国和欧盟等都有成功实施绿色产业政策的经验。

我国 2001 年的新能源汽车发展规划就对发展氢燃料电池汽车进行了部署、给予了支持，使目前我国在包括重要材料、燃料电池系统、车辆应用、制氢储氢等在内的燃料电池汽车全产业链都有了一定的基础。在即将到来的全球新能源汽车发展大潮和激烈竞争中，我们一定要从我国汽车产业发展的总体战略出发，明确燃料电池汽车的定位和发展路线，特别要着眼于建立发展氢燃料电池汽车的产业技术能力。借鉴包括美国在内的工业化国家实施绿色产业政策的成功经验，进一步改进我国的绿色产业政策。要加大支持关键材料和核心部件研发以及相关基础研究的力度，支持国内企业充分利用全球技术市场、人才市场，提高燃料电池汽车发展的产业技术能力。在制定支持氢燃料电池发展的财政补贴政策时，充分总结和吸取支持锂离子电池驱动的电动车发展的经验和教训，提高政策的有效性和效率。设计合理的政策组合，鼓励企业探索能够充分利用国内市场需求多元优势的商业模式，在大卡车、公交车、工程车等特种车领域，或者集中试点、集团采购等运营方式的方面寻求突破。在支持商用阶段，要尽量从资源、环境、技术等总体效益出发，要协调产业政策、创新政策、贸易政策和环境政策，创造比较公平的竞争环境，以较少的政策扭曲支持包括氢燃料电池汽车、锂离子电池电动车在内的各种新能源汽车不同发展路径开展竞争。中国已经到了这样一个阶段，我们可以以公平的竞争环境、有效的政策支持，引导企业自主投入、公平竞争、创新发展，在竞争中找到面向未来的中国汽车产业发展的最佳路径。

蒋利军
中国可再生能源学会副理事长
氢能专委会主任委员

车用氢能：低碳低成本氢源与加氢站并重

氢能来源广泛、清洁高效、应用多样化，是与电能互为补充的二次能源，使化石能源更清洁，使可再生能源更高效，并将成为石油等交通燃料的替代燃料，为构建我国的清洁低碳高效安全的能源结构发挥重要作用。近两年燃料电池汽车在我国得到了快速发展，随着上路运行的燃料电池汽车逐渐增多，加氢问题日益凸显，氢从哪儿来？如何加快加氢站的建设速度？这些问题日益成为人们关心的热点。

1. 工业副产氢提纯和基于过剩电力的水电解制氢是解决我国现阶段燃料电池汽车氢源的有效途径

我国是世界最大的产氢国，2012年年产氢量1600吨，居世界首位，工业副产氢数量大，一部分副产氢作为化工原料，得到了循环利用，但有相当一部分副产氢被直接燃烧，低值化利用，有的甚至直接排放，十分可惜。如将其收集，适当纯化后，可以作为燃料电池汽车经济实用的现实氢源。但由于工业副产氢来源多样，杂质成分复杂，若H_2S、CO、NH_3等有害杂质不能得到有效控制，将毒化燃料电池催化剂，造成燃料电池寿命严重缩短，因此工业副产氢必须纯化达标后方可使用。现有的纯化技术往往将各类杂质同步进行了净化，因而其纯度提高了，其纯化成本也相应提高。然而为控制燃料电池氢源成本，其总纯度要求并不高，仅为99.97%，但对H_2S等有害杂质的含量却要求很高，需要达到ppb级，因此为保证燃料电池安全廉价氢源的供给，迫切需要发展可对 H_2S 等有害杂质定向纯化的低成本纯化技术。同时由于各地副产氢来源不一，副产氢的循环利用程度不一，因而需要对各地剩余下来、可用于氢能的副产氢情况做详细调研，以为各地发展氢能提供有力的资源保障。

可再生能源近年在我国取得了快速发展，但其波动性、时空差异性较大，对电网产生一定冲击，为保证电网安全，往往弃用了部分可再生能源，2017年弃风率达到16%，弃水、弃风、弃光总量达1000亿千瓦时，造成可再生能源使用效率和投资效益的下降。同时由于经济进入新常态，我国电力总体过剩，煤电、核电均被限发，煤电和核电的年均发电时间分别仅为4000小时和5000小时，导致能效和效益下降，煤耗和碳排放增加，核电的燃料组件寿命和安全性降低。如果将这些过剩电力用于大规模制氢，并将大部分氢气掺入天然气管网中输到千家万户作为家用燃料和工业燃料，一部分氢气输到加氢站作为燃料电池汽车氢源，既可保证煤电、核电及可再生能源发电的满发，提高能效，降低碳排放，又可缓解我国天然气资源短缺，保证天然气的足量供给，为改变我国能源结构中电力过剩、燃料（石油和天然气）短缺的局面发挥重要作用。

最终氢的来源无疑将来自于太阳和水，随着技术的进步，我们完全可能通过输入太阳能直接将水高效地光解或热解为氢，避免中间环节的变换，提高整体系统效率。当前我们应该积极发展光催化分解水制氢和光热化学分解水制氢等前沿技术，为太阳能—氢能—水的终极闭环循环系统奠定技术基础。

2. 明确加氢站建设和运营主管部门，适度放宽并建立与国际接轨的相关法规，加快加氢站建设

当前尚未明确建立和运营加氢站的管理部门，存在多头管理（安监、消防、质检），加氢站审批流程长的现象。在已有的相关标准法规中，加氢站安全距离较长，导致占地面积大，建站土地成本偏高；同时运氢时仅有25MPa钢瓶的标准，缺乏45MPa钢瓶和液氢运氢国家标准，导致45MPa钢瓶和液氢运氢无法正式上路运输，运氢成本偏高。同时在技术方面还存在着

45MPa 钢瓶材质缺乏安全测试，安全可靠性存疑；加氢站关键装备仍然依赖进口，国产设备可靠性有待提高，导致建站成本高等问题。

为加快加氢站的建设速度，适应氢能汽车发展需求。应该尽快明确加氢站建设和运营主管部门，适度放宽并建立与国际接轨的相关法规，建立严之有度、发展有序的氢能安全体系，加快加氢站的建设速度，保证氢能的健康发展。

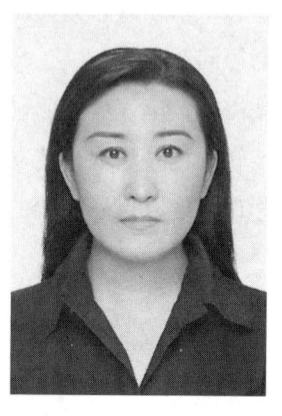

景春梅

中国国际经济交流中心信息部副部长、研究员

车用氢能产业："我国氢能已初步具备产业化发展条件，亟待国家顶层设计引领"

氢能作为一种清洁高效的二次能源，被称为21世纪的"终极能源"。我国氢能资源丰富，可以通过氢能燃料电池技术整合成为电、热、气一体化的能源利用方式，是实现电网和气网互联互通的重要手段。经过多年技术积累，我国已初步具备产业化条件，地方政府和行业发展积极性很高，初步形成了珠三角、长三角、京津冀三大先发区域。特别是李克强总理2018年上半年参观日本丰田氢燃料电池车Mirai之后，氢能领域成为资本和行业争相布局的焦点。

氢能产业在国际上备受重视。在美国、日本和欧洲等国家都已出台相应政策，将发展氢能产业提升到国家能源战略高度。美国能源部出台了H_2USA氢能基础设施计划；德国Power-to-Gas目前有23个项目正在运行；日本明确提出要向"氢社会"迈进，致力于推广氢能源发电商业化。国际上，氢燃料电池汽车已经渡过技术开发阶段，进入市场导入阶段。目前，我国乘用车燃料电池寿命超过5000小时，商用车燃料电池寿命已超过10000小时，基本满足车辆运行条件；氢燃料电池汽车发动机功率密度已达到传统内燃机的水平；基于70MPa储氢技术，氢燃料电池汽车续驶里程达到750km；氢燃料电池低温启动温度达-30℃，车辆整体适用范围基本达到传统车水平。保守估计，到2050年全球氢能产业每年可产生4万亿美元的经济效益，这一规模可与石油产业媲美，可见氢能产业发展前景广阔。

我国积极布局氢能产业，虽与国际领先梯队存在一定差距，但已经初步具备产业化条件。近年来，国家《能源技术革命创新行动计划2016~2030》《"十三五"国家战略性新兴产业发展规划》和《"十三五"国家科技创新规划》都将氢能发展与燃料电池技术创新提升到国家战略高度，列为重点发展方向。地方政府和企业积极探索氢能产业发展，初步形成制备、储运、应用等环节的完整产业链，形成了以广上北为中心的珠三角、长三角、京津冀等主要氢能产业集群，并逐渐辐射到周边地区。长三角地区以上海为中心，江苏如皋的"氢经济示范城市"、浙江台州的"氢能小镇"建设项目正在推进，安徽六安正致力于在电堆设计、生产，系统设计、集成与控制等关键技术方面自主研发，相关技术已接近世界先进水平。广东珠三角地区依托当地公路、铁网交通优势，实现氢能应用终端的燃料电池汽车外销运输，佛山'云浮'氢能产业园目前达到年产5000辆燃料电池汽车和2万台燃料电池电堆的产能，并基本完成产业链布局，产业集群效应初显。张家口以服务2022年冬奥会为契机，正在打造我国北方的氢能产业示范基地。

尽管如此，我国氢能产业发展仍面临两大主要困难。

一是核心技术和基础设施制约瓶颈。关键材料尚未实现国产化，催化剂、质子交换膜以及炭纸等材料大都采用进口材料，且多数为国外垄断，价格较高；关键组件制备工艺急需提升，膜电极、双极板、空压机、氢循环泵等和国外存在较大差距；相关基础设施建设不足，尤其在加氢站方面，目前日本已建成100座加氢站，欧洲和北美的加氢站规模也分别达139座和68座，而我国仅有10座左右。

二是产业政策体系尚未形成。国家有关规划都从战略层面将氢能产业列为氢能与燃料电池纳入其中，但尚未形成引领氢能和燃气电池发展的政策体系，缺乏具有操作性的实施细则。当前行业发展如火如荼，亟须加强氢能产业顶层设计，引导氢能产业科学发展。建议国家适应行业发展形势，尽快确定行业主管部门，出台专项规划，对加氢站、制氢工厂等审批流程予以规范指导，构建氢能基础设施投资运营和氢能产业化发展的财政支持政策，从顶层设计上有效组织产业链企业协同有序竞争,确保行业健康可持续发展。

当前,我国正面临能源革命和产业结构调整的艰巨任务。发展氢能可以部分替代传统化石能源,既是我国能源安全战略的重要组成部分,也是优化能源消费结构的重要途径。此外,发展氢能产业能够有效带动新材料、新能源汽车及氢储存与运输等高端装备制造业快速发展,鼓励自主创新,实现关键技术突破,对于我国加快产业结构调整,实现高质量发展具有重要意义。

产业篇

Industry Reports

B.3 中国氢能技术创新及产业化进展

中国可再生能源学会氢能专委会编写组*

摘　要： 燃料电池是氢能应用的重要方式，近年燃料电池汽车的快速发展倒逼着氢能技术的发展，以满足其应用需求。本文按照氢能供应链上下游，从氢的制取、氢的储运、加氢站和氢安全等方面，全面介绍了我国氢能技术现状、存在问题及发展趋势。

关键词： 制氢　储氢　加氢站　氢安全

---

* 中国可再生能源学会氢能专委会编写组，主要执笔人：蒋利军、何广利、闫巍、周抗寒、于波、沈少华、张平、李建政、王兆斌、屠硕、余炳延、刘玉涛、花争立、杨明、程寒松、郭建平、何腾、潘相敏。

一 制氢技术研发、主要技术路径及产业化进展

（一）化石燃料制氢、纯化技术及其产业化进展

化石燃料制氢是当前获取廉价氢气的主要途径。2013年全球氢气生产总量约为5500万吨，其中约50%来自天然气蒸汽重整，30%来自炼厂的石脑油重整和各种化工过程尾气，18%来自煤炭气化，仅3.9%来自水电解，0.1%来自其他途径。我国大规模制氢主要采用煤气化方法，小规模分散制氢主要采用甲醇蒸汽重整、水电解和氨气裂解等方法。

1.煤气化制氢

煤气化制氢是煤气化与变换、净化等工艺单元的组合技术。煤气化是指煤与气化剂（氧气、水）在一定的温度、压力等条件下发生化学反应，转化为CO和H_2合成气的工艺过程。煤气化制氢流程如图1所示。首先煤炭在气化炉气化后，通过初步净化除掉粗煤气中的粉尘，在变换单元合成气中的CO与H_2O反应生成CO_2和H_2，然后经净化单元去除气体中所含的大部分CO_2和H_2S，最后利用变压吸附（PSA）技术获得纯氢产品。

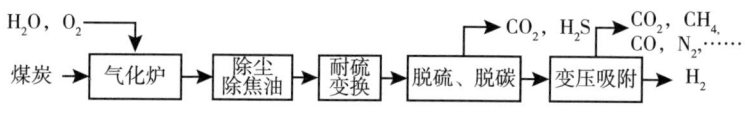

图1 煤气化制氢流程

煤气化制氢技术已有一百余年的发展历史，技术非常成熟。现代煤气化技术的典型代表有美国GE公司在Texaco公司的渣油部分氧化技术基础上开发出的水煤浆气化技术、Shell公司的粉煤加压气化工艺（SCGP工艺）和原民主德国VEB Gaskombinat的黑水泵公司开发的干煤粉加压气化工艺（GSP煤气化）。

我国在煤气化制氢方面形成了一批具有自主知识产权的先进技术，如航天炉技术、多喷嘴水煤浆气化技术、清华炉技术等。以多喷嘴水煤浆气化技

术为例，该技术以多数烟煤及部分褐煤为原料，实现了大规模工业应用，已推广了35家104台气化炉，其中有14家35台气化炉实现了商业运行，最大处理能力为2500t/d，运行周期超过90天，烧嘴使用周期超过100天，最长运行152天。

正在开发的新型煤气化技术有催化气化、等离子体气化、太阳能气化和核能余热气化等，但目前均处于实验室研究阶段。

我国煤气化制氢技术发展很快，但技术仍有很大的改进空间。例如，大型煤制氢设备国产化程度低，投资成本高，耗水量大（吨氢水耗约为12吨），制氢过程会排放大量的二氧化碳。从发展洁净的氢能经济角度看，需进一步开发煤清洁制氢技术，对二氧化碳实现有效的捕集、利用和封存（CCS），或者通过氢气和其他化工品的多联产来降低煤气化制氢过程的二氧化碳的排放。另外，由于规模经济和污染排放的限制，煤气化过程不宜小型化。

2. 天然气重整制氢

天然气重整是目前应用广泛的制氢技术，首先需经过吸附或加氢脱硫过程将原料气中的硫含量降至<1ppm，以防止重整催化剂的中毒失活，在催化剂作用下可分别采用水蒸气重整（SMR）、部分氧化（PO_X）或自热重整（ATR）等3种方法与水或氧气反应生成氢气和CO，然后通过水气变换反应（WGS）进一步提高氢气产量，再经过后续的变压吸附（PSA）过程将氢气分离精制得到高纯度的氢气。

目前，在天然气重整制氢工艺中，水蒸气重整（SMR）占主导地位。随着替代燃料进程的加快，在低氢碳比的合成气生产中，部分氧化法的地位将逐步提升。世界上拥有天然气制氢技术的公司主要有法国的德希尼布（Technip），德国的鲁奇（Lurgi）、林德（Linde）和伍德（Uhde），英国的福斯特惠勒（Foster Wheeler）及丹麦的托普索（Topsoe）。其中以德希尼布、伍德、林德三种蒸汽转化工艺为代表的蒸汽转化法最具优势，装置应用最多[①]。

小型天然气制氢装置的开发基本是成熟的大型工业装置的小型化过程。

---

① 叶京、张占群：《国外天然气制氢技术研究》，《石化技术》2004年第1期。

高活性的催化剂、能够促进高效换热和传质过程的催化反应器的设计，是小型天然气制氢装置开发的关键。当直接向燃料电池供氢时，由于燃料电池可以容许稀释的 CO_2 和 CH_4，可以选用 CO 选择氧化或选择性甲烷化技术将产品气中的 CO 降至 10ppm 以下。甲烷还可在催化剂作用下于 850℃ ~ 1200℃ 裂解为碳和氢气，该过程可生产高纯度氢气，且无 CO 和 CO_2 的生成，目前此类技术还处于研发阶段。

3. 甲醇重整制氢

甲醇是一种易于储存和输运的氢能载体，可以通过水蒸气重整反应制取氢气（见图 2），其重整反应可在较低的温度（200℃ ~ 300℃）下进行，一般被认为是甲醇分解和一氧化碳变换反应的综合结果。由于所用催化剂（Cu – Zn – Al）在反应温度下具有很高的水气变换活性，可将重整气中的 CO 含量降到很低的水平（1%），氢收率高，所以在甲醇水蒸气重整过程一般可省去水气变换反应器，可直接分离重整气，获取纯氢。另外，所用的原料甲醇纯度高，不需要进行净化处理。因而甲醇重整制氢具有反应条件温和、流程简单、易于操作等优点，特别适用于小型分散制氢过程中，在工业上被广泛用来为许多化工过程提供少量的氢气。

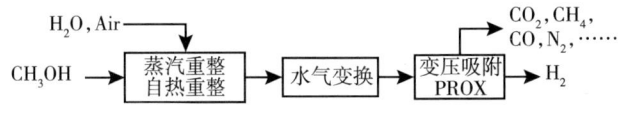

图 2　甲醇重整制氢过程

我国小型甲醇制氢装置的应用很普遍，主要的甲醇蒸汽重整制氢设备提供商包括四川天一科技股份有限公司、四川蜀泰化工科技有限公司、四川亚联高科技股份有限公司、邯郸派瑞气体设备有限公司等。但作为燃料电池氢源，特别是为低于 5kW 的燃料电池发电系统供氢的甲醇重整制氢装置，目前技术还不成熟。

4. 氨气分解制氢

氨气是除甲醇外另一大合成化学品。氨在常温、常压下是气体，易于液化，因此便于储存和运输，是一种清洁的高能量密度氢能载体。其分子组成中氢的质量分数为 17.6%，能量密度高达 3000Wh/kg，高于汽油、甲醇等燃料。氨分解只生成氮气和氢气，没有 CO 副产物的生成。另外，氨常以液氨的形式储存，常温下的饱和蒸汽压为 $8.5kg/cm^2$，如果制取的氢氮混合气直接利用，则整个制氢系统基本不需要动力设备。因此，氨分解制氢甚至比甲醇制氢更简单，适合于小型的分散或车载制氢过程，受到人们的极大关注。

目前，开发氨分解制氢系统的公司包括 Analytic Power 和 ZEVCO 等。我国也有很多可以提供氨分解制氢装置的公司。商业化的氨分解装置一般采用 Ni 或 Ru 催化剂，在 900℃ 左右的高温反应下获得接近完全的转化率。在氨分解制氢技术的开发中，氨分解催化剂是其中重要的研究课题，它不仅直接影响氨分解的效率和经济效益，还影响氨分解反应器的设计。贵金属氨分解催化剂性能较高，但价格昂贵。而 Ni 的储量丰富、价格低廉，氨分解活性仅次于 Ru。研究表明，使用 Ni 催化剂时反应温度需要达到 900℃，剩余氨气的浓度才可满足 PEMFC 应用的要求。因此，制备高效 NH_3 分解催化剂，特别是开发非贵金属催化剂，是一个重要的研究课题。另外，探索开发有效吸附剂，除去分解反应的残余 NH_3 也是一项重要的研究工作。氨制氢的明显缺点是生命周期的能源效率低。

5. 焦炉气制氢

焦炉气是煤焦化过程得到的可燃气体，氢含量在 50% 以上。每生产 1 吨焦炭，会产生 $300\sim350m^3$ 的焦炉气。我国是世界第一大焦炭生产国，2014 年焦炭产量达 4.77 亿吨，焦炉气产量达 2000 亿立方米。据估算，除去企业自身各种过程的消耗之外，每年被排放或"点天灯"的焦炉煤气约 400 亿立方米，在污染环境的同时，造成资源的极大浪费。因此，用焦炉气制氢是焦炉气综合利用的一个有效途径。可采用 PSA 工艺从焦炉气中提取纯氢，也可将焦炉气所含的大量碳氢化合物用重整技术转化为氢气。采用 PSA 从焦炉气中分离氢气具有明显的成本优势，只相当于电解水制氢成本的 1/4~1/3。由于世界焦炭生产主要集中在中国，因此焦炉气制氢在国际上没有得到足够的重视，其技术开发和工业应用均集中于我国。由于焦化厂分布于我国各地，因此这些焦化厂完全可能成为氢燃料的供应基地。

（二）碱性电解水制氢技术、纯化技术及其产业化进展

自1789年首次观察到水电解现象以来，电解水制氢技术已经历两百多年的发展[①]。目前，电解水制氢装置主要分为三类，分别是碱性水电解、固体聚合物水电解及固体氧化物水电解。其中，碱性水电解是目前商业化最成熟的电解水制氢技术，所需要的原料主要为水和电，适用于现场制氢。在通入直流电的条件下，H_2O分子在阴极分解生成H_2和OH^-（见式1），OH^-在阳极反应生成O_2（见式2）。

阴极反应：

$$2H_2O + 2e^- \rightarrow H_2 + 2OH^- \quad (式1)$$

阳极反应：

$$2OH^- \rightarrow {}^1\!/_2 O_2 + H_2O + 2e^- \quad (式2)$$

碱性电解水制氢技术的核心是电解池。电解池由阴极、阳极、电解液和隔膜组成。铂系金属为最理想的电极材料，但在实际氢气生产中，通常采用成本较低、电化学性能良好且耐腐蚀的镍基电极。为了提高电导率，通常采用质量浓度为20%~30%的KOH溶液作为电解液。隔膜材料通常采用导电性能好、耐腐蚀、成本低的改性石棉，既保证了OH^-的通过，又能够将在两个电极处生成的H_2和O_2分隔开。

理论上讲，1.23V的电压即可实现水电解，标准大气压下制取$1Nm^3$氢气消耗$2.94kW \cdot h$的电能，但由于电极反应中的过电位、电解液电阻和隔膜电阻等的存在，实际水电解过程中所需电压和制氢能耗均高于理论值。国内设备制造厂商相继开发出一体式、分装式、集装箱式、柜式等多种类型大中型制氢设备，其主要技术指标均接近或达到国外同类装置的先进水平。装

---

① 电解水制氢，即水电解制氢。

置的操作压力为 0.8～5.0Mpa，操作温度为 80℃～90℃，单台设备产氢量最高可达到 1000Nm^3/h，产品氢气纯度可达到 99.99%，制氢能耗水平在 4.4～5.0kW·h/Nm^3·H$_2$，能效在 70%～80%。

近年来，研究人员通过开发新的电极材料、隔膜材料及改进电解槽结构，不断尝试降低制氢能耗、提高电解池转换效率。

在采用碱性电解水方法生产的氢气中，O$_2$ 和 H$_2$O 是不可避免的杂质。在众多水电解氢气纯化方法中，催化脱氧加变温吸附法应用最为广泛。脱氧催化剂可催化氢气和氧杂质发生反应生成水，然后经后续的变温吸附干燥技术脱水。脱氧催化剂大多是由高脱氧活性的金属（如 Pd、Pt、Ag、Ni-Cr、Cu 等）负载在多孔性载体上（硅藻土、活性氧化铝、分子筛、半导体粉末等）制成；其中 Pd-半导体体系、钯铂双金属脱氧催化剂可将含氧量脱除至 1ppm 以下。脱水步骤则采用活性氧化铝、硅胶、分子筛等多孔吸附剂，配合相应的单塔、多塔纯化流程，氢气含水量≤1ppm，同时用产品氢气作为再生气，没有原料氢气、氧气的损耗。纯化装置操作压力可调，最高处理量可达 3000Nm^3/h，产品氢纯度可达 99.999%。

碱性电解水技术生产的氢气成分简单，纯度高、杂质含量少（仅为 O$_2$ 和 H$_2$O），因此，在制备纯度 99.999% 至 99.9999% 的高纯度或超高纯度氢气方面具有独特的优势。钯膜扩散法、金属氢化物分离法常被用来满足航空、航天、电子等高科技领域对氢气纯化的特种需求。钯膜扩散法基于纯钯的选择性透氢性质，现在使用的膜材料主要有钯银合金、钯铜合金、钯稀土合金等。采用钯膜扩散法可以得到纯度较高的氢气，可将氢气纯度由 99.92% 提高至 99.99995%，氢气回收率达到 91.2%。目前，国内研究机构已经开发出高性能金属钯复合膜材料，并在 800Nm^3/h 规模的超纯氢气纯化工业应用示范中获得成功。

金属氢化物分离法是根据储氢金属材料对氢的选择吸收性，将混合气体中的氢气与杂质气体分离，从而达到排除混合气体中杂质气体的目的。采用此纯化方法获得的氢气纯度可以达到 99.9999%，氢气回收率高于 95%，处理量也超过 400Nm^3/h。近年来，随着 LaNi$_5$、ZrNi$_2$ 和 TiFe 等多种储氢合金进入商业化阶段,生产成本逐渐降低,相应的金属氢化物分离法在高纯氢制备市场中所占份额也逐渐增大。

针对碱性电解水技术的特点,合理选择和设计氢气纯化方法,可以降低制氢成本。传统的催化脱氧加变温吸附法已经能够满足基本的氢气需求,不同厂家据此开发了多种制氢—纯化装置,并在工业上进行了广泛应用。在此基础上,合理地将其与钯膜扩散法、金属氢化物分离法等进行联用,通过多级纯化即可满足特种工业对超纯氢的需求。

近年来,能源结构逐步调整,风电、光伏等可再生能源快速发展,电力整体呈现供过于求的情况,这为碱性电解水制氢的大规模产业化应用提供了空间:①可再生能源弃电问题亟待解决,碱性电解水制氢可以大规模消纳弃电,推动可再生能源发展;②弃电现象导致电价存在竞争空间,有利于降低电解水制氢的用电成本,提升技术竞争力;③利用可再生能源电解制氢,使得氢气生产全过程更加低碳、清洁,符合能源清洁化发展的趋势;④世界范围内已开始重视氢能的发展,随着氢燃料电池、民用气体燃料、多晶硅等技术和产业的发展,氢能未来拥有很大的利用空间;⑤欧、美、日等发达国家和地区已制定详细的氢能发展战略,并将可再生能源电解水制氢提上日程,并逐步推动示范应用,例如:德国E·ON公司、英国ITM公司、荷兰壳牌公司、日本丰田公司等。中国也出台了一系列政策,鼓励开展可再生能源电解水制氢工程示范,例如:中国华能集团清洁能源技术研究院有限公司承担的北京市科委项目"燃料电池汽车用氢能供应链关键技术研究及示范",旨在服务冬奥会期间氢能供应。

目前,碱性电解水制氢在大规模可再生能源利用方面尚需解决一些问题,主要包括:①通过电极、电解液、电解槽等技术改进,进一步降低制氢能耗;②利用非并网可再生能源直接制氢,降低用电成本,实现就近消纳,但需扩大设备的功率可调范围,以适应可再生能源的波动特征;③提高单台设备的产氢能力,提升规模效应,降低投资成本。上述技术的改进和突破将进一步推动碱性电解水制氢技术产业化发展。

（三）新型制氢技术

1. 低电耗碱性电解水制氢技术

（1）低电耗碱性电解水

水电解存在的突出问题是能耗较高。由于电极过电势和电解槽内各组件处电阻的存在，碱性电解水制氢的实际能耗要高于理论能耗。降低碱性水电解能耗是制氢产业发展过程中一个极其重要的国际性课题。目前，已有研究主要从电极材料、隔膜材料、电解液三个方面寻求技术突破。

电极材料的活性直接影响电极过电势，通过开发新材料和制备工艺可以改善电极电解活性，进而降低电解池能耗。由于氧气的析出，电解池阳极表面存在氧化物层，其中的氧原子直接参与阳极的析氧反应。通过向镍基电极表面覆盖镍合金（Ni－Co）、钙钛矿型氧化物（$LaNiO_3$）、尖晶石型氧化物（$NiCo_2O_4$）等活性涂层，阳极析氧能力都会提高。阴极的析氢反应速度与电极对 H 原子的吸附强度存在密切关系，通过合金化方式设计晶体结构，调控 Ni－H 吸附强度，可从本质上改善电极活性。研究表明，向阴极材料中添加适宜的非金属元素（S、P、Se 等）和金属元素（Co、Fe、Mo 等）均可改良其析氢性能。与此同时，电极表面的形貌、结构也显著影响电流密度。热分解法、离子喷射法、电沉积法等被用于电极材料制备，使电极表面呈现三维状态，增大比表面积，促进气体的析出。

除了电极材料之外，隔膜质量的好坏，直接关系到氢气和氧气的纯度和电耗问题。理想的电解隔膜应满足如下条件：能使离子透过，但气体分子无法透过；隔膜的物理化学性质均一，机械性能良好；导电性好；耐蚀性好等。石棉类隔膜是最早用于电解水隔膜的材料，近年来高聚物/无机物复合纤维作为新型隔膜材料受到广泛关注。采用聚砜和氧化钛（TiO_2）、氧化锆（ZrO_2）复合而成的电解隔膜材料，在碱性介质中显示出良好的电解性能和稳定性。

在 KOH 电解液中形成的欧姆损耗也是碱性电解水能耗的重要组成部分。通过向电解液中添加具有催化作用的活性物质来降低溶剂水分子的重组活化能，可以提高电解效率。向 KOH 电解液中添加锌酸钾可形成碱性氢氧化锌溶液，其氢析出速率高于常规碱性水电解槽。添加重铬酸钾可以氧化电极表面杂质、增强电极表面活性、有效降低水电解槽运行电压，从而降低能耗。添加五氧化二钒可以降低阴极过电位，同时有助于气液分离。使用加入Ni-Co-Mo基的离子活化剂的电解质，电解制氢能耗可进一步降低。

（2）低电耗碱性电解废水

电解废水制氢将电解制氢与废水处理相结合，一方面可以获得高纯度的氢气，另一方面通过电化学反应去除废水中的污染物，是一种新型的制氢技术，在领域内得到了广泛的关注。以制氢为主的碱性电解废水技术，电解液是影响其反应过程及电耗的关键，其中，碱性电解尿素和碱性电解氨具有较低的理论电压，是可实现低电耗制氢的碱性电解水技术。

理论上，水电解制氢需要至少1.23V的电压，碱性尿素电解质可以改变电解反应过程，仅需要0.37V的标准电压。碱性电解尿素制氢的反应过程详见式3、式4、式5。

阳极反应：

$$CO(NH_2)_{2(aq)} + 6OH^- \rightarrow N_{2(g)} + 5H_2O_{(l)} + CO_{2(g)} + 6e^- \quad E_0 = -0.75V/SHE \quad （式3）$$

阴极反应：

$$6H_2O_{(l)} + 6e^- \rightarrow 3H_{2(g)} + 6OH^-_{(aq)} \quad E_0 = 0.40V/SHE \quad （式4）$$

总反应：

$$CO(NH_2)_{2(aq)} + H_2O_{(l)} \rightarrow N_{2(g)} + 3H_{2(g)} + CO_{2(g)} \quad E_0 = 1.15V/SHE \quad （式5）$$

阳极催化剂是影响碱性尿素电解效率的关键，目前以镍基电极为主，如镍、镍基合金以及纳米结构的镍阳极催化剂等。

2009年，有研究人员使用单质镍作为催化剂，外加很小的电压直接将尿素转化为有价值的能源产品（H_2）和无毒产品（N_2），相对碱性电解水能耗更低。但是，尿素氧化的过电位相对较大引起的副反应——析氧反应不仅造成Ni电极的不稳定，更增加了尿素电解池的能耗。此外，尿素电氧化的过程中CO^-和OH^-容易吸附到Ni电极的表面造成催化剂中毒。因此，对催化剂进行优化至关重要。

镍基合金阳极催化剂比单质金属具有更出色的物理和化学性质。如闫巍等开发的 Ni-Co 合金阳极催化剂将尿素氧化的过电位降低约 150mV，Ni-Zn-Co 催化剂不仅有可降低尿素电解氧化的过电位，同时还保持了较高的电流密度，提高了尿素电解池整体的电流效率。纳米结构的镍基催化剂具有更大的比表面积，更高的导电性和可控的低维结构，促进了反应分子的表面吸附和电子的快速传导。中国科学技术大学研发的 Ni/NiO/MoOx 纳米复合催化剂，在 1.38V 的电压下电流密度达到 $10mA/cm^2$，并具有优异的稳定性。

经过近几年的发展，电解尿素制氢技术取得了较大进展，但仍处于初期阶段。开发活性高、稳定性好的阳极催化剂材料，寻求更高的电解反应效率是当前研究的重点。

碱性电解氨技术主要通过电催化氧化方法分解氨，同时产生氢气。相比与传统的碱性电解水技术，该技术在较低过电位条件下进行，在标准条件下，氨电解能耗比水电解节能约 95%。碱性电解氨的反应过程详（见式 6）、（式 7）、（式 8）。

阳极反应：

$$2NH_3(aq) + 6OH^- \rightarrow N_2(g) + 6H_2O + 6e^- \qquad E_0 = -0.77V/SHE \qquad (式6)$$

阴极反应：

$$6H_2O + 6e^- \rightarrow 3H_2 + 6OH^- \qquad E_0 = -0.82V/SHE \qquad (式7)$$

总反应：

$$2NH_3(aq) \rightarrow N_2(g) + 3H_2(g) \qquad E_0 = 0.059V/SHE \qquad (式8)$$

在碱性电解氨的过程中，电催化氧化氨催化剂起决定作用。催化剂主要分为：纯金属电催化剂、Pt 与其他金属。例如，Ir、Ru、Rh 合金催化剂以及非 Pt 电催化剂。

对于纯金属电催化剂以贵金属研究居多。其中 Pt、Ir 对氨选择性氧化成氮的反应具有稳态活性。Pt 价格虽然昂贵，却是最活跃的金属，可有效改善氨电催化氧化反应的动力学特性。为了减少贵金属的使用、降低成本、进一步提高催化活性,研究学者尝试制备 Pt 基合金催化剂取代传统的纯金属电催化剂,发现催化活性更为优异。目前,研究较多的是 Pt-Ir 和 Pt-Rh 合金,Pt 与 Ir 及 Rh 之间有着良好的协同作用,相对于纯 Pt,两种合金电极对氨氧化表现出了更高的电催化活性。对于非 Pt 电催化剂,主要为金属氧化物:$Ni/Ni(OH)_2$、IrO_2 和 RuO_2 等,具有低成本的优点。但是,无 Pt 催化剂活性相对较低,电催化氧化的机理研究尚待深入。

开发高活性、稳定的电极材料是低电耗碱性电解氨制氢技术的关键。深入理解电解氨的机理及电极材料的性质是制备出理想电极的前提,相应领域的研究仍需深入。

2. SPE 电解水制氢技术

在碱性水电解池中,石棉为隔膜、KOH 碱性水溶液为电解质。而 SPE (Solid Polymer Electrolyte) 水电解池是以固体聚合物电解质作为隔膜与电解质的。

根据载流物质的不同,固体聚合物电解质分为传递质子(H^+)型(称为质子交换膜,Proton Exchange Membrane,PEM)和传递氢氧根(OH^-)型。其中,PEM 膜由于具有导电阻力更小等一系列优势,受到更多重视,目前投入实际应用的也均为 PEM 膜。

使用 PEM 膜的水电解电池的工作原理如图 3 所示,水在阳极失电子后,分解成为氧气和质子,质子在电场力的作用下透过膜在阴极上得电子生成氢气。

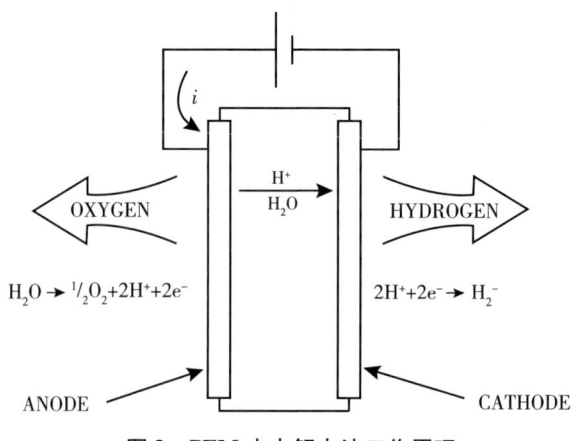

图 3　PEM 水电解电池工作原理

目前技术较为成熟的 PEM 膜包括全氟磺酸、磺化聚苯烯、磺化聚砜等多种类型。其中，以杜邦公司生产的 Nafion 膜因具有稳定性好、质子传导能力强等优点，应用最广泛。Nafion 膜是一种全氟磺酸薄膜，具有聚四氟的物理特性，故膜的强度很高，能承受很高压力。由于系统既不要酸，也不要碱，水是体系中唯一的液体，彻底排除了腐蚀性的液体，因此保证了系统的安全性。

与碱性水电解电池相比，在同样的水电解电压条件下，其工作电流密度在 10 倍以上，从而易于实现装置的小型化与轻量化；由于电解质膜的无孔化以及纯水电解的特点，这种电池产生的气体纯度高，氢气纯度可达 99.95% 以上；由于电解质膜的机械强度高，电池堆可承受的差压大；由于系统不需要外加电解质，在系统的操作控制、运行管理方面也更为方便与简单。

SPE 水电解技术最初是为了满足载人航天和海军核潜艇等特殊环境生命维持系统的应用需求。美国是最早开展该技术研究的国家，通用电气公司 1970 年开始为 NASA 研制空间生命保障系统 SPE 水电解装置，1975 年为美国海军研制核潜艇 SPE 水电解供氧系统。从 20 世纪 90 年代开始，美、英海军核潜艇已装备了 SPE 水电解装置，用于舰内供氧，2007 年美国空间实验室已装备 SPE 电解制氧装置。

从 20 世纪 80 年代开始，美国、日本、英国、法国、瑞士等国家的许多研究机构在 SPE 水电解技术上取得了大量研究成果的基础上，逐渐进行了针对工业和实验室现场应用的 SPE 水电解制氢产品开发，最初设备的制氢量通常都比较小，为每小时 10L 到 $10Nm^3$。

近年随着氢能经济日益发展，美国、加拿大、英国、德国和法国等国家的 SPE 水电解技术公司纷纷推出 MW 级的大规模应用产品，主要包括美国的 Proton OnSite 公司和 GinerELX 公司，加拿大的 Hydrogenics 公司，英国的 ITM Power 公司，德国的 Siemens 公司和法国的 AREVAH2Gen 公司。国际主要 SPE 水电解制氢系统参数对比如表 1 所示。SPE 水电解制氢电解槽功率已达 MW 级，甚至 3MW，通过多模块集成大型水电解制氢系统，可实现百兆瓦级的应用。

表1 国际主要SPE水电解制氢系统参数对比

项目	ProtonOnsite	Giner Elx	ITMPower	Hydrogenics	Siemens	AREVA H2Gen
产品系列	M	Allagash	HGas	HYLYZER 600	SILYZER200	E120
系统功率（MW）	0.5~2.0	1.0	1~100	3	1.25~20	0.53
单电解槽产氢量（Nm³/h）	50	220	133	620	225	120
单电解槽额定功率（MW）	0.25	1.0	0.7	3.0	1.25	0.53
单电解槽峰值功率（MW）	0.25	1.0	0.7	3.0	2.0	1.06
单位能耗（kWh/Nm³）	4.9	4.5	4.7	4.84	5.5	4.4
H₂输出压力（MPa）	3.0	4.0	2.0-5.0	3.5	3.5	1.5/3.5
启动（响应）时间（s）	<10	—	<1	—	<10	

我国从20世纪80年代开始了SPE技术的研究，20世纪90年代中期开始质子交换膜水电解技术的研究，主要研发单位有航天员科研训练中心、山东化工研究院、武汉大学、中国科学院大连化学物理研究所、中国航天科技集团公司八院811所、中船重工718所（以下简称"718所"）等。

航天员科研训练中心研制的首台SPE水电解制氧装置于2011年随"天宫1号"发射，在轨成功工作，空间站负责供氧的SPE水电解装置已进入载人航天的正样研制阶段，将于2020年左右随空间站发射入轨工作，这些水电解装置规模较小，一般产氢量约300L/h、压力在0.1~0.2MPa。与此同时，针对再生燃料电池及潜艇生命维持系统的需要，2008~2013年先后研制出气体输出压力不低于5MPa、产氢能力不低于8.0m³/h的系列水电解装置，并完成了长寿命与可靠性的试验验证。

718所也研制出了用于潜艇生命维持系统中艇员供氧的SPE水电解装置，气体输出压力不低于3MPa、产氢能力不低于4.0m³/h。

山东赛克赛斯氢能源有限公司是依托山东化工研究院SPE技术而发展

起来的单位，针对实验室分析所需氢气的需求，实现了 1000L/h 常压小型 SPE 水电解制氢装置的产业化。近几年山东赛克赛斯氢能源有限公司进一步推出了满足氢能应用需求的 SPE 水电解制氢装置，输出压力 3.0MPa、产氢量 $6.0m^3/h$，并具备了批量生产能力。

总之，近年来 SPE 水电解制氢技术发展迅猛，成本也逐渐降低。目前国外生产的 MW 级 SPE 电解槽已实际应用于可再生能源电解水制氢，可实现 1~10s 的快速响应，根据具体环境需求快速调节产氢量，并可以实时远程监控和自动故障（包括火警）报警，降低维护费用。耗电量可低至 $4.4kWh/Nm^3$，产氢纯度均在 99.9% 以上，经纯化后最高可达 99.9995%，最高输出压力在 30~50Bar，使用寿命超过 80000h，设备可适应环境温度在 0℃~40℃。

国内的 SPE 水电解技术已有良好的基础，但与国外相比仍有较大差距，主要表现在技术的成熟度、装置的规模化、系列化以及经济性等方面。通过氢能的应用需求牵引以及技术的更进一步深化，SPE 水电解技术将迎来蓬勃的发展及广泛的应用。

3. SOEC 电解水制氢技术

SOEC 是英文 Solid Oxide Electrolysis Cell 的缩写，即固体氧化物电解池。一个完整的 SOEC 核心组成包括电解质、阴极（也称氢电极）和阳极（也称氧电极）。基本结构为：中间是由纯离子导体构成的致密的电解质层，隔离氢氧电极气体并传导氧离子；电解质层两侧为氢电极和氧电极，电极具有多孔微结构，以增加反应界面，传输反应气体。

从工作原理上来讲，SOEC 电解水制氢是目前发展的固体氧化物燃料电池（Solid oxide fuel cells，SOFC）的逆运行（见图4）。水蒸气进入 SOEC 氢电极，与外电路提供的电子结合，发生还原反应生成氢气，同时产生氧离子，氧离子在外加电场作用下，经电解质层中的氧空穴传递至氧电极，随后发生氧化反应生成氧气，失去的电子回到外电路，形成闭合回路，经过该过程水在 SOEC 中被电解为氢气和氧气，电能转化为化学能。

SOEC 电解池片的基本组成包括：电解质、氢电极（阴极）和氧电极

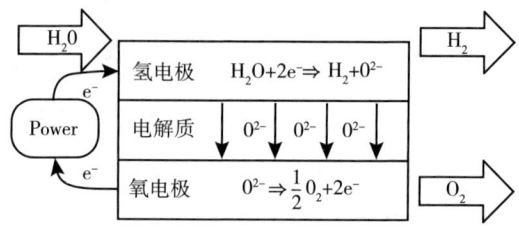

图 4 SOEC 工作原理

（阳极）；如果组成电堆，则还需要连接体、密封材料和集流材料。

采用 SOEC 电解水制氢的主要优势有以下几点。

第一，能量转化效率高。实验室电解效率可接近100%，实际运行效率也在95%以上。（常规碱性电解实际电解效率一般在60%左右，质子交换膜电解实际效率在60%~80%）。

第二，功率密度高，可模块化设计。SOEC 在高温运行，具有高的电极反应动力学，结合薄的电解质和电极设计优化，可以达到很高的电流密度（平板式 SOEC 的电解电流密度可高达 6A/cm²）；电堆可采用模块化设计，根据不同应用场景需要建造不同规模电解制氢系统。

第三，可逆模式运行，应用领域广。SOEC 具有可逆运行的特性，当其反向运行时，可作为 SOFC 来发电，具有一机多用的特点。还可将 CO_2 高效电催化转化为燃料，可望同步实现电能向化学能的高效转换和可再生能源的高效储存。

随着经济的高速发展，对高效能量转换与储存技术的需求日益增大，SOEC 技术近年来受到世界各国的广泛重视。SOEC 电解需要一次能源，目前发展的清洁一次能源主要包括核能与可再生能源（太阳能、风能等），前者是集中式大规模制氢，后者主要用于分布式大规模制氢和储能。基于此，目前 SOEC 的主要技术发展路径可以分为以下两类：以美国为代表的核能高温蒸汽电解制氢和以欧盟为代表的 Power to Gas 路线。

基于 SOEC 技术的核能高温蒸汽电解（High Temperature Steam Electrolysis, HTSE）被视为最有可能实现的大规模制氢工艺路线之一。高温蒸汽电解（HTSE）制氢系统可以利用各种先进核能提供的热能和电能，在高温下将水蒸气高效电解为高纯的氢气和氧气。HTSE 与高温气冷堆耦合可以实现高达 50% 的热—氢转化效率。作为美国 Next Generation Nuclear Plant（NGNP）计划的一部分，核能高温蒸汽电解技术已被写入 NGNP 的发展路线图，同时该技术也被美国能源部列为未来大规模制氢主要工艺路线选择。2004 年，美国能源部（Department of Energy，DOE）下属的爱达荷国家实验室（INL）和 Ceramatec 公司合作率先实现了 HTSE 的原理性验证试验；2006 年完成了 10 片 SOEC 电堆的实验；2009 年完成了 15kW 的 HTSE 制氢系统实验，峰值产氢率为 5700NL/h。除美国之外，2005 年法国原子能机构（French Atomic Energy Commission，CEA）在本国和欧盟项目的资助下启动了 HTSE 的相关研究。在我国，清华大学于 2004 年在国内率先启动了核能高温蒸汽电解制氢技术研究。

Power to Gas 被视为解决可再生能源（如风能和太阳能）发电间歇性的一种理想方式，多余的电可以用来制氢或甲烷等燃料在电力缺乏时用来发电。高温 SOEC 电解制氢效率要比目前发展低温电解能量转换效率高 15%～50%，而且可实现电—气—热的互转，在可再生能源存储领域具有很好的应用前景。在基于 SOEC 的 Power to Gas 技术研发方面，丹麦和德国是主要的推动者。该技术路径与 HTSE 不同之处还在于，除了电解水制氢，SOEC 还可同时电解 H_2O 和 CO_2 制备合成气，合成气可进一步通过费托反应来制液态燃料。在欧盟项目的支持下，德国 Sunfire 公司建造了一个基于 SOEC 电解水蒸气制氢，耦合 F–T（Fischer–Tropsch）过程，制备液态燃油的示范装置，该装置的设计产油能力为 160L/d。

清华大学于 2004 年在国内率先启动了高温气冷堆 SOEC 电解制氢技术的研究，2010 年获得国家科技重大专项支持。经过十多年的发展，清华大学在 SOEC 关键材料、电堆研发、高温电解制氢和高温共电解系统开发等方面取得了重要的阶段性进展，目前已经完成了高温蒸汽电解制氢和高温共电解质合成气的实验室规模系统集成验证，获得一批具有我国自主知识产权的基础与应用研究成果。中国科学院上海应用物理研究所开展了钍基熔盐堆高温蒸汽电解制氢的研究。国内一些 SOFC 电堆的科研机构也逐渐开展了 SOEC 电解制氢的研究探索，主要有上海硅酸盐研究所、中国矿业大学、宁波材料所等。华能集团、神华集团和国家电网等也对 SOEC 技术开始高度关注，并已开始投入相关技术的应用研发。

相对于碱性电解和质子交换膜电解，目前 SOEC 技术的成熟度还较低，尽快实现商业化的广泛应用还需要应对一系列的挑战。①关键材料和成本问题：氧电极的极化，电解质的欧姆损失和连接体材料成本等；②电堆衰减问题：SOEC 的运行环境要比 SOFC 恶劣，需要研究电堆的衰减机制和控制策略，提高电堆寿命，降低成本；③制氢系统与一次能源的耦合问题：高效热交换器开发，系统的热管理，面向间歇式可再生能源电力的动态控制等。

尽管存在上述问题，SOEC 技术已经显示了其在能源领域广阔的发展前景，要想使这一技术尽快走向商业化，需要充分发挥各学科的优势联合进行攻关。

4. 光解水制氢技术

太阳能光解水制氢是一种理想的太阳能转化利用方式，通过这种方式既可解决太阳能能量密度低、分散性强、不稳定、不连续等难题，又能够充分利用氢能清洁无污染、能量密度高、可存储、可输运的优点，有利于建立可持续发展的可再生能源体系。

实现光解水制氢的实际应用的一个关键问题是需要寻找高效稳定廉价的、具有可见光响应的光催化剂和光电极材料。因此，针对光电化学分解水制氢，相关国际研究工作仍主要集中在开发低成本、高效、稳定的半导体光催化剂和薄膜光电极材料。截至目前，见诸报道的负载贵金属光催化剂最高可见光产氢量子效率已超过 90%。在催化剂活性达到一定要求的情况下，筛选出具有开发潜力的催化剂，对其制备工艺流程进行优化，实现催化剂的批量低成本制备，以满足光催化规模制氢实际需求，是未来实现太阳能规模制氢的必需环节。此外，太阳能能量密度低、分散不稳定的特点决定了开发高效利用太阳光的光催化反应器是该技术通向产业化的关键。而上述问题归根结底是光能在多相光催化反应体系内的最大化吸收问题。将光解水制氢与太阳能聚光器的耦合实现规模制氢是一个突出的多学科交叉集成领域。

进入21世纪以来,我国也开始关注太阳能燃料的研究。科技部几个973计划项目都涉及光催化分解水制氢的研究,863计划也连续支持了太阳能光催化制氢项目。2008年中国科学院启动了太阳能行动计划,在此计划中明确提出了太阳能化学转化的研究(即太阳能燃料的研究)。国家自然科学基金委员会于2010年也启动了太阳能光催化分解水和二氧化碳还原的重大基金项目。在这些项目的支持下,国内许多单位如中国科学院大连化学物理研究所、理化技术研究所、化学研究所、金属研究所、兰州化学物理研究所,南京大学、福州大学、大连理工大学、山东大学、南开大学、上海交通大学、西安交通大学等科研院所和高校,在太阳能燃料研究方面加大了研究力度,并取得显著进展。例如,西安交通大学郭烈锦教授研究组开发出新型的纳米孪晶结构光催化材料,在无任何助催化剂负载的情况下,获得了90%以上的量子转化效率,且由于该催化剂没有使用贵金属作助催化剂,大大降低了光催化材料的制备成本;该研究组在该高效低成本光催化剂的基础上,在国际上首次构建了采光面积达103.7m^2的直接太阳能光催化剂制氢示范系统,产氢速率可达1200NLd^{-1}。大连化学物理研究所李灿研究组发现半导体异相结可以有效促进光生电子、空穴在空间上的分离,从而提高光催化产氢活性,提出光催化剂设计的"异相结"概念,受到太阳能光催化学术界的高度重视。兰州化学物理研究所吕功煊教授研究组对染料敏化光催化剂进行了深入研究,开发出了一批高活性的可见光产氢光催化剂。南京大学邹志刚教授研究组开发了新型介孔光催化材料,福州大学付贤智教授研究组研发了基于有机半导体C_3N_4的新型光催化材料。

目前,世界范围内,光解水制氢的研究主要集中于高活性光催化材料的制备,并已经获得了很大进展。构建高效的光解水制氢体系和制氢系统,以充分发挥光催化材料的高效制氢能力,是今后研究中需要全面解决的关键问题。

(1)技术问题

①光催化材料的低成本大批量制备。目前,所开发的光催化材料仅限于

实验室的小批量制备（几克量级），且高活性光催化材料大多含有贵金属元素。因此，开发不含贵金属的低成本光催化材料，同时开发大批量的催化剂制备技术，是批量获得低成本光催化剂的关键。

②低能量密度的太阳能收集。目前实验室光解水制氢主要利用模拟太阳光源，国际上知名研究组大多未考虑低能量密度太阳能的收集问题。利用低成本高效聚光器聚焦太阳能驱动光催化分解水制氢，既解决常规太阳能分散不稳定无法直接利用的问题，又大幅提高光催化制氢效率，降低该技术的成本。

③高效光解水制氢反应器的设计构建。光解水制氢反应器与传统的反应器比较，设计更复杂。而实现聚光系统与反应系统的高效耦合则需要对多相光解水流动反应体系内的传热传质、聚光器效率的理论计算及优化，以及反应器内部光能辐射与传递进行深入的实验与理论研究，以指导耦合系统的设计。对于直接太阳能规模化光解水制氢，系统优化与集成是实现太阳能转化过程高效节能需解决的技术难点。

（2）产业化问题

①直接太阳能光解水制氢规模化系统集成。目前国际上仅有少数科研单位（如西安交通大学）构建了直接太阳能光催化制氢示范系统，并对系统内部多相流动、气液分离等规律进行了探讨，有必要加强对示范系统的构建、系统内部气—液—固三相流动等工程热力学问题的深入研究，为直接太阳能光催化制氢系统的长期高效安全运行做好工程和理论指导。

②直接太阳能光解水制氢成本。直接太阳能光解水制氢成本主要包括两个方面：催化剂成本和反应器与系统构建运行成本。针对催化剂而言，在保证催化效率的基础上，采用不含贵金属的催化材料和大批量制备方法是降低成本的关键。针对制氢系统，保证系统效率的基础上，需要对反应器和系统进行优化设计，降低反应器和聚光器费用，延长系统支架材料使用寿命。

总之，将光解水制氢与太阳能聚光器的耦合实现规模制氢是一个突出的多学科交叉集成领域。运用工程热物理领域的理论及实验方法，同时考虑光解水反应实际规律以解决耦合体系中聚光器与反应器优化匹配问题，提高系统的光能传递及利用效率，提高反应器、反应体系的质量传递效率，有望实现高效稳定连续太阳能光解水制氢。

5. 碘硫法化学制氢技术

水的直接热分解制氢需在2500K以上高温时才可进行，在此条件下的材料和分离问题都很难解决，需通过热化学循环过程降低分解温度。热化学循环过程是将两个或多个热驱动的化学反应相耦合，组成一个闭合循环，净结果为水热分解为氢气和氧气，其中的每一步反应都可在较低温度下进行，整个过程中只消耗水，其他物质均在体系中循环，从而达到热分解水制氢的目的。

美国在20世纪70年代开始研究利用核能热化学循环制氢，1998年启动了核能制氢计。对所有发表的循环进行了筛选和评估，评价指标包括制氢效率，过程最高温度，反应步骤数，分离过程的难易，涉及的元素的丰度与毒性，腐蚀问题等。经过两轮评价，认为美国通用原子能公司（GA）于20世纪80年代发明的碘硫（IS）循环和日本东京大学发明的UT-3循环为最优流程[1]。

IS循环该过程由3步反应组成。

①Bunsen反应：$SO_2 + I_2 + 2H_2O = H_2SO_4 + 2HI$

②硫酸分解反应：$H_2SO_4 = SO_2 + 1/2O_2 + H_2O$

③氢碘酸分解反应：$2HI = H_2 + I_2$

其原理如图5所示。

3个反应的净反应为水分解为氢气和氧气。其中反应①称为Bunsen反应，是放热反应。当温度在20℃~100℃时该反应可以自发发生。反应②是硫酸分解反应，是吸热反应，这个反应包含两个阶段：首先在400℃~500℃时，气态的硫酸分解为水和三氧化硫，然后三氧化硫在800℃和催化剂的作用下分解为二氧化硫和氧气。反应③是氢碘酸分解反应，它既可以在

---

[1] 张平、于波、陈靖、徐景明：《核能制氢与高温气冷堆》[J]，《化工学报》2004年第S1期，第1~6页。

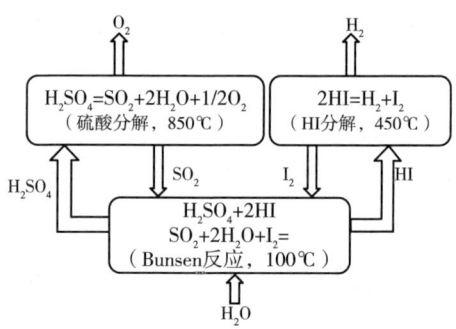

图 5 碘硫循环原理

液相发生也可以在气相发生。由于碘硫循环过程中硫酸分解反应需要在较高温度下进行，因此一般希望以高温核热或太阳能集中供热为热源。IS 循环可用 750~900℃的高温热将水分解产生氢气，其中的化学过程都经过了验证；过程为闭路循环，涉及物料为全流态，易于放大；除氢和氧外的其他物料都在内部循环，硫酸分解部分生成的二氧化硫和氢碘酸分解部分生成的碘返回到 Bunsen 反应部分再次参与 Bunsen 反应，整个过程不向外部排放废物，预期效率可以达到 52%[①]。

以核热应用为背景的碘硫循环制氢具有显著的独特优势，可实现无碳排放的大规模氢气制备，受到许多国家的广泛重视。从 20 世纪 70 年代至今，美国、日本、法国、欧盟、韩国、加拿大、中国等都开展了相关研究。由于碘硫循环所需的高温工艺热可由高温气冷核反应堆或太阳能集中供热系统提供，所以主要研究均在核技术研究机构中开展。

日本原子力开发机构（JAEA）2004 年成功进行了碘硫循环制氢实验台架闭合连续运行实验，实际产氢率约 30L/h，连续运行 1 个星期，验证了系统和过程的可控制性。目前 JAEA 正在进行碘硫循环的过程工程研究，考察设备的可制造性和在苛刻环境中的性能，并开发提高过程效率的强化技术。针对产氢率 30Nm³/h 的核能制氢中试系统，开发了硫酸分解器、SO_3 分解器

---

① 张平、于波、陈靖、徐景明：《核能制氢与高温气冷堆》，《化工学报》2004 年第 1 期。

等多个设备，同时进行了过程的动态模拟、材料性能考验、核氢安全等多方面研究。JAEA还进行了未来的大型碘硫循环核氢厂（GHTGR300）设计，在氢联产系统GTHTR300C中，其规模产氢率约$0.6\times10^6 Nm^3/d$，制氢用电200MWe，由海水淡化厂提供原料水（9万吨/天）。

美国2004年开始执行的"核氢启动计划（NHI）"和在下一代核电站计划（NGNP）中提出建造高温气冷堆并用于制氢。SI循环、高温电解（HTE）和混合流循环（HyS）被选为大力发展的制氢技术。Sandia国家实验室（SNL）与法国CEA公司合作开展了SI循环的研发，建立可加压运行的SI板块式循环台架，完成了分步运行考验，2008年SRNL验证了放大这一技术的可能性。

从2004年起，韩国开始执行一项核能制氢的研发计划，核氢工艺主要选择碘硫循环，韩国原子能研究院已建成了小规模的S-I工艺回路（20L/h），2006年运行了硫酸分解和Bunsen反应部分，2008年验证了采用电渗析技术的氢碘酸分解工艺。目前进一步建立了产氢率50NL/h的回路，随后将建立产氢率$1Nm^3/h$的反应器。

我国清华大学对碘硫循环的化学反应和分离过程进行了系统研究，取得了多项成果。①建立了碘硫循环涉及的主要物种的四元体系的四面体相图，提出相态判据，建立了组成预测模型，并开发为相态判断的软件，可为循环闭合操作时的相态及组成预测提供指导。②开发了可在高温、强腐蚀环境下使用的高性能硫酸和氢碘酸分解催化剂，可实现两种酸的高效分解，且催化剂在100小时寿命试验中性能无明显衰减。③开发了用于氢碘酸浓缩的电解渗析堆及物性预测、传质、操作电压计算的模型与软件，可成功用于解决氢碘酸浓缩的难题。④建立了碘硫循环全流程模拟模型并开发为过程稳态模拟软件，并经过实验验证了可靠性；该软件可用于进行碘硫循环流程设计优化与效率评估。⑤建成了产氢能力100NL/h的集成实验室规模台架，提出了关于系统开停车、稳态运行、典型故障排除等多方面的运行策略，并成功实现了计划的产氢率60NL/h、60小时连续稳定运行，证实了碘硫循环制氢技术的工艺可靠性。

6. 生物发酵制氢及其电化学制氢技术

依照发酵产氢微生物的不同，生物发酵制氢技术可区分为以光合细菌培养为基础的光发酵和以异养型厌氧产酸发酵细菌培养为基础的暗发酵两类工艺。

光发酵制氢技术的研究历史，要比暗发酵生物制氢技术长，具有光合细菌易培养，底物的氢气转化率高等优点，一直备受关注和研究。在这一方向上，我国的研究也在不断深入，目前的研究成果，还仅限于实验室研究，要达到规模化生产水平尚需时日。比较突出的问题包括：①蓝细菌和绿藻在产氢的同时伴随 O_2 的释放，易使氢酶失活，如采用物理的和化学的方法消除 O_2，则需要消耗大量惰性气体和能源；②光合产氢微生物只对特定波长的光线有吸收作用，而提供充分的特定波长的光照又会消耗大量的能源，光源的维护与管理也变得复杂。为满足光合细菌产氢对光照强度和光照连续性的要求，一般采用消耗电能或其他化石能源的人工光源技术。而且，生长过程中产生的大量色素以及反应溶液本身的色度和浊度，会影响光在反应系统内的传播和分布，降低了光能的利用效率。这些不利因素，不仅使光发酵制氢工艺变得复杂，反应器放大困难，而且增加了制氢成本，限制了光发酵制氢技术的发展。

暗发酵制氢，不依赖光照，纯菌种或混合菌群的培养都容易实现，其发酵工艺可以借鉴微生物发酵工业和有机废水厌氧生物处理的已有技术和经验，反应器的放大和控制更容易达到规模化生产的要求。而且，厌氧发酵细菌能利用多种有机物质作为制氢原料，可以收到清洁能源生产和污染防治的双重功效。所以，暗发酵制氢虽然起步较晚，但进展迅速。国内学者在高效产氢菌种的选育、制氢反应器的设计与优化，以及采用分子生物学手段与基因工程技术改造产氢菌株的代谢途径等方面开展了持续而深入的研究，有效地提高了产氢系统的产氢效能，取得了一系列的成果，推动了暗发酵生物制氢技术的发展。

我国的发酵法生物制氢技术研究起步于 20 世纪 90 年代，1990 年哈尔滨工业大学生物制氢课题组提出了以厌氧活性污泥培养为基础的、以有机废水为原料的发酵法生物制氢技术思想,并开展了持续研究。

目前的发酵法生物制氢,其基本原理均是利用产酸发酵细菌的产酸发酵作用,单位基质的 H_2 转化率很低,原料中的大部分氢元素仍被固定在诸如丙酸、丁酸、乳酸和乙醇等发酵产物中,如何突破厌氧活性污泥对生物质发酵产氢的代谢障碍,提高单位基质的 H_2 转化率,已成为制约发酵生物制氢技术工业化进程的瓶颈,是降低制氢成本的关键。暗发酵过程产生的有机挥发酸(VFAs)可被光合细菌利用并进一步释放出 H_2。所以,通过产酸发酵菌和光合细菌的联合作用,可以大幅度提高基质的 H_2 转化率,是解决发酵法生物制氢存在的生物质 H_2 转化率低问题的有效方法。微生物电解池(MEC)在外加电压下,能将如葡萄糖、乙酸、丁酸等有机物转化而放出 H_2。因此,MEC 也可以与暗发酵相结合,对有机废物进行梯级利用,而提高基质的 H_2 转化率。然而,基于上述两种耦合方式实现生物质梯级利用的产氢技术研究,目前尚处于实验室探索阶段,无论技术的成熟度还是生产规模,都远远不能满足商业化生产的需求,但其发展前景应给予充分重视。

通过产酸发酵细菌和光合细菌的联合作用,不仅可以利用大分子有机物以及成分复杂的物料进行生物制氢,而且可以大幅度提高基质的 H_2 转化率,是解决发酵法生物制氢存在的生物质氢气转化率低这一问题的有效方法。以暗发酵细菌和光发酵细菌构建的两步发酵制氢方法,可将蔗糖的氢气转化率提高到 14.2 $molH_2$/mol-蔗糖。然而,两步法产氢过程中,至少需要两个单独的反应系统,对于复杂的底物还需设置必要的预处理单元,工艺流程长,控制单元多,管理相对复杂,这无疑会增加投入,降低其综合效率。光发酵过程的产氢速率和光合细菌生长速率都比产酸发酵细菌低,是两步法发酵产氢过程的限速步骤。如何进一步提高光发酵单元的产氢效能,是提升两步法发酵制氢技术综合效率的关键。将产酸发酵细菌和光合细菌进行混合培养,可以充分发挥不同功能菌群之间的协同作用,提高 H_2 转化效率,在利用复杂基质方面具有独特优势。在这方面,我国的研究基础相对薄弱,但相关研究不断深入,发展迅速。

微生物电化学系统(BES)可以利用暗发酵形成的小分子液相产物进行

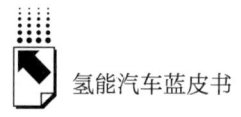

产电或在外加电压下产氢，与暗发酵制氢联合，可构建出对大分子有机物进行梯级转化和分步产氢的暗发酵 – BES 生物制氢工艺，最大限度地提高基质的 H_2 转化率。在外加电压下，MEC 体系中，由细菌氧化乙酸盐产生的电子和质子，有超过 90% 的比例转化为 H_2。利用木质纤维素发酵产乙醇的生物精炼工业正在快速发展。而在这些精炼工业的蒸馏废液中，往往含有一定量的残余糖及糖衍生物、纤维素和木质素水解产物等。其中的一些物质，如糠醛、呋喃等是发酵反应的抑制剂，但大多数都能被 MEC 利用产氢。如果将木质纤维素生物精炼工艺与 MEC 相耦合，对蒸馏废液加以利用和转化，不仅可以做到对废液的有效处理，还可以回收大量的 H_2。对于一个年产 70 万加仑乙醇的生物精炼厂，通过 MEC 回收的 H_2 可高达 $7200m^3/h$，为暗发酵 – MEC 联合产氢工艺展现了诱人的发展前景。暗发酵 – MEC 两段工艺、MFC – MEC 能量自给工艺，以及 DF – MFC – MEC 三元耦合工艺在我国的研究正不断深入。然而，这些联合工艺技术仍然处于实验室研究阶段，与实际应用还有很大差距。就目前的技术水平而言，基于甲烷发酵原理的氢气—甲烷联产技术更具实际意义。由于对底物的降解相对彻底，能源（H_2 和 CH_4）回收效率大幅提高。其技术成熟度以及环境—资源—经济综合效率，是目前其他生物能源技术难以匹敌的。然而，在以 H_2 生产为主要目的时，产酸相对较低的 H_2 转化率和能源回收率仍然是一个瓶颈问题。

二 储氢、运氢的技术路径、技术创新及产业化进展

（一）目前已经成熟的储运氢技术

1. 钢质氢瓶储运氢技术及其产业化进展

高压气态储氢是目前最常用并且发展比较成熟的储氢技术，其储存方式是采用增压设备将氢气压缩到一个耐高压的容器里。钢制储氢瓶是目前技术最成熟的储氢瓶，它的优点是结构简单、成本较低、安全可靠。国内钢制的

储氢气瓶设备分为钢质气瓶和钢质容器两大类，前者主要运用在移动储运氢气设备上，少量用于固定加氢站，后者用于固定式储氢。

2002 年，石家庄安瑞科气体机械有限公司在国内率先开发成功大容积钢制气瓶（容器），并成功将该气瓶应用于工业气体领域氢气的运输，该领域氢气的储运压力一般为 20/25MPa，继而开发的 45MPa 储氢瓶组也成功应用于 45MPa 加气子站中，为 2010 年上海世博会燃料电池汽车示范运行提供了服务。国内各高压设备制造企业也正加速研制高压储氢设备，如张家港富瑞氢能装备有限公司研发了车载供氢系统设备，京城股份正积极推进氢气储运装备的技术研发及制造等。

我国制备钢制储氢的主要材料为铬钼钢 4130X，该材质不仅强度高，而且具有良好的抗氢脆能力，已通过了高压氢环境下抗氢致开裂测试，用此钢制备的储氢瓶也通过了疲劳、爆破试验等各项型式试验。此种材料用于储氢时，国际的强度控制一般在 950MPa 以下，而我国则要求控制在 880MPa 以下，安全控制更加严格。

目前我国 45MPa 以下的钢质氢瓶设计制备技术已经非常成熟，45MPa 钢质氢瓶已在国内近 10 个运行的加氢站中使用，使用跟踪发现，在使用过程中均未发生任何异常，设备运行正常。2018 年 7 月，中国特检院对郑州宇通加氢站的钢质氢瓶进行了一次大检，检测发现钢瓶各项指标正常，证明材料与氢气兼容性良好。我国储氢设备的技术成熟也得到了国际上的认可，美国从石家庄安瑞科大批量采购了 45MPa 钢制储气容器。

与此同时，国家进一步完善了对于钢质氢瓶的监管，2011 年国家质检总局发布了 TSG R0005 - 2011《移动式压力容器安全技术监察规程》，在其附录 E 中，对运输氢的长管拖车、管束式集装箱都提出了明确要求。2016 年发布的 TSG 21 - 2016《固定式压力容器安全技术监察规程》对盛装氢气的瓶式容器提出了明确的技术要求。

但钢质氢瓶在氢气的运输环节仍存在着运输效率低的缺点，每次的运送量通常仅几百千克，未来高压氢气的运输将向高压力、轻量化方向发展。未来主要的运输氢气设备应以Ⅲ型和Ⅳ型气瓶为主，而加氢站的固定储氢装备还应以钢质氢瓶为主,因其对重量要求不敏感,更要注重产品性能和价格。

2. 玻璃纤维缠绕钢瓶储运氢技术及其产业化进展

大容积钢内胆纤维缠绕高压储氢气瓶(纤维缠绕钢瓶),是继钢质气瓶之后又一种高压氢气瓶,具有压力设计范围更高、容重比更大的特点。该类气瓶结合了钢质内胆及复合材料的优势,在储运气瓶设计中灵活性更高,与钢质气瓶相比,运输效率更高。纤维缠绕钢瓶按内胆承压及设计结构形式可以分为环向缠绕气瓶(Ⅱ型)、全缠绕钢质内胆气瓶(Ⅲ型),其中环向缠绕气瓶中内胆至少承担一半的压力,全缠绕气瓶内胆承压更低,因此全缠绕气瓶内胆壁厚更薄,气瓶重量更轻,但是复合材料的用量却会增加,如果采用性能好、价格相对较高的碳纤维缠绕制造,气瓶的储运性能进一步提高,但是气瓶的制造成本会大幅增加,如何选择,需要根据用户的实际需要综合评估。

目前,国内对于大容积纤维缠绕钢质气瓶的研制还没有相应的国内标准,2009年石家庄安瑞科气体机械率先研制出Ⅱ型纤维缠绕钢瓶,并通过了大连锅检院要求的各项型式试验,制定了国内第一部企业标准《大容积钢内胆环向缠绕气瓶》。2015年7月15日,国际标准ISO11515《可重复充装的水容积为450L~3000L的复合材料增强气瓶——设计、制造和试验》首次发布,使国际上制造大容积纤维缠绕气瓶有据可依。

用于纤维缠绕的钢质内胆,采用与钢质储氢气瓶相同的材质。在2011年国家质检总局发布的TSG R0005-2011《移动式压力容器安全技术监察规程》附录E中,对储氢气瓶中钢管化学成分和力学性能提出了明确要求,如碳(C)≤0.350%,磷(P)≤0.020%,硫(S)≤0.010%,抗拉强度Rm≤880MPa等。依据企业标准或ISO11515等要求,在缠绕气瓶整体性能设计阶段,综合各方面因素,计算出内胆壁厚。

用于纤维缠绕钢瓶的纤维材料,可以是玻璃纤维、碳纤维、芳纶纤维等,材料的选择需要综合考虑产品的性能要求及气瓶的经济性等因素。采用玻璃纤维作为增强材料,应充分考虑材料耐疲劳特性,选用性能优越的E级无碱玻璃纤维或S级高强玻璃纤维。选用碳纤维作为增强材料,应给出合理的措施,避免在使用过程中纤维材料与钢质内胆材料间发生电化学腐蚀。

一般来说，纤维缠绕钢瓶需要经过内胆成型加工、热处理、复合材料缠绕、固化、自紧等工序加工而成（见图6）。

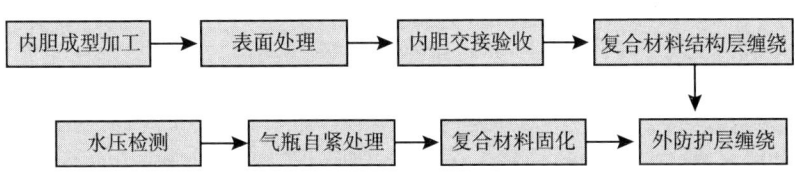

图6　纤维缠绕钢瓶加工

对于钢质缠绕气瓶，尽管爆破压力合乎要求，但由于里层钢内胆的弹性模量高（206GPa），而外层纤维复合材料缠绕层的弹性模量低（如玻璃纤维仅在40GPa左右），由此导致在工作压力下钢内胆的环向应力水平很高，而复合材料的环向应力很低。这样一方面不能充分利用复合材料层的高强度，另一方面将因钢内胆环向应力过高，而极大地降低了容器的安全性和耐疲劳性能。所以，必须采取适当措施提高工作压力下复合材料的应力水平，降低钢内胆的应力水平，从而提高容器的安全性及疲劳寿命。

为了达到上述目的，工程上常采取两种措施，一种是在缠绕时采用很大的张力，使内衬处于压缩状态而纤维处于受拉状态，即加预应力。这种方法适用于干法缠绕，特别是热塑性预浸带，因为这种作用不会因为固化而松弛掉。该方法对设备的张力控制系统要求非常高，不仅要求张力控制非常精确，而且所施加的张力也因足够大。另外一种方法是挤压预紧，即采用常规方法缠绕成型，固化后给容器施加超过水压试验压力的某个压力，使内胆产生屈服变形，卸压后钢内胆有一部分变形不可恢复（产生残余应变），而复合材料由于是弹性材料要恢复，这样使得复合材料受拉应力作用而钢内胆受压应力作用，使其内外应力状态得到较好匹配。结合生产的具体情况，大型钢内胆环缠气瓶一般采用挤压预紧的方法[①]。

---

① 陈营：《铝合金内衬碳纤维全缠绕气瓶有限元分析与优化设计》，硕士学位论文，大连理工大学，2011。

纤维缠绕钢瓶可采用与钢质气瓶同样的结构组成瓶组,既可用于氢气运输长管拖车,也可用于站用储气瓶组。当用于长管拖车时,纤维缠绕钢瓶比钢质气瓶具有明显的容重比优势,运输效率可提升50%。目前,市场上作为氢气运输的主要纤维缠绕钢瓶车型最大容积可达33.6m^3,压力20MPa。国内的纤维缠绕气瓶技术已经成熟,石家庄安瑞科、中材科技等公司已经量产,并已实现批量出口。当作为站用储气瓶组使用时,其工作压力可以设计到87.5MPa,石家庄安瑞科开发的此种气瓶已在大连示范应用,但由于缺乏相关的标准支持,目前35MPa以上的纤维缠绕钢瓶还不能进入市场,但相关技术已有所突破。

3. 35MPa碳纤维缠绕瓶储运氢技术及其产业化进展

目前大规模储氢应用的方法是高压气态储存,从钢质氢瓶发展到复合材料氢瓶,实现了高压储氢向轻质高密度储存的转变。我国"十五"期间开始碳纤维缠绕氢瓶研究至今,已有15年的开发历史,目前已具备了35MPa车用铝内胆纤维全缠绕高压氢气瓶的批量设计制造能力。

35MPa碳纤维缠绕瓶由内至外包括铝合金内胆、纤维缠绕层、外保护层。内胆主要作为储存氢气的容器,纤维缠绕层为主要承压部分。内胆通过冲压拉深及旋压收口等工序制成,内胆制造完成后,在内胆的外侧缠绕碳纤维,通过合理的缠绕程序及固化制度,最终完成储氢气瓶的加工。

对于具有较高压力、较大外径以及较高疲劳寿命要求的储氢气瓶的设计,其内胆设计、缠绕层设计和自紧设计等均对气瓶的疲劳性有较大的影响,需要进行充分的设计和验证,才能得到合理的内胆、缠绕层线形及自紧压力等工艺参数,从而保证气瓶产品的疲劳性能。

为保证整车的重量利用效率,应尽量提高气瓶的储氢效率,在考虑安全性和可实施性的情况下,储氢效率宜不断提高。因此,对于气瓶的重量需要进行优化设计,在保证储氢量的条件下尽可能降低气瓶的重量,同时还要保证内胆厚度和缠绕层厚度均能满足各项试验要求。储氢效率的研究是35MPa氢在设计生产过程中的技术难点。

目前,35MPa碳纤维缠绕瓶在经过合理的设计及试验验证后已达到国内外标准要求,实现了国产化,依靠成熟的技术已经在汽车领域得到了普遍应用(见表2)。

表2 储氢气瓶的应用

实例	储氢气瓶生产商
2008年奥运会氢燃料电池客车	Dynetek
2010年上海世博会上汽氢燃料电池汽车	沈阳斯林达
2010广州亚运会上汽氢燃料电池观光车	沈阳斯林达
佛山公交	北京科泰克
青年汽车	北京科泰克
东风特汽(十堰)专用车	富瑞氢能
东风特汽(十堰)客车	沈阳斯林达
上汽大通FCV80	北京科泰克
上汽申沃客车	沈阳斯林达
2022年冬奥会用车	北京天海

近年来,国内外已大批量生产了35MPa储氢Ⅲ型气瓶,储氢气瓶的性能也随着产品的不断改进而进步,现对国内外产品的性能进行了统计对比。通过对比发现,国内35MPa储氢Ⅲ型气瓶质量储氢密度已经接近或达到了国外产品水平(见表3)。

表3 35MPa储氢Ⅲ型气瓶国内外生产情况

	储氢气瓶生产商	工作压力(MPa)	容积(L)	储氢质量密度(%)
国外	Luxfer(Dynetek)	35	68~250	4.3~5.1
国内	沈阳斯林达	35	9~307	3.8~4.9
	北京科泰克	35	140	4.3
	张家港富瑞氢能	35	70~140	3.5~4.0
	北京天海	35	5~230	4.0~4.9

除Ⅲ型瓶外,Ⅳ型储氢气瓶也以其重量储氢密度和成本优势得到了迅速发展。Ⅲ型和Ⅳ型储氢气瓶性能对比详见表4。

表4　35MPa储氢Ⅲ型气瓶国内外生产情况

序号	气瓶类型	工作压力(MPa)	储氢质量密度(%)
1	Ⅲ型	35	3.8~4.5
2	Ⅳ型	35	4.0~7.0

通过对比可以看出部分Ⅳ型气瓶型号的储氢质量密度要高于Ⅲ型气瓶，国外已成功研制并生产了Ⅳ型气瓶，用于汽车领域，但由于Ⅳ型气瓶的生产工艺稳定性及安全性在我国仍存在问题，因此目前Ⅳ型气瓶仍被明令禁止使用。

国内厂家最初主要参照 GTR《氢燃料电池汽车全球法规》、ISO/TS 15869《车用氢气及氢气混合气储存气瓶》等国外标准进行了高压储氢气瓶的研制，进入产品阶段后，很多国内厂家又依照国外标准制定了相应的企业标准，从而造成各公司间因参照不同国外标准，而使其设计生产的储氢气瓶标准不一。为统一储氢气瓶的行业标准，全国气瓶标准化技术委员会于2017年12月29日发布了国标 GB/T 35544-2017《车用压缩氢气铝合金内胆碳纤维全缠绕气瓶》，并于2018年7月1日开始实施。标准要求35MPa碳纤维缠绕瓶的使用环境为-40℃~85℃，其爆破压力应不低于2.25倍的公称工作压力，充装次数为11000次。

近年在国内外市场的强势拉动下，我国已迅速具备了批量生产35MPa储氢气瓶的能力，目前我国已有多家公司的35MPa氢气瓶产品通过了型式试验，预计气瓶行业满载年出货量可达30000只。

随着整车厂新车型的不断开发，对氢气瓶也提出了多样化的要求，目前35MPa储氢气瓶的型号定制化基本趋于系列化，比如100L~160L广泛应用于物流车、商务车以及公交车等车型中；5L~15L应用于无人机领域，这种型号统一化及标准化的趋势十分有利于行业的快速发展。

4. 低温液氢储运氢技术及其产业化进展

液氢温度低达-253℃，储氢密度约为71g/L，相同有效装载容积下液氢罐的重量比各种类型的高压储氢装备都要轻，因此液氢容器比高压储氢装备更适合远距离运输，具有更高的运输效率和更低的运输费用。液氢与高压氢的运营费用差异还在于获得与使用过程中的能耗，氢液化的能耗比氢压缩的能耗高一倍以上，但在运输环节，液氢的运输成本只有高压氢的 1/5～1/8。因此在储运环节，在一定规模和距离以上的运输时，液氢会体现出比高压氢气更好的经济性。

高真空、绝热性能好的储氢容器是目前研究的重点。由于液氢蒸发损失量与储罐表面积和容积的比值成正比，因此，储罐的容量越大其液氢的汽化率就越低。

储罐的最佳形状为球形，球型储罐同时也具有由于应力分布均匀，良好的机械强度等优点，但大尺寸的球型液氢储罐制造加工相对困难，制造成本较高，通常需要在项目现场制造。

目前经常使用的是圆柱形储罐，圆柱形储罐通常作为公路车辆或铁路车辆运输液氢的容器形状。采用圆柱形筒体，椭圆形、蝶形或半球形封头的容器，其表面积和容积的比例只比球型容器高约十个百分点，由于蒸发损失与低温储存容器的表面积和容积的比值成正比，随着储罐尺寸的增加，蒸发率将大幅减少。就双层真空绝热球型容器而言，$50m^3$ 容器的日蒸发率 0.3%～0.5%，$100m^3$ 储罐的日蒸发率为 0.2%。

我国航天科技六院 101 所早在 20 世纪 70 年代就设计制造了 $30m^3$ 真空多层绝热液氢贮箱，目前中国自行设计制造的大型卧式可移动液氢储罐集中在海南文昌航天发射场及配套液氢工厂，有 5 个 $300m^3$ 液氢罐为中集圣达因生产，还有 2 个 $300m^3$ 和 1 个 $120m^3$ 分别为南京航天晨光股份有限公司和四川空分集团提供。

将氢气进行液化之后运输是一种高效、经济的运输方式。但液氢是一种超低温（-253℃）、易气化、易燃和易爆的物质，其安全储运技术面临诸多技术挑战。对于液氢的运输可采用槽车（公路、铁路）运输、罐式集装箱包装运输、船舶散装运输、管道运输等。目前，液氢的槽车运输技术已经成熟，罐式集装箱包装运输及船舶散装运输正处于发展之中，管道运输由于本身存在局限性，一般只应用于航天发射场和试验场等相对封闭的局部场所。

（1）槽车运输

在我国，一些火箭发射项目正在开展小规模液氢运输。例如，西昌卫星发射中心的部分液氢是由航天科技六院 101 所通过铁路槽车从北京运输到西昌。目前，工业界也启动了民用液氢运输研究项目，主要考虑我国西部太阳能光伏发电并网困难，为了减少电能的浪费，用此电能来电解水制氢，液化之后运输到内地使用。

（2）罐式集装箱运输

当液氢生产厂离用户较远时，可以把液氢装在专用低温绝热槽罐内，放在卡车、机车、船舶或者飞机上运输。这是一种既能满足较大输送量又比较快速、经济的运输方法。液氢槽车是关键设备，常用水平放置的圆筒形低温绝热槽罐。汽车用液氢储罐储存液氢的容量可达 $100m^3$，铁路用大容量的槽车甚至可运输 $120\sim200m^3$ 的液氢①。

（3）船舶运输

美国宇航局（NASA）建造了输送液氢的大型专用驳船。驳船上装载有容量很大的液氢储存容器。这种驳船可以通过海路把液氢从路易斯安那州运送到佛罗里达州的肯尼迪空间发射中心。驳船上低温绝热罐的液氢储存容量可达 $1000m^3$。显然，这种大容量的液氢海上运输要比陆上的铁路或高速公路运输更经济，同时也更安全。日本、德国、加拿大都有类似的报道。

（4）管道运输

在空间飞行器发射场内，常需从液氢生产场所或大型储氢容器输送液氢给发动机，此时就必须借助于液氢管道来进行输配。比如美国肯尼迪航天中心用于输送液氢的真空多层绝热管路。

目前世界上较为成熟的液氢储运技术主要包括罐式集装箱、铁路液氢贮运罐、固定式液氢储罐（球罐），以及液氢运输船进行海上长距离运输。罐式集装箱由于使用方便，运输途径灵活等特点，未来有望成为液氢运输的重要方式。

---

① 毛宗强：《氢能知识系列讲座（4）将氢气输送给用户》，《太阳能》2007 年第 4 期。

当前的液氢储运技术都是对常压液氢进行储存和输送，高压液氢相对常压液氢而言，具有更高的密度，并且大大降低了蒸发热损失。因而高压低温的液氢储运技术是目前液氢储运技术的重要研究方向。从事液氢储运相关研究的主要机构详见表5。

表5 从事液氢储运相关研究的主要机构

序号	名称	相关研究内容	相关研究成果
1	（美国）NASA	球型液氢储罐蒸发损失	3800m^3球型液氢储罐
2	俄罗斯JSC	球型液氢存储系统	1400m^3球型液氢储罐
3	（日本）种子岛航天中心	球型液氢储罐珍珠岩真空绝热技术	540m^3液氢储罐
4	（法国）圭亚那太空中心	移动卧式液氢储罐	360m^3移动卧式液氢储罐
5	（中国）航天科技六院101所	液氢加注，液氢性能测试	液态储氢加氢站，车载液氢系统
6	（中国）原总装备部工程设计研究所	移动式液氢储罐	300m^3可移动式液氢储罐

然而，由于液氢储运属于超低温装备，基于较高的技术壁垒，其生产制造、运行管理均受到相关法规和标准的严格规定，目前民用液氢主要分布在欧洲、日本、美国等发达国家，我国基于商业化应用空白和标准缺乏等方面的原因，液氢仅在军用（航天领域火箭发射）领域使用，而在民用领域一直未能推广。但鉴于数十年来我国航天领域液氢产业的发展，中国已在制氢、液氢储存输送及其应用技术等方面具备一定经验和能力，系统及设备的设计、制造、运营等方面的标准和生产能力均有一定储备。同时近年来，为适应氢能产业燃料电池车辆示范运营的需求，在技术研发方面也取得了一些成果和技术积累，产业链瓶颈已从装备技术转移到法规标准和使用管理的突破。

（二）新型储运氢技术

1. 70MPa碳纤维缠绕瓶储氢技术

70MPa车用高压储氢气瓶具有安全性好、单位体积储氢密度高等优点，国际燃料电池汽车的研发和示范都正在向70MPa车载储氢方向发展，因此

迫切需要开发具有自主知识产权的 70MPa 储氢瓶，对 70MPa 的储氢气瓶的研发设计已成为国内外诸多气瓶厂家的研究重点。

70MPa 高压车载储氢气瓶的研发主要包括内胆壁厚，内胆端部形式，纤维缠绕层（包括缠绕角、缠绕张力以及成层纤维排列状态）、自紧等方面设计，完成 70MPa 高压车载储氢气瓶的加工制造后，还需对气瓶进行一系列的型式试验，使之满足车载储氢要求。

70MPaⅢ型储氢气瓶的结构与 35MPaⅢ型储氢气瓶的结构基本相同，包括铝合金内胆、纤维缠绕层、外保护层。与 35MPaⅢ型储氢气瓶相比，相同外形尺寸 70MPaⅢ型储氢气瓶的缠绕层厚度更厚，但 70MPaⅢ型储氢气瓶的体积效率明显增高。同等外形尺寸下 70MPaⅢ型储氢气瓶的单位体积储氢密度高于 35MPaⅢ型储氢气瓶，但气瓶的重量也有所提高。在使用寿命上，35MPaⅢ型储氢气瓶的使用寿命为 15 年，70MPaⅢ型储氢气瓶的使用寿命为 10 年，同时，35MPaⅢ型储氢气瓶的压力循环次数为 11000 次，70MPaⅢ型储氢气瓶的压力循环次数为 7500 次。

2016 年沈阳斯林达公司率先研制出 70MPaⅢ型纤维全缠绕高压储氢气瓶，经过合理的设计及试验验证后，已达到国内外标准要求，其中水容积 52L 的 70MPa 车用储氢气瓶已经通过了型式试验，进入批量生产阶段，并已批量应用于上汽荣威 950 氢燃料电池汽车，该储氢气瓶储氢密度可达到 3.8%，可与国外生产的 70MPa 高压储氢气瓶的储氢密度相媲美。另外北京科泰克以及北京天海也陆续研制并进行 70Mpa 气瓶的型式试验，有望近期推向市场。

塑料内胆复合材料全缠绕气瓶（Ⅳ型瓶）以质量轻、耐腐蚀、抗疲劳等特点而具有其独特的优势，自 20 世纪 80 年代中期由法国 ULLIT 公司研制推出以来，发展速度较快，目前全世界使用数量超过 15 万只，其中主要集中在欧美发达工业国家。我国从 20 世纪 90 年代中后期引进该项技术以来，已累计制造生产出约 2 万只Ⅳ型瓶在全国范围内使用。但目前还没有相关的国家标准。车载Ⅳ型瓶属于储存易燃易爆介质的高压容器，具有高危险性，一直是汽车产业发展的瓶颈。Ⅳ型瓶的基本结构由内胆、纤维增强层、外保护层等部分构成。内胆材料为聚乙烯塑料,内胆的加工成型一般采用旋转成型(滚塑)、注塑、吹塑工艺。纤维增强层是连续的玻璃纤维或碳纤维浸渍树脂,按照铺层设计工艺缠绕在内胆上,然后通过固化处理得到的复合材料层①。

塑料内胆纤维全缠绕气瓶（Ⅳ型气瓶）在70Mpa氢能气瓶的应用上,相比于金属内胆纤维全缠绕气瓶（Ⅲ型气瓶）在重量上有一定的优势,但受限于我国生产工艺不成熟,早期国产的Ⅳ型气瓶存在一定缺陷。高压气体容易从塑料内胆向外渗透造成泄漏,且金属阀座与非金属内胆的连接部位密封性难以保证。同时,因为内胆与缠绕层线膨胀系数相差巨大,多次充装后内胆容易向内"鼓起"与外层脱离。由于2003年和2004年发生的几起安全事故,其至今被禁止在国内销售。

气瓶的设计、生产和使用必须有相应的标准规范,以保障其安全性。新型高压储氢相关标准的研究与缠绕高压储氢气瓶的研究同步进行,国际化标准组织、美国、欧盟、日本等已经制定相应的标准或者草案,如国际化标准组织的ISO/TS 15869《车用氢气及氢气混合气储存气瓶》、欧盟的NO 406/2010-2010《欧盟委员会关于实施氢动力机动车辆型式认可的（EC）NO 79/2009号欧洲议会和欧盟理事会条例的条例》、美国的SAE J2579《氢能汽车燃料系统》、日本的JARI S 001《氢能汽车用高压储氢气瓶技术标准》等。我国已完成能够适用于35MPa或70MPa的高压储氢气瓶的相应标准规范GB/T 35544-2017《车用压缩氢气铝合金内胆碳纤维全缠绕气瓶》,于2017年12月29日发布,2018年7月1日开始实施。标准规定了车用压缩氢气铝内胆碳纤维全缠绕气瓶的型式和参数、技术要求、试验方法、检验规则、标注、包装运输和储存等要求。规范了国内各个单位对高压储氢气瓶的设计和生产,为储氢气瓶国产化提供了有力的依据。

2. 钢带缠绕氢瓶储氢技术及其产业化进展

固定式高压储氢容器主要用于加氢站和制氢站等固定场所的高压氢气储

---

① 唐捷:《塑料内胆复合材料全缠绕CNG气瓶安全技术研究》,硕士学位论文,四川大学,2005。

存。固定式储氢传统上通常采用钢制无缝压缩氢气储罐。该储罐是由无缝钢管经两端局部加热锻造收口而成,属于整体无焊缝结构,避免了焊接可能引起的裂纹、气孔、夹渣等缺陷,但其使用的高强钢对氢脆敏感,还存在单台设备容积受限,难以实现安全状态在线检测等缺点。

为克服现有高压储氢技术的不足,解决加氢站规模储氢的难题,经过多年的技术攻关,浙江大学成功研制了拥有自主知识产权的全多层钢制高压储氢容器。该容器由钢带错绕筒体、双层半球形封头、加强箍、接口座等组成,如图7所示。

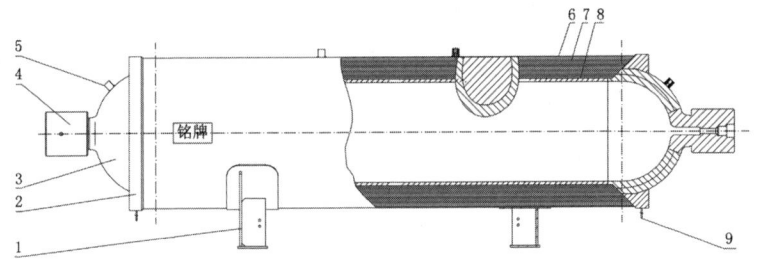

图7 全多层钢制高压储氢容器基本结构

注:1. 鞍座,2. 加强箍,3. 双层半球形封头,4. 接口座,5. 氢气传感器接头,6. 保护壳,7. 钢带层,8. 内筒,9. 接地板。

该容器独特的全多层技术解决了高压氢脆问题、先进设计和传感技术,提高了本质安全性、薄钢板和钢带错绕技术,降低了制造成本,模块化系统设计能快速满足用户需求,使其具有以下几个优点:第一,抗氢脆性能良好。内筒及内封头采用复合钢板,与氢气接触部分均使用抗氢脆性能良好的奥氏体不锈钢;第二,设计参数灵活。设计压力可达98MPa,筒体内径可达1500mm,容器长度可达30m;第三,抑爆抗爆。工作压力下,失效方式为只漏不爆,不会发生整体脆性破坏;第四,缺陷分散。容器全长无深环焊缝,且绕带层与容器封头连接方式采用相互错开的阶梯状斜面焊缝代替传统的对接焊接结构,不仅增大焊缝承载面积,提高焊缝结构的可靠性,而且实现了筒体与封头应力水平的平滑过渡;第五,安全状态可在线监测:容器整体为全多层结构,在筒体保护壳及外封头上开孔,连接氢气泄漏收集接管,并设置氢气传感器，可实现全覆盖的氢气泄漏在线监测；第六，制造经济简便。容器主体大部分为低合金钢，钢带层仅需在端部进行焊接，且制造过程中不需要大型设备。

以此自主技术为核心，浙江大学牵头制定了国际上首部高压储氢容器国家标准——GB/T 26466《固定式高压储氢用钢带错绕式容器》，实现了自主研究成果的标准化。该技术打破了美国等国家对高压气态储氢技术的垄断，提升了我国高压临氢容器的设计制造能力，促进了国内氢能产业的发展。全多层钢制高压储氢容器已成功应用于国内多座加氢站。77MPa、47MPa及42MPa全多层钢制高压储氢容器在北京飞驰竞立加氢站有良好的运行记录。国际首台98MPa全多层钢制高压储氢容器已于2017年成功应用于常熟丰田加氢站，市场前景广阔。全多层钢制高压储氢容器所属的"70MPa高压气态储氢系统关键技术及应用"项目荣获教育部科技进步一等奖。

3. 有机液态储氢技术

液体有机储氢材料技术主要是以某些不饱和芳香烃、烯炔烃等作为储氢载体，通过与氢气作为反应物发生可逆化学反应来实现储放氢。液体有机储氢材料最大的特点就是常温下一般为液态，类似于汽油，能够十分方便地运输和储存。实际上这种化合物就是一种氢的载体，在加氢过程中，氢气以化学的方式被加到这种载体中，形成稳定的氢化物液体，经过与石油产品相类似的普通储存与运输过程，在到达用户端时，载氢液体有机储氢材料通过催化反应器释放氢气供氢燃料电池使用。经脱氢后储氢载体再回流到储罐中，并到加氢站置换新的载氢液体有机储氢。整个过程中完全通过热交换降低能耗，且没有温室气体排放，安全环保。

液体有机储氢技术的工作原理可分为三个过程。

①加氢：氢气通过催化反应被加到液态储氢载体中，形成可在常温常压条件下稳定储存的液体有机储氢化合物中（此部分可在专门的加氢工厂完成）。

②运输：加氢后的储氢液体（氢油）有机通过普通的槽罐车运输到补给码头后，采取类似汽柴油加注的泵送形式，简单、快速地加注到车上的有机液体存储罐中。

③脱氢：储氢液体（氢油）的脱氢过程在供氢（脱氢）装置中进行。图8列出了供氢（脱氢）装置的工作原理，通过计量泵输送至脱氢反应装置，在一定温度条件下发生催化脱氢反应，反应产物经气液分离后，氢气输送至燃料电池电堆，脱氢后的液态载体进行热量交换后进行回收，循环利用。

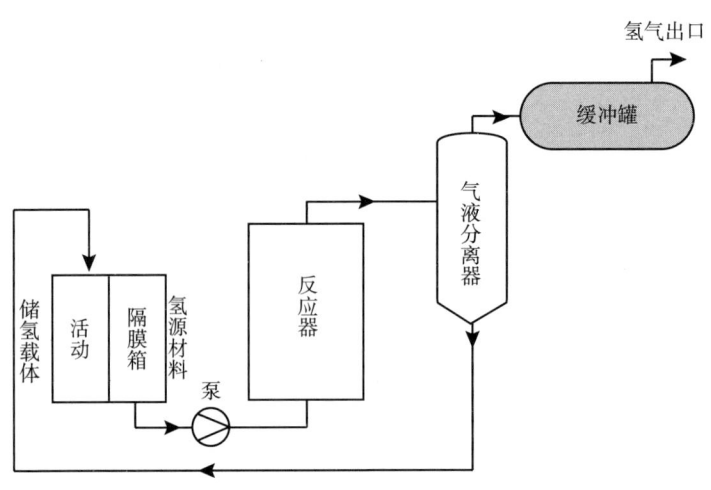

图8 供氢（脱氢）装置系统工作原理

液体有机储氢具有以下技术优势。

①储氢量大、储氢密度高

以新型稠杂环有机分子作为储氢载体的液体有机储氢材料目前的体积储氢密可高达60g/L，其可逆储氢量约为6.0wt%。

②储存、运输安全方便

储氢液体有机材料在常温常压下为液态形式，闪点高，遇到明火不燃烧，存储非常安全，可利用普通管道、罐车等设备快速完成物料补给，在整个运输、补给过程中，不会产生任何氢气或能量损失。

③脱氢（供氢）响应速度快，适宜和燃料电池匹配

储氢液体有机的脱氢反应具有较快的响应速度，氢气可以实现即脱即用，非常适宜和燃料电池匹配。

④氢气纯度高、无尾气排放

液体有机储氢材料脱氢所得到的氢气具有较高的纯度（>99.99%），完全满足燃料电池系统的用氢需求，且脱氢过程中无任何尾气排放问题。

⑤液态储氢载体可重复使用，无废弃物排放问题

储氢液体有机的加脱氢反应进行完全，反应过程高度可逆，液态储氢载体可反复循环使用。

2014年7月，氢阳能源有限公司成立并最早在国内开展常温常压有机液体储氢技术的商业化开发与示范。目前催化加氢/脱氢中试工作已结束，针对不同应用的供氢系统（匹配1kW～100kW燃料电池）的工艺设计过程已经完成，并已制成1kW、5kW、30kW级别供氢系统样机。2016年9月17日，氢阳能源有限公司与扬子江汽车公司联合研发的、采用有机液体储氢的氢能汽车工程样车"泰歌号"下线；此外，氢阳能源有限公司与江淮汽车股份有限公司共同研发的基于有机液体储氢供氢技术的燃料电池乘务车已完成路跑试验。

4. 液氨储氢技术

氢的体积含量很低（8.9g/100L，1bar）、储运困难，是制约氢能技术大规模应用的瓶颈技术之一，而使用液氨作为氢的储存介质，可在一定程度上解决这一难题。氨在常压、-33.5℃或常温、8bar的条件下即可液化，因而易于储存和运输，且液氨的单位体积氢含量为12.1kg/100L，高于液氢的7.06kg/100L（-242℃）。此外，氨还具有产量大、质量能量密度高（3kWh/kg）、制氢工艺简单、分解产物不含CO和CO_2、安全性好等特点，因而被认为是一种具有重要应用前景的"氢源载体（hydrogen carrier）"。

氨作为氢源载体，近年来逐渐引起国际上学术界和产业界的关注。日本科学技术振兴机构（JST）在2013年和2014年相继启动了"尖端低碳技术开发项目"及"战略创新推进计划"，将氨的生产、储运及转化列为关键研究内容。而美国能源部ARPA-E于2016～2017年先后启动了16个"REFUEL"的项目，用以支持与可再生能源转化利用相结合的氨的合成与转化研究。Yara、Siemens、Nuon等国际知名企业也正在积极地对氨作为氢

源载体的经济性和可行性进行分析论证。

我国是氨生产大国，2017年我国氨产量5500万吨，约占世界总产量的34%，因而在我国实施氨作为氢源载体具有先天的优势。且近年来国内合成氨行业面临产能过剩的局面，将氨作为氢源载体加以利用或是破解该问题的有效途径之一。

氨作为氢源载体的实施，氨的合成及其分解技术是关键。尽管目前工业合成氨技术较为成熟，但其高温高压、大规模、连续性模式并不适用于基于太阳能、风能等间歇性可再生能源的合成氨过程，因而需要开发新型的低温低压合成氨技术。

中科院大连化物所近期的研究结果表明，向3d过渡金属，如V、Cr、Mn、Fe、Co、Ni中加入第二非过渡金属组分，如LiH，可使其合成氨活性提高1~4个数量级。需要指出的是，3d前过渡金属，如Cr、Mn等，由于活性较低长期以来未受到研究者的广泛关注。而LiH的存在使得Cr-、Mn-的催化活性与Fe-、Co-LiH相当，甚至优于现有的Ru基催化剂。根据文献报道，Cs促进的Ru催化剂（Cs-Ru/MgO）是目前活性最高的合成氨催化剂之一，而Cr-和Mn-LiH在300℃的催化活性可达Cs-Ru/MgO的2~3倍，在250℃时则高出一个数量级。

除催化过程以外，以分步反应为特征的化学链合成氨技术可通过对材料和反应条件等进行优化，使得氮气活化、加氢放氨等各个步骤分别在最优状态下实施，从而使得合成氨过程可在低温低压下实施。将光/电解水制氢，太阳能制热与化学链合成氨过程耦合，或将为传统合成氨工业提供一条替代路线。化学链过程的核心技术是开发低成本、高效、稳定的载"氮"及载"氢"材料。目前已报道的体系包括$Al/AlN/Al_2O_3$、$Cr/CrN/Cr_2O_3$等。但这些体系目前面临的问题在于操作温度较高（>1000℃），需进一步开发低温材料。氢化物/氮化物材料在低于500℃的反应条件下即可分别与氮气/氢气发生反应，这为设计和开发新型的化学链过程提供了更多的选择。通过对此类材料的组成、结构、传质过程进行系统优化以及理性设计，有可能开发出低温、高效的化学链合成氨新技术。

此外，将光、电、等离子体等外场作用引入合成氨过程，通过辅助 N_2 分子活化或改变反应路径，可在较为温和的条件下实现氨的化学合成。因此，近年来外场调控下的化学合成氨方面的研究非常活跃。但如何开发高效的催化剂并与外场相耦合，降低析氢等副反应动力学和提高光/电流效率是该领域面临的重大挑战。

目前的制氢方法中，化石燃料（天然气、甲醇等）催化重整制氢技术研究最为广泛，技术已经比较成熟。然而对于质子交换膜燃料电池（PEMFC）而言，催化重整制得的氢气中含有的微量 CO 会使电极催化剂中毒，需要经过繁杂的后处理才能达到 PEMFC 用氢标准。随着燃料电池技术的飞速发展，氨分解制备无 CO_x 燃料电池用氢技术近年来受到学术界和产业界的广泛关注。开发氨作为氢源载体的氨分解制备高纯氢技术，在未来分布式、中小规模制氢系统具有广阔的发展前景。实现氨作为氢源载体的关键是开发在尽量低的温度下具有高活性和高稳定性的氨分解催化剂。热力学计算结果表明氨分解制氢反应是吸热反应，1atm 条件下温度为 400℃时氨的平衡转化率可以超过 99%。

现有的氨分解催化剂体系中，基于 MgO、碳纳米管（CNTs）载体的 Ru 基催化剂表现出较好的催化活性。然而由于氨分解反应动力学阻力较大，在较低温度（400℃~450℃）下实现氨的高效分解（转化率在 90% 以上）仍然非常困难。开发在相对低温（400℃~500℃）下具有高稳定性和高活性的新型氨分解催化剂成为氨分解制氢技术发展的最新趋势和研究热点。

除载体外，助剂的添加对过渡金属氨分解催化活性的提高亦非常显著。大连化物所近期研究发现亚氨基锂（Li_2NH）与 3d 过渡金属间存在着强的协同作用，使得二者形成的复合体系在催化氨分解反应中表现出优于常规过渡金属的催化性能。这种协同作用在前过渡金属上表现得尤为显著。前过渡金属如 V、Cr、Mn 等在氨分解反应条件下生成氮化物，其本征催化活性极低，而加入 $LiNH_2$ 后，其催化活性提高了 1~3 个数量级。如 MnN 与 $LiNH_2$ 形成的复合催化剂（MnN–$LiNH_2$）的起始活性温度降到了 350℃以下，在 500℃时的氨分解速率较 MnN 高出了约 40 倍，甚至优于高活性的 Ru/CNTs 催化剂。氨基钠、氨基钾、氨基钡等亦表现出了类似的作用。这一系列研究结果显示了碱（土）金属（亚）氨基化合物在催化氨分解反应中的应用潜力。

氨分解反应产物氢气的分离与纯化，亦是非常重要的环节。将高活性氨分解催化剂与高选择性的透氢膜反应器集成，可实现氢气的生成分离一体化，为分布式制氢系统提供氢源。

5. 固态储氢技术

（1）氨基化合物—氢化物体系

金属氨基氢化物储氢材料是 2002 年开发出来的一类新型固体储氢材料，它由金属氨基化合物和金属氢化物复合而成。改变体系中的金属氨基化合物或金属氢化物即可获得一系列金属氨基氢化物复合储氢材料，如 $LiNH_2$ - $xLiH$、$Mg(NH_2)_2$ - MgH_2、$Mg(NH_2)_2$ - $xLiH$ 等。其中 $Mg(NH_2)_2$ - $2LiH$ 体系的质量储氢密度 5.5wt%，脱氢焓值 40.0kJ/(mol - H_2)，即产生 1bar 平衡氢压所需理论脱氢温度约为 90℃。此温度与燃料电池的工作温度十分接近，故该体系被认为是最具车载实用前景的储氢体系之一。然而，$Mg(NH_2)_2$ - $2LiH$ 的脱氢动力学能垒高，一般操作温度高于 180℃。为促进该体系的实际应用，国内外数十家企事业研究单位和大学，例如，Sandia National Lab（美国），HZG（德国），KIT（德国），AIST（日本），大连化物所，浙江大学，复旦大学，有色金属研究总院等专注于 $Mg(NH_2)_2$ - $xLiH$ 体系的热力学、动力学及循环稳定性的改性，并取得了一系列成果。例如，K/Rb 基添加剂可使体系的脱氢峰温降低至 50℃，操作温度已经接近实用范围。金属硼氢化物添加剂有效地改善了该体系的热力学、动力学及循环稳定性性能。此外，将该体系材料限阈在纳米碳材料中，可进一步降低体系的吸脱氢温度及循环稳定性能。更为重要的是，近期研究人员将该材料示范于中小规模储氢系统中，显示出该类材料的应用性前景。然而，该体系实现应用还有一段距离，未来的工作应着重于金属氨基氢化物材料性能的优化、材料的规模廉价化制备及储氢系统的集成与优化等。

（2）氨硼烷及其衍生物体系

氨硼烷（NH_3BH_3）中氢含量高达 19.6wt% 和 145g H_2/L，高于美国能

源部车载储氢系统目标（5.5wt%和40g H_2/L），是当前储氢领域备受关注的材料之一。

氨硼烷热分解放氢反应可分为三步进行，反应温度分别在110℃、150℃和500℃以上，每步反应均释放1mol当量氢气。其中氨硼烷第三步放氢反应温度较高，因此并不具有实用性。氨硼烷在放氢的过程中存在着动力学阻力高、伴随杂质气体、产物体积膨胀等缺点。因此对于氨硼烷的改进主要包括催化修饰、离子液体修饰、纳米限阈、固相化学添加剂、新衍生物合成等方法。这其中，固相催化修饰方法利用少量催化剂添加，在没有明显牺牲氨硼烷氢含量的基础上，可实现材料在60℃下脱氢，并抑制了副产物的生成。另外，通过对氨硼烷进行化学修饰合成新型氨硼烷衍生物也是非常有效的方法，例如金属代氨硼烷、金属代氨硼烷氨合物等。其中，锂代氨硼烷（$LiNH_2BH_3$）和钠代氨硼烷（$NaNH_2BH_3$）最具代表，脱氢性能较为优异。这两类材料可以在90℃下分别释放出10.9wt%和7.5wt%的氢气，且氢气纯度有所提高，其中$LiNH_2BH_3$被美国能源部列为具有应用前景的材料之一。

到目前为止，阻碍氨硼烷及其衍生物实用化的主要问题是氨硼烷脱氢为放热反应，其吸氢反应在热力学上是不可行的，因此只有通过复杂的化学还原过程才能再生脱氢产物。文献报道利用肼可以一步法再生氨硼烷，实现了该材料的循环使用。复旦大学利用肼一步法可以再生出金属代氨硼烷材料。然而该类氨硼烷的再生方法均需要消耗较高的能量。

（3）有机无机杂化储氢材料

有机液态储氢材料具有储氢密度较高、大量易得、可利用现有的石油管路构架等优势，然而现有的有机液态材料面临着脱氢温度高的缺点。近期，中科院大连化物研究人员利用无机储氢材料改性有机材料，结合两种材料各自的优势，开发出了性能较为优异的有机无机杂化储氢体系，有效地降低了材料的脱氢焓变，在低于100℃下实现加氢脱氢循环，储氢量约5wt%。作为新近开发的材料体系，其优化与拓展空间较大，需要着重在新材料开发、材料稳定性、高效催化剂开发等方面进行深入研究。

三 加氢站技术进展

氢气经过生产、储运等环节后最终还要通过加氢站才能加注给燃料电池汽车实现氢能的应用,加氢站成了当前燃料电池汽车推广普及的一个关键问题。

(一)加氢站基本原理与发展简况

1. 加氢站基本原理

典型的加氢站由制氢系统、压缩系统、存储系统、加注系统和控制系统等组成。加氢站的类型根据氢气生产的地点可以分为两种:外供氢(off-site)加氢站和站内制氢(on-site)加氢站。

站外供氢加氢站的氢气可来源于中央制氢厂(如天然气重整制氢、煤气化制氢),或者来源于现有化工厂的副产氢气,这些氢气通过高压氢气管束车、液氢槽车或管道运输至加氢站,在站内压缩、储存和加注。根据氢气在加氢站内储存方式的不同又可将其分为高压气氢站和液氢站。其主要设备和基本工艺流程如图9所示。

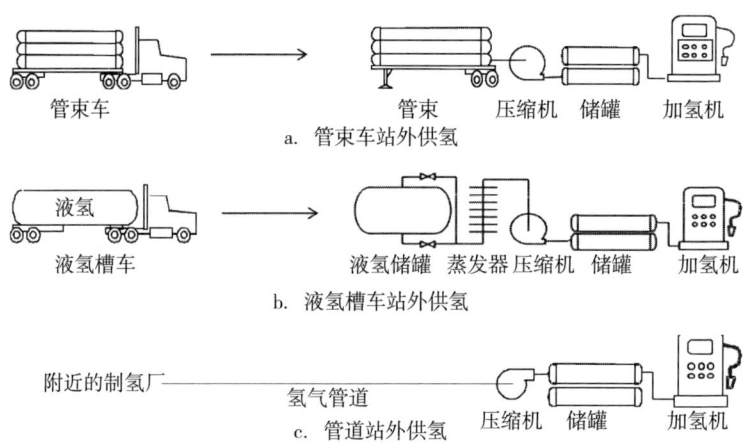

图9 站外供氢加氢站

站内供氢加氢站的氢气在站内现场制取。根据其站内制氢技术的不同可以分为电解水制氢加氢站、天然气重整制氢加氢站、甲醇重整制氢加氢站、可再生能源（太阳能、风能）制氢加氢站等。目前应用最多的是前两者，其基本流程图如图10所示。

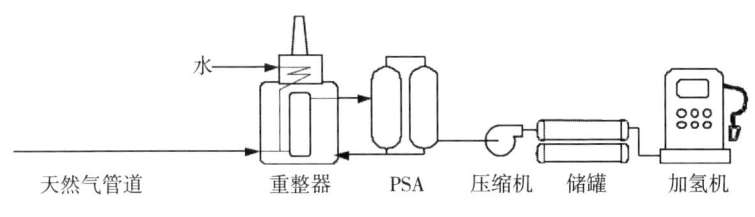

d.天然气重整站内供氢

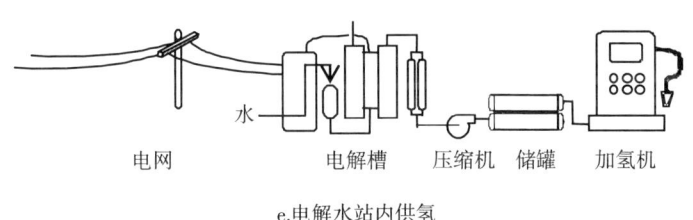

e.电解水站内供氢

图10　站内供氢加氢站

加氢站向氢能汽车加注氢气，主要有两种加注方式：顺序取气加注和增压加注。顺序取气加注是以分为多级的高压储氢装置为加注气源，当需要加注时，将加氢机上的加氢枪与汽车加氢口连接后，依靠站内高压储氢装置和车载储氢瓶之间的压差作用，进行快速加注。对于公称工作压力为35MPa的车载储氢瓶，加氢站高压储氢装置的压力需要达到40~45MPa，对于公称工作压力为70MPa的车载储氢瓶，加氢站高压储氢装置的压力需要达到80~90MPa。增压加注使用的是低压气源，如管束车，通过压缩机将来自低压气源的氢气增压后直接加注到被加注车辆的车载储氢瓶中，采用这种方式的加氢站站内可不储存高压氢气，但其加注速度较慢。

加氢站储氢装置通常分配成高、中、低等多组，合理分配储氢装置的容量，不但能提高储氢装置的利用率和加气的速度，而且可以减少压缩机的启动次数，降低运行成本，延长压缩机的使用寿命。当压缩机向储氢装置充气时，应按高、中、低压顺序充气，而当储氢装置向汽车加气时，则恰好相反，应按低、中、高压的顺序进行。

2. 加氢站发展简况

为了适应燃料电池汽车的推广应用，近两年全球加氢站的发展也开始加速。据 H2stations.org 网站统计，2017 年全球新增 64 座加氢站，截至 2017 年底，全球正在运行中的加氢站有 328 座，其中欧洲拥有 139 座正在运行的加氢站，亚洲拥有 119 座，北美拥有 68 座，南美拥有 1 座，澳大利亚拥有 1 座。在全球的 328 座加氢站中，227 座可以像传统加油站一样，不需预约直接使用；24 座需要预约才可使用。公共加氢站总数达到 251 座，在加氢站总量中的比例得到了进一步的增加，其余的加氢站则主要为特定巴士或车队提供氢气燃料。从公共加氢站的数量来看，日本位居第一（91 座），德国第二（45 座），美国第三（40 座）。

据不完全统计，截至 2018 年 7 月，我国建成投入运行的加氢站已有 20 座，具体情况见表 6。另据媒体报道，我国各地还有数十座加氢站正在规划建设中。

表 6 国内各加氢站基本情况

加氢站	建成年份	供氢方式	加注压力（MPa）	运行情况
北京永丰加氢站	2006	外供氢、站内天然气重整制氢和电解水制氢	35	奥运示范后曾关停,2015年重新恢复运行
北京飞驰竞立制氢加氢站	2006	水电解制氢	35	已停运,拆除
上海安亭加氢站	2007	外供氢	35	运行中
上海世博加氢站	2010	外供氢	35	世博会后已被拆除
广州亚运加氢站	2010	外供氢	35	亚运会后该站拆除
深圳大运会加氢	2011	外供氢	35	部分拆除,部分搬迁
郑州宇通加氢站	2015	外供氢	35	运行中
大连同新加氢站	2016	外供氢 + 水电解	35/70	运行中

续表

加氢站	建成年份	供氢方式	加注压力（MPa）	运行情况
云浮国鸿加氢站	2016	外供氢	35	运行中
南海瑞晖加氢站	2017	外供氢	35	运行中
佛山三水加氢站	2017	外供氢	35	运行中
常熟丰田加氢站	2017	外供氢	70	运行中
如皋百应加氢站	2017	外供氢	35	—
中山沙朗加氢站	2017	外供氢	35	—
上海神力加氢站	2017	外供氢	35	内部测试站
上海电驱动加氢站	2018	外供氢	35	—
上海重塑加氢站	2018	外供氢	35	运行中
东风特汽加氢站	2018	外供氢	35	运行中
成都郫都区加氢站	2018	外供氢	35	运行中
辽宁新宾加氢站	2018	外供氢	35	运行中

（二）我国加氢站技术发展历程

我国加氢站的技术发展始于"十五"期间科技部的战略部署，同济大学、清华大学等单位率先在国内开始了加氢站方面的研发建设工作，有力地支持了国内燃料电池汽车的研发和示范。

2006年，在863计划支持下，由清华大学牵头与BP公司合作在北京建成了我国第一座车用加氢站——北京永丰加氢站（见图11）。该加氢站承担了全球环境基金、联合国开发计划署和中国政府共同支持的"中国燃料电池公共汽车商业化示范"项目3辆戴克燃料电池公交车的氢气加注任务，同时还承担国家863"燃料电池客车"项目自主开发的燃料电池城市客车的氢气加注任务。北京永丰加氢站还圆满完成了为2008年奥运会燃料电池车队服务的任务。经过前后三期建设，该加氢站已具备站外供氢、站内天然气重整制氢和站内电解水制氢三种供氢方式，加注压力为35MPa。

2006年，北京还建成了另一座加氢站——北京飞驰竞立加氢站，该站

图 11　北京永丰加氢站

由北京飞驰绿能电源技术有限责任公司建成,采用水电解制氢方式,该加氢站首次采用了浙江大学开发的钢带错绕式大型高压氢气立式储罐,最高储氢压力达到 75MPa。利用该加氢站的储氢压力优势,浙江大学、同济大学、上海舜华新能源系统有限公司等单位在该站进行了 70MPa 加氢的基础性试验研究(见图 12)。

图 12　北京飞驰竞立加氢站

2007年，在863计划支持下，由同济大学牵头在上海建成了安亭加氢站（见图13），该站采用外供氢方式，加注压力35Mpa，以上海地区的工业副产氢气为气源（在同一863项目支持下，同济大学牵头在上海焦化有限公司建成了国内首套副产氢气提纯示范装置）。

图13　上海安亭加氢站

2010年建成的上海世博加氢站是上海市第二座固定加氢站，该站由同济大学、上海舜华新能源系统有限公司和上海新奥九环车用能源有限公司合作，专为世博燃料电池汽车示范运行而设计建造（见图14）。世博加氢站实现了35MPa加氢站整套技术自主开发以及大部分关键部件的国产化，首次使用了自主研发的45MPa高压储氢瓶组和35MPa加氢机系统，突破了以往核心设备全部依赖进口的尴尬局面。

除了固定加氢站以外，同济大学等单位在国家863项目的支持下，2004年就自主开发了国内第一座移动加氢站，其后又陆续开发了第二代和第三代的移动加氢站。尤其是第三代移动加氢站，采用了国产45MPa高压储氢瓶组和国产双枪加氢系统，极大地提升了储存和加注氢气的能力，先后成功服务于上海世博会和深圳大运会。在长达6个月的世博会期间，两座移动加氢站每晚进入世博园区为100辆燃料电池观光车加注氢气（见图15），累计加注15251次，加注7603千克氢气，其使用频次和规模达到世界领先。

2012年，科技部进一步部署实施基于可再生能源制/储氢的70MPa加氢站研发与示范。该项目由同济大学牵头，联合北京天高隔膜压缩机有限公

图 14 上海世博加氢站

图 15 移动加氢站在世博园区内为观光车加注氢气

司、石家庄安瑞科气体机械有限公司和上海舜华新能源系统有限公司组成项目团队，经过四年多的刻苦攻关，先后研制出风光互补发电耦合电解制氢系统、90MPa 隔膜式氢气压缩机、87.5MPa 钢质碳纤维缠绕大容积储氢容器、70MPa 加氢机系统等加氢站用关键装备，填补国内空白，建成我国第一座风光互补发电耦合制氢的 70MPa 加氢站——大连同新加氢站（见图 16）。

综观"十五"至"十三五"以来的发展，总体上我国已具备设计建设

图 16　大连同新加氢站

35MPa 加氢站的能力（包括固定站和移动站），关键设备国产化取得重大进展，如加氢机、压缩机、储氢瓶组（储氢罐）均有相应的设计制造单位，其中加氢机、储氢瓶组（储氢罐）的设计制造能力已具国际水平，但压缩机的设计制造能力与国际水平略有差距，主要是在整机的制造精度和使用稳定性还需继续完善。而在目前国际流行的 70MPa 加氢站及其关键设备方面，以同济大学为代表的相关单位已在科技部的计划布置下研发建设了国内首座 70MPa 加氢站，相关设备进入示范验证阶段。

与加氢站技术发展并行，在全国氢能标准化技术委员会的计划布置下，我国涉及加氢基础设施的标准也逐步发展形成体系，基本覆盖了固定加氢站、移动加氢站、加氢设备、氢气品质、运行管理等各方面。目前，我国直接涉及加氢基础设施的标准法规共有国标 10 项，行业标准 1 项，地方标准 1 项，团体标准 1 项，详见表 7，这些标准为我国加氢站基础设施建设等工作提供了重要技术支撑。

表 7　加氢基础设施相关标准规范

序号	技术标准项目名称	标准类别	标准号
1	氢气站设计规范	国家标准	GB 50177－2005
2	加氢站技术规范	国家标准	GB 50516－2010
3	压缩氢气车辆加注连接装置	国家标准	GB/T 30718－2014

续表

序号	技术标准项目名称	标准类别	标准号
4	液氢车辆燃料加注系统接口	国家标准	GB/T 30719-2014
5	汽车用压缩氢气加气机	国家标准	GB/T 31138-2014
6	移动式加氢设施安全技术规范	国家标准	GB/T 31139-2014
7	氢能汽车加氢设施安全运行管理规程	国家标准化指导性技术文件	GB/Z 34541-2017
8	加氢站用储氢装置安全技术要求	国家标准	GB/T 34583-2017
9	加氢站安全技术规范	国家标准	GB/T 34584-2017
10	燃料电池电动汽车加氢枪	国家标准	GB/T 34425-2017
11	加氢车技术条件	行业标准（汽车行业标准）	QC/T 816-2009
12	燃料电池汽车加氢站技术规程	地方标准（上海市工程建设规范）	DGJ08-2055-2017, J11330-2017
13	质子交换膜燃料电池汽车用燃料 氢气	团体标准	T/CECA-G 0015-2017

注：仅列与加氢基础设施直接相关的标准，未列入通用类的氢气安全标准。

近两年来，随着燃料电池汽车的快速发展，各地示范推广燃料电池汽车的需求强烈，对加氢基础设施的建设提出了更迫切的要求。2016年先后发布的《节能与新能源汽车技术路线图》和《中国氢能产业基础设施发展蓝皮书》也对我国的加氢基础设施的发展提出了总体路线图规划，为业界指明了方向。各地的加氢站建设开始提速，地方政府部门开始出台与加氢站建设运营相关的配套政府管理机制，为了适应燃料电池汽车的快速发展，一些地方在厂区内建成了撬装式加氢站或临时加氢装置，中石油、中石化等公司开始试点建设加氢加油合建站，部分区域开始出现加氢站网络雏形，如长三角地区正在规划建设"长三角氢走廊"。

（三）加氢站技术发展趋势及热点

纵观过去10年来国际上加氢站的发展和建设情况，总体呈现以下趋势：加注压力已从35MPa提升到70MPa，制氢方式向可再生能源制氢发展，建站方式由单一加氢站向加氢/加油、加氢/充电等合建站发展，逐步向网络化发展，商业化的公共加氢站越来越多。随着各国持续推进加氢站的示范和商业化，加氢站相关技术得到持续示范和验证，相关技术标准也不断发展和完善。以下列举一些目前加氢站技术发展中的热点问题，也是我国加氢站发展中需要关注的问题。

1. 气态氢加注协议

目前，SAE-J2601（Fueling Protocols for Light Duty Gaseous Hydrogen Surface Vehicles）是众所周知的气态氢加注协议标准，该协议规定了轻型车辆气态氢加注的协议和过程限制，这些过程限制（包括燃料温度、最大燃料流速、压力增加率和最终压力）是受诸如环境温度、燃料温度以及车辆压缩氢存储系统的初始压力之类的因素影响。加氢站应按照该协议，采用相关算法和设备来执行燃料加注程序，并且，汽车制造商也要按照该指南所规定的加注协议进行合适的设计。该协议第一版于2010年3月发布，其后不断完善更新，2014年7月发布第二版，2016年12月发布第三版。

但是需要注意的是，该标准由于涉及美国空气化工产品公司（Air Products）的专利使用权，其他厂家采用该协议标准需要支付一定的专利授权费用，因此在各国的推广并非一帆风顺，一些厂家还与AP公司有专利权纷争。推进燃料电池汽车最为积极的日本就没有完全采纳SAE-J2601，而是制定了自己的加注协议标准JPEC-S0003，2012年JPEC-S0003发布第一版，然后在2014年和2016年完成两次修订，在2016年的最新版本中将丰田开发的70MPa燃料电池大巴加入加注协议中。而SAE则用另外两个TIR文件分别规定了重型汽车气态氢加注协议J2601-2（TIR）*Fueling Protocols for Gaseous Hydrogen Powered Heavy Duty Vehicles* 和工业用车辆气态氢加注协议J2601-3（TIR）*Fueling Protocols for Gaseous Hydrogen Powered Industrial Trucks*。因此，我国在制定相关加注协议标准时也需重视此问题，要开发具有自主知识产权的加注协议标准。

此外，为了验证加氢站是否满足相关的加注协议标准，美国、日本、德国等都开发了加氢站现场检测装置，用于加氢站的调试和验收，如美国桑迪亚实验室与美国国家可再生能源实验室（NREL）联合开发的加氢站氢燃料加注机性能检测装置HyStEP可模拟燃料电池车加氢过程，进而对加氢设备性能进行监测,同时可完成氢燃料加注机的校准工作。这一领域我国尚属空白,需要进行相关的研发。

2. 气态氢品质要求及其检测

车用质子交换膜燃料电池对氢气燃料的品质要求很高,ISO通过对一些国家超过10年的技术数据的收集统计,制定了燃料电池汽车用氢气品质规格的要求,即ISO 14687-2(2012),具体指标如表8所示。SAE J2719也给出了相同的品质要求。我国目前出台的团体标准T/CECA-G 0015-2017《质子交换膜燃料电池汽车用燃料 氢气》也采纳了相同的指标要求。

表8 氢气技术指标

条目	指标
氢气纯度(体积分数)	99.97%
非氢气体总量	300 μmol/mol
单类杂质的最大浓度	
水(H_2O)	5 μmol/mol
总烃(按甲烷计)	2 μmol/mol
氧(O_2)	5 μmol/mol
氦(He)	300 μmol/mol
总氮(N_2)和氩(Ar)	100 μmol/mol
二氧化碳(CO_2)	2 μmol/mol
一氧化碳(CO)	0.2 μmol/mol
总硫(按H_2S计)	0.004 μmol/mol
甲醛(HCHO)	0.01 μmol/mol
甲酸(HCOOH)	0.2 μmol/mol
氨(NH_3)	0.1 μmol/mol
总卤化合物(按卤离子)	0.05 μmol/mol
最大颗粒物浓度	1 mg/kg

上述要求不仅对氢气生产、储运、加注过程中的氢气品质控制提出了很高的要求,而且对氢气杂质的检测也提出了很高的要求,目前各国加氢站运营商在执行上述标准的过程中就面临着采样困难和分析成本高的难题。

目前,ISO/TC197下的WG28正在研究制定气态氢加氢站—氢气品质控制标准（ISO19880-8），目的就是为了确保氢气品质达到 ISO 14687-2 所要求的目标，对氢气的每一个加工流程都给出详细的规定，包括原料来源、运输、氢气输送和加注。同时，ISO/TC158 与 ISO/TC197 合作，也正在制定相应的氢气品质分析方法标准，目前处于国际标准草案阶段，ISO/DIS21087，*Gas analysis — Analytical methods for hydrogen fuel — Proton exchange membrane（PEM）fuel cell applications for road vehicles*。

此外，由于目前的氢品质分析方法都是基于实验室的，且分析成本高昂，一些公司如壳牌还正在开发可适用于加氢站现场的在线低成本氢气品质检测方法及装置。

3. 加氢质量精确计量

加氢质量的精确计量是加氢站商业化运行的必要条件，但由于氢气密度低，而加注压力又很高，实现加注过程中的精确计量并不容易。同时，对加氢机的计量校准和认证工作也是大规模商业化运行所必需的。

例如，在德国，氢气作为燃料销售时，其加注计量的精度必须满足国际法制计量组织的 OIML R139 标准所规定的 1.5% 的最大许可误差，但目前加氢机配备的质量流量计尚不能达到该要求。目前官方还可以接受这种情况，但是在加氢站进入大规模商业化阶段的时候，这种情况就不能为市场所容忍了。针对此情况，德国清洁能源合作伙伴（CEP）开展了相关工作，包括建立一套适用于加氢机流量计量校准的方法，开发出一套参考系统用于加氢站计量认证。欧盟 FCH JU 也计划支持关于加氢站计量相关的研发项目，欧盟联合研究中心（JRC）已开展了相关研究，包括对比分析了目前各类加氢机用质量流量计的性能，建立了一套基于重量法的校准系统。在日本，加氢机和质量流量计厂商龙野（TATSUNO）在 NEDO 支持下已经开发出一套加氢机计量校准检测装置，这套装置同时采用了标准表法和重量法。他们计划通过相关实验验证建立基于标准表法的计量认证方法和程序，不断提升计量的准确性和精确度，还计划对 OIML R139 标准提出修订，增加氢气测量系统要求（注，现 OIML R139 标准是针对 CNG 的，并未包含氢气测量系统）。目前，国内这项工作也已开始起步，中国测试技术研究院与上海舜华新能源

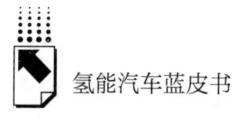

系统有限公司合作，已开发出国内第一套加氢机计量检定装置，相关的加氢机检定规程标准也已立项。

除了上述基于气态氢加注的相关热点技术问题外，基于液氢储存的加氢站技术也值得我国关注和投入研发。从长远来看，液氢由于其储运效率优势，在大规模加氢站中会有较大发展空间，而基于液氢储存的深冷—高压氢气（Cryo-compressed H_2）加注很有发展前景。

四 氢安全技术进展

氢气易燃易爆、燃烧范围宽、点火能量低、扩散系数大，且对材料力学性能具有劣化作用，故氢气在制备、储存、运输、加注和使用过程中均具有潜在的泄漏和爆炸危险。系统研究氢有关的特性，并为相关标准和法规的制定提供可靠依据，是氢能大规模市场化应用的重要保障。

随着氢能研究及发展的深入，氢安全已逐步成为研究热点之一，国际上专门成立了国际氢安全协会（International Association for Hydrogen Safety，IA-Hysafe）来推动氢安全的发展。由 HySafe 资助、每两年召开一次的国际氢安全会议（ICHS）逐步成为促进氢安全技术交流和提高公众对氢安全认识的重要平台之一。随着氢燃料电池汽车商业化进程的加快和其他氢能产业在全球范围内的快速发展，本届国际氢安全会议（ICHS 2017）强调氢能及其相关技术在大范围应用时所带来的安全问题。

迄今为止，氢安全研究主要涉及以下方面：氢泄漏与扩散；氢燃烧与爆炸；材料与氢的相容性；氢系统量化风险评估；氢安全检测能力建设。

（一）氢泄漏与扩散

1.高压氢气泄漏与扩散

氢气从高压储输系统泄漏后，形成射流，其长度及可燃范围是安全距离和危险区范围的重要影响因素。氢射流研究主要集中在建立用于泄漏事故后果预测的氢射流计算模型，但由于真实情况的复杂性，氢射流数值模拟建立在大量的近似和假设基础上,其结果真实性受到泄漏源假设方法、流速自相似性规律及浮力等的影响。若氢气在车库、加氢站、厂房等受限空间中发生泄漏,易发生积聚,形成爆炸混合物,对人员安全产生巨大威胁。研究表明,氢气在受限空间内扩散受到泄漏位置、通风条件、障碍物(如车辆)等因素的影响。

通过对高压储氢罐不同位置发生泄漏扩散的数值计算发现,储氢罐侧面与底面位置发生泄漏时,其危险性要远大于储罐顶部发生泄漏。相比于自然通风条件,强制通风条件在降低受限空间的氢气体积分数及减少受限空间氢气体积浓度处于危险水平的时间方面的效果更为显著。

2. 液氢泄漏与扩散

液氢具有密度大、单位体积储能密度高等特点,在氢气长距离运输和大规模存储方面越发受到重视。大量液氢泄漏会在地面形成液池,之后蒸发扩散,与空气形成可燃云。液氢在地面停留的时间长,蒸发后形成的氢气量大,使得被点燃的风险大大增加,危险系数远远超过氢气泄漏。近年来,英国健康安全实验室(Health Safety Laboratory,HSL)开展了 4 组液氢的大规模泄漏试验,得到了一系列液氢扩散范围、速率及指定位置上浓度、温度等数据,为验证计算流体力学 CFD 数值模型的准确性提供了重要依据。Jaeke 等利用 ANSYS – CFX 对 HSL 试验进行了数值模拟,分别模拟了液氢质量分数为 100%、75%、50% 和 25% 的两相流泄漏,结果显示 75% 和 50% 的泄漏范围与试验结果最为接近,但确切数值仍需进行深入研究。

(二)氢燃烧与爆炸

氢气的燃烧爆炸会产生较高的温度场或压力场,对周围的人员财产产生巨大的危害。火灾爆炸的有效预测对于确定安全距离、保证安全操作、保护人身财产安全具有重大的意义。

1. 氢自燃

高压氢气泄漏后在没有点火源的情况下会发生自燃。英国 Kingston 大学火灾爆炸研究中心对 676 起氢气事故统计发现,约有 419 起火灾爆炸事故的点火源未被发现,属于氢自燃现象。对于氢自燃机理,目前国际上尚无定论,主要包括负焦耳—汤姆逊效应、静电点火机理、扩散点火机理、瞬间绝热压缩和热表面点火机理。近年来氢自燃研究主要集中在扩散点火机理下高压氢气泄漏后产生自燃的条件。

2. 氢喷射火

氢气可燃范围广,点火能量低,从高压储氢容器或输氢管道、液态储氢容器和燃料电池泄漏被立即点燃后,均可形成射流火焰,称为氢喷射火。氢喷射火研究现阶段具有良好的发展。美国圣地亚国家实验室(SNL)已开展十多年的氢湍流喷射火研究,研制出一系列先进的氢燃烧试验设备,并开展了大量的试验研究,为氢燃烧模型的建立提供了基础数据。王昌建等基于OpenFOAM平台,嵌入基于大涡模拟思想的涡耗散概念燃烧模型改进的fvDOM辐射计算模型,对不同喷射速度和喷口直径的低速氢喷射火进行了模拟研究。

3. 氢爆燃爆轰

氢气与空气形成的蒸气云爆炸事故屡见不鲜,通常的蒸气云爆炸均属于爆燃范畴,属于不稳定过程。爆燃过程中,火焰不断加速,甚至会加速到超音速,从而形成爆轰波。蒸气可燃云爆炸过程中火焰加速(FA)和爆燃爆轰转变(DDT)是影响爆炸强度的关键因素。对于FA和DDT多年的试验和数值模拟研究表明,火焰传播速度主要受到空间受限程度及障碍物的影响。

当氢气爆燃发生在封闭设备内,压力瞬间可升到初始压力的十几倍。为避免发生氢气高压力爆炸事故,通常在设备上安装超压泄放装置(TPRD),如安全阀和爆破片等。美国Bauwens等利用试验和数值模拟研究,综合考虑点火位置、障碍物等的影响,建立了峰值压力和泄放尺寸间的相互关系。郭进、王昌建等人开展了氢气泄爆实验研究,发现氢气泄爆在爆炸超压、外部火焰长度、火焰速度等方面与其他气体明显不同。目前,欧盟的HyIndoor项目中正在进行泄放方法的系统研究,并计划建立相关CFD数值工具。

（三）材料与氢相容性

氢气会对材料的力学性能产生劣化作用，导致氢脆的发生。为此，需要研究材料抗氢脆性能，获得材料在氢环境下的各项力学性能数据，建立抗氢脆设计方法，从而为氢脆的预测、预警与控制提供理论依据。世界各国正在积极开展氢与材料相容性研究，研制测试装置，将材料直接在氢环境中进行力学性能的原位测试。目前国际上主要氢相容性试验装置如表9所示，其中日本产业技术综合研究所测试压力最高，可达210MPa。

表9 国际上主要氢相容性测试装置一览

研究机构名称	主要参数		主要试验类型
	最高压力（MPa）	试验温度（℃）	
日本产业技术综合研究所	210 140	常温 -80~90	慢速拉伸试验,疲劳试验,断裂韧性与裂纹扩展速率试验
美国圣地亚国家实验室	140	-80~90	慢速拉伸试验,疲劳试验,断裂韧性与裂纹扩展速率试验
美国国家标准和技术研究所	140	室温	慢速拉伸试验,疲劳试验,断裂韧性与裂纹扩展速率试验
（中国）浙江大学	140	-60~100	慢速拉伸试验,疲劳试验,断裂韧性与裂纹扩展速率试验
（日本）九州大学	120	室温	慢速拉伸试验,疲劳试验,断裂韧性与裂纹扩展速率试验
韩国标准科学研究所	120	室温~80	慢速拉伸试验,疲劳试验,断裂韧性测量试验
英国焊接研究所	100	-50~85	慢速拉伸试验,低周疲劳试验
日本新日铁住金公司	99	-45~90	慢速拉伸试验,疲劳试验,断裂韧性与裂纹扩展速率试验
加拿大Powetech实验室	69	室温~85	慢速拉伸试验,疲劳试验,断裂韧性与裂纹扩展速率试验
俄罗斯联合核中心	70	-150~-300	慢速拉伸试验
法国Pprime institute	40	室温~150	拉伸试验,疲劳裂纹扩展试验
法国替代能源和原子能研究所	35	室温~300	慢应变速率拉伸试验,拉-拉疲劳试验,疲劳裂纹扩展试验
（中国）浙江工业大学	20	室温	慢应变速率拉伸试验,疲劳裂纹扩展试验

浙江大学于 2014 年研制了我国首套也是目前唯一一套高压氢环境材料性能试验装置，最高压力达 140 MPa，使我国成为继日本和美国之后，第三个拥有 140 MPa 级氢环境材料性能测试平台的国家。在此基础上，浙江大学进一步研制成功了国际首套 140MPa 快开式高低温高压氢脆试验装置，为我国金属材料的氢相容性研究提供了有力的硬件支撑。

（四）氢系统量化风险评估

氢气事故后果相关研究成果的不断积累，促进了氢气事故量化风险评估的发展。量化风险评估方法已逐步成为国际上风险评估的主流方法，用于定量分析氢能设施风险水平，并据此确定设施安全距离。国际上主流的三家标准和规范起草机构，即欧洲工业气体协会（EIGA）、国际标准化组织氢能技术委员会（ISO/TC197）和美国消防协会（NFPA），在确定安全距离方面，均采用了基于风险而非单纯基于事故后果的方法。

目前，国内风险评估研究主要面向工程领域，如高压储氢设施和加氢基础设施的事故和风险分析等方面。浙江大学针对高压储氢容器，提出了高压储氢罐射流的数值模拟方法，研究了环境温度对高压储氢罐泄漏扩散的影响规律，以及泄漏位置和障碍物对高压氢气泄漏扩散的影响，在此基础上进一步针对加氢站开展了氢气泄漏爆炸事故模拟研究。同济大学在研究了氢气泄漏及爆炸后果的基础上，开展了加氢站量化风险评价研究，得出了瞬时泄漏和大孔径连续泄漏条件下的有害影响距离值。同时针对我国首座外供氢加氢站上海安亭加氢站进行了安全风险评估，并提出了若干安全改进措施，对我国加氢站建设具有重要意义。

（五）氢安全检测能力建设

氢安全检测能力建设是氢安全研究的重要基础。国际上，主要的氢安全检测机构有：日本氢能检测研究中心（HyTReC）、欧盟联合研究中心（JRC）、加拿大 Powertech 实验室、美国可再生能源国家实验室（NREL）、美国圣地亚国家实验室（SNL）、德国卡尔斯鲁厄理工学院（KIT），以及我国的浙江大学等。

1. 日本氢能检测研究中心

日本经济产业省投入巨资在福冈建成了全球最先进的氢能检测研究中心。检测项目主要包括：高压氢气循环充放试验（最高测试压力达到110MPa，温度从-40℃~85℃、待测容器最大容积达500L）、气体渗漏试验、氢气快充试验、水压循环试验（压力达到140MPa）、气密性试验、气瓶容积变化量测试、爆破测试（最高压力达380MPa）。除对高压储氢容器开展测试外，该中心还可对燃料电池汽车整车、阀门零部件等进行相关的适应性测试。2013年美国注资扩建HyTRec，联合建成大型压力容器设备研发中心CRADLE（the Center for Research Activities and Development of Large Scale Pressure Vessel Equipment）。

2. 日本汽车研究中心

日本汽车研究中心建成了HySEF实验室。测试项目主要包括：室内火烧试验（试验室内直径18m、高16m，耐压能力200~500kPa）、高压氢气循环充放试验（最高测试压力达到95MPa，温度为-40℃~85℃、氢排量200Nm^3/h）、极端温度试验（120℃）、爆破试验（300MPa，加压速度8MPa/s）、液压疲劳试验（95MPa、200Nm3/h、-40℃~85℃）。

3. 欧盟联合研究中心

欧盟联合研究中心建成了高压氢系统安全检测平台。测试项目主要包括：高压氢气循环充放试验（最高测试压力达到70MPa）、气体渗漏试验、氢传感器测试、固态储氢测试等。

4. 浙江大学

我国浙江大学在国家863计划、973计划以及重点研发计划等项目的支持下，建立了高压氢安全实验室，研制了我国首套高压（140MPa）氢气环境耐久性试验装置、高压（90MPa）氢气环境零部件耐久性试验装置、超高压（630MPa）爆破试验装置、大容积疲劳试验装置（90MPa）等测试装置群。为我国氢安全研究的开展提供了重要的硬件支撑。

B.4 中国车用氢能技术示范与应用

何广利 缪 平*

摘 要： 氢能作为二次能源，其来源广泛，在作为燃料电池汽车用能源的应用中，目前国内有代表意义的低碳、低成本制氢示范有张家口风电制氢示范和国家能源集团鄂尔多斯煤制氢加二氧化碳埋藏示范，两个示范代表了不同的氢能制取路线，也是国内外重点支持的领域。为了推动氢能及燃料电池产业的发展，当前在上海、广东佛山—云浮、武汉、江苏如皋、张家口、北京、辽宁新宾等地都初步形成了对氢能及燃料电池产业发展的规划和支持鼓励政策，上述地区也初步进行了氢能及燃料电池产业布局，其产业涵盖制氢、加氢站、燃料电池和燃料电池汽车等，并且在当地形成了氢能燃料电池汽车的小规模的示范和应用，同时能源企业如国家能源集团、中石油、中石化等也已经开始在上述地区布局加氢基础设施，上述发展情况对促进氢能及燃料电池汽车的应用有很好的推动作用。

关键词： 氢能制取 氢能示范 氢能应用

---

* 何广利，博士、高级工程师，国家能源集团北京低碳清洁能源研究院氢能技术开发部门经理；缪平，博士、国家能源集团北京低碳清洁能源研究院院长助理。

一 氢能制取技术与典型示范项目分析

我国是产氢大国，按照2015年的统计数据，全国年产氢量约为1800万吨，高于美国和世界上其他国家的氢气年产量。但是，当前超过95%的氢气用于炼化、煤制化学品、合成氨等行业，用于燃料电池应用的氢气量占比微乎其微。同时，在目前的氢能制取方式中，化石燃料制氢占氢气总供应量的95%以上。燃料电池汽车用氢气整体的发展方向必定是低碳、低成本，围绕这个主题，近几年，出现了一些具有代表意义的制氢示范或技术，如张家口可再生能源制氢示范和国家能源集团鄂尔多斯煤制氢加二氧化碳埋藏示范等，其方向符合环境需求，具有引领意义。

（一）张家口可再生能源制氢示范及燃料电池车辆运行示范

1.张家口氢能及燃料电池产业发展分析

（1）建设"氢能张家口"的主要优势条件

①氢能是富余可再生能源资源消纳和转移的重要手段。张家口市具有丰富的可再生能源，风能资源可开发量达4000万千瓦以上，太阳能发电可开发量达3000万千瓦以上。但截至2017年底，风、光、生物质发电并网共1086.5万千瓦，本地消纳不足220万千瓦，对外输送能力不足400万千瓦。富余的466.5万千瓦可再生能源，若通过制取氢能将能源存储转移，可为京津冀地区提供丰富的清洁能源，缓解京津冀地区能源压力和降低碳排放量。

②京津冀能源协同给张家口能源输出提供巨大市场。能源协同发展是京津冀协同发展的重要内容。《京津冀能源协同发展行动计划（2017~2020年）》提出三地加快构建绿色低碳、安全高效的现代能源体系，保障京津冀区域能源安全，张家口丰富的可再生能源作为京津冀地区能源转型升级的重要保障。《河北省张家口市可再生能源示范区发展规划》数据显示，张家口到2020年和2030年可再生能源年发电量分别达到400亿千瓦时和950亿千瓦时。按照10%用于制氢计算，可分别满足43.4万辆和103.2万辆乘用车

用氢需求或替代1.63万吨和3.89万吨标准煤。

③低碳奥运将成为张家口氢能展示窗口。《河北省张家口市可再生能源示范区发展规划》提出，张家口市作为2022冬奥会的举办城市之一，为实现"低碳奥运"的理念和要求，通过"绿色能源""绿色交通""绿色建筑"和"绿色公寓"而打造"绿色奥运专区"，在奥运场馆电力和热能供应方面，奥林匹克中心和其他赛场用电100%采用可再生能源，最终实现最大限度地减少温室气体排放。具有零污染的氢能和燃料电池汽车可以为冬奥会提供"绿色能源"及"绿色交通"，从而实现奥运专区主要能源消费来自可再生能源，实现奥运专区绿色用能和低碳排放的要求。冬奥会将成为张家口市向世界展示氢能产业发展的窗口，有利于吸引国内外氢能产业相关企业及资本的投入，树立氢能产业品牌，引导产业结构升级转型，从而带动经济高速发展，为打造国际旅游城市提供便利。

(2) 张家口风电制氢示范和规划

张家口市具有丰富的风电、太阳能等可再生能源。根据《河北省张家口市可再生能源示范区发展规划》，张家口风能资源可开发量在4000万千瓦以上，太阳能发电可开发量在3000万千瓦时以上，赤城、怀来等县地热资源蕴藏丰富，各种生物质资源年产量在200万吨以上，尚义、赤城、怀来等县具备抽水蓄能电站建设条件。张家口市规划可开发的可再生能源规模在5000万千瓦以上，目前已初步建成千万千瓦级可再生能源生产基地。

然而，据国家能源局统计，2017年河北省风电并网容量为1181万千瓦时，弃风电量20.3万千瓦时，弃风率为7%。张北地区作为全国八大风场之一，拥有得天独厚的风电资源，也是河北省主要弃风区。截至2016年底，张家口共有风电装机805万千瓦，并网784万千瓦；光伏发电装机并网300万千瓦；生物质发电装机并网2.5万千瓦；而张家口市内电网历史最大负荷仅为220万千瓦，现有的可再生能源对外输送能力不足400万千瓦，地区可再生能源充足但利用率较低，造成大量的能源浪费。在张家口市大力发展氢能产业，不仅可以将富余的风电、光伏等可再生能源进行能源转移，还可以为京津冀地区提供丰富的清洁能源，缓解京津冀地区能源压力和降低碳排放量。

目前,张家口市正在建设中的风电制氢项目包括:海珀尔风电制氢站项目(一期)和沽源风电制氢综合利用示范项目(一期)。

①海珀尔风电制氢站项目。海珀尔风电制氢站建设项目的实施,将在一定程度上解决张家口和北京市北部地区的氢燃料电池汽车示范及商业化运行的氢燃料供给问题。同时,作为张家口市氢能基础设施建设的起点,将为推进张家口市和北京市氢燃料电池汽车的产业化发展和完善配套基础设施建设提供有利的支撑。第一,项目建设内容。该项目建设地点位于张家口市桥东区望山化工园区,总占地面积约150亩。其中,一期占地约50亩,二期占地约100亩。该项目是张家口市氢能产业发展规划的主要建设项目之一,是保障燃料电池公交车商业化运营的配套项目。主体技术为电解水制氢技术,电力来源为风电场直供。建设规划分两期进行:一期拟在2018年建设完成,制氢站的单位产能为2000 Nm^3/h,日产氢总量约4吨,年总产氢量约1400吨。可以每天为超过250辆的燃料电池客车提供加注服务。二期拟在2019年建设完成,制氢站的单位产能为10000 Nm^3/h,日产氢总量约20吨,年总产氢量约7000吨。可以每天为超过1000辆的燃料电池客车提供加注服务。同期,将建设配套的风力发电场,实现风电场直供电,最终实现对可再生能源产业化应用的商业化运营示范。目前,该项目的一期建设已进入尾声,计划2018年下半年投产。第二,项目投资情况。该项目的总投资概算约5亿元。一期投资1.3亿元,二期投资3.7亿元。

②沽源风电制氢综合利用示范项目。河北沽源风电制氢项目为河北省重点项目,由河北建投新能源有限公司投资,与德国McPhy和Encon等公司进行技术合作,引进德国风电制氢先进技术及设备,在沽源县新建200兆瓦容量风电场和10兆瓦电解水制氢系统以及氢气综合利用系统。项目依照河北省总体氢能产业规划进行建设,一部分氢气用于工业生产,降低工业制氢产业中煤炭和天然气等能源消耗量;另一部分将在氢能源动力汽车产业具备发展条件时,用于建设配套加氢站网络,支持河北省清洁能源动力汽车发展。项目建成后,可形成年制氢1752万标准立方米的生产能力,不仅对提

升坝上地区风电消纳能力具有重要意义,也将探索出一条风电本地消纳的新途径。目前,这个投资20.3亿元的风电制氢项目正在加速建设,其中一期200兆瓦风电场项目已并网发电。

2. 张家口加氢站建设情况及规划

为了支撑氢能在交通领域以氢燃料电池公交车为主体的大规模发展,张家口制定了以固定式加氢站为主、移动式加氢站为辅的基础设施发展路线。同时,落实责任主体,加快部署加氢站,推动张家口市加氢站网络的建设。以区域化加氢站网络的建设为基础,支撑区域化的商业化运营,并开展加油站与加氢站合建示范试点,拟最终通过全市各区域化加氢网络的整合,实现全市加氢网络的统一管理与运营。张家口市规划在2020年,推广应用累计氢燃料电池汽车超过1500辆,完成21座加氢站的建设并投入运营。

2018年,张家口市计划完成3个移动式加氢站和2个固定式加氢站的建设。目前,张家口市已完成1个移动式加氢站的建设,正在进行第2个移动式加氢站和第1个固定式加氢站的建设。

3. 张家口氢能燃料电池汽车示范运营情况分析

为了推进氢能产业顺利发展,奠定良好的氢能发展环境和市场基础,张家口市近期重点推进氢能燃料电池公共交通示范和配套基础设施建设等产业建设行动计划。

(1)中心城区公交示范运行

目前,张家口市正在创建"优先发展公共交通示范城市",优先在中心城区进行燃料电池公交车示范运行。规划在2020年,推广约1500台燃料电池汽车的示范运营。其中,公交示范线路优先选择运行路线长、载客量大且目前为燃油公交车的线路以便提高示范效果。规划2018年启动74辆燃料电池公交车运营,年底完成170辆燃料电池公交车招标工作,到2020年完成994辆燃料电池公交车示范推广。

目前,公交公司已完成第一批74辆燃料电池公交车的招标采购,10.5米公交车49辆,12米公交车25辆,计划分别在4条不同的线路上示范运营。2018年7月,10.5米的49辆公交车已陆续上线运行。12米的25辆公交车计划在 8 月底前上线运行。

（2）物流车示范

对于张家口而言，物流业的发展在经济发展过程中也有着非常重要的作用，大规模使用氢燃料电池物流车对节能减排的贡献也很显著。张家口市规划 2019 年启动 150 辆燃料电池物流车示范工作，到 2020 年完成 450 辆燃料电池物流车的示范任务；2020 年启动 50 辆燃料电池出租车推广，同时积极探索环卫车、通勤车、奥运专线（北京—崇礼）等运营示范。

（二）北京加氢站建设与燃料电池汽车示范运营

1. 加氢站建设情况及规划

北京目前仅有 1 座车用加氢站，位于海淀区永丰产业基地，始建于 2005 年 UNDP 项目一期，历经 UNDP 项目二期和 2008 年北京奥运会。2013 年，在经历了一轮北京市示范项目的升级改造后，运行正常。截至目前，加氢站一直在为北京市的各类氢能示范项目做支撑。

在北京市氢能产业发展的推动下，中石油和中石化也各自规划了一座车用加氢站，均为加油加氢混合建站，设计规模约为每天 500kg 氢气的加注量，30~50 辆燃料电池客车的加注能力。目前，中石化的加氢站已完成初步设计，正在设备选型和采购阶段。中石油的加氢站尚处于初步设计阶段。

2. 燃料电池汽车示范和运营情况

从 2016 年开始，北京市已陆续上线 8.5 米的燃料电池客车 60 辆，用于各类企业通勤、园区通勤和会展活动用车，运行情况和反响良好。随着新能源汽车租赁市场需求的日渐增加，2018 年下半年，将再有 30 辆 8.5 米的燃料电池通勤班车投入运营。

同时，随着北京市氢能产业发展的推进，传统物流企业也将开始小规模使用燃料电池物流车。预计 2018 年底，将有 200 辆燃料电池物流车投入运营。

（三）鄂尔多斯煤制氢及二氧化碳捕捉和埋藏示范项目

规模化的制氢技术主要有轻烃蒸汽转化法和非催化部分氧化法（气化法）。轻烃蒸汽转化制氢工艺是随着合成氨、甲醇等合成气工业而飞速发展起来的。非催化部分氧化法（气化法）按原料分类，可分为轻烃（天然气）气化、重质液体原料（渣油、沥青）气化和重质固体原料（煤、焦炭）气化。重质固体原料的典型工艺技术以煤气化技术为代表，利用空气或氧气与煤炭发生部分氧化反应，生成以 $CO+H_2$ 为主要成分的粗合成气，气化反应器（气化炉）是煤气化的核心设备，按照固体燃料在气化炉中的运动状态进行分类，煤气化可分为固定床、流化床和气流床3种不同的技术类型。在3类气化技术中，固定床采用块煤进料，因气化炉出口温度低，气化炉出口 CH_4 含量高，有效气（$CO+H_2$）产率低，经过干馏后煤中有机物复杂，环保问题较多。流化床气化采用碎煤进料，灰渣循环使用，但仍存在气化温度较低，气化炉出口气体成分复杂，同时要求原料煤有较好的反应性。在气体成分上上述2种气化技术不适合作为制氢气化技术。气流床技术是当今先进的洁净煤气化技术，也是煤气化技术发展的主流方向，具有气化效率高、合成气产量大，高温气化无有机物等副产品，环境友好，气化炉易于大型化等特点，是煤制氢的较佳选择。气流床可分为干粉煤进料和水煤浆进料，其中以壳牌（Shell）公司的干煤粉气化工艺和德士古（GE）水煤浆气化工艺为代表。

煤制氢涉及复杂的工艺过程。煤炭经过气化、一氧化碳耐硫变换、酸性气体脱除、氢气提纯等关键环节，可以得到不同纯度的氢气。一般情况下，煤气化需要氧气，因此煤炭制氢还需要与之配套的空分系统。图1是煤制氢的原则流程。煤制氢核心是煤气化技术。

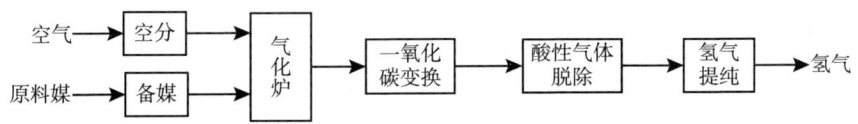

图1 煤制氢的原则流程

国内煤制氢生产企业（不包括甲醇、合成氨）如表1所示。

表1 国内一些煤制氢生产企业及规模

序号	生产商	规模	工艺路线	投产时间
1	中石化南京化学工业有限公司	9万吨/年	GE（水煤浆）	2013年底
2	中石化茂名石化	20万标方/时	GE（水煤浆）	2014年2月
3	中石化金陵石化	9万吨/年	GE（水煤浆）	2006年底
4	中石化九江石化	10万吨/年	GE（水煤浆）	2014年
5	中石化齐鲁石化	4万标方/时	GE（水煤浆）	2004年
6	国家能源集团鄂尔多斯煤制油公司	20万吨/年	Shell（煤粉）	2008年

煤气化制氢排放与煤的性质有非常大的关系，煤的含硫量越高，排放物污染程度越严重，但其可以通过吸附和分离的方法进行处理。最重要的是，煤制氢的碳排放影响了氢能作为清洁、无污染的二次能源的重要意义。

针对煤制氢的二氧化碳问题，国家能源集团进行了大量的探索和示范，为低碳、低成本煤制氢奠定了基础。

国家能源集团鄂尔多斯煤制油CCS项目是2010年国家科技部批复立项的国家科技支撑计划项目，是国内首个CCS示范工程项目。项目已于2016年6月通过国家科技部结题验收。CCS项目现场工程是由1个注入井、2个监测井及地面配套设施组成。注入井于2010年8月至11月完成施工，孔深2826m。2011年5月开始注入CO_2，截至2015年4月，共完成30.2万吨CO_2注入量，目前已停止注入工作，各种功能维护正常，监测井继续进行采集数据的日常监测工作。

CCS项目三个井位于神东公司补连塔煤矿规划的12514和12515工作面中部（见图2），目前补连塔煤矿正在进行12514工作面回采准备，12514工作面运输顺槽巷道掘进已经穿过CCS注入井和监测井之间的（地面两井口间距约47米）地层空间。12514工作面计划于2019年1月开始回采，按煤矿采掘计划安排，预计2019年5月回采将推进至CCS项目的设计保安煤柱边界（见图3）。

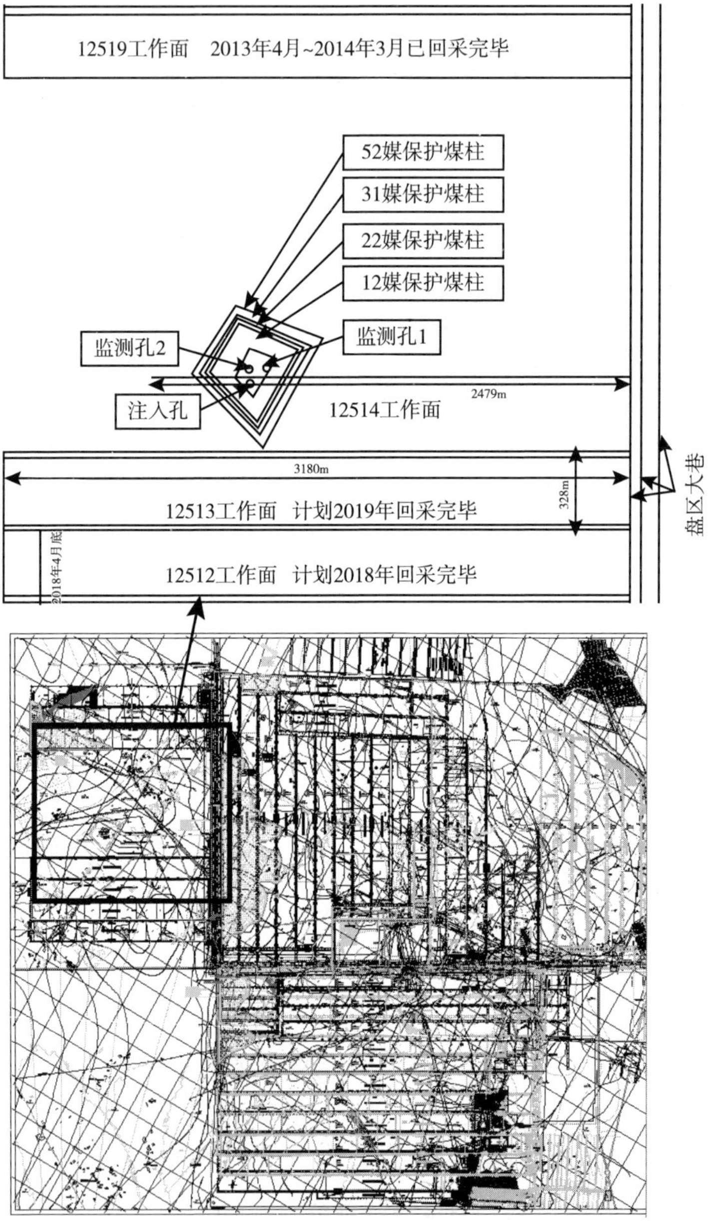

图2　CCS项目与采掘布置

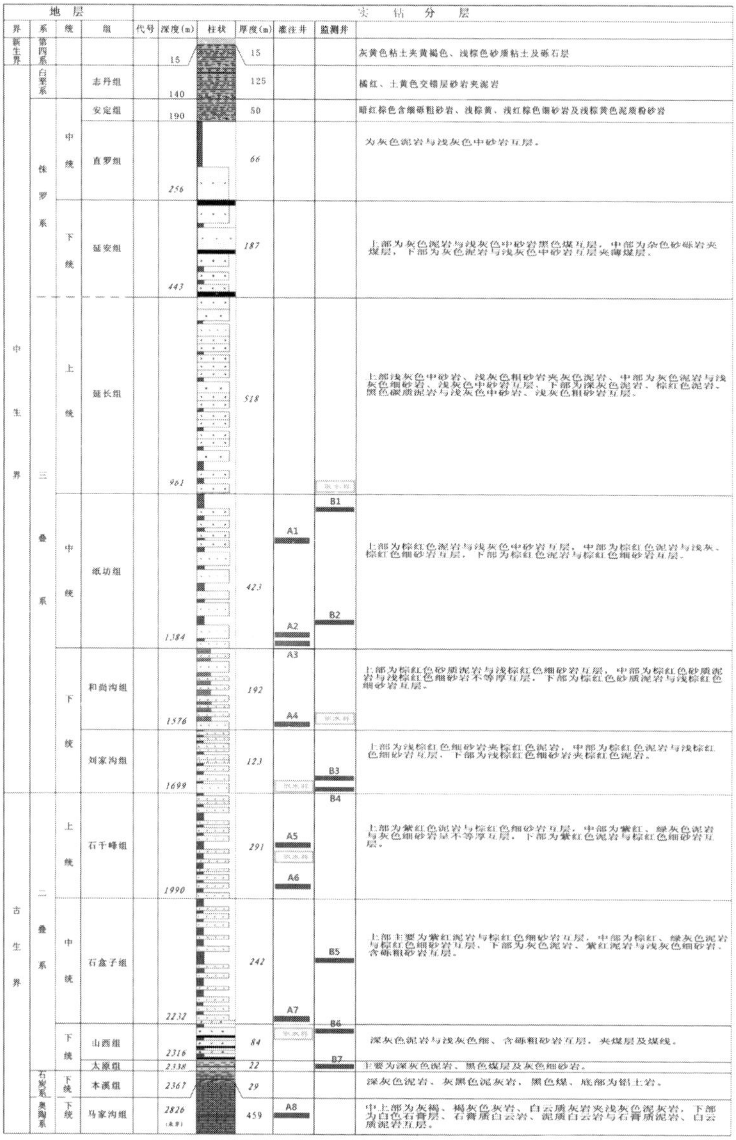

地层				代号	深度(m)	柱状	厚度(m)	实钻分层		实钻分层说明
界	系	统	组					灌注井	监测井	
新生界	第四系				15		15			灰黄色粘土夹黄褐色、浅棕色砂质粘土及砾石层
	白垩系		志丹组		140		125			橘红、土黄色交错层砂岩夹泥岩
中生界	侏罗系		安定组		190		50			暗棕色含细砾粗砂岩、浅棕黄、浅红棕色细砂岩及浅黄色泥质粉砂岩
		中统	直罗组		256		66			为灰色泥岩与浅灰色中砂岩互层。
		下统	延安组		443		187			上部为灰色泥岩与浅灰色中砂岩黑色煤互层；中部为杂色砂砾岩夹煤层；下部为灰色泥岩与浅灰色中砂岩互层夹薄煤层。
	三叠系	上统	延长组		961		518			上部浅灰色中砂岩、浅灰色粗砂岩夹灰色泥岩；中部为灰色泥岩与灰色细砂岩、浅灰色中砂岩互层；下部为深灰色泥岩、棕红色泥岩、黑色碳质泥岩与浅灰色中砂岩、浅灰色粗砂岩互层。
		中统	纸坊组		1384		423	A1 A2	B1 B2	上部为棕红色泥岩与浅灰色中砂岩互层；中部为棕红色泥岩与浅灰色细砂岩互层；下部为棕红色泥岩与棕红色细砂岩互层。
		下统	和尚沟组		1576		192	A3 A4		上部为棕红色砂质泥岩与浅红色细砂岩互层；中部为棕红色砂质泥岩与浅棕色细砂岩不等厚互层；下部为棕红色砂质泥岩与棕红色细砂岩互层。
			刘家沟组		1699		123		B3 B4	上部为浅棕红色细砂岩夹棕红色泥岩；中部为浅棕红色泥岩与浅棕红色细砂岩互层；下部为浅棕红色细砂岩夹棕红色泥岩。
古生界	二叠系	上统	石千峰组		1990		291	A5 A6		上部为棕红色泥岩与棕红色细砂岩互层；中部为紫红、灰绿色泥岩与灰色细砂岩不等厚互层；下部为紫红色泥岩与棕红色细砂岩互层。
		中统	石盒子组		2232		242	A7	B5	上部主要为紫红色泥岩与棕红色细砂岩互层；中部为棕红、紫灰色泥岩与棕红色细砂岩互层；下部为灰色泥岩、紫红与浅灰色细砂岩、含砾粗砂岩互层。
		下统	山西组		2316		84		B6	深灰色泥岩与浅灰色细、含砾粗砂岩互层，夹煤层及煤线。
			太原组		2338		22		B7	主要为深灰色泥岩、黑色煤层及灰色细砂岩。
	石炭系		本溪组		2367		29			深灰色泥岩、灰黑色灰岩、黑色煤，底部为铝土岩。
	奥陶系	下统	马家沟组		2826		459	A8		中上部为灰岩、褐灰色灰岩、白云质灰岩夹浅灰色泥质灰岩；下部为白云质岩、石膏质白云岩、泥质白云岩与石膏质泥岩、白云质泥岩互层。

图 3 CCS 项目注入井（孔）地层剖面

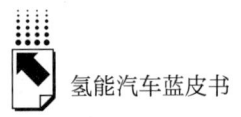

二 氢能技术应用综述、代表性应用领域及典型案例分析

氢能应用于燃料电池技术，主要方式为交通应用即燃料电池车辆和燃料电池发电。前者主要是采用电—电混合的技术路线将燃料电池用于交通领域，以达到续航里程长，可快速充电（加注氢气）的目的，相对于纯电动汽车来讲，除了小型车辆，氢能燃料电池还可应用于大型、重载车辆、船只、铁路等，且相比纯电动系统具有明显的里程优势。后者主要是固定式应用，将氢气通过燃料电池进行分布式发电，国内代表性的案例是营口2MW PEMFC发电项目。以下对两种应用案例分别进行分析。

（一）氢燃料电池汽车应用整体情况

氢能要想在燃料电池车上应用，最基本的要求是需要有加氢站，加氢基础设施是保障氢能车辆运行的基本保障，目前，我国建成运营的固定式加氢站数量仅有11座（见表2）。国内加氢站多为大型赛事、示范项目、公司自给使用而建，市场商业化运营的加氢站极少。大连加氢站是我国首个70MPa加氢站。

表2 我国建成运营加氢站统计

序号	加氢站	城市	建成时间	概况
1	北京永丰加氢站	北京	2006	由BP公司和北京清能华通公司合作建成，是中国第一座车用加氢站。2008年为北京奥运会燃料电池示范运营提供加氢保障服务。日加注量200kg，加注压力35MPa。外供氢，站内天然气重整制氢和电解水制氢。
2	上海安亭加氢站	上海	2007	日加注量200kg，加注压力35MPa。外供氢，氢源为工业副产，储存容量800kg，存储压力为43.8MPa。863计划，同济大学与舜华合作建成。
3	深圳大运会加氢站	深圳	2011	示范运行简易加氢站，加注压力35MPa，外供氢。

续表

序号	加氢站	城市	建成时间	概况
4	台湾	台湾	2011	微生物制氢,加注压力35MPa
5	郑州宇通加氢站	郑州	2015	保障运通客车燃料电池客车示范运行,日加注量200kg,加注压力35MPa,外供氢。
6	大连同新加氢站	大连	2016	同济和新源合建。集成了可再生能源现场制氢技术,90MPa超高压氢气压缩和存储技术、70MPa加注技术以及70MPa加氢站集成技术,每天可为200辆车加氢。
7	如皋百应加氢站	如皋	2017	日供氢约200kg
8	丰田加氢站	常熟	2017	丰田在常熟建立的首座加氢站,并投放了两辆MIRAI开始在华进行氢动力实证试验,外供氢
9	南海瑞晖加氢站	佛山	2017	加注压力35MPa,储氢能力360kg,每日能为10辆燃料电池公交车和20辆燃料电池轿车加注氢气
10	云浮国鸿加氢站	云浮	2016	35MPa加注能力
11	成都加氢站	成都	2018	西南地区首个加氢站,由四川省天然气投资有限责任公司投资建设,商业运营,日加注量400kg

在国家和地方政府的氢能发展规划和扶持政策的指导下,预计2018年加氢站的建设在中国会取得突飞猛进的效果。据不完全统计,2018年各地筹划在建的加氢站有20座以上。在建加氢站主要分布于长三角与珠三角地区(见表3)。

表3 我国筹划在建加氢站统计

序号	城市	规划或建成年份	名称
1	如皋	2018	国家能源集团加氢站
2	上海	2018	(江桥)靖远路加氢站
3	上海	2018	金山加氢站
4	上海	2018	青浦韵达加氢站
5	上海	2018	松江万象加氢站
6	盐城	2018	奥新汽车加氢站
7	张家港	2018	开发区加氢站
8	台州	2018	氢能小镇加氢站
9	嘉兴	2018	(嘉善)爱德曼加氢站
10	佛山	2018	国能联盛加氢站
11	云浮	2018	云城区加氢站

续表

序号	城市	规划或建成年份	名称
12	云浮	2018	云浮新区加氢站
13	云浮	2018	罗定加氢站
14	云浮	2018	新兴县中石化加氢站
15	云浮	2018	郁南县加氢站
16	中山	2018	古镇加氢站
17	张家口	2018	张家口加氢站
18	襄阳	2018	试验场加氢站
19	武汉	2018	氢雄加氢站
20	聊城	2018	中通客车加氢站
21	滨州	2018	滨化加氢站
22	西安	2018	长安区加氢站
23	六安	2018	明天加氢站

在上述加氢站的保障下，目前在上海、广州、北京，辽宁、江苏等地超过600辆燃料电池汽车在运行，具体情况见表4。

表4 中国投入商业化运行的燃料电池车辆运行状态汇总

单位：辆，千米

地区	车辆总数	品牌	车型	运行里程	加氢站	统计时间
上海	500	东风特专	7.5t 物流车	1232327	上海重塑加氢站	2018/7/6
	10	上汽荣威	950FCV 乘用车	20000	安亭加氢站	2018/5/31
广州	13	广东飞驰	11m 客车	280000	氢枫三水临时加氢站	2018/6/25
	15	广东飞驰	11m 客车	208577	云浮舜为加氢站	2018/6/25
	25	东风特专	7.5t 物流车	204332	云浮舜为加氢站	2018/6/25
					佛山瑞晖加氢站	2018/6/25
北京	30	北汽福田	8.5m 客车	400000	永丰加氢站	2018/5/31
辽宁	40	上汽大通	FCV80 轻客	81171	撬装式加氢站	2018/5/31
江苏	10	青年	物流		固定式加氢站	2018/7/20
总运行里程	633	—	—	2426407	—	—

（二）加氢站及燃料电池汽车运行示范城市案例分析

目前，上海，武汉，佛山、辽宁新宾等地都在大力发展氢能产业，并进行燃料电池汽车的示范和推广，具体情况如下。

1. 上海加氢站建设及燃料电池汽车示范运行

（1）安亭加氢站

自 2007 年建成投入运行以来，安亭加氢站已连续安全运行 11 年，累计加氢量超过 16 吨，是国内持续运行时间最长的加氢站，有力地支持和保障了上海地区的燃料电池汽车研发和示范运行。

（2）上海世博加氢站

世博加氢站采用外供氢方式，站内固定瓶组储氢量 300kg，最大储氢量 900kg（含氢气长管拖车），氢气加注压力 35MPa，安装三台国产加氢机和一台进口加氢机。

值得一提的是，随着上海世博加氢站和两座移动加氢站的投入运行，再加上原有的安亭加氢站和副产氢提纯示范基地，上海建成了国内首个氢基础设施网络。

（3）上海驿蓝化工区加氢站

2017 年，上海舜华新能源系统有限公司与林德气体（香港）有限公司、上海驿动汽车服务有限公司及上海鉴鑫投资有限公司共同出资组建上海驿蓝能源科技有限公司，将于 2018 年在上海化学工业区内建设一座加氢充电合建站。该站位于上海化学工业区舜工路上，占地约 8000 平方米，日供氢能力约为 2000kg，采用国际领先的离子压缩机技术，具备 35MPa 和 70MPa 燃料电池汽车加注能力，同时具备 20MPa 长管拖车充装能力。此外，该站还将建设光伏、储能、充电站系统，实现加氢充电一体化，上海驿蓝化工区加氢站效果见图 4。

图 4　上海驿蓝化工区加氢站效果

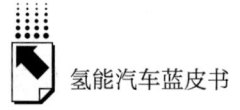

2.辽宁新宾燃料电池汽车示范运行

（1）新宾满族自治县生态环境与氢能产业发展优势

辽宁省新宾满族自治县位于辽宁省东部，在辽宁省水源地大伙房水库的上游，为辽东山区最大的森林宝库，是全国首批生态建设示范县。大力发展氢能源产业是新宾县经济发展战略目标。良好的生态环境和历史渊源为开发氢能产业创造了基础。新宾满族自治县作为国家重点生态功能区，以"大生态、大旅游、大材料、大能源"作为四大支柱产业，并于2016年开始重点布局"大能源"产业。由新能源纯电动汽车市场应用端引入，依次以并行互补的方式进行氢能产业的全产业链布局。以吸引具有技术创新的研发型（氢能）生产企业为产业培育基础，以氢燃料电池汽车商业化运营为产业导入口，依次展开产业结构，互动并行的方式推进氢能上下游企业的建设和发展，已逐步形成氢燃料电池汽车运营、氢能基础设施（储氢）、运氢、制氢、燃料电池及相关零部件的研发与生产，未来将实现县域氢能社会的全产业体系。

（2）氢燃料电池汽车示范运营与燃料电池产学研合作

根据新宾县发展氢能产业成为县域经济的支柱产业的主导思想和产业发展规划，辽宁沐与康新能源集团公司旗下"沐与康氢缘"汽车租赁有限公司于2017年12月购进了上汽大通FCV80燃料电池轻型客车40辆。为保障40辆FCV80的正常运营，新宾满族自治县沐海氢能有限公司与北京海德利森科技有限公司联合建设35MP撬装加氢站，并于2018年1月正式投入使用。大连岩谷气具有限公司为加氢站提供气体供应。目前，新宾县已形成"车辆运营""加氢站运营""气体供应运营"的完整运营供应链。

2018年4月，新宾县燃料电池汽车第一支商业化营运车队正式上线运营。目前已经运营三个月，沐与康公司已收录和积累了大量的相关数据，40辆FCV80燃料电池汽车已累计行驶50万公里。目前月加氢量已经突破50000立方米。燃料电池堆系统及相关技术数据已采集到1000多条。为燃料电池汽车技术提升与性能分析总结提供了重要的数据支撑。

由于40辆FCV80燃料电池汽车的商业化营运的先行先试，积极推进并加快了氢燃料电池汽车的市场端发展进程。

（3）氢能产业组织与政策

2017年3月新宾县成立了"新宾满族自治县新能源（氢能）产业办公室"，为新宾县新能源（氢能）产业研究、产业规划、产业建设、产业招商和产业服务建立了完善的"园区管委会"体系机构，并负责任制定出台了《新宾满族自治县氢能产业发展规划》与《新宾满族自治县促进氢燃料电池汽车产业发展和应用推广的实施方案》，积极推进辽宁沐与康新能源集团公司作为龙头企业在氢能源产业的布局（见图5），正在逐步扩大产业规模。

（4）氢国清城氢能小镇

"氢国清城氢能小镇"规划建设在新宾县南杂木镇，核心区域规划面积3平方公里。其中包括"产业基地"、"示范基地"和"氢之旅"，计划投资50亿元的集氢燃料电池系统研发与生产基地、氢能产业测试与实验的示范基地、氢能社区与氢能经济交流的文旅小城。

3. 武汉车用氢能产业及燃料电池汽车产品开发

（1）武汉车用氢能产业发展背景

汽车产业已成武汉第一大支柱产业。自2010年超越钢铁成为武汉首个千亿产业以来，汽车产业已经连续7年保持武汉第一大支柱产业地位；2012年以来，武汉汽车产业产值年均增速超过20%，远高于武汉市同期工业总产值增速。

"十二五"期间，新能源汽车进入战略性新兴产业以来，武汉在全国率先出台包括免征购置税、免ETC、不限行、政府补贴等政策推广新能源汽车，这使得新能源汽车在武汉的知名度迅速扩散，新能源产业和技术资源也向武汉集中。

2017年9月，武汉提出未来4年，全市公务用车每年更新或新增车辆中，四成以上要采用新能源汽车；对市民购买轴距大于2.2米的电动汽车，除中央财政最高补贴4.4万元外，市财政同时补贴2.2万元。

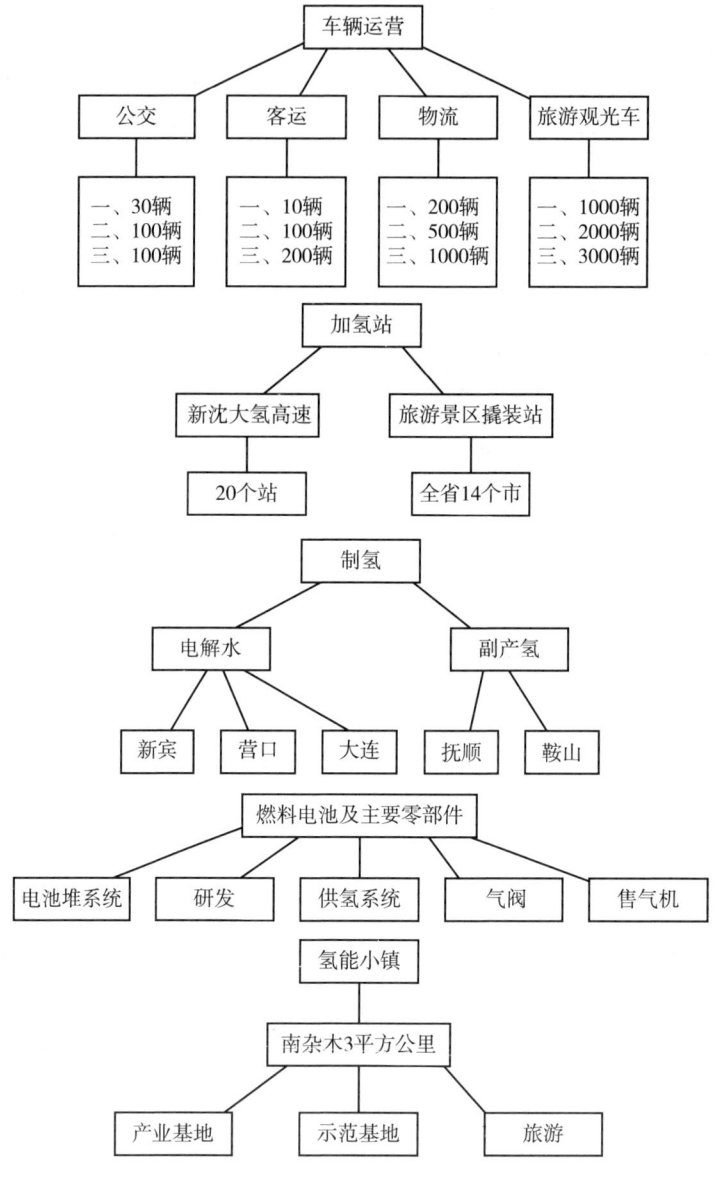

图 5　氢能产业布局

2018年2月，武汉市经信委、财政局、科技局、发改委联合下发了《武汉市新能源汽车推广应用地方财政补贴资金实施细则》，对2018～2020

年武汉市新能源汽车推广应用地方补贴细则进行了明确，明确了补贴对象为消费者，并以轴距为主要参考依据给出了地方补贴标准。其中，对单位和个人购买的燃料电池汽车，按照中央财政单车补贴额1∶1的比例确定地方财政补贴标准。

作为武汉市汽车产业最聚集的区域，武汉开发区汽车产业正在从传统汽车产业向下一代汽车产业转型，开发区已将发展氢能与燃料电池产业作为新能源产业发展和汽车产业转型升级的重要抓手，聚集了雄韬股份、东风汽车、南京金龙、武汉理工新能源、武汉众宇等一批代表国内燃料电池技术先进水平的企业。此外，科研实力上，武汉是国内最早的氢能产业研究地之一，集聚有华中科技大学、武汉理工大学、中国地质大学和东风公司等氢能产、学、研机构。

2018年1月，武汉市氢能产业发展规划建议方案出炉，对未来氢能产业发展方向，列出时间表、路线图。规划建议方案显示，3年内，将以武汉开发区为核心，打造"氢能汽车之都"，在研发层面实现制储氢、膜电极、电堆等核心技术达到国际先进水平。

（2）氢能供给方案

①氢的制取

目前国内的氢气主要源于电解水制氢和工业副产氢提纯等。武汉拥有武汉钢铁（集团）公司等，此外，位于武汉市青山区长江沿岸的武汉钢铁工业基地是全国重要的钢铁轧制基地。繁荣的钢铁工业为武汉提供了大量的工业副产氢气。

②加氢站建设

加氢站方面，2018年3月，武汉出台了加氢站审批及监管地方管理办法，为推进和加快该市氢能汽车产业发展扫清障碍；6月，由雄韬氢雄投资建设的湖北省首座固定式加氢站在武汉开发区（汉南区）破土动工。该加氢站占地15亩，设计日供氢1000千克，加氢站加注压力为35MPa，并预留了加注70MPa压力和日加注能力700公斤氢气的扩展空间；日均可满足约800辆小汽车或200辆大巴加氢需求。

(3) 燃料电池汽车产品开发

①燃料电池乘用车

2005年1月,燃料电池乘用车"楚天一号"在武汉理工大学正式通过专家组验收。该车具有完全独立自主知识产权。"楚天一号"是由东风汽车公司大力支助,武汉理工大学组织多学科联合研制。历时两年,于2004年底研发成功。"楚天一号"由爱丽舍轿车改装。"楚天一号"最高车速超过100千米/时。显示与数据管理系统显示量大,分辨率高,为整车的运行、故障诊断提供了依据。当时,在全国开发成功的燃料电池轿车样车,除"楚天一号"外,仅有上海研制的"超越号"。

②燃料电池商用车

2017年12月,武汉地质资源环境工业技术研究院与同济大学联合开发的"开沃·泰歌号"氢能城市客车量产车型正式亮相。"开沃·泰歌号"氢能客车由武汉"资环工研院"与同济大学联合组建的氢能汽车产业创新发展平台——武汉泰歌氢能汽车有限公司开发的"泰歌号"氢燃料电池发动机、武汉泰歌氢能汽车有限公司和武汉开沃新能源汽车公司联合开发,其车身采用武汉开沃经典公交车车型,长8.5米,可载客56人,可实现加氢3~5分钟,续航450公里以上。该车搭载的"泰歌号"氢燃料电池发动机可在-20℃的低温启动,具备智能化故障诊断功能。

4. 佛山南海加氢站建设及燃料电池汽车示范运行

(1) 产业规划、政策情况

①规划

2015年4月,《佛山市南海区新能源汽车产业发展规划(2015~2025年)》出台,提出将南海区打造成为国内领先的氢燃料电池汽车核心部件研发生产基地、华南地区重要的新能源汽车研发生产基地、广东省重要的战略性新兴产业基地。在此基础上,开展《南海区氢能源产业发展规划》和《佛山市南海区新能源汽车充电基础设施和加氢站规划》的编制工作,明确南海区氢能产业和充电基础设施及加氢站的规划目标、发展方向,梳理产业发展重点工程,从整体实施计划、实施步骤及保障措施等方面,着力推动南海氢能产业发展。

②政策

2017年7月，《佛山市南海区促进新能源汽车产业发展扶持办法》出台，对在南海区从事新能源汽车（含氢能）产业的企业进行扶持，同时引导新能源汽车产业企业向广东新能源汽车产业基地集聚发展。同时，加紧研究促进加氢站建设运营及氢能源车辆运营扶持办法等相关工作，整体规划、协调推进南海新能源汽车及氢能产业的未来发展。

2018年4月，《佛山市南海区促进加氢站建设运营及氢能源车辆运行扶持办法（暂行）》出台，对区内加氢站的建设、运营，以及氢能源车辆运行等环节进行扶持。该办法是目前全国各地区对加氢站建设补贴力度最大的扶持办法，并在国内率先对加氢站运营环节进行补贴，将推进氢能源车辆商业化进程，加快氢能与燃料电池产业的示范应用，促进南海区氢能产业要素集聚。

（2）产业发展情况

①产业链

南海区氢能产业涵盖了从富氢材料及制氢设备研制、制氢、加氢，到氢燃料电池核心部件、动力总成和整车生产等环节。

广东美星富能科技有限公司、广东华特气体股份公司分别致力于富氢材料及制氢设备研制和制氢等产业链环节；广东广顺新能源动力科技有限公司是国内唯一具备生产氢燃料电池压气机等核心部件能力的企业，是国家科技部新能源燃料电池汽车创新联盟理事单位和国家"863"科技支撑项目燃料电池汽车关键核心部件专项副组长单位，已研发生产了氢气压气机、增湿泵、氢气循环泵等十多个用于燃料电池动力装置的核心零部件，相关产品已在上汽集团等汽车制造公司的燃料电池汽车制造中取得了很好的应用；广东泰罗斯汽车动力系统有限公司整合长江汽车、鹏辉能源、新源动力、广顺新能源等国内外领先的新能源汽车和氢燃料电池产业力量，致力提升我国氢燃料电池及其核心部件以及氢燃料电池动力系统总成的生产技术水平，并进行氢燃料电池汽车正向开发；广东拜特斯特新能源有限公司致力于燃料电池检测设备研发、生产等产业化进程；佛山市瑞晖能源有限公司建设完成了国内目前首座商业化运营的加氢站。

目前，引进了广东长江汽车整车生产及氢动力研发中心项目，这是2017年全市投资额最大的超百亿制造业项目，包括广东长江汽车氢动力研发中心（以下简称"研发中心"）和广东长江新能源汽车产业化项目（以下简称"整车项目"）。研发中心定位为长江汽车全球唯一的氢动力汽车研发中心；整车项目首期建设用地1000亩，生产车型包括纯电动和氢燃料电池客车、专用车、物流车等，年产6万辆，预计明年投产。

除广东长江汽车整车生产及氢动力研发中心项目外，还引进爱德曼广东氢燃料电池生产项目，该项目选址于南海区丹灶镇，将建成氢燃料电池及动力总成生产基地，计划投资30亿元，年产能8万台氢燃料电池，分三期推进，其中首期项目将于2018年投产，全部项目达产后，预计年产值200亿元以上。此外，一批氢燃料电池、氢动力总成、加氢储氢设备等项目正在落实之中。

②平台建设

第一，氢燃料电池产业研发平台。依托产业基地，南海区致力打造燃料电池及氢源技术国家工程中心华南中心、广顺联合研发中心、新能源驱动系统仿真及控制技术联合实验室、自润滑流动动力机械技术国家地方联合工程研究中心、长江汽车氢动力研发中心等多个氢燃料电池产业研发平台，促进研发平台不断高端化。

第二，绿色发展创新研究院和佛山氢能与燃料电池创新中心建设。为推进佛山市氢能制造技术和产业标准化、产业化、国际化，立足于制造业转型绿色发展实际需求，南海区拟启动佛山绿色发展创新研究院和佛山氢能与燃料电池创新中心建设的建设，以夯实广东省氢能产业绿色制造技术与标准研发基础为目标，面向全国氢能产业发展实际需求，构建完善氢能产业标准体系并转化应用，以标准引领产业发展为手段，建设氢能产业标准化创新基地，同时为相关氢能装备提供检测服务，为氢能技术标准创新和应用提供支持与保障。

（3）产业基地建设稳步推进

产业基地位于丹灶镇，属佛山国家高新技术开发区核心区的范围，总规划面积8200亩，其中一期规划面积900亩已基本建设完毕。基地自建立以来，得到省、市的大力支持，被广东省政府列为广东省战略性新兴产业区域集聚发展试点区之一，于2014年被省政府认定为广东省第二批战略性新兴产业基地。

基地依托南海区现有汽车产业基础，以技术创新、示范应用为重点，发展氢燃料电池汽车的相关项目为核心，纯电动、混合动力等相关领域作为带动，致力成为动力电池、驱动电机和电控等关键零部件全方位发展的新能源汽车产业基地。目前，基地已引入广顺新能源、泰罗斯、广东盈华高科新材料有限公司、佛山市科顺自动化设备有限公司、佛山科先精密机电科技有限公司、佛山市耀灏机械设备有限公司等企业，研发生产新能源汽车关键零部件、车用高速精密直流电机及驱动控制系统、介质压气机、电动空调、电动转向、高速电机、控制器及氢气循环泵等新能源汽车核心部件，以及氢燃料电池动力系统总成。同时引进的广东长江汽车整车生产及氢动力研发中心项目和爱德曼广东氢燃料电池生产项目也落户在该基地。

在此基础上，围绕丹灶仙湖，规划43.9平方公里建设"仙湖氢谷"，全力打造滨湖氢能产业总部、科研集聚区，着重推进氢燃料电池、核心部件、动力总成和氢动力汽车等氢能产业链的完善和发展壮大。

（4）"促进中国燃料电池汽车商业化发展项目"佛山项目有序推进

围绕科技部、联合国开发计划署"促进中国燃料电池汽车商业化发展项目"，稳步推进各项工作，成立区新能源汽车推广应用工作领导小组，制定项目实施方案，探索建立了国内首个商用加氢站审批、建设、验收流程，并上升为《佛山市加氢站建设审批程序指引（暂行）》，建成了国内首座商业化运营的加氢站，于2017年9月7日投入使用，同时启动示范项目，成为全国首个启动示范项目的城市。项目首期由联合国开发计划署、广东泰罗斯汽车动力系统有限公司等多家单位参与，计划2018年投入15辆左右的氢燃料公交车和500辆左右的氢燃料物流车参与示范运行。

（5）构建高端对外交流展示平台

佛山市于2011年和2013年，联合中国燃料电池汽车技术创新战略联盟和燃料电池及氢源技术国家工程研究中心，连续举办了两届燃料电池及氢能技术发展国际峰会。

2017年12月，佛山联合中国标准化研究院、国际标准化组织氢能技术标准化技术委员会（ISO/TC 197），成功举办全国首个"氢能周"活动，发起成立了中国氢能产业联盟、广东省氢能燃料电池汽车产业协会，发布我国第一项氢燃料电池氢气品质团体标准，开建加氢加油合建站，下线佛山本地化首列氢能源现代有轨电车，签约一批氢能产业项目；同时，吸引了150多家国内外参展商，集中展示了制氢、储氢、加氢、燃料电池及关键部件、燃料电池汽车、氢产品与氢医疗设备等氢产业上下游前沿技术与高端产品，展出了中车四方氢能源现代有轨电车、上汽大通FCV80燃料电池商用车和丰田Mirai氢燃料轿车等车辆，成为2017年全国展示氢能车辆数量最多、车型最全的专业展览。

此外，南海区联合中国标准化研究院、佛山绿色发展创新研究院等单位将于2018年11月上旬联合举办2018绿色生产与消费国际交流会暨第二届氢能周系列活动，打造国际性的绿色发展和氢能与燃料电池会展品牌。

（6）加氢站建设工作

加氢站建设是目前我国氢燃料电池汽车产业发展的最大障碍，全国没有现成的审批建设流程。为了推动南海区氢能产业的发展，以及科技部、联合国开发计划署"促进中国氢燃料电池汽车商业化发展项目"的顺利实施，自2014年起，我局组织区相关部门对加氢站建设过程需要办理的事项、需上级部门协调解决的事项、存在的问题进行了逐一梳理，积极和省、市相关部门进行沟通协调，探索建立了国内商用加氢站的审批流程，并上升为《佛山市加氢站建设审批程序指引（暂行）》，为全市乃至全国的加氢站设计、规划、立项、报建、建设、验收制订了规范。同时，推进建成了位于丹灶镇的广东新能源汽车产业基地区内的瑞晖加氢站，并于2017年9月7日正式投入运营，这是全国首个商业化审批运营的加氢站，开创了全国商业化加氢站的先河；而且，还积极推进加氢加油合建站建设，有效解决了加氢站进城问题，为我国探索了一条快速推进加氢站选址、建设的路子。同时，南海区计划2018年推进每镇（街道）建设1座加氢站，届时，南海将拥有8座加氢站。

此外，为顺利推进2017~2022年南海区22座加氢站建设，以建设商业化运行加氢站为目标，针对选址、设计、工程建设、验收、运营维护、安全管控等各环节建立统一、系统、高效的规范流程，南海区正开展加氢站建设项目设计施工总承包项目招标工作，确保工程有效推进。目前，项目已确定中标单位，将负责南海区加氢站的规划设计（含勘察）、建设，以及核心设备选型、采购、安装和系统调试等工作。

5. 氢能在固定式发电领域应用案例分析

氢能燃料电池除了在交通领域有广阔的应用，在固定式发电领域也有非常大的潜力。以日本为例，当前已经有超过20万台的家庭用燃料电池热电联产产品在使用，而国内目前在固定式氢能燃料电池应用方面，推动的速度较慢。最具代表意义的是辽宁营口2MW PEMFC发电项目。2016年10月，阿克苏诺贝尔工业化学品（AkzoNobel Industrial Chemicals，以下简称"阿克苏诺贝尔"）、MTSA Technopower（MTSA）和荷兰氢电公司（NedStack）成功交付全球首座2MW质子交换膜（PEM）燃料电池发电站。这座2MW质子交换膜（PEM）燃料电池发电站建在中国辽宁省营口市的营创三征（营口）精细化工有限公司厂区内，用于氯碱副产氢的增值利用，可生产2MW的清洁电力（见图6）。该发电量不仅能满足客户所有生产流程中20%的电力需求，而且完全不排放温室气体，从而为环保做出巨大贡献。

继2009年在比利时索尔维（Solvay）公司安装首座1MW PEM燃料电池发电站后，营口市2MW质子交换膜（PEM）燃料电池发电站的成功交付标志着大型固定式PEM燃料电池在商用市场中又迈出了重要一步。

该项目中，阿克苏诺贝尔在项目中负责与营创三征的沟通协调，MTSA

图 6　辽宁省营口市 2MW 质子交换膜（PEM）燃料电池发电站

承担了燃料电池发电站的设计和建设，Nedstack 为项目提供系统核心组件——燃料电池模块。该项目获欧盟 FCH-JU 计划支持，目标是运行寿命达到 15000 小时，当前，该电站处于持续运行中。

B.5
水电解制氢技术及产业化应用

张碧航 张祥春 吴金兰*

摘　要： 水电解制氢技术历史悠久，工业化进程已经历了一个多世纪。在百年时间内，国内外涌现了许多著名厂商，其产品广泛地应用于工业及商业领域。水电解制氢能耗较高，长时期以来制约了这一产业的发展。随着能源危机的到来、可再生能源的大力开发利用以及氢能源概念的确立，水电解技术才得到了前所未有的重视。这一技术有望作为可再生能源与氢能源之间的桥梁。本文着重介绍了水电解制氢技术在国内外发展简况及其产业化应用，特别论述了可再生能源制氢的巨大潜力。

关键词： 氢气　水电解制氢　可再生能源制氢　氢气的产业化应用

一　水电解制氢技术发展现状

（一）国外水电解制氢技术概况

自1900年英国化学家威廉·尼克森和安东尼·卡莱尔利用伏打电池把水分解为氢气和氧气以来，经过数代科学家持续不懈的努力，到目前为止，人们已经研发了三类水电解槽，即碱性水电解槽（AE）、质子交换膜

---

* 张碧航，经济师，苏州竞立制氢设备有限公司董事长；张祥春，苏州竞立制氢设备有限公司技术顾问；吴金兰，苏州竞立制氢设备有限公司气体净化部主任。

（PEM）水电解槽（以下简称PEM水电解槽）和固体氧化物水电解槽（SOE）。在三类水电解槽中，技术最为成熟、使用最为广泛的当属碱性水电解槽，商业上销售的大型水电解槽都属于这一类型。PEM水电解槽，属于新一代电解槽，由于流程简单，能效较高，发展较快，产品已陆续上市，但由于价格较贵，宜用于高端用户，如重点实验室、空间站及潜艇等。固体氧化物水电解槽采用水蒸气电解，在高温下工作，能效最高，但尚处于研发阶段，暂无商品推出（见图1）①。

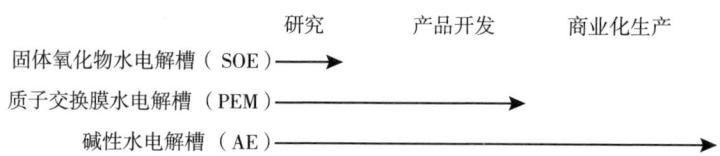

图1　三类水电解槽的技术进展状况

三类水电解槽技术发展简况如下。

1. 碱性水电解槽

如上所述，碱性水电解槽生产历史悠久，型号繁多，规格齐全，槽体结构采用双极性压滤型，运行模式有常压和加压两种，碱性水电解工作原理如图2所示。

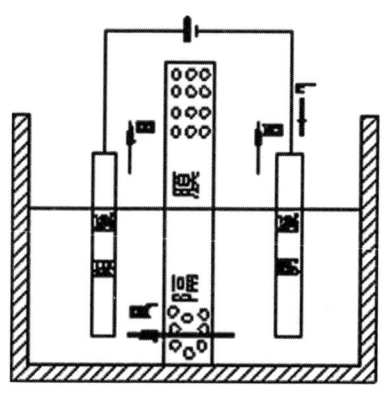

图2　碱性水电解工作原理

---

① 张祥春：《国外商用水电解制氢设备现状和能效分析》，《气体分离》2013年第2期。

在碱性水电解中,电荷载体为 OH^-,其阴、阳极反应如下:

阴极反应:$2H_2O + 2e \rightarrow H_2 \uparrow + 2OH^-$

阳极反应:$2OH^- \rightarrow \frac{1}{2}O_2 \uparrow + H_2O + 2e$

总反应:$H_2O \rightarrow H_2 \uparrow + \frac{1}{2}O_2 \uparrow$

碱性水电解槽运行条件:电解液 30% KOH 溶液,运行温度 70℃~90℃,电流密度 2000~4000A/m²,小室电压 1.7~2.2V,电极材料:阴极 Fe 或涂 Ni,阳极涂 Ni,隔膜:石棉或无机或有机高分子膜,能效 70%~80%。

100 多年来,涌现了许多著名生产厂商:如挪威 Hydro 公司,德国 Lurgi 公司,比利时范登堡 IMET 公司,加拿大多伦多电解槽有限公司,意大利米兰 NeNora 公司,美国德立台等。

挪威 Hydro 公司,1927 年创立至今,已有 80 多年历史,常压碱性水电解技术引领者。最大单台产量 485Nm³/h,工作温度 80℃,电流密度 2500A/m²,小室电压 1.8V,直流能耗 4.3kWh/Nm³H₂,能效上属于最佳,产品采用活化层电极(硫化镍),小室电压低,所以能效高,产品行销世界各国。20 世纪 80 年代,首家推出了无石棉隔膜,突破了电解隔膜非石棉布不可的技术壁垒,成为行业内最大亮点。

德国 Lurgi 公司亦是世界闻名的水电解制氢企业,是第一家生产压力型水电解槽的公司,自 20 世纪 50 年代推出加压产品以来,已积累了 60 多年的生产经验。此水电解槽是由 Zdansky-Lozen 精心设计制作的。产品特点是:主极板采用乳头状钢板,副电极采用丝网,隔膜采用石棉布。此结构一改常压水电解槽平板电极结构,从而极大地提高了电极的比表面积,缩短了电室宽度和水电解槽体积。水电解槽工作温度 85℃,工作压力 3.2MPa,电解液采用 25% KOH 溶液,电极上也涂有活化层,小室电压 1.9V,单位电耗 4.5kWh/Nm³H₂ 左右。到目前为止,至少有 500 多台产品行销世界各地,我国宝钢也曾进口过该产品。

瑞士是传统意义上的水电解产品生产强国,生产的 Bamag 和 Oerlikon 常压电解槽闻名于世,早期占有很大的销售市场,产品用于众多工业部门,我国早年制造的 DY-144 大型常压电解槽,就是仿制 Oerlikon 的产品。

碱性水电解槽的缺点是电耗较高,电流密度较低,以致能效较低。如何提高水电解槽能效一直是研究重点。现在许多课题都集中在研发新型电极材料及活化涂层上,以降低电极的超电位,达到提高能效的目的。

2. PEM 水电解槽

PEM 水电解槽是第二代水电解制氢装置,目前已开始少量进入水电解制氢市场,特别在可再生能源制氢领域方面,更显示出其独特的优势。PEM 水电解工作原理详见图 3。

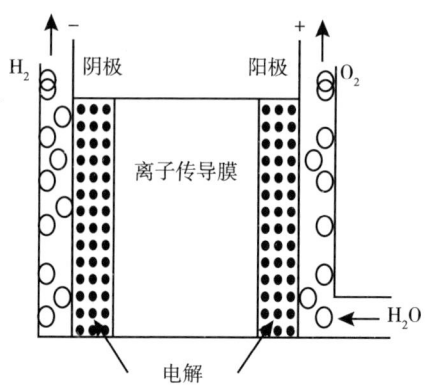

图 3　PEM 水电解工作原理

在 PEM 水电解中,电荷载体为 H^+,其阴、阳极反应如下:

阳极(OER): $H_2O \rightarrow \frac{1}{2} O_2 \uparrow + 2H^+ + 2e^-$

阴极(HER): $2H^+ + 2e^- \rightarrow H_2 \uparrow$

总反应: $H_2O \rightarrow H_2 \uparrow + \frac{1}{2} O_2 \uparrow$

PEM 水电解槽运行条件:采用纯水电解,运行温度 70℃~80℃,电流密度 10000~30000A/㎡,小室电压 1.6~1.9V,电极材料:阴极 Pt 涂层,阳极多孔钛催化涂层(Ir, Ru),隔膜:Nafion 膜,能效在 70%~80%。

第一台 PEM 电解槽是由美国通用电气公司于 1966 年开发的，用于 NASA 空间计划的燃料电池上（Gemini 项目）。70 年代初，小型 PEM 水电解器开始用于军事与空间开发项目上。1975 年美国制定了 PEM 水电解发展目标：研制商业储能用大型电解槽，输入功率 200kW，氢产量 55m^3/h。此后，许多公司及研究机构也参与了 PEM 水电解制氢的开发工作，如美国 Proton 公司，德国 H-Tee 公司，瑞典 Brown Boveri 公司，和俄罗斯库加托夫研究所等。

有代表性的是美国 Proton 公司推出的 HOGEN 系列产品，其中 HOGEN S 电解槽，产量为 0.26~1m^3/h，运行压力 1.3MPa；HOGEN C 系列电解槽，产量为 30Nm^3/h，运行压力 3.0MPa，该公司提出的研制产量达 400m^3/h 制氢系统，已于 2015 年 1 月推向了市场。

PEM 水电解槽的优势更体现在军事及空间技术应用以及可再生能源制氢上，这些领域对产品提出了更高的要求，如出气压力、电解效率、体积重量、输入电能的要求等。

在 PEM 水电解中，作为电解质的质子交换膜，具有许多优点：良好的机械性能和化学稳定性，高的质子导电性及良好的气体分离性等[①]，可以使 PEM 电解在较高的电流密度下工作而不会降低电解效率。采用纯水电解在装置安全性方面更胜一筹。

目前 PEM 水电解产品正在逐步迈向商业化，特别是美国 Proton 公司正在做大做强，2015 年已推出了的 MW 级 M 系列制氢系统。

与传统的碱性水电解相比，其优越性有以下几点。

①能效高：在给定电流密度下效率可高达 80%，能耗小、运行成本低。

②电流密度高：最高可达 30000A/m^2，小室电压 2.0V。通常为 10000A/m^2，小室电压为 1.9~2.0V，相较于碱性水电解槽（一般电流密度为 2000A/m^2，小室电压为 1.9~2.0V），电流密度高出 5 倍。因而在相同产量下，水电解槽体积及重量要小得多。

---

① 王新东、刘高阳、许军元、蒋钜明、黄敏、李庆峰：《质子交换膜水电解析氧电催化复合材料合成、微结构调控及性能研究》，《中国科学：化学》2014 年第 8 期。

③安全可靠：由于电解质是链状高分子聚合物，性能稳定，运行时安全可靠、维修量小、使用寿命长。据报道，英皇家海军用的PEM水电解槽运行达数万小时，也有报道称PEM水电解槽的使用寿命在数年以上。

④产品气纯度高：由于PEM膜为非透气性隔膜，能承受较大的压差，而且启、停迅速。而石棉布为透气性隔膜，隔膜内有许多孔隙，因此必须设置严格的压差控制系统，才能确保操作安全。而PEM水电解槽由于采用聚合物电解质，只有氢离子才能通过，从根本上避免了由隔膜引起的氢氧气混合的可能性，所以产品气纯度可高达99.99%。

由于PEM隔膜非常薄，大大地缩小了电极间距，降低了电极间电阻，降低了小室电压。常用的隔膜厚度在0.05~0.25mm，即使添加了催化物，厚度也小于1.0mm。

⑤省去了冷却系统：原料水既是反应物又是冷却剂，省去了冷却系统，减少了装置的体积和重量，也节约了生产及运行成本。

⑥产品气不含碱：由于没有游离碱液存在，减少了对设备的腐蚀，产品气不含碱雾，只要经过简单分离后，便可直接应用。

总之，PEM水电解制氢与传统的碱性技术相比具有高效、低耗、稳定、安全等优点，装置小巧灵活、维护简便。

3. 固体氧化物水电解槽（SOE）

固体氧化物水电解技术于1972年研发成功，相对碱性水电解槽和PEM水电解槽较低的工作温度，固体氧化物水电解槽在800℃~950℃的高温下工作，高温下水的分解电压低于理论分解电压1.23V，所以能耗要低得多，能效可超过90%。由于部分电能被热能所代替后，电解效率更高。电极材料采用非贵金属，成本低。固体氧化物水电解槽结构多种，最早的结构是管式的，这种结构连接简单，不需要密封，但能量密度低，加工成本高①。其工作原理如图4所示。

---

① 张祥春：《碱性水电解和PEM水电解槽技术进展》，2015年氢气技术交流研讨会会议论文，济南，2015年11月。

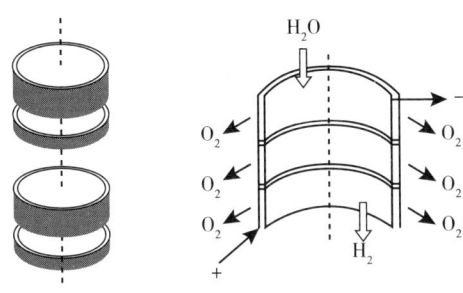

图 4　固体氧化物水电解工作原理

在固体氧化物水电解中，电荷载体为 O^{2-}，其阴、阳极反应如下：

阴极反应：$H_2O + 2e^- \rightarrow H_2 \uparrow + O^{2-}$

阳极反应：$O^{2-} \rightarrow \frac{1}{2} O_2 \uparrow + 2e^-$

总反应：$H_2O \rightarrow H_2 \uparrow + \frac{1}{2} O_2 \uparrow$

固体氧化物水电解槽运行条件：采用水蒸气电解，运行温度700℃~950℃，电流密度3000~10000A/m²，小室电压0.95~1.3V以下，电极材料：阳极 N_i – 氧化镍，阴极 La – Ni/Mn 氧化物。

水以蒸汽形式进入电解槽后，在负极上被分解成 H^+ 和 O^{2-}，H^+ 得到电子生成 H_2，而 O^{2-} 则通过电解质 ZrO_2 后到达外部的阳极上，生成了 O_2。电解质的主要作用为选择性地使质子或氧离子通过，防止氢气和氧气通过，因此要求电解质结构致密且具有高的离子导电率[①]。

（二）国内水电解制氢技术现状

1. 水电解技术发展历程

中华人民共和国成立前，我国在水电解制氢领域是一片空白。中华人民共和国成立后，随着国民经济的发展和基本工业体系的建立，我国陆续从国

---

① 张祥春：《碱性水电解和 PEM 水电解槽技术进展》，2015 年氢气技术交流研讨会会议论文，济南，2015 年 11 月。

外引入了少量水电解制氢装置。20世纪50年代后期，我国开始独立自主地生产水电解制氢装置，走的是仿制路线，仿苏或仿欧，如DQ-4、DY-24、DY-60、DY-144等型号，品种及数量十分有限，技术上属于落后的常压产品。

改革开放以后，我国水电解制氢产业得到了突飞猛进的发展，由于国家实施了"军转民"的战略方针，开始把军工技术转移到民用产业上，较先进的压力型水电解技术引入到了民用产品上，产品容量不断做大，企业间在相互竞争的基础上，呈现出技术不断创新，产品不断升级换代的良好局面。

目前，我国有10家以上水电解制氢专业企业，骨干企业为苏州竞立制氢设备有限公司（以下简称"竞立公司"）、中船重工第718研究所和天津大陆制氢设备有限公司等企业，发展历史均在20年以上。产品除满足国内生产需求外，还大量出口到世界各地，由于质量可靠，价格相对低廉，深受世界各国用户的青睐。

我国已发展成为名副其实的水电解制氢产品生产大国，产品数量及规格种类在国际上均位居前列。据不完全统计，近年来国内生产的水电解槽总数在6000台以上。

在技术开发方面，竞立公司在1994年首先推出了全国最大的DQ/1.6-200水电解装置，将单台的产量提高到$200m^3/h$，远超过仿欧DY-144的产量。2006年，竞立公司又推出了DQ/1.6-375、DQ/1.6-500和DQ/1.6-600水电解制氢装置。2017年竞立公司为了适应氢能发展需要，推出了DQ/1.6-1000水电解制氢装置，这一装置现已进入了试运行阶段，其产氢速率超过了在业内垄断几十年的Lurgi电解槽，成为全球单产最大的产品。与此同时，其他制氢设备厂家同样也都在努力开发各自的碱性水电解槽。

我国的PEM水电解技术尚属于起步阶段，规模化生产还有很长的路要走。目前国内已有少量引进技术的仿制产品进入市场，国内相关能源企业也开始在此领域进行投资，并将在山东设厂生产。

2. 水电解技术特点及经济性分析

（1）水电解技术特点

水电解制氢技术与其他制氢方法相比有着无可比拟的优越性：第一是不

使用化石燃料，因此也不会产生有害气体；第二是产品气纯度高，通常在99.7%以上，除有微量氧及水外，几乎不含其他任何杂质；第三是水电解制氢技术成熟，流程及设备简单，后续工艺设备、管道、阀门及仪表采用撬装式布置，不仅占地面积小，操作维护也方便；第四是自动化水平高，所有工艺参数，如压力、温度、液位、流量及产品气纯度等采用微机控制，不仅操作稳定可靠，还大大地节约了劳动力，并减少了员工的劳动强度。

同世界水平相比，国内的技术还是比较先进的，制氢工艺采用的是加压水电解工艺，而国际上如 Hydro 及 Bamag 还是常压工艺，应该更胜一筹。与常压相比，压力下运行大大地减少了投资及操作成本，特别是储罐容器上，更显其优越性。国内产品的操作压力多数为 1.6MPa 和 3.2MPa，在产品气充装时，压缩机容量及功率也得到了大幅度的下降。

水电解槽采用的双极性压滤型结构仍是当今国际上碱性水电解的通用模式，主电极采用乳头状结构，用模压方式生产，副极板采用丝网，用编织网制作，生产效率高。电极材料采用钢板镍镀，强度高，能长时期耐高温及耐碱腐蚀，运行寿命可达几十年。随着国外水电解技术的进步，隔膜材料上也取得了突破，非石棉隔膜的产品开始走向了市场。国内产品与国外产品的技术差距主要在电极活化层方面，这是今后主攻的方向。

在能效方面，我国产品水电解槽小室电压在 1.9~2V，能耗在 4.5~4.8kWh/Nm^3H_2，能效在 74%~78%，相校于 Hydror 的能耗 4.3kWh/Nm^3H_2 和能效 82%，尚有一定的差距。但近期内国产大型水电解槽能耗达到了 4.2kWh/Nm^3H_2，能效为 84%。通过研发使用新一代催化剂，其能耗有望进一步降低至 4.0kWh/Nm^3H_2，能效可超过 88%。

（2）水电解制氢的经济性分析

水电解制氢的单位能耗在 5~6kWh/Nm^3H_2，若用市电生产，制氢成本在 30~40 元/kg，则比汽油燃料高出约 65 个百分点，显然并不合算。但是，随着技术的不断发展，水电解能耗也在不断下降，日本采用新技术已将能耗降至 3.8kWh/Nm^3H_2，美国 GE 公司采用 PEM 技术也使能耗大幅下降，说明能耗上还有一定的下降空间。

氢经济性主要体现在用可再生能源来生产氢气上，我国的可再生能源储量丰富，但存在大量的浪费现象，在水电调峰时产生大量的弃水电能，风电的不稳定性造成的弃风限电规模庞大，光伏电能也一样，如果将这些废弃的电能用水电解技术生产氢气，我国将会出现一个巨大的氢能源基地应是毫无疑问的。

目前，随着水电解制氢技术的不断成熟，世界上已经有部分加氢站开始采用水电解制氢的技术作为加氢站的氢气来源。比如：Stuart Energy 公司的电解系统应用于许多加注站，包括加州的 Riverside、Thousand Palms、Richmond 等；Proton Energy System 为柏林加氢站提供电解服务；Hydrogenics 公司为印第安纳州的 Crane 加氢站提供电解制氢系统，每天可生产氢气 20kg，同时该公司还为多伦多的几个加氢站提供电解服务。此外，部分加氢站制氢采用了可再生能源。例如，汉堡利用风能电解水制氢，巴塞罗那在站内用太阳能及电网电能电解水制氢，冰岛则用地热能电解水制氢。[①] 这些应用证明了水电解制氢在经济上的可行性。

2016 年，我国在大连建设了国内首座利用可再生能源制氢的 70MPa 加氢站，该项目利用风光互补发电，实现了关键设备的自主创新，成为利用可再生能源制氢的最新范例。

（3）氢能在燃料电池上的应用

目前燃料电池汽车主要以东部沿海城市为主，如果考虑到氢气的运输成本，使用中西部的弃水电能进行氢气制备尚不具备成本优势。但我国东部风电场弃风现象严重，直观经济损失巨大，解决这一现状合理的方法是采用燃料电池储能的方法。如果用氢能燃料电池来储电，可解决风能发电的平衡问题。利用风能发电来制备氢气，氢气成为燃料电池的燃料，而燃料电池又用来储电，这个循环过程既可解决风能发电的平衡问题，又可得到一定数量的氢能。

---

① 傅玉敏、吴竺：《上海世博会专用燃料电池加氢站系统配置的研究》，《上海煤气》2010 年第 5 期。

如江苏盐城周边有 1000 多家风电厂，目前产出的电能无法上网，利用这些风电产生的电能，结合海水电解技术，产生的氢气成本可达到 2 元/Nm^3H_2，相对而言，具备了与汽油能源竞争的能力。

二 水电解制氢技术的产业化应用

氢气是工业气体中的一个重要品种，在化工、化肥、石化、电子、冶金、食品、航空航天、能源等诸多领域乃至医学上都有广泛的应用，可以说氢气无处不在。

（一）水电解制氢在工业及商业上用途广泛[①]

化工上用以生产合成氨：早在 20 世纪 60 年代，埃及阿斯旺水电站就利用廉价的水电来生产氢气，然后与氮气生成合成氨。挪威 Hydro 公司，最早的水电解装置也是用于制备合成氨的。氢气是一种重要的化工原料，许多化工产品的合成都离不开它。

氢气在石化行业是不可或缺的：它是现代炼油工业的基本原料之一。原油蒸馏或裂解所得馏分需要加氢才能精制，才能得到优质产品。在石油炼制中，氢气用于加氢脱硫，用于 C3 馏分加氢、汽油加氢、C6～C8 馏分加氢，如用于生产环己烷等。催化重整加氢精制，可除去石脑油中的硫化物、氮化物、铅和砷等杂质。加氢裂化是在氢气存在条件下进行的催化裂化过程，所以石化行业中氢气需求量特别大。

氢气在电力行业的用途：由于氢气具有较高的导热系数，氢气被用作发电机组的冷却剂，对于电厂的安全运行，氢气是头等重要的。

氢气在电子行业中用作还原气和保护气：氢气在电子工业的半导体、电真空材料、硅晶片和光导纤维生产等生产中，必须使用纯度极高的氢气用作还原气和保护气。

---

① 电子工业部第十设计研究院：《氢气生产与纯化》，黑龙江出版社，1983。

钨、钼等有色金属生产过程中也一样，用氢来还原钨、钼氧化物，以制得粉末，然后再加工成制品。氢气纯度越高，特别是水含量越低，还原温度就越低，所得钨钼粉末粒度就越细，产品质量就越高。我国钨钼生产企业众多，所以水电解制氢需求量也大。

在冶金工业中，氢气用作还原气：将金属氧化物还原成金属。氢气除了用于还原若干种金属氧化物以制取纯金属外，在高温锻压等方面，氢气作为保护气可以使金属表面不被氧化。

食品加工业的加氢处理：许多天然食用油具有不饱和性，经过氢化处理后，提高了油的黏度，可稳定储存，并能提高抗菌能力。但同样要求使用高纯度的氢气。

氢氧焰可用于焊接：用氢氧焰进行焊接时，氢气在氧气中燃烧的温度可达3100K，氢通过电弧的火焰时分解成原子氢，可用于最难熔的金属、高碳钢及有色金属等的熔融和焊接。氢氧焰还用于人造宝石的冶炼中。

氢气是燃料电池的燃料：燃料电池通过燃料和氧化剂的化学能转化为直流电能，这一技术如今发展十分迅猛。

氢气用作低温制冷剂：氢气是除氦以外具有极低沸点的气体，液态氢在真空中蒸发可获得14～15K的低温，因而，在需要获得超低温的科学研究中，常用氢气作为制冷剂。

此外，氢气还有多种应用。在气相色谱分析中经常用氢气作载气。氢气由于密度低，还可以用于充填气球和飞艇。在浮法玻璃生产中，氢气—氮气混合气作为保护气。在空间技术中，液氢是一种优良的火箭推进剂，是航天和火箭的重要液体燃料。

（二）氢能发展必将上升为国家能源战略

1. 化石能源必将消耗殆尽

随着国民经济的不断发展和人们物质生活水平的不断提高，能源的需求量与日俱增，因此，煤炭、石油等化石能源的销量不断被突破，随之而来的是产生了大量有害气体，严重地污染了大气及水系，雾霾、水体污染等问题突出，最终严重地威胁人们的健康和生活。

并且，化石能源作为一次能源，其储量极其有限，是不可再生的，如果无节制地开挖，这些有限资源必将消耗殆尽，最终人类必将面临生存危机。为此，开发新的能源，已经迫在眉睫。世界各国都认识到了这一点，所以都开始尝试寻找新的能源。

2. 氢能源必将成为21世纪清洁环保的新能源

在化石能源岌岌可危的形势下，发展氢能是希望所在。人们对氢能充满了期待，希望其成为21世纪永不枯竭的新能源。

生产氢能源，发展氢经济，需要大量的廉价氢气，传统的大规模制氢方法是通过化石燃料来实现的。而水电解制氢虽然不消耗化石能源，但需要消耗大量的电能，当今大部分电能又是通过燃煤获得的。需要强调的是，大自然中蕴藏着的大量可再生能源，如水能、风能、光能等，都可以转化成电能，通过水电解制成氢气。氢气是二次能源，既可储存又可运输，是较为理想的新能源形式。

长时期以来，由于可再生能源特有的间歇性、波动性等不确定性特点，这些电能并不能完全上网，被称为非并网电，也称为"垃圾电"，由此带来了"弃水""弃风""弃光"等现象，造成了大量的浪费。如何处理这类电能，成了一项世界性难题。而这些电能是进行制氢的良好能源。实践证明，水电解技术完全适应于可再生电能的间歇性与不稳定性。

当下氢能的重要性越来越受到重视，各国政府都陆续提出了氢能战略，提出了实施路线图，并制定了各自的发展规划。

德国在大力发展氢能燃料电池汽车产业时，首先提出了"P to G"发展战略，就是将可再生能源多余的电转化成氢气。2011年德国E.ON和绿色和平能源等公司在德国建立了6MW的风—氢示范项目[①]，在用电高峰时段，优先将风电并入电网，在电力需求低谷时段，将风电转化为氢气储存起来，然后通过天然气管网将氢掺入其中，或输送到附近热电厂进行热电联供。此

---

① 《可再生能源与氢能融合的潜力如何？》，《国家电网报》2018年1月24日。

外，Audi 公司于 2013 年在德国建立了 6MW 的"光伏—氢—甲烷"项目，通过光伏发电技术制取氢气，再与 CO_2 重整制成甲烷，年产能力达到 1000 吨。所以，利用可再生能源制备氢气，应是氢能的最重要的来源之一。

作为全球风力发电和光伏发电最大的国家，我国开展以氢能为核心的多能源转换系统，意义十分重大。2015 年，我国启动了一项由河北建设集团与德国 Mcphy 公司的合作风电制氢工程项目，计划在河北沽源县建设 200MW 风电场，10MW 电解水制氢及氢气综合利用系统，制取的氢气可用于工业生产，并为未来氢能源动力汽车产业进行资源储备，现一期 200MW 风电场已并网发电。[1]

由此可见，水电解技术是构成可再生能源电—气—电—热多功能互补一体化集成系统的基础及重要环节，为能源消费和供需的协调配合构建了桥梁和纽带。一方面，采用可再生能源与氢能融合，摆脱了传统化石燃料制氢对环境的影响，为氢能制取开辟了更清洁、更环保的新途径，为氢能经济的到来奠定了环保绿色的技术基础。另一方面，整合各类能源发展，提升能源系统的资源利用率，为构建多能源互补集成系统夯实了基础环节，显著提高社会、资源、经济、环境等方面的综合效益。[1]

B.6
中国车用燃料电池技术研发进展

宋微 邵志刚 俞红梅*

摘　要： 以丰田燃料电池电动汽车进入市场为标志，燃料电池研发进入了新的发展阶段。车用燃料电池仍须进一步提高性能、降低成本、延长寿命，同时，加强理论与材料创新、研发新一代更具竞争力的燃料电池体系和技术是当前国际燃料电池研究的新趋势。当前我国车用燃料电池铂担量高，膜电极、双极板等关键部件寿命短，衰减机理尚不十分明确，控制策略不完善，迫切需要加强燃料电池的材料新体系及其电化学机理过程的研究，为加速燃料电池产业化提供有力的技术支撑。本文介绍了国内燃料电池材料、部件、机理等方面基础研究的相关进展，通过与国际水平对比分析了我国燃料电池技术的差距或优势。

关键词： 车用燃料电池　质子交换膜　催化剂　膜电极

近年来，随着能源问题和环境问题的日益突出，新能源汽车的研究开发成为全世界的热点。以质子交换膜燃料电池（PEMFC）为动力的燃料电池汽车（FCV）由于具有效率高、行驶里程长、零排放等优点被认为是未来路

---

* 宋微，博士，中国科学院大连化学物理研究所副研究员；邵志刚，博士，中国科学院大连化学物理研究所研究员，燃料电池系统科学与工程组组长；俞红梅，博士，中国科学院大连化学物理研究所研究员。

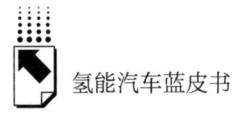

面交通的理想工具。在国际上，美国、欧盟、日本等都投入了大量的资金与人力对燃料电池汽车进行了深入的研究，使其得到了长足的发展。通用、奔驰、本田、丰田等汽车公司也都已经开发出燃料电池车型，并已经上路运行，尤其是丰田公司①于 2014 年底发售的首款燃料电池汽车 Mirai，美国售价仅为 5.75 万美元，标志着燃料电池汽车的商业化的开始，但目前燃料电池的成本与寿命仍然是制约其大规模商业化的主要瓶颈②。

我国车用燃料电池经过多年的发展，取得了显著的成果。在 2010 年上海世博会上，我国自主研制的 70 辆燃料电池轿车、6 辆燃料电池公交车和 100 辆燃料电池观光车历时 6 个月成功地完成了示范运营。在"创新征程——2014 年新能源汽车万里行"项目中③，由新源动力和上汽集团共同研制的荣威 750 燃料电池轿车，从上海出发历时 3 个月，途经 25 个城市，行程达 10000 公里，充分检验了燃料电池在多种气候、路况、海拔等自然环境下的适应性及零部件性能。燃料电池车的示范运行虽然很成功，但是与商业化还有一定的差距，主要体现在燃料电池成本和寿命两方面。

燃料电池的成本高的主要原因在于其昂贵的关键材料与核心组件，尤其是铂催化剂，高的铂用量以及有限的铂资源更是 FCV 产业化的主要瓶颈。对于降低成本的研究主要集中在低 Pt 催化剂、质子交换膜等基础材料和膜电极、双极板等核心部件。

一 低 Pt 催化剂最新进展

核壳结构是降低催化剂中 Pt 担量的一个有效方法。在 Pt 基核壳结构催化剂中，核心由非 Pt 金属构成，外壳由 Pt 或其合金构成，即 Pt 仅分布在表面，这一结构可以使 Pt 原子的反应活性位点充分暴露出来，提高了 Pt 的分散度和利用率，降低了催化剂中的 Pt 含量。通常核壳结构催化剂表示为

---

① 参见 Toyota，https：//ssl.toyota.com/mirai/fcv.html，2015。
② 参见 DOE，http：//www1.eere.energy.gov/hydrogenandfuelcells/mypp/，2014。
③ 参见 http：//auto.people.com.cn/n/2014/0925/c1005 - 25736292.html，2014。

C@S，其中 C 为核心（如 Pd 核、Au 核、Ru 核、Fe 核、Co 核、Ni 核、Cu 核等），S 为外壳（Pt 壳、PtNi 等合金类壳等）。目前，Pt 基核壳结构催化剂的制备方法主要有以下几种。

（1）置换法：利用壳金属与核金属标准电极电位之间的差别，用壳金属前驱体置换核金属，在核表面形成外壳。置换法所能够使用的核心金属有限，一般是过渡金属，例如 Fe、Co、Ni、Cu 的单质或合金。

（2）欠电位沉积法：利用某些金属对 Cu 的欠电位沉积特性，在非 Pt 贵金属纳米粒子表面用欠电位沉积法沉积单原子层的 Cu，然后用壳金属前驱体置换 Cu 原子，在核表面形成单原子层的外壳。欠电位沉积法制备的 Pt 基催化剂具有以下优点：①所有 Pt 原子均暴露于表面，活性位点得到完全充分的利用；②Pt 原子的沉积不会受到基底或壳层组分、形貌、尺寸的影响，但其活性、稳定性却可以通过这些因素的改变而得到最有利的调控。欠电位沉积法得到的 Pt 基催化剂具有较高的 ORR 活性。

（3）种子生长法：在溶液中，以非 Pt 金属纳米粒子作为核心并提供异相形核的位点，利用外加还原剂将 Pt 还原并沉积到核心纳米粒子表面。该方法可以通过金属前驱体、还原剂、稳定剂、晶面保护剂、溶剂和反应条件的调节，得到各种不同结构、不同形貌以及不同组分的 Pt 基核壳结构催化剂。因此，种子生长法具有灵活、简便的特点，而且由于其不使用电沉积技术，所以适合批量生产。从某种程度上说，种子生长法是应用最为广泛的核壳结构纳米材料制备方法。

"十三五"以来在重点研发计划项目的支持下，我国在低 Pt 核壳催化剂方面展开了系列研究，取得的进展有以下几个方面。

（一）新型高活性 Pd_xNi_{1-x}@Pt 核壳催化剂[①]

上海交通大学通过一种创新的基于 Pd/Ni 置换反应的方法合成出一系列

---

① L Luo et al., "Composition – Graded Pd_xNi_{1-x} Nanospheres with Pt Monolayer Shells as High – Performance Electrocatalysts for Oxygen Reduction Reaction," *ACS Catalysis*, 2017（7）：5420 – 5430.

单分散的，成分比例及颗粒尺寸可控的 Pd_xNi_{1-x} 球形纳米颗粒，且其具有富 Pd 表层及富 Ni 内核的成分渐变结构。并通过调节其合成条件优化其形貌和粒径尺寸。通过一种 Cu 欠电位沉积结合 Pt^{2+} 置换反应的电化学技术，将单原子层 Pt 壳沉积到上述 Pd_xNi_{1-x} 球形纳米颗粒表面，制备出具有特殊核壳结构的新型 Pt 基催化剂 Pd_xNi_{1-x}@Pt。结果显示，成分优化后的 Pd_xNi_{1-x}@Pt 催化剂最高贵金属质量比活性为 $0.42A/mg_{PGM}$，较商业化 Pt/C 催化剂有显著提高。

对该催化剂进行了循环伏安扫描加速衰减试验，测试结果显示，在 12000 圈加速衰减循环过程中，由于催化剂内核中 Ni 原子的溶解和单原子层 Pt 壳的重构，催化剂各项氧还原活性呈"火山型"变化趋势，在经过 12000 次循环后，其质量比活性依然略高于未衰减前。而商业化 Pt/C 催化剂在同样的测试条件下，各项活性发生明显的衰减。

（二）新型低铂氮化物@铂核—壳结构催化剂[①]

华南理工大学采用水热技术制得了具有特殊形貌的氧化物前驱体，然后氮化制得了氮化物纳米粒子；采用碳纳米管负载过渡金属氧化物纳米粒子，然后制得氮化纳米碳管负载的氮化物纳米粒子，有效解决了氮化物纳米粒子的"粘连"及分散性问题；氮化物纳米粒子的大小可从 10nm 降低至 5nm。提出了一种 Pt 壳层沉积的脉冲电沉积方法，成功地制得了超薄 Pt 壳层沉积的核壳结构催化剂，催化剂的性能可完全媲美使用贵金属纳米粒子作为核的核壳结构催化剂。所制备的一系列新型低铂氮化物@铂核—壳结构催化剂，其氧还原性能超过 $1.0A/mg_{PGM}$，已达到催化剂活性 $0.3A/mg_{PGM}$ @ $900mV_{iR-free}$。超过 JM 商业 Pt/C 催化剂。

---

① X. Tian et al., "Transition Metal Nitride Coated with Atomic Layers of Pt as a Low – Cost, Highly Stable Electrocatalyst for the Oxygen Reduction Reaction," *J. AM. CHEM. SOC.*, 2016 (138): 1575 – 1583.

（三）$Pt_{2.1}Ni$ 二十面体三明治结构催化剂[①]

上海交通大学探索了一种正二十面体且具有三明治结构的 $Pt_{2.1}Ni$ 纳米颗粒的合成方法，制备出具有 Pt（111）面包裹的三明治结构正二十面体铂镍合金纳米晶体。对催化剂进行 ICP-OES 和 XPS 表征，ICP 测量结果中 Pt、Ni 原子比为 2.1:1，XPS 测量结果中 Pt、Ni 原子比为 4.78:1，XPS 测试得到的 Pt 的元素比例显著高于 ICP 结果。考虑到 XPS 进行的是表面元素探测，可以判断，合金颗粒为表层富铂结构。

$Pt_{2.1}Ni$ 纳米颗粒成功制备后，经进一步处理后进行测试，$Pt_{2.1}Ni/C$ 的 Pt 质量比活性和比表面活性分别达到了 $0.32A/mg_{PGM}$ 和 $0.91mA/cm^2$ @0.9V（vs. RHE），为商业 Pt/C 的 2.5 和 4.1 倍。

对 $Pt_{2.1}Ni/C$ 催化剂进行加速衰减实验的结果显示，相对于商业 Pt/C 催化剂，$Pt_{2.1}Ni/C$ 有更为优异的稳定性，经过 15000 圈加速衰减后，其活性仍可以保持在 70% 以上，说明"三明治"结构的铂镍合金颗粒有较好的稳定性。

（四）新型高活性 PtPb@Pt 核—壳结构催化剂[②]

北京大学和苏州大学合作，采用溶剂热技术，得到 PtPb@Pt 核壳结构。PtPb@Pt 表现出轴向的晶格应力效应，其氧还原面积比活性与质量比活性分别达到 $7.8mA/cm^2_{Pt}$ 与 $4.3A\ mg_{Pt}$@0.9V（vs. RHE）。密度泛函理论计算表明，边缘 Pt 与顶部 Pt 较大的晶格应力有助于优化 Pt-O 化学键强度，从而促进氧还原性能提高。经过 50000 圈循环伏安扫描后，PtPb@Pt 氧还原质量比活性仅衰减 7.7%，并且核壳结构与组分也未发生明显变化；而商业 Pt/C 氧还原质量比活性衰减 66.7%，并且发生明显的粒径长大和团聚。PtPb@Pt 核—壳结构良好的稳定性，来源于致密 Pt 壳层对 PtPb 核的保护作用。

[①] R. Tian et al.，"Icosahedral Pt-Ni Nanocrystalline Electrocatalyst: Growth Mechanism and Oxygen Reduction Activity.，" *ChemSusChem*，2018（11）：1015.

[②] Bu L. et al.，"Biaxially strained PtPb/Pt core/shell nanoplate boosts oxygen reduction catalysis.，" *Science*，2016（354）：1410-1414.

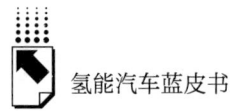

（五）新型高活性单原子Pt催化剂[①]

大连化物所和长春应化所合作，采用热解技术，得到碳担载的单原子Pt催化剂。半电池测试中，单原子Pt催化剂表现优良的氧还原催化性能，并且显示出四电子反应机制。由单原子Pt催化剂制备的膜电极，在全电池测试中，80℃、$0.09mg_{Pt}/cm^2$、H_2/O_2条件下，表现出$680mW/cm^2$，对应$0.13g_{Pt}/kW$。密度泛函理论计算表明，单原子Pt催化剂活性位点，来源于吡啶氮锚定的单原子Pt所形成的活性中心。实验过程中，上述活性位，显示出良好的抗CO中毒能力。

（六）新型超小单分散PtCu合金催化剂[②]

大连化物所在无表面活性剂条件下，通过液相还原得到单分散2nm PtCu合金催化剂。半电池测试中，超小单分散PtCu催化剂，氧还原质量比活性达到$544mA/mg_{Pt}$@0.9V vs. RHE，是商业Pt/C的3.8倍，已经超过美国能源部对铂基催化剂的2020年指标（$440mA/mg_{PGM}$）；并且加速衰减测试后，PtCu氧还原质量比活性达到商业Pt/C的4.0倍。PtCu良好的氧还原催化活性，可归因于晶格紧缩、Pt表面偏析、较高比例非氧化态Pt及其较高电子结合能所导致较弱的Pt与含氧物种吸附强度。在$100mA/cm^2$电流密度下，超小单分散PtCu合金催化剂作阴极的全电池，显示出良好催化活性，并且其稳定性优于商业Pt/C作为阴极的全电池。

综上，国内在新型低Pt催化剂的基础研究方面，取得了很好的进展，新型催化剂的性能和稳定性都显著优于目前商业化的催化剂，但尚未实现批量制备，亟须发展批量化制备技术，实现高性能催化剂的国产化。

---

① Liu J. et al., "High Performance Platinum Single Atom Electrocatalyst for Oxygen Reduction Reaction," *Nature Communications*, 2017, p. 8.
② 曹龙生等：《单分散的超小PtCu合金的制备及其氧还原电催化性能》，《中国科学：化学》2017年第5期。

二 非Pt催化剂最新进展

虽然Pt基电催化剂在活性和稳定上有着很大的优势，但考虑到Pt无法规避的成本问题，部分替代Pt的研究仍只是权宜之计。长远来看，为了确保燃料电池大规模商业化应用，采用非Pt催化剂甚至是非贵金属替代Pt基催化剂才是燃料电池催化剂的理想解决方案。我国在非Pt催化剂方面取得的最新进展如下。

（一）基于低共熔盐模板的高密度活性位Fe/N/C催化剂可控制备[①]

重庆大学发展了一种基于低共熔盐模板的高密度活性位Fe/N/C催化剂可控制备方法，通过调控Fe/N/C催化剂的比表面积和孔结构，实现了活性位密度和传质效率全面提升。通过该方法合成的Fe/N/C催化剂产率和氮含量分别高达74.53%和9.85%，远高于传统直接碳化方法。氧还原测试结果表明，该催化剂在酸性和碱性介质中均具有很高的氧还原催化活性，在酸性介质的ORR半波电位为0.803V，碱性介质中的ORR半波电位为0.921V，比商业Pt/C催化剂高出41mV。单电池测试表明，以Fe/N/C催化剂为催化阴极组装的单电池最大输出功率达580mW/cm^2，与Pt/C催化剂处于同一个数量级。

（二）Fe/N/C催化剂表面疏水化修饰[②]

Fe/N/C催化剂的活性位主要位于微孔，在燃料电池测试过程中，微孔

[①] J. Li et al., "A Eutectic Salt-assisted Semi-closed Pyrolysis Route to Fabricate High-density Active-sites Hierarchically Porous Fe/N/C Catalysts for Oxygen Reduction Reaction," *J. Mater. Chem. A*, 2018（10）：1039.

[②] Y. C. Wang et al., "Surface Fluorination to Boost the Stability of the Fe/N/C Cathode in Proton Exchange Membrane Fuel Cells," *ChemElectroChem*, 2018（5）：1914–1921.

非常容易被产物水堵塞,产生所谓的水淹而使得性能下降,往往在最初10小时内性能就衰退50%以上。稳定性差成为Fe/N/C实际应用的瓶颈问题。为此,厦门大学对Fe/N/C催化剂进行疏水分子基团修饰,提高催化剂的疏水性和抗水淹能力。同时基团修饰后还显著提高了碳材料的抗氧化腐蚀性能。二者协同作用,使得基于Fe/N/C阴极的H_2-O_2质子交换膜燃料电池的稳定性显著提高:可在0.5V稳定工作100小时以上;在0.6V发电100小时,性能仅衰退15%。该研究对提高基于Fe/N/C催化剂燃料电池的寿命具有重要意义。

(三)新型N掺杂多孔碳锚定Fe单原子催化剂Fe-ISAs/CN[①]

清华大学采用一种笼装前驱体热解法,将金属源乙酰丙酮铁限域于笼状材料ZIF-8中,并在氩气下热解后,得到N掺杂多孔碳锚定的不同含量的Fe单原子。ZIF-8有着适宜的孔径(3.4A)和笼径(11.6A),可以使$Fe(acac)_3$分子(9.7A)装入ZIF-8孔笼中,热解过程中$Fe(acac)_3$被有机配体碳化还原,且由于乙酰丙酮铁的填充使得加热后ZIF-8保持形貌,得到N掺杂碳锚定的Fe单原子催化剂Fe-ISAs/CN。

对该催化剂分别在酸性和碱性体系中进行线性扫描伏安法测试,结果表明,在KOH溶液中Fe-ISAs/CN的半波电位高于Pt/C 58 mV,在$HClO_4$溶液中也表现出良好的氧还原活性。作者通过XAFS测试结合DFT计算,结果表明最后一步基元反应*OH得到电子变为OH为决速步骤,而对于Fe-ISAs/CN催化剂该基元反应变为放热反应的过电位为0.65V远低于Fe颗粒催化剂的1.76V,即电子在Fe-ISAs/CN催化剂表面更易于转移至吸附的*OH,使得Fe-ISAs/CN催化剂的氧还原催化活性较高。

该研究团队还利用相似的方法制备获得了一系列的单原子催化剂,如Co单原子催化剂[②]、S/N共掺杂C担载Fe单原子催化剂[③]等。

---

① Y. J. Chen et al., "Angewandte Chemie-International Edition," 2017 (56): 6937-6941.
② P. Yin et al., "Angewandte Chemie-International Edition," 2016 (55): 10800-10805.
③ Q. Li et al., Adv. Mater. 2018, e1800588.

（四）新型多壁碳纳米管负载ZIF催化剂ZIF'-FA-CNT-p[①]

厦门大学采用多壁碳纳米管（MWCNT）结合糠醇（FA）的方法，首先在将MWCNT管壁外原位合成含Fe的ZIF-8后，浸渍糠醇后热解，得到多壁碳纳米管负载ZIF催化剂ZIF'-FA-CNT-p。由于ZIF颗粒间电接触较弱，因此引入碳纳米管来提高催化剂之间的电接触进而提高导电性，进入ZIF-8孔径的糠醇可以提高颗粒间的贯通性和导电性，由于糠醇的聚合温度（150℃）和ZIF-8中Zn的分解温度（900℃）不同，因此采用程序升温热解，使得糠醇热解聚合后可以作为第二碳源增加催化剂的比表面积和含碳量，进而提高催化剂的本征活性、电导率和传质性能。

分别对未加入CNT和FA的该系列催化剂ZIF'-FA-p、ZIF'-CNT-p和ZIF'-FA-CNT-p进行半电池测试，结果表明三者性能相差不大，0.8V的质量比活性可达$18.43Ag^{-1}$，而在全电池中，糠醇的扩孔作用及MWCNT的引入有效提高了传质以及电导率，使得ZIF'-FA-CNT-p催化剂的性能远优于另两者，其氢氧电池的最高功率密度可达$820mWcm^{-2}$。

三 碱性膜材料最新进展

为了摆脱对贵金属铂的依赖，碱性阴离子交换膜开始得到各大机构的关注，大连化物所完成的1kW的碱性阴离子交换膜燃料电池电堆，其寿命达500h。针对目前存在的碱性阴离子交换膜离子电导率较低、溶胀问题及化学稳定性差等缺点，大连化物所通过合成新型离子官能团、将膜内引入交联结构，制备了交联型阴离子交换膜材料[②]，使膜的溶胀率维持在4%~14%，

[①] C. Zhang et al., Adv. Mater. 2017 (29): 104556.
[②] J. k. Hao et al., "Functionalization of Polybenzimidazole - crosslinked Poly (Vinylbenzyl Chloride) with two Cyclic Quaternary Ammonium Cations for Anion Exchange Membranes," *J. Membrane Science*, 2018 (548): 1 - 10. Jk Hao et al., "Fabrication of N1 - butyl Substituted 4, 5 - Dimethyl - imidazole Based Crosslinked Anion Exchange Membranes for Fuel Cells," *RSC Advances*, 2017 (7): 52812 - 52821.

并兼具优异的机械性能。交联膜室温（20℃）电导率达到了 29.3 mS/cm，并且显示出良好的碱性稳定性及抗氧化稳定性，经热碱液浸泡 480h 后，电导率降低率为 7.4%。在 200 小时 Fenton 加速氧化后，膜质量残留仍保持在 96%~98%，组装的单池在 60℃ 的峰值功率密度可达 416mW/cm²。

武汉大学庄林团队在碱性膜方面取得了很好的进展，所开发的非苄基哌啶阳离子型碱性膜表现出良好的性能和稳定性[①]：该类非苄基哌啶阳离子型碱性聚电解质的 IEC 基本水平达到 2.65 mmol/g，在较高的 IEC 下，仍然能够保持低的溶胀率，仅为 9.5%（80℃），具有良好的尺寸稳定性。电导率 80℃ 时可达 137 mS/cm，拉伸强度 ≥30 MPa。采用稳定性加速测试的方法测试，1 M KOH，80℃，5000 h 阳离子降解 <10%。对此进行单电池性能测试，两种膜均展现出良好的性能水平。在氢氧操作下，工作于 80℃，电池功率密度最高可达 1.45 W/cm²。

四 酸性膜材料最新进展

离子交换膜方面，国内上海有机所、大连化物所、武汉理工大学和山东东岳等为主要研究单位。大连化物所开发了含自由基淬灭剂的 Nafion 复合膜，提高了膜的抗氧化性，并在新源动力公司进行了小批量生产。上海有机所成功开发了一系列原创性的氟化学试剂，这些试剂已被国内外同行广泛认可并成功应用（国际上称之为 "Hu Reagent"）[②]，为自主研发质子交换膜奠定材料基础。目前，东岳 DF260 膜厚度做到 15um，在 OCV 情况下耐久性大于 600 小时；膜运行时间达到 6000 小时；在干湿循环和机械稳定性方面，循环次数都超过 2 万次。东岳 DF260 膜技术已经成熟并已定型量产，二代规划产能 20 万平方米，而且东岳集团已建成年产 50 吨燃料电池离子膜所需要的全氟磺酸树脂生产装置，可满足 2.5 万辆电动汽车的离子膜所需。

---

① H. Q. Peng et al., "Alkaline Polymer Electrolyte Fuel cell Stably Working at 80℃," *J. Power Sources*, 2018 (390): 165-167.

② C. Ni et al., "Good Partnership Between Sulfur and Fluorine: Sulfur - based Fluorination and Fluoroalkylation Reagents for Organic Synthesis," *Chemical Reviews*, 2015 (115): 765-825.

五 膜电极最新进展

国内开发的第二代膜电极水平与国外商业化膜电极水平差距不大。但基于传统无序结构的膜电极很难将 Pt 担量进一步降低,结构的无序性,导致大量催化剂被包覆在离子导体中,其活性面积没有被充分利用,导致膜电极的比活性较低,开展有序化结构膜电极的研究有望提高催化剂利用率。我国的武汉理工大学、大连化物所、清华大学等都先后开展了有序化结构膜电极研究,但目前因缺乏有序化电极的理论指导和可实用化的技术,研究还处于实验室阶段。

(一)有序化膜电极方面取得进展

1. 碳包覆的 TiO_2 有序化膜电极[1]

大连化物所探索了在扩散层的碳纤维表面生长有序化 TiO_2 纳米棒,并在其表面包覆一层碳以强化其导电性,然后再作为导体溅射上 Pt 催化剂,形成纳米有序化膜电极,其中 TiO_2 表面包覆的碳层在 4~5nm,Pt 均匀沉积在 TiO_2-C 表面,厚度约 3~4nm。将所制备的有序化膜电极进行单池评价,有序化膜电极的 Pt 担量为 $0.028mg/cm^2$,并与普通 GDE 结构电极(Pt 担量 $0.127mg/cm^2$)进行性能对比,同样在低 Pt 担量下,有序化结构的膜电极体现出更为优异的性能。

2. PtPdCo–TiN 阵列有序化膜电极[2]

大连化物所采用水热法,在碳纤维表面成功制备了 TiO_2 纳米棒阵列,

---

[1] S. F. Jiang et al., "Vertically aligned carbon-coated titanium dioxide nanorod arrays on carbon paper with low platinum for proton exchange membrane fuel cells," *J. Power Sources*, 2015 (276):80–88.

[2] S. F. Jiang et al., "Vertically Aligned Titanium Nitride Nanorod Arrays as Supports of Platinum–Palladium–Cobalt Catalysts for Thin–Film Proton Exchange Membrane Fuel Cell Electrodes," *ChemElectroChem*, 2016 (3):734–740.

并通过高温氮化反应制备成 TiN 纳米棒阵列,氮化转化成 TiN 阵列,并在 TiN 阵列表面包覆 PtPdCo 薄膜催化剂,构建膜状催化剂包覆的 TiN 阵列的有序化电极。催化剂包覆厚度约为 5 nm。将所制备 PtPdCo - TiN 电极作为单池阴极进行全电池测试,基于 PtPdCo - TiN 的薄层电极,无外加质子导体,在低 Pt 担量(66.7 μg/cm²),最高功率密度达到 390.5 mW/cm,其质量比功率密度(5.85 W/mg)优于商品 GDE 电极(2.46 W/mg)。

3. 基于开管式 PtCo 纳米管阵列的有序化纳米薄层电极究[1]

大连化物所研究人员以高度有序的 Co - OH - CO₃ 纳米线阵列为模板和钴源,制备了基于开管式 PtCo 合金纳米管阵列的有序化纳米薄层电极。实验以 Co - OH - CO₃ 纳米线阵列作为模板和钴源,通过简单的退火处理即可获得 PtCo 合金纳米管。在这种有序化纳米薄层电极中,催化层由一侧裂开的 PtCo 合金纳米管构成。超薄的催化层结构使得反应物的传输路径缩短,降低了传质阻力;开放式的纳米管结构使得反应物可以快速地到达纳米管的内管壁,增加了催化剂的利用率。实验结合电化学测试技术和材料表征技术,阐释了电极结构与电极性能的构效关系,探索了电极在全电池中的性能和稳定性。该电极作为单池阴极时,燃料电池的功率密度达到 14.38 kW/g_{Pt}(52.7 $μg_{Pt}$/cm²),是传统 Pt/C 电极的 1.7 倍;该电极作为单池阳极时,燃料电池的功率密度到达 17.02 kW/g_{Pt},是传统 Pt/C 电极的 1.9 倍。加速衰减测试表明,该电极的稳定性显著优于传统 Pt/C 电极。

4. 基于开管式的 Pt$_{skin}$@PdCo 纳米管阵列的有序化电极[2]

为了进一步降低有序化电极中的 Pt 用量,大连化物所研究人员以一侧开管的 PdCo 纳米管阵列为基底,采用欠电位沉积技术(UPD)制备了基于

---

[1] Y. C. Zeng et al., "Nanostructured Ultrathin Catalyst Layer Based on Open - walled PtCo Bimetallic Nanotube Arrays for Proton Exchange Membrane Fuel Cells," *Nano Energy*, 2017 (34): 344 - 355.

[2] Y. C. Zeng et al., "Nano - engineering of a 3D - ordered Membrane Electrode Assembly with Ultrathin Pt skin on open - walled PdCo nanotube arrays for fuel cells," *J. MATER. CHEM. A*, 2018 (10): 1039.

Pt_{skin}@PdCo 纳米管阵列的有序化电极。在这种电极结构中，一侧开管的 PdCo 纳米管阵列与 Nafion 膜和气体扩散层垂直联结，Pt 原子在 PdCo 纳米管的内外管壁形成厚度约为 1.29 nm 的连续化 Pt 膜。Pt 原子层与 PdCo 之间的电子调变效应提升了 Pt_{skin}@PdCo 纳米管阵列的 ORR 活性；高度有序的开管纳米管阵列结构提升了电极的传质能力。该电极作为单池阴极时，燃料电池的功率密度为 774.8 mW/cm^2；该电极作为单池阳极时，燃料电池的功率密度为 1705 mW/cm^2。在显著降低铂载量的同时，燃料电池的性能得到了提升。

5. 石墨烯热电管理层膜电极创新工艺[①]

清华大学设计了一种石墨烯热电管理层膜电极创新工艺，相对于普通工艺的膜电极，石墨烯热电管理层膜电极因具有良好的多相物质传输特性和较小的内阻，能将氢氧化学能更多地转化为电能，从而实现高效发电，与普通气体扩散层结构的膜电极相比，性能提升 1.7 倍，并具有一定放电平台。

6. 质子导体有序化催化层[②]

清华大学设计开发了一种自增湿的有序化聚合物膜电极，质子交换膜的两个表面上定向有序的生长离子导体聚合物纳米管阵列，催化剂担载到纳米阵列表面，聚合物纳米管阵列的一端与离子交换膜融为一体。高度有序的离子交换聚合物纳米管阵列决定了有序化膜电极中的电极孔隙率和催化剂表面大小，并能极大地优化催化剂层的离子、电子、气体三相通道。且这种纳米管结构具有蓄水功能，能实现膜电极的自增湿电化学能量转化，有利于简化装置系统结构，提高能量转换效率。所制备的低 Pt 膜电极在 0.087 mg/cm^2 Pt 担量下氢氧性能达到 10 kW/g. Pt。

（二）第二代 CCM 电极进展

1. 低 Pt CCM 制备技术[③]

武汉理工大学于 2006 年开发成功第二代 CCM 膜电极技术，与世界水平

[①] （中国专利）王诚等，"一种基于石墨烯热电管理层的新型燃料电池"，CN105047944A。
[②] （中国专利）王诚等，"一种自增湿的有序化聚合物膜电极"，ZL201410117695.1。
[③] S. Z. Wang et al., "Effect of hydrophobic additive on oxygen transport in catalyst layer of proton exchange membrane fuel cells," *J. Power Sources*, 2018 (379): 338 – 343.

同步。该技术转移到武汉理工新能源有限公司，生产的膜电极功率密度可达 $1.4W/cm^2$，Pt用量低至 $0.4mgPt/cm^2$，已经达到 $0.28gPt/kW$，与丰田 Mirai 燃料电池车用膜电极水平相当。同时武汉理工大学通过催化层结构表征和优化，采用高活性催化剂制备超薄催化层，并与超薄复合型质子交换膜、超薄气体扩散层相匹配，进一步降低活化极化、欧姆极化和浓差极化，制备低铂用量、高功率密度的燃料电池膜电极，铂用量已经降至 $0.2g/kW$，功率密度达到 $1.4W/cm^2$。

2. 静电纺丝制备纳米纤维低 Pt 膜电极

静电纺丝是一种在强电场力的作用下将聚合物溶液或者熔体拉伸成纳米纤维的技术，其制备得到连续纤维的直径为几十纳米到几微米，具有较大的比表面积。大连化物所采用静电纺丝技术研究了 Pt/C 纳米纤维电极的制备方法、影响因素和构效关系等[1]。

首先将特制的催化剂浆料通过静电纺丝过程涂在导电铝箔上，形成纳米纤维催化层，所制备 PAA 纳米纤维的平均直径为 440 nm，Pt/C 催化剂和 Nafion 包覆在 PAA 纳米纤维表面，负载催化剂的碳载体颗粒在 PAA 纳米纤维表面堆叠。进一步将制备到铝箔上的 Pt/C 纳米纤维催化层转印到 Nafion 膜上，研究了转印压力对纳米纤维微观形貌以及电池性能的影响，在最佳热压压力下，纳米纤维之间有效连接形成连续的离子和电子通道，同时催化层的孔隙也没有被破坏，进而可以形成有效的三相界面，保证电池性能最佳。对比纳米纤维电极与传统喷涂电极的电池性能，在相同 Pt 担量的情况下（阴极 $0.18mg/cm^2$），所制备的纳米纤维电极最高功率密度比传统喷涂电极高将近 1.2 倍。

3. 静电喷涂制备 CCM 膜电极

大连化物所研究了静电喷涂法制备 CCM 型膜电极，通过在喷涂过程中对催化剂浆料施加静电，改善了催化层的一致性，优化了催化层与膜之间的

---

[1] S. J. Hong et al., "Investigation of High-performance Nanofiber Cathode with Ultralow Platinum for PEM Fuel Cells," *Energy Technology*, 2017(8): 1457-1463.

界面结合力,进而提高电极的性能。利用静电喷涂法实现了膜电极的批量制备,所组装短堆输出性能在 $1A/cm^2$ 下加压性能达到 0.7V,该性能在科技部网站进行了报道[①]。

六 双极板最新进展

(一)不锈钢金属双极板涂层改性

大连理工大学与大连化物所联合开发了金属双极板表面改性技术,设计获得了兼具高导电耐蚀的双极板涂层改性材料体系。一般而言,导电性和结构稳定性是矛盾的,高导电性往往伴随着低的结构稳定性,对于双极板涂层,其主要性能要求为高导电性,同时需要满足长时间的以耐蚀性为主的结构稳定性。所开发的掺杂 Cr 的非晶碳团簇,其导电性与 Ag 可以比拟,而其耐蚀性更胜于 Ag,获得了极其宝贵的高导电性和高稳定性的结合。在理论和材料理想成分指导下,通过工艺优化获得了性能优异的涂层改性不锈钢金属双极板。改性后的金属板接触电阻降至 $3m\Omega/cm^2$ 以下,腐蚀电流达到 $10^{-7}A/cm^2$ 以下,超过美国 DOE2020 年指标,比当前国际主流数值低一个数量级,正在进行产业化开发。

(二)不锈钢双极板精细流道蚀刻加工工艺开发

在国产 304 不锈钢板的基础上,采用抗蚀性更强的进口高镍合金钢作为基材,研究了适合其蚀刻加工的工艺。通过与外协加工厂进行合作,从单段试验机改为四段连续流水生产线进行蚀刻。与此同时,通过调整和优化喷咀喷射蚀刻液的压头、喷射角度、摇臂速度、传送速度等工艺,实现了 $300cm^2$ 以上大面积板 0.4mm 深度精细流场的小批量蚀刻加工。加工的误差基本在 0.02mm 的精度要求范围以内。

---

① 参见 http://www.most.gov.cn/gnwkjdt/201307/t20130723_107459.htm。

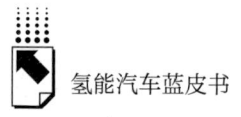

（三）不锈钢双极板成型与焊接技术开发

燃料电池金属双极板基材选材主要有不锈钢和钛两大类，其中所采用的钢板厚度为1mm以下薄钢板。超薄钢材具有独特弹塑性特点，其在空间X、Y、Z轴方向的尺寸范围相差较大，因此其成型精度的要求非常高。大连化物所针对不锈钢薄板的冲压成型工艺展开了研究，对冲压过程的变形量、应力分布、尺寸公差等进行了测算，采用AutoForm、DynaForm等冲压分析软件进行冲压工艺的模拟分析，进而确定冲压模具的结构，提高了冲压金属薄板的一致性和成品率，冲压面积可达$300cm^2$。在冲压板成型技术的基础上，大连化物所进一步采用激光焊接技术实现了阴阳极单极板的焊接，因燃料电池工作特性的需要，必须严格控制双极板平整度和密封性，通过焊接过程中各项参数的优化，实现了焊缝表面平滑，无弧坑、虚焊等缺陷，焊缝宽度均匀，满足燃料电池电堆的应用需求，使薄层金属板电堆功率密度达到3kW/L，达到国际先进水平。

七 低温启动策略

由于PEMFC工作时产生大量的水，因此面临着电池低温启动的问题。目前PEMFC冷启动方法主要有加热、通入热空气、冷却水循环加热、氢泵方法，以及催化辅助供热等方法，虽然这些方法都能够实现低温启动，但是都会给电池系统增加体积和质量，与燃料电池汽车商业化要求相悖。

对于如何实现PEMFC在低温环境下快速启动的问题，近来大连化物所研究了PEMFC低温启动策略，实现了燃料电池在-40℃~-30℃自启动。

（一）氢泵启动方法研究[①]

所谓氢泵启动方法，是利用直流电源（蓄电池或者电容）与燃料电池

---

① 孙树成等：《氢泵方法对于质子交换膜燃料电池0℃以下启动的研究》，《电源技术》2007年第8期。

串联，电源正极与电池阳极相连，电源负极与电池阴极相连，电路中串联上可变的电阻。同时，氢气送入阳极腔，空气送入阴极腔。调节可变电阻使燃料电池通过的一定范围内的电流。质子在反向直流电的作用下从膜的一侧到达膜的另一侧，进而氢气在阴极产生，氢气与空气中的氧气反应放热，使膜电极快速升温达到燃料电池能正常启动运行温度。燃料电池温度达到一定温度时，利用冷剂循环泵移走燃料电池放的热，使燃料电池温度不至于过高。该方法的优点在于：操作成本低。不需要过多的外加设备，只需要一个直流电源即可，需要的外加能量少。安全性好。本方法中燃料电池的升温比较均匀，对燃料电池损害较小。大连化物所采用 5 节金属板电堆，分别在 -15℃、-20℃、-30℃条件下启动，通过对电堆施加反相电流，电堆均可以在一定时间内温度升高至 0℃以上，进而实现成功的自启动

（二）催化反应加热方法研究[①]

PEMFC 催化反应低温启动原理是将一定比例的氢氧混合气体通入 PEMFC 的阴极或阳极，利氢气在 MEA 催化剂上氧化放热，来提高燃料电池的温度。电池温度上升到一定温度后立即停止进气，并用惰性气体吹扫阴极或者阳极，待混合气吹净后，将反应气 O_2 和 H_2 正常通入电池，使燃料电池在零下环境下正常工作。该方法具有以下几个优点。①操作简单。只要控制混合气体流量，就能实现快速升温。对于发动机车来说，电池系统不增加任何其他设施。②成本低。只要利用少量的 H_2 和 O_2 在 PEMFC 催化放热，就可以提高燃料电池温度。③电池启动速度快。只要控制好混合气体的流量，就可以有效、快速地提高燃料电池的温度，达到迅速低温启动的目的。④应用效果好。在保持电解质膜一定湿度的情况下，燃料电池就可以成功启动。大连化物所利用 5 节短堆，研究了催化反应在 PEMFC 低温启动上的运用，该复合板短堆在环境温度为 -20℃、-31℃、-36℃下均启动成功，且短堆 30 次启动后性能未发生衰减。

[①] 郭海鹏等：《催化反应方法辅助 PEMFC 低温启动的研究》，《电源技术》。

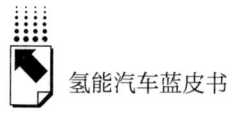

八 车用燃料电池衰减机理及加速测试方法研究

目前,大连化物所牵头的重点研发计划项目"燃料电池基础材料与过程机理研究",正在开展车用低 Pt 质子交换膜燃料电池衰减机理分析,并建立电池加速评价方法。

大连化物所针对 Pt/C、Pt_3Pd/C、Pd@Pt 核壳催化剂、PtCu 合金催化剂等开展了加速衰减测试,分析了不同种类催化剂的衰减机理,提出了结构优化的有效建议,针对 Pd 核 Pt 壳结构的催化剂,提出了致密外壳提高催化剂稳定性的理论[1];针对电池启动停车过程中形成的氢空界面进行了在线测试表征[2],证明燃料电池在启停过程的氢空界面会对催化剂载体造成腐蚀,进而带来电池的不可逆衰减,进而提出了避免燃料电池受到氢空界面影响的策略(惰性气体吹扫等)。针对车用燃料电池动态工况下的燃料饥饿等问题,利用电势探针的方法开展了在线测试表征[3],提出了动态加载过程中预置反应气等控制策略。

清华大学参考美国能源部的测试方法,建立了燃料电池耐久性加速测试协议,针对车用燃料电池运行特点,在负载循环、启动—停机循环、低湿度或湿度循环、80℃高温操作等工况下加速燃料电池老化,结果表明膜电极催化层的电化学微结构发生改变,造成质子、电子运输阻力增大,是膜电极性能衰减的主要因素。我国燃料电池标准委员会也正在讨论建立质子交换膜燃料电池催化剂、质子交换膜、膜电极、双极板、电堆等的加速测试方法。

---

[1] G. Zhang et al., "Aqueous-phase Synthesis of Sub 10 nm Pdcore@ Ptshell Nanocatalysts for Oxygen Reduction Reaction Using Amphiphilic Triblock Copolymers as the Reductant and Capping Agent," *J. Phys. Chem. C.*, 2017 (117): 13413 – 13423.

[2] Q. Shenet al., "Study on the Processes of Start – up and Shutdown in Proton Exchange Membrane Fuel Cells," *Journal of Power Sources*, 2009 (189): 1114 – 1119.

[3] D. Liang et al., "Study of the Cell Revers – al Process of Large Area Proton Exchange Membrane Fuel Cells Under Fuel Starvation," *Journal of Power Sources*, 2009 (194): 847 – 853.

政 策 篇
Policy Reports

B.7
国内外氢能技术标准及发展趋势

王赓 杨燕梅 李燕 潘珂*

摘　要： 氢能技术标准化工作对于推动氢能技术的开发、研究与推广具有重要意义。汇总整理了国内外主要氢能技术标准，分析讨论了国内外氢能标准分布情况，发现当前氢能燃料电池相关应用、检测和安全等方面的标准较多，为适应我国车用氢能产业发展需求，应加快推动氢燃料质量、氢制备与提纯、氢储运与加注、加氢站工程建设等基础设施标准研制工作。

关键词： 氢能标准　标准体系　标准分布

---

* 王赓，博士，研究员，中国标准化研究院资源与环境分院副院长，全国氢能标准化技术委员会秘书长；杨燕梅，博士，助理研究员，中国标准化研究院；李燕，博士，副研究员，中国标准化研究院；潘珂，硕士，工程师，中国标准化研究院。

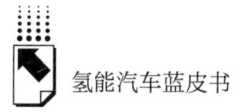

面对化石能源枯竭和环境问题的挑战,以新能源替代不可再生的化石能源是发展的必然趋势。近年来,氢能作为一种清洁高效的可再生能源,越来越受到关注,许多发达国家在政策规划中将氢能技术发展列为重点实施战略。

我国在能源政策和规划方面也非常重视氢能的开发与利用,制定出台了一系列相关政策、规划,推动氢能与燃料电池产业发展。《中国制造2025》(国发〔2015〕28号)规划了燃料电池车辆及制氢/加氢等配套设施的发展目标,提出到2020年,生产1000辆燃料电池汽车并进行示范运行;到2025年,制氢、加氢等配套基础设施基本完善,燃料电池汽车实现区域小规模运行。《能源技术革命创新行动计划(2016~2030年)》(发改能源〔2016〕513号)规划了能源技术革命重点创新路线图,其中"氢能与燃料电池技术创新"为15项重点任务之一,标志着氢能已经纳入我国能源战略。《"十三五"国家科技创新规划》(国发〔2016〕43号)要求将开发氢能、燃料电池等新一代能源技术作为发展引领产业变革的颠覆性技术之一加以规划,布局新兴产业前沿技术研发。

标准是一个国家经济和社会发展最主要的技术之一,对经济、社会发展起着巨大作用。从宏观来看,技术标准是市场经济体制的有机组成部分,能够推动产业结构调整和产业升级;从微观来看,技术标准是企业生存和发展的基本条件,也是企业在激烈的市场竞争中保持竞争力的有效手段。氢能标准化工作对于推动氢能技术的开发研究、推广应用具有重要意义。

氢能技术的发展对氢能标准化工作提出了严峻挑战。传统的先发展技术再开展标准化工作的模式已经不能适应具有发展速度快、技术更新快、产品周期短等特点的氢能产业的发展需求。为了适应氢能产业发展需求,充分发挥标准对氢能产业发展的支撑作用,氢能标准化工作应与技术发展并行,甚至应具备一定的超前性。

一 国内氢能技术标准概况

(一)国内氢能标准化组织

我国十分重视氢能技术标准的研制,于2008年成立了两个与氢能技术直接相关的全国标准化技术委员会,分别是全国氢能标准化技术委员会(SAC/TC309)和全国燃料电池及液流电池标准化技术委员会(SAC/TC342)。全国氢能标准化技术委员会由中国标准化研究院筹建,国家标准化管理委员会进行业务指导,秘书处承担单位为中国标准化研究院,主要负责氢能基础与管理、氢质量、氢安全、氢制备与提纯、氢工程建设、氢储运与加注、氢应用、氢相关检测等领域的标准化工作。截至2018年6月,全国氢能标准化技术委员会主导制定氢能相关国家标准24项(现行),4项氢能国家标准立项在研。全国燃料电池及液流电池标准化技术委员会由中国机械工业联合会筹建,中国电器工业协会进行业务指导,秘书处承担单位为机械工业北京电工技术经济研究所,主要负责燃料电池及液流电池的术语、性能、通用要求及试验方法等领域的标准研制工作。截至2018年6月,全国燃料电池及液流电池标准化技术委员会主导制定燃料电池领域国家标准37项(现行),3项燃料电池技术国家标准已立项在研。

此外,SAC/TC 114/SC 27 全国汽车标准化技术委员会电动车辆分技术委员会、SAC/TC 206 全国气体标准化技术委员会、SAC/TC 31/SC 8 全国气瓶标准化技术委员会车用高压燃料气瓶分技术委员会等标准化技术委员会也开展氢能相关标准化工作。

(二)我国氢能技术标准体系

根据氢能技术基本分类和我国氢能产业链布局情况,我国氢能技术标准体系总体框架如图1所示,主要包括氢能基础与管理、氢质量、氢安全、氢工程建设、氢制备与提纯、氢储运与加注、氢能应用和氢相关检测8个方面的标准子体系。

(三)我国氢能技术标准概况

截至2018年6月,我国已发布氢能技术相关国家标准(现行)80项,其中,氢能基础与管理方面的标准4项、氢质量方面的标准4项、氢安全方面的标准14项、氢工程建设方面的标准2项、氢制备与提纯方面的标准6

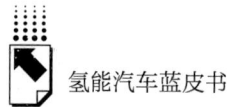

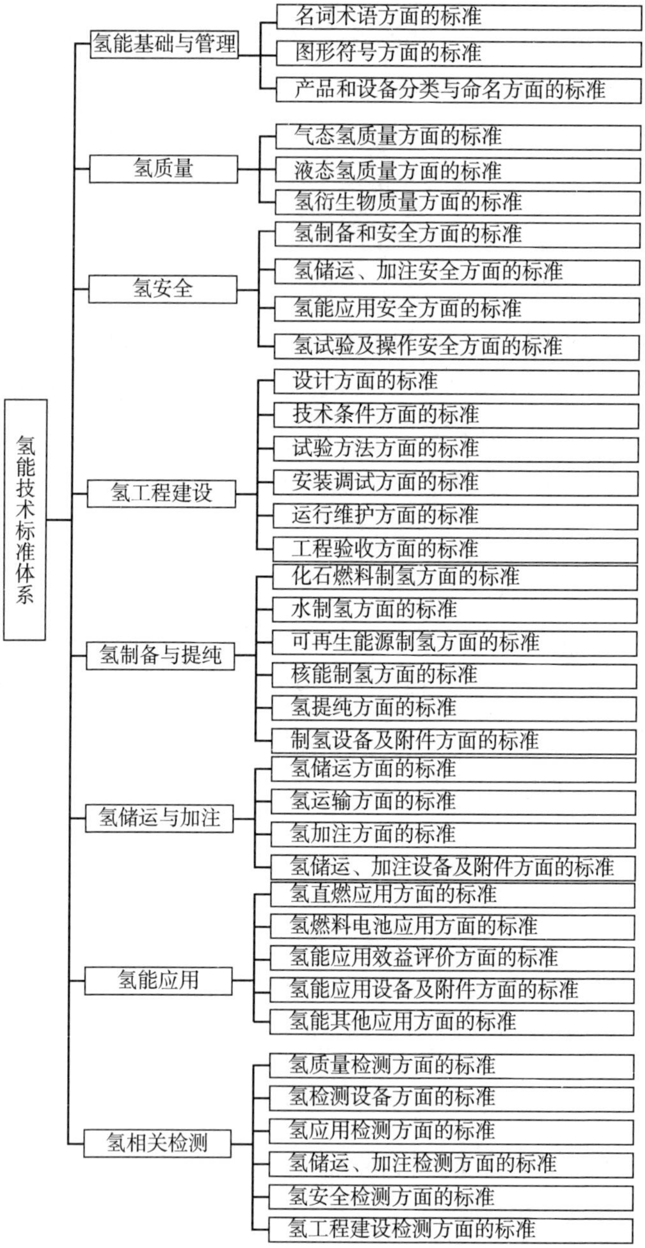

```
                        ┌─ 氢能基础与管理 ─┬─ 名词术语方面的标准
                        │                 ├─ 图形符号方面的标准
                        │                 └─ 产品和设备分类与命名方面的标准
                        │
                        ├─ 氢质量 ────────┬─ 气态氢质量方面的标准
                        │                 ├─ 液态氢质量方面的标准
                        │                 └─ 氢衍生物质量方面的标准
                        │
                        ├─ 氢安全 ────────┬─ 氢制备和安全方面的标准
                        │                 ├─ 氢储运、加注安全方面的标准
                        │                 ├─ 氢能应用安全方面的标准
                        │                 └─ 氢试验及操作安全方面的标准
                        │
                        ├─ 氢工程建设 ────┬─ 设计方面的标准
氢                      │                 ├─ 技术条件方面的标准
能                      │                 ├─ 试验方法方面的标准
技                      │                 ├─ 安装调试方面的标准
术 ─────────────────────┤                 ├─ 运行维护方面的标准
标                      │                 └─ 工程验收方面的标准
准                      │
体                      ├─ 氢制备与提纯 ──┬─ 化石燃料制氢方面的标准
系                      │                 ├─ 水制氢方面的标准
                        │                 ├─ 可再生能源制氢方面的标准
                        │                 ├─ 核能制氢方面的标准
                        │                 ├─ 氢提纯方面的标准
                        │                 └─ 制氢设备及附件方面的标准
                        │
                        ├─ 氢储运与加注 ──┬─ 氢储运方面的标准
                        │                 ├─ 氢运输方面的标准
                        │                 ├─ 氢加注方面的标准
                        │                 └─ 氢储运、加注设备及附件方面的标准
                        │
                        ├─ 氢能应用 ──────┬─ 氢直燃应用方面的标准
                        │                 ├─ 氢燃料电池应用方面的标准
                        │                 ├─ 氢能应用效益评价方面的标准
                        │                 ├─ 氢能应用设备及附件方面的标准
                        │                 └─ 氢能其他应用方面的标准
                        │
                        └─ 氢相关检测 ────┬─ 氢质量检测方面的标准
                                          ├─ 氢检测设备方面的标准
                                          ├─ 氢应用检测方面的标准
                                          ├─ 氢储运、加注检测方面的标准
                                          ├─ 氢安全检测方面的标准
                                          └─ 氢工程建设检测方面的标准
```

图1 我国氢能技术标准体系总体框架

项、氢储运与加注方面的标准 9 项、氢能应用方面的标准 14 项、氢相关检测方面的标准 27 项，氢应用及氢相关检测标准主要为氢燃料电池相关标准，具体详见表 1。

表 1　我国氢能国家标准（现行）

编号	标准号	标准名称
1	GB/T 16942 – 2009	电子工业用气体氢
2	GB/T 19773 – 2005	变压吸附提纯氢系统技术要求
3	GB/T 19774 – 2005	水电解制氢系统技术要求
4	GB/T 20042.1 – 2017	质子交换膜燃料电池　第 1 部分:术语
5	GB/T 20042.2 – 2008	质子交换膜燃料电池　电池堆通用技术条件
6	GB/T 20042.3 – 2009	质子交换膜燃料电池　第 3 部分:质子交换膜测试方法
7	GB/T 20042.4 – 2009	质子交换膜燃料电池　第 4 部分:电催化剂测试方法
8	GB/T 20042.5 – 2009	质子交换膜燃料电池　第 5 部分:膜电极测试方法
9	GB/T 20042.6 – 2011	质子交换膜燃料电池　第 6 部分:双极板特性测试方法
10	GB/T 20042.7 – 2014	质子交换膜燃料电池　第 7 部分:炭纸特性测试方法
11	GB/T 23645 – 2009	乘用车用燃料电池发电系统测试方法
12	GB/T 23751.1 – 2009	微型燃料电池发电系统　第 1 部分:安全
13	GB/T 23751.2 – 2017	微型燃料电池发电系统　第 2 部分:性能试验方法
14	GB/T 24499 – 2009	氢气、氢能与氢能系统术语
15	GB/T 24548 – 2009	燃料电池电动汽车　术语
16	GB/T 24549 – 2009	燃料电池电动汽车　安全要求
17	GB/T 24554 – 2009	燃料电池发动机性能试验方法
18	GB/T 25319 – 2010	汽车用燃料电池发电系统　技术条件
19	GB/T 26466 – 2011	固定式高压储氢用钢带错绕式容器
20	GB/T 26779 – 2011	燃料电池电动汽车　加氢口
21	GB/T 26915 – 2011	太阳能光催化分解水制氢体系的能量转化效率与量子产率计算
22	GB/T 26916 – 2011	小型氢能综合能源系统性能评价方法
23	GB/T 26990 – 2011	燃料电池电动汽车　车载氢系统　技术条件
24	GB/T 26991 – 2011	燃料电池电动汽车　最高车速试验方法
25	GB/Z 21742 – 2008	便携式质子交换膜燃料电池发电系统
26	GB/Z 23751.3 – 2013	微型燃料电池发电系统　第 3 部分:燃料容器互换性
27	GB/T 27748.1 – 2017	固定式燃料电池发电系统　第 1 部分:安全
28	GB/T 27748.2 – 2013	固定式燃料电池发电系统　第 2 部分:性能试验方法
29	GB/T 27748.3 – 2017	固定式燃料电池发电系统　第 3 部分:安装

续表

编号	标准号	标准名称
30	GB/T 27748.4-2017	固定式燃料电池发电系统 第4部分:小型燃料电池发电系统性能试验方法
31	GB/Z 27753-2011	质子交换膜燃料电池膜电极工况适应性测试方法
32	GB/T 28183-2011	客车用燃料电池发电系统测试方法
33	GB/T 28816-2012	燃料电池 术语
34	GB/T 28817-2012	聚合物电解质燃料电池单电池测试方法
35	GB/T 29123-2012	示范运行氢燃料电池电动汽车技术规范
36	GB/T 29124-2012	氢燃料电池电动汽车示范运行配套设施规范
37	GB/T 29126-2012	燃料电池电动汽车 车载氢系统 试验方法
38	GB/T 29411-2012	水电解氢氧发生器技术要求
39	GB/T 29412-2012	变压吸附提纯氢用吸附器
40	GB/T 29729-2013	氢系统安全的基本要求
41	GB/T 29838-2013	燃料电池 模块
42	GB/T 30084-2013	便携式燃料电池发电系统-安全
43	GB/T 30718-2014	压缩氢气车辆加注连接装置
44	GB/T 30719-2014	液氢车辆燃料加注系统接口
45	GB/T 31035-2014	质子交换膜燃料电池电堆低温特性试验方法
46	GB/T 31036-2014	质子交换膜燃料电池备用电源系统 安全
47	GB/T 31037.1-2014	工业起升车辆用燃料电池发电系统 第1部分:安全
48	GB/T 31037.2-2014	工业起升车辆用燃料电池发电系统 第2部分:技术条件
49	GB/T 31138-2014	汽车用压缩氢气加气机
50	GB/T 31139-2014	移动式加氢设施安全技术规范
51	GB/T 31886.1-2015	反应气中杂质对质子交换膜燃料电池性能影响的测试方法 第1部分:空气中杂质
52	GB/T 31886.2-2015	反应气中杂质对质子交换膜燃料电池性能影响的测试方法 第2部分:氢气中杂质
53	GB/T 33291-2016	氢化物可逆吸放氢压力-组成-等温线(P-C-T)测试方法
54	GB/T 33292-2016	燃料电池备用电源用金属氢化物储氢系统
55	GB/T 33978-2017	道路车辆用质子交换膜燃料电池模块
56	GB/T 33979-2017	质子交换膜燃料电池发电系统低温特性测试方法
57	GB/T 33983.1-2017	直接甲醇燃料电池系统 第1部分:安全
58	GB/T 33983.2-2017	直接甲醇燃料电池系统 第2部分:性能试验方法
59	GB/T 34425-2017	燃料电池电动汽车 加氢枪
60	GB/T 34537-2017	车用压缩氢气天然气混合燃气
61	GB/T 34539-2017	氢氧发生器安全技术要求

续表

编号	标准号	标准名称
62	GB/T 34540-2017	甲醇转化变压吸附制氢系统技术要求
63	GB/Z 34541-2017	氢能车辆加氢设施安全运行管理规程
64	GB/T 34542.1-2017	氢气储存输送系统 第1部分:通用要求
65	GB/T 34542.2-2018	氢气储存输送系统 第2部分:金属材料与氢环境相容性试验方法
66	GB/T 34542.3-2018	氢气储存输送系统 第3部分:金属材料氢脆敏感度试验方法
67	GB/T 34544-2017	小型燃料电池车用低压储氢装置安全试验方法
68	GB/T 34582-2017	固体氧化物燃料电池单电池和电池堆性能试验方法
69	GB/T 34583-2017	加氢站用储氢装置安全技术要求
70	GB/T 34584-2017	加氢站安全技术规范
71	GB/T 34593-2017	燃料电池发动机氢气排放测试方法
72	GB/T 34872-2017	质子交换膜燃料电池供氢系统技术要求
73	GB/T 35178-2017	燃料电池电动汽车 氢气消耗量 测量方法
74	GB/T 35544-2017	车用压缩氢气铝内胆碳纤维全缠绕气瓶
75	GB/T 36288-2018	燃料电池电动汽车 燃料电池堆安全要求
76	GB/T 3634.1-2006	氢气 第1部分:工业氢
77	GB/T 3634.2-2011	氢气 第2部分:纯氢、高纯氢和超纯氢
78	GB/T 36544-2018	变电站用质子交换膜燃料电池供电系统
79	GB 50177-2005	氢气站设计规范
80	GB 50516-2010	加氢站技术规范

二 国外氢能技术标准概况

目前，世界上有近300个国际和区域性组织，制定标准或技术规则。其中规模较大且广泛认可的国际性组织包括：国际标准化组织ISO（International Organization for Standardization）、国际电工委员会IEC（International Electrotechnical Commission）和国际电信联盟ITU（International Telecommunications Union）。

（一）ISO氢能标准

在国际标准化组织ISO技术委员会中负责氢能技术领域标准制定的主要

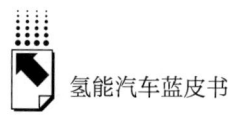

是 ISO/TC 197 Hydrogen Technology。ISO/TC 197 主要负责氢燃料质量、加氢站、氢制备、氢安全等方面的国际标准化工作。ISO/TC 22 Road vehicles、ISO/TC 58 Gas cylinders 等标准化技术委员会也会制定或参与制定氢能技术相关国际标准。目前 ISO/TC197 有 P 成员国 20 个，O 成员国 13 个，我国为 ISO/TC 197 的 P 成员国。截至 2017 年底，ISO 已发布的氢能技术相关国际标准（现行）共计 25 项，具体如表 2 所示。

表 2　ISO 已发布的氢能标准（现行）

序号	标准编号	标准英文名称
1	ISO/TR 11954 – 2008	Fuel cell road vehicles — Maximum speed measurement
2	ISO 13984 – 1999	Liquid hydrogen — Land vehicle fuelling system interface
3	ISO 13985 – 2006	Liquid hydrogen — Land vehicle fuel tanks
4	ISO 14687 – 1 – 1999	Hydrogen fuel — Product specification Part 1：All applications except proton exchange membrane (PEM) fuel cell for road vehicles
5	ISO 14687 – 1999	Hydrogen fuel — Product Specification
6	ISO 14687 – 2 – 2012	Hydrogen fuel — Product specification Part 2：Proton exchange membrane (PEM) fuel cell applications for road vehicles
7	ISO 14687 – 3 – 2014	Hydrogen fuel — Product specification Part 3：Proton exchange membrane (PEM) fuel cell applications for stationary appliances
8	ISO 14951 – 2 – 1999	Space systems — Fluid characteristics Part 2：Hydrogen propellant
9	ISO 15859 – 2 – 2004	Space systems — Fluid characteristics, sampling and test methods Part 2：Hydrogen
10	ISO/TS 15869 – 2009	Gaseous hydrogen and hydrogen blends — Land vehicle fuel tanks
11	ISO/TR 15916 – 2015	Basic considerations for the safety of hydrogen systems
12	ISO/PAS 15594 – 2004	Airport hydrogen fuelling facility operations
13	ISO 16110 – 1 – 2007	Hydrogen generators using fuel processing technologies Part 1：Safety
14	ISO 16110 – 2 – 2010	Hydrogen generators using fuel processing technologies Part 2：Test methods for performance
15	ISO 16111 – 2008	Transportable gas storage devices — Hydrogen absorbed in reversible metal hydride
16	ISO 17268 – 2012	Gaseous hydrogen land vehicle refuelling connection devices
17	ISO/TS 19880 – 1 – 2016	Gaseous hydrogen – Fuelling stations – Part 1：General requirements
18	ISO/TS 19883 – 2017	Safety of pressure swing adsorption systems for hydrogen separation and purification

续表

序号	标准编号	标准英文名称
19	ISO 22734-1-2008	Hydrogen generators using water electrolysis process Part 1: Industrial and commercial applications
20	ISO 22734-2-2011	Hydrogen generators using water electrolysis process Part 2: Residential applications
21	ISO 23273-1-2006	Fuel cell road vehicles — Safety specifications — Part 1: Vehicle functional safety
22	ISO 23273-2013	Fuel cell road vehicles — Safety specifications — Protection against hydrogen hazards for vehicles fuelled with compressed hydrogen
23	ISO 23273-3-2006	Fuel cell road vehicles — Safety specifications — Part 3: Protection of persons against electric shock
24	ISO 23828-2008	Fuel cell road vehicles — Energy consumption measurement — Vehicles fuelled with compressed hydrogen
25	ISO 26142-2010	Hydrogen detection apparatus — Stationary applications

（二）IEC 氢能标准

在 IEC 技术委员会中负责氢能技术领域相关标准化工作的是 IEC/TC 105 燃料电池技术标准化技术委员会。IEC/TC 105 Fuel Cell Technologies 主要负责固定式燃料电池发电系统、交通工具用燃料电池、燃料电池动力系统、便携式燃料电池、微型燃料电池系统、燃料电池辅助动力系统等燃料电池和相关应用方面的标准研制。目前，IEC/TC 105 共有 P 成员国 17 个，O 成员国 15 个。我国为 IEC/TC 105 的 P 成员国。截至 2017 年底，IEC 已经发布的氢能技术相关标准（现行）共计 14 项，主要是燃料电池相关标准，具体如表 3 所示。

表 3 IEC 已发布的氢能标准（现行）

序号	标准号	标准英文名称
1	IEC/TS 62282-1-2010	Fuel cell technologies – Part 1: Terminology
2	IEC 62282-2-2012	Fuel cell technologies – Part 2: Fuel cell modules
3	IEC 62282-3-100-2012	Fuel cell technologies – Part 3-100: Stationary fuel cell power systems – Safety

续表

序号	标准号	标准英文名称
4	IEC 62282-3-200-2011	Fuel cell technologies - Part 3-200: Stationary fuel cell power systems - Performance test methods
5	IEC 62282-3-201-2013	Fuel cell technologies - Part 3-201: Stationary fuel cell power systems - Performance test methods for small fuel cell power systems
6	IEC 62282-3-300-2012	Fuel cell technologies - Part 3-300: Stationary fuel cell power systems - Installation
7	IEC 62282-4-101-2014	Fuel cell technologies - Part 4-101: Fuel cell power systems for propulsion other than road vehicles and auxiliary power units (APU) - Safety of electrically powered industrial trucks
8	IEC 62282-5-1-2012	Fuel cell technologies - Part 5-1: Portable fuel cell power systems - Safety
9	IEC 62282-6-100-2010	Fuel cell technologies - Part 6-100: Micro fuel cell power systems - Safety
10	IEC/PAS 62282-6-150-2011	Fuel cell technologies - Part 6-150: Micro fuel cell power systems - Safety - Water reactive (UN devision 4.3) compounds in indirect PEM fuel cells
11	IEC 62282-6-200-2012	Fuel cell technologies - Part 6-200: Micro fuel cell power systems - Performance test methods
12	IEC 62282-6-300-2012	Fuel cell technologies - Part 6-300: Micro fuel cell power systems - Fuel cartridge interchangeability
13	IEC/TS 62282-7-1-2010	Fuel cell technologies - Part 7-1: Single cell test methods for polymer electrolyte fuel cell (PEFC)
14	IEC/TS 62282-7-2-2015	Fuel cell technologies - Part 7-2: Test methods - Single cell and stack performance tests for solid oxide fuel cells (SOFC)

（三）美国氢能标准

美国国家标准学会（American National Standards Institute，ANSI）协调并主导美国国家标准制定，此外，美国材料试验协会（ASTM）、汽车工程师学会（SAE）等机构或组织也参与美国氢能相关标准研制。截至2017年底，ANSI已发布的氢能技术相关国家标准（现行）共计18项，具体如表4所示。

表4 ANSI 已发布的氢能标准（现行）

序号	标准号	标准英文名称
1	ANSI/CSA CHMC1 – 2014	Test Method for Evaluating Material Compatibility in Compressed Hydrogen Applications
2	ANSI/CSA HPRD1 – 2013	Standard for Thermally activated pressure relief devices for compressed hydrogen vehicle fuel containers
3	ANSI/NFPA 2 – 2011	Hydrogen Technologies Code
4	ANSI/CSA FC3 – 2004	Portable Fuel Cell Power Systems
5	ANSI/CSA HGV4.10 – 2010	Fittings for Compressed Hydrogen Gas and Hydrogen Rich Gas Mixtures
6	ANSI/CSA HGV4.1 – 2013	Hydrogen Dispensing Systems
7	ANSI/CSA HGV4.2 – 2013	Hoses for Compressed Hydrogen Fuel Stations, Dispensers, and Vehicle Fuel Systems
8	ANSI/CSA HGV4.4 – 2013	Breakaway Devices for Compressed Hydrogen Dispensing Hoses and Systems
9	ANSI/CSA HGV4.5 – 2013	Priority and Sequencing Equipment for Hydrogen Vehicle Fueling
10	ANSI/CSA HGV4.6 – 2013	Manually Operated Valves for Use in Gaseous Hydrogen Vehicle Fueling Systems
11	ANSI/CSA HGV4.7 – 2013	Automatic Valves for Use in Gaseous Hydrogen Vehicle Fueling Stations
12	ANSI/CSA HGV4.8 – 2012	Hydrogen Gas Vehicle Fueling Station Compressor
13	ANSI/ASME B31.12 – 2011	Hydrogen Piping and Pipelines
14	ANSI/ASME PTC50 – 2002	Fuel Cell Power Systems Performance
15	ANSI/AIAA G – 095 – 2004	Guide for safety of hydrogen system
16	ANSI/NFPA 853 – 2010	Standard for the Installation of Stationary Fuel Cell Power Systems
17	ANSI/UL 2267 – 2013	Standard for Safety for Fuel Cell Power Systems for Installation in Industrial Electric Trucks
18	ANSI/CSA 62282 – 3 – 100 – 2013	Fuel Cell Technologies – Part 3: Stationary Fuel Cell Power Systems – Safety

（四）日本氢能标准

日本工业标准调查会（Japanese Industrial Standard，JIS）为日本的全国性标准化管理机构，由总会、标准会议、部会和专门委员会组成。截至2017年底，JIS已发布的氢能技术相关标准（现行）共计24项，具体如表5所示。

表5 JIS已发布的氢能标准（现行）

序号	标准号	标准名称
1	JIS H7003-2007	Glossary of terms used in hydrogen absorbing alloys
2	JIS H7201-2007	Method for measurement of pressure-composition-temperature (PCT) relations of hydrogen absorbing alloys
3	JIS H7202-2007	Method for measurement of hydrogen absorption/desorption reaction rate of hydrogen absorbing alloys
4	JIS H7203-2007	Method for measurement of hydrogen absorption/desorption cycle characteristic of hydrogen absorbing alloys
5	JIS H7204-1995	Method for measuring the heat of hydriding reaction of hydrogen absorbing alloys
6	JIS H7205-2003	Method of measuring discharge capacity of hydrogen absorbing alloys for a negative electrode of a rechargable nickel-metal hydride battery
7	JIS R1761-2016	Testing method for gas permeability of porous ceramics using solid oxide fuel cell
8	JIS B8576-2016	Hydrogen metering system for motor vehicles
9	JIS C8800-2008	Glossary of terms for fuel cell power system
10	JIS C8811-2005	Indication of polymer electrolyte fuel cell power facility
11	JIS C8821-2008	General rules for small polymer electrolyte fuel cell power systems
12	JIS C8822-2008	General safety code for small polymer electrolyte fuel cell power systems
13	JIS C8823-2008	Testing methods for small polymer electrolyte fuel cell power systems
14	JIS C8824-2008	Testing methods for environment of small polymer electrolyte fuel cell power systems
15	JIS C8825-2013	Electromagnetic compatibility (EMC) for small fuel cell power systems
16	JIS C8826-2011	Testing methods of power conditioner for grid interconnected small fuel cell power systems

续表

序号	标准号	标准名称
17	JIS C8827-2011	Testing procedure of islanding prevention measures for utility-interconnected small polymer electrolyte fuel cell power system power conditioners
18	JIS C8831-2008	Safety evaluation test for stationary polymer electrolyte fuel cell stack
19	JIS C8832-2008	Performance test for stationary polymer electrolyte fuel cell stack
20	JIS C8841-1-2011	Small solid oxide fuel cell power systems -- Part 1: General rules
21	JIS C8841-2-2011	Small solid oxide fuel cell power systems -- Part 2: General safety codes and safety testing methods
22	JIS C8841-3-2011	Small solid oxide fuel cell power systems -- Part 3: Performance testing methods and environment testing methods
23	JIS C8842-2013	Single cell and stack-performance test methods for solid oxide fuel cell (SOFC)
24	JIS C8851-2013	Measurement methods for 11 mode energy efficiency of small fuel cell power systems and for annual energy consumption of standard residence

（五）欧盟氢能标准

欧洲标准化委员会（CEN）主要负责制定欧洲标准（EN，除电工行业以外）和协调文件（HD）。欧洲标准的代号为EN和ENV，EN为强制性标准，ENV为自愿性标准。截至2017年底，欧盟已发布的氢能技术相关标准（现行）共计11项，具体如表6所示。

表6 欧盟已发布的氢能标准（现行）

序号	标准号	标准名称
1	EN ISO 17268-2016	Gaseous hydrogen land vehicle refuelling connection devices
2	EN 62282-2-2012	Fuel cell technologies - Part 2: Fuel cell modules
3	EN 62282-3-100-2012	Fuel cell technologies - Part 3-100: Stationary fuel cell power systems - Safety
4	EN 62282-3-200-2012	Fuel cell technologies - Part 3-200: Stationary fuel cell power systems - Performance test methods

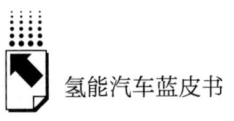

续表

序号	标准号	标准名称
5	EN 62282-3-201-2013	Fuel cell technologies – Part 3-201: Stationary fuel cell power systems – Performance test methods for small fuel cell power systems
6	EN 62282-3-300-2012	Fuel cell technologies – Part 3-300: Stationary fuel cell power systems – Installation
7	EN 62282-4-101-2014	Fuel cell technologies – Part 4-101: Fuel cell power systems for propulsion other than road vehicles and auxiliary power units (APU) – Safety of electrically powered industrial trucks
8	EN 62282-5-1-2012	Fuel cell technologies – Part 5-1: Portable fuel cell power systems – Safety
9	EN 62282-6-100-2010	Fuel cell technologies – Part 6-100: Micro fuel cell power systems – Safety
10	EN 62282-6-200-2012	Fuel cell technologies – Part 6-200: Micro fuel cell power systems – Performance test methods
11	EN 62282-6-300-2013	Fuel cell technologies – Part 6-300: Micro fuel cell power systems – Fuel cartridge interchangeability

（六）德国氢能标准

德国标准化主管机构为德国标准化学会（Deutsches Institut fur Normung，DIN）。截至2017年底，DIN已发布的氢能技术相关标准共计14项，主要是采用了欧盟和IEC发布的燃料电池相关标准，具体如表7所示。

表7 德国已发布的氢能标准（现行）

序号	标准号	标准名称
1	DIN IEC/TS 62282-1-2015	Fuel cell technologies – Part 1: Terminology（IEC/TS 62282-1：2013）
2	DIN EN 62282-2-2013	Fuel cell technologies – Part 2: Fuel cell modules（IEC 62282-2：2012）；German version EN 62282-2：2012
3	DIN EN 62282-3-100-2012	Fuel cell technologies – Part 3-100: Stationary fuel cell power systems – Safety（IEC 62282-3-100：2012）；German version EN 62282-3-100：2012
4	DIN EN 62282-3-200-2016	Fuel cell technologies – Part 3-200: Stationary fuel cell power systems – Performance test methods（IEC 62282-3-200：2015）；German version EN 62282-3-200：2016

续表

序号	标准号	标准名称
5	DIN EN 62282-3-201-2014	Fuel cell technologies – Part 3-201: Stationary fuel cell power systems – Performance test methods for small fuel cell power systems (IEC 62282-3-201:2013); German version EN 62282-3-201:2013
6	DIN EN 62282-3-300-2013	Fuel cell technologies – Part 3-300: Stationary fuel cell power systems – Installation (IEC 62282-3-300:2012); German version EN 62282-3-300:2012
7	DIN EN 62282-4-101-2015	Fuel cell technologies – Part 4-101: Fuel cell power systems for propulsion other than road vehicles and auxiliary power units (APU) – Safety of electrically powered industrial trucks (IEC 62282-4-101:2014); German version EN 62282-4-101:2014
8	DIN EN 62282-5-1-2013	Fuel cell technologies – Part 5-1: Portable fuel cell power systems – Safety (IEC 62282-5-1:2012); German version EN 62282-5-1:2012
9	DIN EN 62282-6-100/A1-2013	Fuel cell technologies – Part 6-100: Micro fuel cell power systems – Safety (IEC 62282-6-100:2010/A1:2012); German version EN 62282-6-100:2010/A1:2012
10	DIN EN 62282-6-100-2012	Fuel cell technologies – Part 6-100: Micro fuel cell power systems – Safety (IEC 62282-6-100:2010 + Cor.:2011); German version EN 62282-6-100:2010
11	DIN EN 62282-6-200-2013	Fuel cell technologies – Part 6-200: Micro fuel cell power systems – Performance test methods (IEC 62282-6-200:2012); German version EN 62282-6-200:2012
12	DIN EN 62282-6-300-2014	Fuel cell technologies. Part 6-300: Micro fuel cell power systems. Fuel cartridge interchangeability (IEC 62282-6-300:2012); German version EN 62282-6-300:2013
13	DIN IEC/TS 62282-7-1-2012	Fuel cell technologies – Part 7-1: Single cell test methods for polymer electrolyte fuel cell (PEFC) (IEC/TS 62282-7-1:2010)
14	DIN IEC/TS 62282-7-2-2015	Fuel cell technologies – Part 7-2: Test methods – Single cell and stack performance tests for solid oxide fuel cells (SOFC) (IEC/TS 62282-7-2:2014)

三 我国氢能技术标准发展方向

经统计，目前国际标准化组织 ISO、国际电工委员会 IEC、美国 ANSI、日本JIS、欧盟CEN、德国DIN以及我国SAC发布的氢能标准约为186项（现行，不包括采标），其中ISO发布氢能标准25项，IEC发布氢能标准14项，我国SAC发布氢能标准80项，美国ANSI发布氢能标准18项，日本JIS发布氢能标准24项，欧盟CEN发布氢能标准11项，德国DIN发布氢能标准14项，标准涵盖了氢能全产业链。

根据我国氢能技术标准体系，上述各氢能标准化组织或机构发布的氢能标准分布情况如图2所示。整体而言，现行氢能技术标准中氢相关检测、氢安全、氢应用、氢储运与加注等方面的标准较多，多为燃料电池相关。氢制备与提纯、氢工程建设、氢质量和基础与管理等方面的氢能基础设施相关标准相对较少。

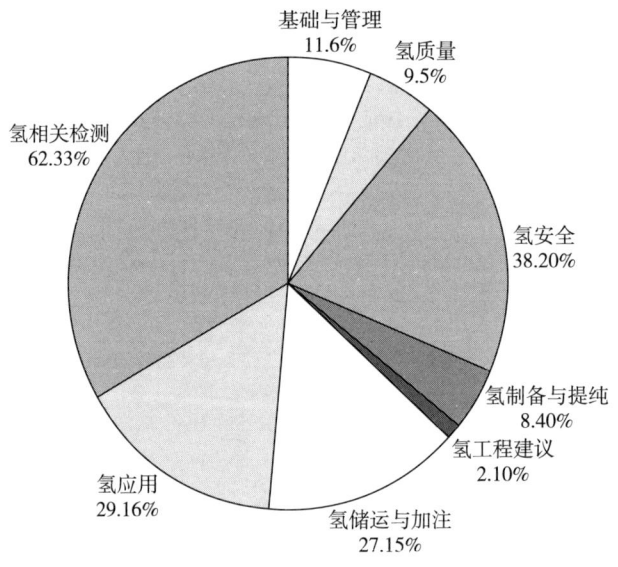

图2　氢能标准分布情况

图3进一步比较了各标准化机构或组织的发布的氢能标准情况，ISO已发布的氢能标准涵盖了氢质量、氢安全、氢制备与提纯、氢储运与加注以及氢相关检测等方面。IEC、日本JIS、欧盟CEN和德国DIN已发布的氢能标准涵盖了氢相关检测、氢应用、氢安全等方面，为燃料电池技术、应用、检

测和安全等相关标准。美国 ANSI 已发布的氢能标准涵盖了氢加注、氢安全和氢应用等方面。我国 SAC 已发布的氢能标准数量最多，基本覆盖了氢能全产业链，以燃料电池应用、相关检测和安全等方面的标准为主。为推动我国车用氢能产业的发展，一方面应继续推动研制氢能燃料电池系统、零部件、检测等相关标准，另一方面应加快推动氢燃料质量、氢制备与提纯、氢储运与加注、加氢站工程建设等车用氢能产业基础设施标准研制工作。

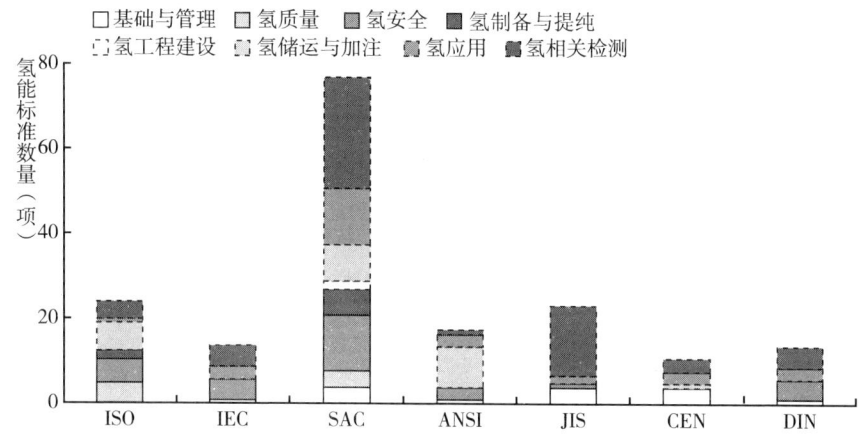

图3　各机构发布的氢能标准情况

B.8
中国燃料电池标准及认证进展

曹锦亮 王刚 黄林 孙颖 吴聪萍 刘建国*

摘　要： 氢能作为一种清洁、高效、安全、可持续的新能源，是人类的战略能源发展方向。其中，氢燃料电池在新能源汽车、热电联产等领域已经展现出广阔的应用前景。标准作为检测和认证的依据，对于引领和规范产业的发展具有重要意义，与相关的政策相配套，不仅能够加快推进产业的发展，还能确保行业健康、有序的发展。本文全面介绍了我国燃料电池标准化背景、主要机构及发展历程，分析了我国在燃料电池基础、核心部件、电堆、系统、电动汽车、氢气等领域的标准化及认证工作情况，并进一步提出了未来我国燃料电池标准化及认证工作的方向。

关键词： 燃料电池　标准化　认证　汽车

一　我国燃料电池标准化背景、主要机构及发展历程

（一）标准化背景

"九五"时期，我国就将燃料电池列为国家支持的重点领域。2005年由

---

* 曹锦亮，主任，南京大学昆山创新研究院检验检测中心；王刚，高级工程师，中国质量认证中心，全国燃料电池及液流电池标准化委员会（SAC/TC342）委员；黄林，院长助理，南京大学昆山创新研究院检验检测中心；孙颖，高级工程师，南京大学昆山创新研究院检验检测中心；吴聪萍，副院长，南京大学昆山创新研究院；刘建国，副秘书长，中国电器工业协会燃料电池分会，南京大学昆山创新研究院执行院长。

机械工业北京电工技术经济研究所联合中国科学院大连化学物理研究所、新源动力股份有限公司及北京飞驰绿能电源技术有限公司共同编制的《质子交换膜燃料电池术语》正式发布，成为我国质子交换膜燃料电池领域首个国家标准。全国燃料电池及液流电池标准化技术委员会自2008年成立后，就不断地加快燃料电池领域标准制定工作，不断地完善燃料电池标准体系。燃料电池汽车是汽车产业未来发展的重要方向，欧美日等国家和地区均高度重视。我国在"十五"初期进行了燃料电池电动汽车的标准体系研究。在燃料电池产业的发展中，相关标委会都积极参与，共同努力推进燃料电池的标准化工作。

我国燃料电池标准体系的设定主要是参考IEC/TC105（燃料电池技术）的标准体系。燃料电池的标准体系主要包括基础标准、通用技术标准、发电系统以及可再生能源电解水制氢储能 - 燃料电池系统（含逆向），详见图1。体系在"驱动和辅助动力用燃料电池系统"下设立了"道路车辆"和"非道路车辆"项目，适用于车辆用的燃料电池系统，目前已发布了7个国家标准。

燃料电池电动汽车标准是参照国外现有的标准项目，结合我国燃料电池电动汽车开发的实际需求进行编制，目前该体系中的一些标准就是与我国燃料电池电动汽车产业化发展政策相配套的支撑标准和我国特有的标准。燃料电池电动汽车标准体系包含燃料电池电动汽车本身的术语、试验方法、技术条件，以及保证燃料电池电动汽车正常、便利、安全运行的基础设施的相关标准。目前燃料电池电动汽车的相关标准主要是归口于全国汽车标准化技术委员会电动车辆分技术委员会。

相较于燃料电池标准体系，燃料电池电动汽车标准体系更注重整车性能、安全、接口部件的互换性等方面。目前正在开展的标准化工作有以下几项。

（1）燃料电池电动汽车通用术语等基础类标准的研究工作。标准的内容主要包括整车及部件和基础设施接口等，对测试方法、技术条件等的术语也做出相应的规定与解释，使燃料电池电动汽车技术语言统一、规范、准确

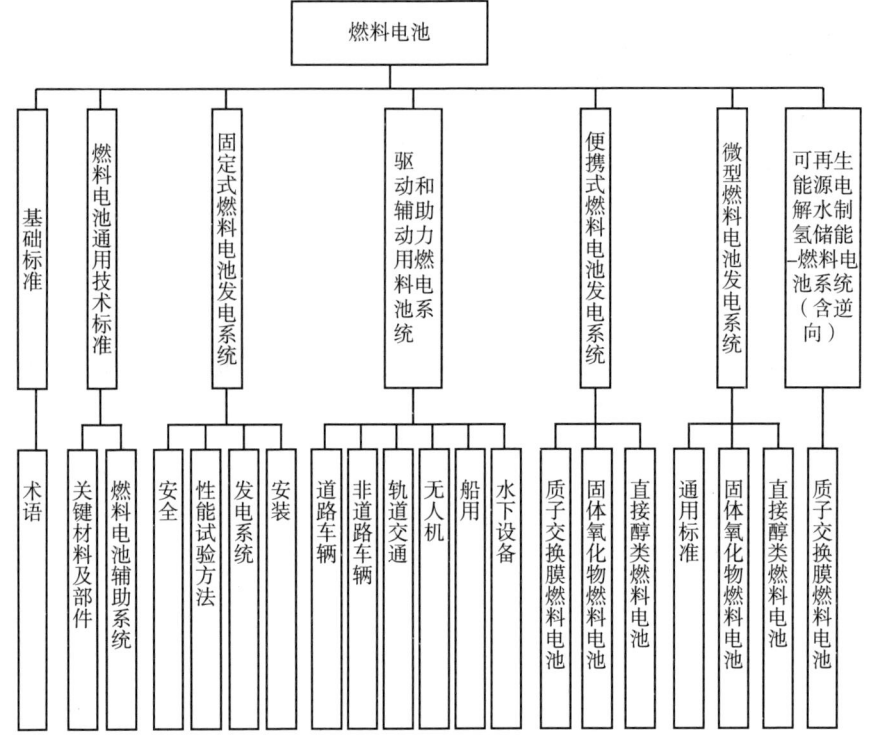

图1 燃料电池标准体系

和简化。

（2）燃料电池电动汽车整车系统标准化的研究工作。如燃料电池电动汽车一般安全要求等。该部分工作在车载能源装置和运行操作等方面提出安全要求，也对整车动力性、能耗等的进行研究。

（3）燃料电池电动汽车供氢系统标准的研究工作。如燃料电池电动汽车车载氢系统、加氢口、加氢枪等标准，内容主要包括技术条件、试验方法、安全要求等，还包括加氢口的互换性等。

（4）示范运行燃料电池电动汽车技术规范的研究工作。针对燃料电池电动汽车的示范运行，我国正在研究并已经出台了一些过渡性规范和一些必要的管理措施，研究工作对已经存在的规范进行了验证，同时也积累了经验，从而达到示范运行的目的。

燃料电池标委会一直注重燃料电池标准化的国际交流，加大国际标准化参与力度，曾多次组团参加 IEC/TC105 全会、工作组会议，积极参与国际标准的制定工作，使得我国参与国际标准化的力度不断提升。目前我国已有 12 位专家加入 IEC/TC105 各个工作组参与相关工作；我国 2012 年提出的低温冷启动测试方法国际标准提案已被合并入《聚合物燃料电池单电池测试方法》国际标准中；近两年我国专家深度参与 IEC/TC105 活动，并充分得到成员国专家认可，2014 年 11 月 7 日在日本东京召开年会中，IEC/TC105 全票通过我国专家齐志刚博士作为 WG1（术语）的召集人，也实现了我国在此领域的国际突破。我国也积极承担 IEC/TC105 的会议，2014 年 6 月在大连承办了 IEC/TC105/ WG11 的会议，2015 年 9 月在北京承办了 IEC/TC105 的年会。

（二）主要机构

为了更好地开发和利用氢能，国外有关氢燃料电池技术规范和标准方面的活动十分活跃，特别是美国、欧盟、日本等发达国家都很重视规范和标准的制定，同时也非常注重国际间的合作并极力将本国氢燃料电池技术规范和标准国际化。发达国家的标准体系已日趋完善，相关标准组织主要有国际标准化组织（ISO）、国际电工委员会（IEC）、氢能法规和标准协调委员会（HCSCC）、加拿大标准协会（CSA）、自动化工程师协会（SAE）、保险业者实验室（UL）、日本标准协会（JSA）等。

在我国，由于燃料电池涉及的产业链比较长，相关的标准化技术委员会也比较多，但是鉴于燃料电池此前并未完全进入产业化，还处于实验室阶段，所以真正制定燃料电池相关标准的技术委员会并不是很多。目前进行燃料电池产品标准化工作的主要是几个与燃料电池直接相关的标准化技术委员会，包括国家标准化管理委员会（SAC）、全国燃料电池及液流电池标准化技术委员会（SAC/TC 342）、全国汽车标准化技术委员会电动车辆分技术委员会（SAC/TC 114/SC 27）、全国氢能标准化技术委员会（SAC/TC 309）和全国气瓶标准化技术委员会车用高压燃料气瓶分技术委员会（SAC/TC

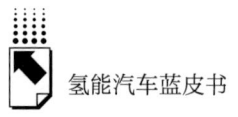

31/SC 8)。

1. 国家标准化管理委员会（SAC）

国家标准化管理委员会是国务院授权的履行行政管理职能，统一管理全国标准化工作的主管机构。主要负责以下几项工作。①参与起草、修订国家标准化法律、法规的工作；拟定和贯彻执行国家标准化工作的方针、政策；拟定全国标准化管理规章，制定相关制度；组织实施标准化法律、法规和规章、制度。②负责制定国家标准化事业发展规划；负责组织、协调和编制国家标准（含国家标准样品）的制定、修订计划。③负责组织国家标准的制定、修订工作，负责国家标准的统一审查、批准、编号和发布。④统一管理制定、修订国家标准的经费和标准研究、标准化专项经费。⑤管理和指导标准化科技工作及有关的宣传、教育、培训工作。⑥负责协调和管理全国标准化技术委员会的有关工作。⑦协调和指导行业、地方标准化工作；负责行业标准和地方标准的备案工作。⑧代表国家参加国际标准化组织（ISO）、国际电工委员会（IEC）和其他国际或区域性标准化组织，负责组织 ISO、IEC 中国国家委员会的工作；负责管理国内各部门、各地区参与国际或区域性标准化组织活动的工作；负责签订并执行标准化国际合作协议，审批和组织实施标准化国际合作与交流项目；负责参与与标准化业务相关的国际活动的审核工作。⑨管理全国组织机构代码和商品条码工作。⑩负责国家标准的宣传、贯彻和推广工作；监督国家标准的贯彻执行情况。⑪管理全国标准化信息工作。⑫在质检总局统一安排和协调下，做好世界贸易组织技术性贸易壁垒协议（WTO/TBT 协议）执行中有关标准的通报和咨询工作。⑬承担质检总局交办的其他工作。

2. 全国燃料电池及液流电池标准化技术委员会

全国燃料电池及液流电池标准化技术委员会（以下简称"燃料电池标委会"）于 2008 年经国家标准化管理委员会批复正式成立，编号为：SAC/TC 342，对口国际电工委员会燃料电池标准化技术委员会（IEC/TC 105），秘书处挂靠在机械工业北京电工技术经济研究所，由中国科学院大连化学物理研究所衣宝廉院士任主任委员。目前为第二届，共有委员 56 人。现有燃料电池领域国家标准36项，国家标准指导性技术文件3项，团体标准2项。燃料电池标委会负责燃料电池和液流电池技术领域的标准化工作。

3. 全国汽车标准化技术委员会电动车辆分技术委员会

全国汽车标准化技术委员会电动车辆分技术委员会（以下简称"电动车辆分委会"）于1998年经国家标准化管理委员会批复正式成立，编号为SAC/TC 114/SC 27，对口国际标准化组织汽车技术委员会电动汽车分技术委员会（ISO/TC 22/SC 37），秘书处挂靠在中国汽车技术研究中心有限公司，由中国汽车技术研究中心有限公司吴志新副总经理任主任委员。目前为第四届，共有委员51人。截止到2017年12月31日，已发布燃料电池汽车方面的标准共计14项。电动车辆分委会主要负责电动车辆等专业领域标准化工作。

4. 全国氢能标准化技术委员会

全国氢能标准化技术委员会（以下简称"氢能标委会"）于2008年经国家标准化管理委员会批复正式成立，编号为SAC/TC 309，对口国际标准化组织氢能技术委员会（ISO/TC 197），秘书处挂靠在中国标准化研究院，由中国标准化研究院马林聪院长任主任委员。目前为第二届，共有委员49人。氢能标委会主要负责氢能领域的标准化工作。

5. 全国气瓶标准化技术委员会车用高压燃料气瓶分技术委员会

全国气瓶标准化技术委员会车用高压燃料气瓶分技术委员会（以下简称"车用高压燃料气瓶分委会"）于2011年经国家标准化管理委员会批复正式成立，编号为SAC/TC 31/SC 8，秘书处挂靠在浙江大学化工机械研究所，浙江金盾压力容器有限公司，由浙江大学化工机械研究所郑津洋教授任主任委员。目前为第一届，共有委员39人。车用高压燃料气瓶分委会已经发布1项燃料电池领域相关的标准国家标准。车用高压燃料气瓶分委会主要负责车用压缩天然气瓶及车用高压氢气瓶等复合材料气瓶的标准化工作

6. 主要燃料电池协会和联盟

燃料电池的标准化工作与行业的发展密不可分，一方面标准化工作促进着行业的发展，另一方面行业的发展也在加快标准化。各个有实力的机构积

极参与国家标准的制定,有利于其利用技术优势尽早占据市场制高点;积极参与国际标准,有利于在制定国际市场规则时体现我国企业和产业利益,避免在未来的国际大市场的份额分配时被动或出局。行业内的协会组织、各大高校、研究所、检测机构、企业都对标准化做出很大的贡献,如中国电器工业协会燃料电池分会、中国科学院大连化学物理研究所、新源动力股份有限公司、上海汽车集团股份有限公司、南京大学昆山创新研究院、清华大学、同济大学、武汉理工大学等。各个机构结合实际研发工作,参考国内外资料,对燃料电池标准不断地讨论、验证,取得了现在的成果,并且在行业的推动下,标准化工作还在不断地发展。在各个机构的努力下,已有两项团体标准发布:《T/CEEIA 264-2017 无人机燃料电池发电系统技术规范》和《T/CEEIA 265-2017 无人机燃料电池燃料系统技术规范》,其中《无人机燃料电池发电系统技术规范》已与2018年1月起应用于无人机用燃料电池发电系统的产品认证。

(1) 能源行业高温燃料电池标准化技术委员会(NEA/TC34)

2018年1月24日,国家能源局批准成立能源行业高温燃料电池标准化技术委员会,秘书处由中国电气工业协会承担。第一届能源行业高温燃料电池标准化技术委员会由43名委员组成,另设2名顾问,清华大学韩敏芳教授任主任委员。能源行业高温燃料电池标准化技术委员会主要负责固体氧化物燃料电池和熔融碳酸盐燃料电池技术及产业领域的标准化工作。

(2) 中国电器工业协会(CEEIA)

中国电器工业协会,是一个非营利性的、行业性的全国性社会组织,是一个由全国电工产品的制造、科研、院校、工程成套、销售、用户及相关企事业单位,在平等、自愿的基础上组成的协会。协会主要负责电工行业、能源领域电力装备行业的国家标准计划、报批和国际标准化管理以及标委会业务指导工作;负责组织开展电器工业重大技术、重要产品标准的研究和制定以及新能源、新材料、高端装备制造、节能环保、新能源汽车等国家战略性新兴产业标准化研究工作,从而促进行业的自主创新能力、提升科技成果转化能力。2014年11月19日,中国电器工业协会燃料电池分会正式成立,分会主要工作任务是推进燃料电池行业的发展研究。内容主要包括积极地参与和开展燃料电池的标准化工作、推进燃料电池的检测认证工作以及加强行业诚信自律建设等,同时也为企业和相关利益方提供技术交流与信息服务。自成立至今,分会始终致力于推动加强行业交流和促进技术合作,致力于引导和推动燃料电池行业的发展,致力于为燃料电池行业的共同利益提供服务。

二 我国燃料电池标准化及认证工作进展

(一)燃料电池标准发展

2018年2月我国出台的《新能源汽车推广补贴方案及产品技术要求》中,"(二)燃料电池汽车技术要求",第4条规定"燃料电池汽车所采用的燃料电池应满足《道路车辆用质子交换膜燃料电池模块》(标准号:GB/T33978-2017)标准中的储存温度要求"。近日,上海市发布的《上海市燃料电池汽车推广应用财政补助方案》,明确规定"车辆的燃料电池系统启动温度不高于-10℃,测试符合《GB/T 33979-2017 质子交换膜燃料电池发电系统低温特性测试方法》"。由此可见燃料电池标准的重要性。自1985年"GB 4962 氢气使用安全技术规程"发布以来,随着氢燃料电池产业不断发展,相关标准也在不断制定和完善中,涉及氢气、电催化剂、质子交换膜、炭纸、双极板等燃料电池材料、膜电极组件、电堆及模块、系统、电池等产品,形成了较为完善的燃料电池标准体系,推进燃料电池在电力系统和汽车领域的应用,从制度上扫除了产业发展的一大障碍。

1. 基础标准

燃料电池目前已出台了两项基础标准,两项标准主要是为燃料电池建立统一的规范语言。质子交换膜燃料电池领域内所使用的术语和定义主要由《质子交换膜燃料电池术语》标准给出,该标准广泛地适用于质子交换膜燃料电池的材料及各种产品。《燃料电池术语》以图表、定义和方程等多种方式提供了规范统一的燃料电池术语,该标准适用于固定式、便携式、微型和交通等燃料电池技术的相关应用。这两项基础标准在其特定领域内使技术语言达到统一、规范、准确和简化,是制定燃料电池产品标准和其他相关标准所必须遵循的依据(见表1)。

表1 燃料电池基础标准

序号	标准号/计划号	标准名称
1	GB/T 20042.1－2017	质子交换膜燃料电池 第1部分:术语
2	GB/T 28816－2012	燃料电池 术语

2. 核心部件标准

电催化剂、质子交换膜、炭纸、膜电极组件、双极板等燃料电池材料和部件是燃料电池的核心。对燃料电池相关科研单位与企业来说,不仅需要持续对现有、新型材料和部件的研发,还应加强现有材料和部件批次的一致性。中国科学院大连化学物理研究所在电催化剂、质子交换膜、膜电极组件等关键材料和部件上取得的重要成果的基础上,牵头研制了一系列测试方法,在多方的努力下,共同编制了核心部件的标准。目前该部分已有国家标准共计6项,国家标准指导性技术文件1项。

此部分国家标准包含电催化剂、质子交换膜、炭纸、膜电极组件、双极板等燃料电池关键材料和部件的相关性能检测。质子交换膜的测试主要为质子传导率测试、离子交换当量(EW)测试、透气率测试、拉伸性能测试、溶胀率测试、吸水率测试等。电催化剂的测试主要为Pt载量检测,电化学活性面积(ECA)测试,比表面、孔容、孔径检测,形貌及粒径分布检测,晶体结构检测,堆密度测试,单电池极化曲线测试等。膜电极的测试主要为Pt载量检测、单电池极化曲线测试、透氢电流密度测试、极化过电位测试、电化学活性面积测试及工况适应性测试等。双极板的测试主要为气体致密性测试、抗弯强度测试、密度测试、电阻测试、腐蚀电流密度测试测试、平面度测试等。炭纸的测试主要为电阻测试、机械强度测试、透气率测试、孔隙率测试、密度测试、粗糙度测量等。聚合物电解质燃料电池单电池的测试为

皮书系列
2018年

智库成果出版与传播平台

社会科学文献出版社
SOCIAL SCIENCES ACADEMIC PRESS (CHINA)

社长致辞

蓦然回首，皮书的专业化历程已经走过了二十年。20年来从一个出版社的学术产品名称到媒体热词再到智库成果研创及传播平台，皮书以专业化为主线，进行了系列化、市场化、品牌化、数字化、国际化、平台化的运作，实现了跨越式的发展。特别是在党的十八大以后，以习近平总书记为核心的党中央高度重视新型智库建设，皮书也迎来了长足的发展，总品种达到600余种，经过专业评审机制、淘汰机制遴选，目前，每年稳定出版近400个品种。"皮书"已经成为中国新型智库建设的抓手，成为国际国内社会各界快速、便捷地了解真实中国的最佳窗口。

20年孜孜以求，"皮书"始终将自己的研究视野与经济社会发展中的前沿热点问题紧密相连。600个研究领域，3万多位分布于800余个研究机构的专家学者参与了研创写作。皮书数据库中共收录了15万篇专业报告，50余万张数据图表，合计30亿字，每年报告下载量近80万次。皮书为中国学术与社会发展实践的结合提供了一个激荡智力、传播思想的入口，皮书作者们用学术的话语、客观翔实的数据谱写出了中国故事壮丽的篇章。

20年跬步千里，"皮书"始终将自己的发展与时代赋予的使命与责任紧紧相连。每年百余场新闻发布会，10万余次中外媒体报道，中、英、俄、日、韩等12个语种共同出版。皮书所具有的凝聚力正在形成一种无形的力量，吸引着社会各界关注中国的发展，参与中国的发展，它是我们向世界传递中国声音、总结中国经验、争取中国国际话语权最主要的平台。

皮书这一系列成就的取得，得益于中国改革开放的伟大时代，离不开来自中国社会科学院、新闻出版广电总局、全国哲学社会科学规划办公室等主管部门的大力支持和帮助，也离不开皮书研创者和出版者的共同努力。他们与皮书的故事创造了皮书的历史，他们对皮书的拳拳之心将继续谱写皮书的未来！

现在，"皮书"品牌已经进入了快速成长的青壮年时期。全方位进行规范化管理，树立中国的学术出版标准；不断提升皮书的内容质量和影响力，搭建起中国智库产品和智库建设的交流服务平台和国际传播平台；发布各类皮书指数，并使之成为中国指数，让中国智库的声音响彻世界舞台，为人类的发展做出中国的贡献——这是皮书未来发展的图景。作为"皮书"这个概念的提出者，"皮书"从一般图书到系列图书和品牌图书，最终成为智库研究和社会科学应用对策研究的知识服务和成果推广平台这整个过程的操盘者，我相信，这也是每一位皮书人执着追求的目标。

"当代中国正经历着我国历史上最为广泛而深刻的社会变革，也正在进行着人类历史上最为宏大而独特的实践创新。这种前无古人的伟大实践，必将给理论创造、学术繁荣提供强大动力和广阔空间。"

在这个需要思想而且一定能够产生思想的时代，皮书的研创出版一定能创造出新的更大的辉煌！

社会科学文献出版社社长
中国社会学会秘书长

2017年11月

社会科学文献出版社简介

社会科学文献出版社（以下简称"社科文献出版社"）成立于1985年，是直属于中国社会科学院的人文社会科学学术出版机构。成立至今，社科文献出版社始终依托中国社会科学院和国内外人文社会科学界丰厚的学术出版和专家学者资源，坚持"创社科经典，出传世文献"的出版理念、"权威、前沿、原创"的产品定位以及学术成果和智库成果出版的专业化、数字化、国际化、市场化的经营道路。

社科文献出版社是中国新闻出版业转型与文化体制改革的先行者。积极探索文化体制改革的先进方向和现代企业经营决策机制，社科文献出版社先后荣获"全国文化体制改革工作先进单位"、中国出版政府奖·先进出版单位奖、中国社会科学院先进集体、全国科普工作先进集体等荣誉称号。多人次荣获"第十届韬奋出版奖""全国新闻出版行业领军人才""数字出版先进人物""北京市新闻出版广电行业领军人才"等称号。

社科文献出版社是中国人文社会科学学术出版的大社名社，也是以皮书为代表的智库成果出版的专业强社。年出版图书2000余种，其中皮书400余种，出版新书字数5.5亿字，承印与发行中国社科院院属期刊72种，先后创立了皮书系列、列国志、中国史话、社科文献学术译库、社科文献学术文库、甲骨文书系等一大批既有学术影响又有市场价值的品牌，确立了在社会学、近代史、苏东问题研究等专业学科及领域出版的领先地位。图书多次荣获中国出版政府奖、"三个一百"原创图书出版工程、"五个'一'工程奖"、"大众喜爱的50种图书"等奖项，在中央国家机关"强素质·做表率"读书活动中，入选图书品种数位居各大出版社之首。

社科文献出版社是中国学术出版规范与标准的倡议者与制定者，代表全国50多家出版社发起实施学术著作出版规范的倡议，承担学术著作规范国家标准的起草工作，率先编撰完成《皮书手册》对皮书品牌进行规范化管理，并在此基础上推出中国版芝加哥手册——《社科文献出版社学术出版手册》。

社科文献出版社是中国数字出版的引领者，拥有皮书数据库、列国志数据库、"一带一路"数据库、减贫数据库、集刊数据库等4大产品线11个数据库产品，机构用户达1300余家，海外用户百余家，荣获"数字出版转型示范单位""新闻出版标准化先进单位""专业数字内容资源知识服务模式试点企业标准化示范单位"等称号。

社科文献出版社是中国学术出版走出去的践行者。社科文献出版社海外图书出版与学术合作业务遍及全球40余个国家和地区，并于2016年成立俄罗斯分社，累计输出图书500余种，涉及近20个语种，累计获得国家社科基金中华学术外译项目资助76种、"丝路书香工程"项目资助60种、中国图书对外推广计划项目资助71种以及经典中国国际出版工程资助28种，被五部委联合认定为"2015-2016年度国家文化出口重点企业"。

如今，社科文献出版社完全靠自身积累拥有固定资产3.6亿元，年收入3亿元，设置了七大出版分社、六大专业部门，成立了皮书研究院和博士后科研工作站，培养了一支近400人的高素质与高效率的编辑、出版、营销和国际推广队伍，为未来成为学术出版的大社、名社、强社，成为文化体制改革与文化企业转型发展的排头兵奠定了坚实的基础。

宏观经济类

经济蓝皮书
2018年中国经济形势分析与预测

李平/主编　2017年12月出版　定价：89.00元

◆ 本书为总理基金项目，由著名经济学家李扬领衔，联合中国社会科学院等数十家科研机构、国家部委和高等院校的专家共同撰写，系统分析了2017年的中国经济形势并预测2018年中国经济运行情况。

城市蓝皮书
中国城市发展报告No.11

潘家华　单菁菁/主编　2018年9月出版　估价：99.00元

◆ 本书是由中国社会科学院城市发展与环境研究中心编著的，多角度、全方位地立体展示了中国城市的发展状况，并对中国城市的未来发展提出了许多建议。该书有强烈的时代感，对中国城市发展实践有重要的参考价值。

人口与劳动绿皮书
中国人口与劳动问题报告No.19

张车伟/主编　2018年10月出版　估价：99.00元

◆ 本书为中国社会科学院人口与劳动经济研究所主编的年度报告，对当前中国人口与劳动形势做了比较全面和系统的深入讨论，为研究中国人口与劳动问题提供了一个专业性的视角。

宏观经济类·区域经济类

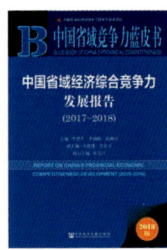

中国省域竞争力蓝皮书
中国省域经济综合竞争力发展报告（2017～2018）

李建平　李闽榕　高燕京/主编　2018年5月出版　估价：198.00元

◆ 本书融多学科的理论为一体，深入追踪研究了省域经济发展与中国国家竞争力的内在关系，为提升中国省域经济综合竞争力提供有价值的决策依据。

金融蓝皮书
中国金融发展报告（2018）

王国刚/主编　2018年6月出版　估价：99.00元

◆ 本书由中国社会科学院金融研究所组织编写，概括和分析了2017年中国金融发展和运行中的各方面情况，研讨和评论了2017年发生的主要金融事件，有利于读者了解掌握2017年中国的金融状况，把握2018年中国金融的走势。

区域经济类

京津冀蓝皮书
京津冀发展报告（2018）

祝合良　叶堂林　张贵祥/等著　2018年6月出版　估价：99.00元

◆ 本书遵循问题导向与目标导向相结合、统计数据分析与大数据分析相结合、纵向分析和长期监测与结构分析和综合监测相结合等原则，对京津冀协同发展新形势与新进展进行测度与评价。

社会政法类

社会蓝皮书

2018年中国社会形势分析与预测

李培林　陈光金　张翼/主编　2017年12月出版　定价：89.00元

◆ 本书由中国社会科学院社会学研究所组织研究机构专家、高校学者和政府研究人员撰写，聚焦当下社会热点，对2017年中国社会发展的各个方面内容进行了权威解读，同时对2018年社会形势发展趋势进行了预测。

法治蓝皮书

中国法治发展报告No.16（2018）

李林　田禾/主编　2018年3月出版　定价：128.00元

◆ 本年度法治蓝皮书回顾总结了2017年度中国法治发展取得的成就和存在的不足，对中国政府、司法、检务透明度进行了跟踪调研，并对2018年中国法治发展形势进行了预测和展望。

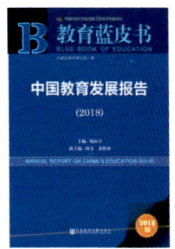

教育蓝皮书

中国教育发展报告（2018）

杨东平/主编　2018年3月出版　定价：89.00元

◆ 本书重点关注了2017年教育领域的热点，资料翔实，分析有据，既有专题研究，又有实践案例，从多角度对2017年教育改革和实践进行了分析和研究。

皮书系列重点推荐 社会政法类

社会体制蓝皮书
中国社会体制改革报告 No.6（2018）

龚维斌 / 主编　2018年3月出版　定价：98.00元

◆ 本书由国家行政学院社会治理研究中心和北京师范大学中国社会管理研究院共同组织编写，主要对2017年社会体制改革情况进行回顾和总结，对2018年的改革走向进行分析，提出相关政策建议。

社会心态蓝皮书
中国社会心态研究报告（2018）

王俊秀　杨宜音 / 主编　2018年12月出版　估价：99.00元

◆ 本书是中国社会科学院社会学研究所社会心理研究中心"社会心态蓝皮书课题组"的年度研究成果，运用社会心理学、社会学、经济学、传播学等多种学科的方法进行了调查和研究，对于目前中国社会心态状况有较广泛和深入的揭示。

华侨华人蓝皮书
华侨华人研究报告（2018）

贾益民 / 主编　2017年12月出版　估价：139.00元

◆ 本书关注华侨华人生产与生活的方方面面。华侨华人是中国建设21世纪海上丝绸之路的重要中介者、推动者和参与者。本书旨在全面调研华侨华人，提供最新涉侨动态、理论研究成果和政策建议。

民族发展蓝皮书
中国民族发展报告（2018）

王延中 / 主编　2018年10月出版　估价：188.00元

◆ 本书从民族学人类学视角，研究近年来少数民族和民族地区的发展情况，展示民族地区经济、政治、文化、社会和生态文明"五位一体"建设取得的辉煌成就和面临的困难挑战，为深刻理解中央民族工作会议精神、加快民族地区全面建成小康社会进程提供了实证材料。

产业经济类

房地产蓝皮书
中国房地产发展报告 No.15（2018）

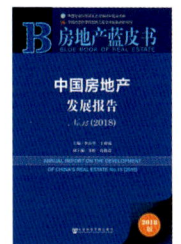

李春华　王业强/主编　2018年5月出版　估价：99.00元

◆ 2018年《房地产蓝皮书》持续追踪中国房地产市场最新动态，深度剖析市场热点，展望2018年发展趋势，积极谋划应对策略。对2017年房地产市场的发展态势进行全面、综合的分析。

新能源汽车蓝皮书
中国新能源汽车产业发展报告（2018）

中国汽车技术研究中心　日产（中国）投资有限公司
东风汽车有限公司/编著　2018年8月出版　估价：99.00元

◆ 本书对中国2017年新能源汽车产业发展进行了全面系统的分析，并介绍了国外的发展经验。有助于相关机构、行业和社会公众等了解中国新能源汽车产业发展的最新动态，为政府部门出台新能源汽车产业相关政策法规、企业制定相关战略规划，提供必要的借鉴和参考。

行业及其他类

旅游绿皮书
2017～2018年中国旅游发展分析与预测

中国社会科学院旅游研究中心/编　2018年1月出版　定价：99.00元

◆ 本书从政策、产业、市场、社会等多个角度勾画出2017年中国旅游发展全貌，剖析了其中的热点和核心问题，并就未来发展作出预测。

行业及其他类

民营医院蓝皮书
中国民营医院发展报告（2018）

薛晓林 / 主编　　2018年11月出版　　估价：99.00元

◆ 本书在梳理国家对社会办医的各种利好政策的前提下，对我国民营医疗发展现状、我国民营医院竞争力进行了分析，并结合我国医疗体制改革对民营医院的发展趋势、发展策略、战略规划等方面进行了预估。

会展蓝皮书
中外会展业动态评估研究报告（2018）

张敏 / 主编　　2018年12月出版　　估价：99.00元

◆ 本书回顾了2017年的会展业发展动态，结合"供给侧改革"、"互联网+"、"绿色经济"的新形势分析了我国展会的行业现状，并介绍了国外的发展经验，有助于行业和社会了解最新的展会业动态。

中国上市公司蓝皮书
中国上市公司发展报告（2018）

张平　王宏淼 / 主编　　2018年9月出版　　估价：99.00元

◆ 本书由中国社会科学院上市公司研究中心组织编写的，着力于全面、真实、客观反映当前中国上市公司财务状况和价值评估的综合性年度报告。本书详尽分析了2017年中国上市公司情况，特别是现实中暴露出的制度性、基础性问题，并对资本市场改革进行了探讨。

工业和信息化蓝皮书
人工智能发展报告（2017~2018）

尹丽波 / 主编　　2018年6月出版　　估价：99.00元

◆ 本书国家工业信息安全发展研究中心在对2017年全球人工智能技术和产业进行全面跟踪研究基础上形成的研究报告。该报告内容翔实、视角独特，具有较强的产业发展前瞻性和预测性，可为相关主管部门、行业协会、企业等全面了解人工智能发展形势以及进行科学决策提供参考。

国际问题与全球治理类

世界经济黄皮书
2018年世界经济形势分析与预测

张宇燕/主编　2018年1月出版　定价：99.00元

◆ 本书由中国社会科学院世界经济与政治研究所的研究团队撰写，分总论、国别与地区、专题、热点、世界经济统计与预测等五个部分，对2018年世界经济形势进行了分析。

国际城市蓝皮书
国际城市发展报告（2018）

屠启宇/主编　2018年2月出版　定价：89.00元

◆ 本书作者以上海社会科学院从事国际城市研究的学者团队为核心，汇集同济大学、华东师范大学、复旦大学、上海交通大学、南京大学、浙江大学相关城市研究专业学者。立足动态跟踪介绍国际城市发展时间中，最新出现的重大战略、重大理念、重大项目、重大报告和最佳案例。

非洲黄皮书
非洲发展报告 No.20（2017～2018）

张宏明/主编　2018年7月出版　估价：99.00元

◆ 本书是由中国社会科学院西亚非洲研究所组织编撰的非洲形势年度报告，比较全面、系统地分析了2017年非洲政治形势和热点问题，探讨了非洲经济形势和市场走向，剖析了大国对非洲关系的新动向；此外，还介绍了国内非洲研究的新成果。

皮书系列
重点推荐　　国别类

国别类

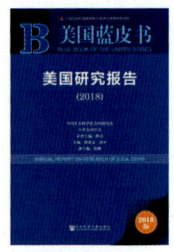

美国蓝皮书
美国研究报告（2018）
郑秉文 黄平 / 主编　2018年5月出版　估价：99.00元

◆ 本书是由中国社会科学院美国研究所主持完成的研究成果，它回顾了美国2017年的经济、政治形势与外交战略，对美国内政外交发生的重大事件及重要政策进行了较为全面的回顾和梳理。

德国蓝皮书
德国发展报告（2018）
郑春荣 / 主编　2018年6月出版　估价：99.00元

◆ 本报告由同济大学德国研究所组织编撰，由该领域的专家学者对德国的政治、经济、社会文化、外交等方面的形势发展情况，进行全面的阐述与分析。

俄罗斯黄皮书
俄罗斯发展报告（2018）
李永全 / 编著　2018年6月出版　估价：99.00元

◆ 本书系统介绍了2017年俄罗斯经济政治情况，并对2016年该地区发生的焦点、热点问题进行了分析与回顾；在此基础上，对该地区2018年的发展前景进行了预测。

 文化传媒类 | 皮书系列 重点推荐

文化传媒类

新媒体蓝皮书
中国新媒体发展报告 No.9（2018）

唐绪军/主编　2018年6月出版　估价：99.00元

◆ 本书是由中国社会科学院新闻与传播研究所组织编写的关于新媒体发展的最新年度报告，旨在全面分析中国新媒体的发展现状，解读新媒体的发展趋势，探析新媒体的深刻影响。

移动互联网蓝皮书
中国移动互联网发展报告（2018）

余清楚/主编　2018年6月出版　估价：99.00元

◆ 本书着眼于对2017年度中国移动互联网的发展情况做深入解析，对未来发展趋势进行预测，力求从不同视角、不同层面全面剖析中国移动互联网发展的现状、年度突破及热点趋势等。

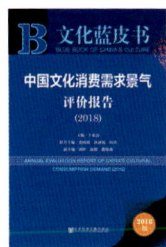

文化蓝皮书
中国文化消费需求景气评价报告（2018）

王亚南/主编　2018年3月出版　定价：99.00元

◆ 本书首创全国文化发展量化检测评价体系，也是至今全国唯一的文化民生量化检测评价体系，对于检验全国及各地"以人民为中心"的文化发展具有首创意义。

地方发展类

北京蓝皮书

北京经济发展报告（2017~2018）

杨松/主编　2018年6月出版　估价：99.00元

◆ 本书对2017年北京市经济发展的整体形势进行了系统性的分析与回顾，并对2018年经济形势走势进行了预测与研判，聚焦北京市经济社会发展中的全局性、战略性和关键领域的重点问题，运用定量和定性分析相结合的方法，对北京市经济社会发展的现状、问题、成因进行了深入分析，提出了可操作性的对策建议。

温州蓝皮书

2018年温州经济社会形势分析与预测

蒋儒标　王春光　金浩/主编　2018年6月出版　估价：99.00元

◆ 本书是中共温州市委党校和中国社会科学院社会学研究所合作推出的第十一本温州蓝皮书，由来自党校、政府部门、科研机构、高校的专家、学者共同撰写的2017年温州区域发展形势的最新研究成果。

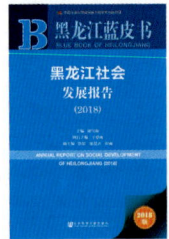

黑龙江蓝皮书

黑龙江社会发展报告（2018）

王爱丽/主编　2018年1月出版　定价：89.00元

◆ 本书以千份随机抽样问卷调查和专题研究为依据，运用社会学理论框架和分析方法，从专家和学者的独特视角，对2017年黑龙江省关系民生的问题进行广泛的调研与分析，并对2017年黑龙江省诸多社会热点和焦点问题进行了有益的探索。这些研究不仅可以为政府部门更加全面深入了解省情、科学制定决策提供智力支持，同时也可以为广大读者认识、了解、关注黑龙江社会发展提供理性思考。

宏观经济类

城市蓝皮书
中国城市发展报告（No.11）
著(编)者：潘家华 单菁菁
2018年9月出版 / 估价：99.00元
PSN B-2007-091-1/1

城乡一体化蓝皮书
中国城乡一体化发展报告（2018）
著(编)者：付崇兰
2018年9月出版 / 估价：99.00元
PSN B-2011-226-1/2

城镇化蓝皮书
中国新型城镇化健康发展报告（2018）
著(编)者：张占斌
2018年8月出版 / 估价：99.00元
PSN B-2014-396-1/1

创新蓝皮书
创新型国家建设报告（2018~2019）
著(编)者：詹正茂
2018年12月出版 / 估价：99.00元
PSN B-2009-140-1/1

低碳发展蓝皮书
中国低碳发展报告（2018）
著(编)者：张希良 齐晔
2018年6月出版 / 估价：99.00元
PSN B-2011-223-1/1

低碳经济蓝皮书
中国低碳经济发展报告（2018）
著(编)者：薛进军 赵忠秀
2018年11月出版 / 估价：99.00元
PSN B-2011-194-1/1

发展和改革蓝皮书
中国经济发展和体制改革报告No.9
著(编)者：邹东涛 王再文
2018年1月出版 / 估价：99.00元
PSN B-2008-122-1/1

国家创新蓝皮书
中国创新发展报告（2017）
著(编)者：陈劲 2018年5月出版 / 估价：99.00元
PSN B-2014-370-1/1

金融蓝皮书
中国金融发展报告（2018）
著(编)者：王国刚
2018年6月出版 / 估价：99.00元
PSN B-2004-031-1/7

经济蓝皮书
2018年中国经济形势分析与预测
著(编)者：李平 2017年12月出版 / 定价：89.00元
PSN B-1996-001-1/1

经济蓝皮书春季号
2018年中国经济前景分析
著(编)者：李扬 2018年5月出版 / 估价：99.00元
PSN B-1999-008-1/1

经济蓝皮书夏季号
中国经济增长报告（2017~2018）
著(编)者：李扬 2018年9月出版 / 估价：99.00元
PSN B-2010-176-1/1

农村绿皮书
中国农村经济形势分析与预测（2017~2018）
著(编)者：魏后凯 黄秉信
2018年4月出版 / 估价：99.00元
PSN G-1998-003-1/1

人口与劳动绿皮书
中国人口与劳动问题报告No.19
著(编)者：张车伟 2018年11月出版 / 估价：99.00元
PSN G-2000-012-1/1

新型城镇化蓝皮书
新型城镇化发展报告（2017）
著(编)者：李伟 宋敏
2018年3月出版 / 定价：98.00元
PSN B-2005-038-1/1

中国省域竞争力蓝皮书
中国省域经济综合竞争力发展报告（2016~2017）
著(编)者：李建平 李闽榕
2018年2月出版 / 估价：198.00元
PSN B-2007-088-1/1

中小城市绿皮书
中国中小城市发展报告（2018）
著(编)者：中国城市经济学会中小城市经济发展委员会
中国城镇化促进会中小城市发展委员会
《中国中小城市发展报告》编纂委员会
中小城市发展战略研究院
2018年11月出版 / 估价：128.00元
PSN G-2010-161-1/1

区域经济类

东北蓝皮书
中国东北地区发展报告（2018）
著（编）者：姜晓秋　2018年11月出版／估价：99.00元
PSN B-2006-067-1/1

金融蓝皮书
中国金融中心发展报告（2017～2018）
著（编）者：王力　黄育华　2018年11月出版／估价：99.00元
PSN B-2011-186-6/7

京津冀蓝皮书
京津冀发展报告（2018）
著（编）者：祝合良　叶堂林　张贵祥
2018年6月出版／估价：99.00元
PSN B-2012-262-1/1

西北蓝皮书
中国西北发展报告（2018）
著（编）者：王福生　马廷旭　董秋生
2018年1月出版／定价：99.00元
PSN B-2012-261-1/1

西部蓝皮书
中国西部发展报告（2018）
著（编）者：璋勇　任保平　2018年8月出版／估价：99.00元
PSN B-2005-039-1/1

长江经济带产业蓝皮书
长江经济带产业发展报告（2018）
著（编）者：吴传清　2018年11月出版／估价：128.00元
PSN B-2017-666-1/1

长江经济带蓝皮书
长江经济带发展报告（2017～2018）
著（编）者：王振　2018年11月出版／估价：99.00元
PSN B-2016-575-1/1

长江中游城市群蓝皮书
长江中游城市群新型城镇化与产业协同发展报告（2018）
著（编）者：杨刚强　2018年11月出版／估价：99.00元
PSN B-2016-578-1/1

长三角蓝皮书
2017年创新融合发展的长三角
著（编）者：刘飞跃　2018年5月出版／估价：99.00元
PSN B-2005-038-1/1

长株潭城市群蓝皮书
长株潭城市群发展报告（2017）
著（编）者：张萍　朱有志　2018年6月出版／估价：99.00元
PSN B-2008-109-1/1

特色小镇蓝皮书
特色小镇智慧运营报告（2018）：顶层设计与智慧架构标准
著（编）者：陈劲　2018年1月出版／定价：79.00元
PSN B-2018-692-1/1

中部竞争力蓝皮书
中国中部经济社会竞争力报告（2018）
著（编）者：教育部人文社会科学重点研究基地南昌大学中国中部经济社会发展研究中心
2018年12月出版／估价：99.00元
PSN B-2012-276-1/1

中部蓝皮书
中国中部地区发展报告（2018）
著（编）者：宋亚平　2018年12月出版／估价：99.00元
PSN B-2007-089-1/1

区域蓝皮书
中国区域经济发展报告（2017～2018）
著（编）者：赵弘　2018年5月出版／估价：99.00元
PSN B-2004-034-1/1

中三角蓝皮书
长江中游城市群发展报告（2018）
著（编）者：秦尊文　2018年9月出版／估价：99.00元
PSN B-2014-417-1/1

中原蓝皮书
中原经济区发展报告（2018）
著（编）者：李英杰　2018年6月出版／估价：99.00元
PSN B-2011-192-1/1

珠三角流通蓝皮书
珠三角商圈发展研究报告（2018）
著（编）者：王先庆　林至颖　2018年7月出版／估价：99.00元
PSN B-2012-292-1/1

社会政法类

北京蓝皮书
中国社区发展报告（2017～2018）
著（编）者：于燕燕　2018年9月出版／估价：99.00元
PSN B-2007-083-5/8

殡葬绿皮书
中国殡葬事业发展报告（2017～2018）
著（编）者：李伯森　2018年6月出版／估价：158.00元
PSN G-2010-180-1/1

城市管理蓝皮书
中国城市管理报告（2017-2018）
著（编）者：刘林　刘承水　2018年5月出版／估价：158.00元
PSN B-2013-336-1/1

城市生活质量蓝皮书
中国城市生活质量报告（2017）
著（编）者：张连城　张平　杨春学　郎丽华
2017年12月出版／定价：89.00元
PSN B-2013-326-1/1

社会政法类

城市政府能力蓝皮书
中国城市政府公共服务能力评估报告（2018）
著(编)者：何艳玲　2018年5月出版 / 估价：99.00元
PSN B-2013-338-1/1

创业蓝皮书
中国创业发展研究报告（2017~2018）
著(编)者：黄群慧　赵卫星　钟宏武
2018年11月出版 / 估价：99.00元
PSN B-2016-577-1/1

慈善蓝皮书
中国慈善发展报告（2018）
著(编)者：杨团　2018年6月出版 / 估价：99.00元
PSN B-2009-142-1/1

党建蓝皮书
党的建设研究报告No.2（2018）
著(编)者：崔建民　陈东平　2018年6月出版 / 估价：99.00元
PSN B-2016-523-1/1

地方法治蓝皮书
中国地方法治发展报告No.3（2018）
著(编)者：李林　田禾　2018年6月出版 / 估价：118.00元
PSN B-2015-442-1/1

电子政务蓝皮书
中国电子政务发展报告（2018）
著(编)者：李季　2018年8月出版 / 估价：99.00元
PSN B-2003-022-1/1

儿童蓝皮书
中国儿童参与状况报告（2017）
著(编)者：苑立新　2017年12月出版 / 定价：89.00元
PSN B-2017-682-1/1

法治蓝皮书
中国法治发展报告No.16（2018）
著(编)者：李林　田禾　2018年3月出版 / 定价：128.00元
PSN B-2004-027-1/3

法治蓝皮书
中国法院信息化发展报告 No.2（2018）
著(编)者：李林　田禾　2018年2月出版 / 估价：118.00元
PSN B-2017-604-3/3

法治政府蓝皮书
中国法治政府发展报告（2017）
著(编)者：中国政法大学法治政府研究院
2018年3月出版 / 定价：158.00元
PSN B-2015-502-1/2

法治政府蓝皮书
中国法治政府评估报告（2018）
著(编)者：中国政法大学法治政府研究院
2018年9月出版 / 估价：168.00元
PSN B-2016-576-2/2

反腐倡廉蓝皮书
中国反腐倡廉建设报告 No.8
著(编)者：张英伟　2018年12月出版 / 估价：99.00元
PSN B-2012-259-1/1

扶贫蓝皮书
中国扶贫开发报告（2018）
著(编)者：李培林　魏后凯　2018年12月出版 / 估价：128.00元
PSN B-2016-599-1/1

妇女发展蓝皮书
中国妇女发展报告 No.6
著(编)者：王金玲　2018年9月出版 / 估价：158.00元
PSN B-2006-069-1/1

妇女教育蓝皮书
中国妇女教育发展报告 No.3
著(编)者：张李玺　2018年10月出版 / 估价：99.00元
PSN B-2008-121-1/1

妇女绿皮书
2018年：中国性别平等与妇女发展报告
著(编)者：谭琳　2018年12月出版 / 估价：99.00元
PSN G-2006-073-1/1

公共安全蓝皮书
中国城市公共安全发展报告（2017~2018）
著(编)者：黄育华　杨文明　赵建辉
2018年6月出版 / 估价：99.00元
PSN B-2017-628-1/1

公共服务蓝皮书
中国城市基本公共服务力评价（2018）
著(编)者：钟君　刘志昌　吴正旲
2018年12月出版 / 估价：99.00元
PSN B-2011-214-1/1

公民科学素质蓝皮书
中国公民科学素质报告（2017~2018）
著(编)者：李群　陈雄　马宗文
2017年12月出版 / 定价：89.00元
PSN B-2014-379-1/1

公益蓝皮书
中国公益慈善发展报告（2016）
著(编)者：朱健刚　胡小军　2018年6月出版 / 估价：99.00元
PSN B-2012-283-1/1

国际人才蓝皮书
中国国际移民报告（2018）
著(编)者：王辉耀　2018年6月出版 / 估价：99.00元
PSN B-2012-304-3/4

国际人才蓝皮书
中国留学发展报告（2018）No.7
著(编)者：王辉耀　苗绿　2018年12月出版 / 估价：99.00元
PSN B-2012-244-2/4

海洋社会蓝皮书
中国海洋社会发展报告（2017）
著(编)者：崔凤　宋宁而　2018年3月出版 / 定价：99.00元
PSN B-2015-478-1/1

行政改革蓝皮书
中国行政体制改革报告No.7（2018）
著(编)者：魏礼群　2018年6月出版 / 估价：99.00元
PSN B-2011-231-1/1

15

皮书系列 2018全品种　社会政法类

华侨华人蓝皮书
华侨华人研究报告（2017）
著(编)者：张禹东　庄国土　2017年12月出版 / 定价：148.00元
PSN B-2011-204-1/1

互联网与国家治理蓝皮书
互联网与国家治理发展报告（2017）
著(编)者：张志安　2018年1月出版 / 定价：98.00元
PSN B-2017-671-1/1

环境管理蓝皮书
中国环境管理发展报告（2017）
著(编)者：李金惠　2017年12月出版 / 定价：98.00元
PSN B-2017-678-1/1

环境竞争力绿皮书
中国省域环境竞争力发展报告（2018）
著(编)者：李建平　李闽榕　王金南
2018年11月出版 / 估价：198.00元
PSN G-2010-165-1/1

环境绿皮书
中国环境发展报告（2017~2018）
著(编)者：李波　2018年6月出版 / 估价：99.00元
PSN G-2006-048-1/1

家庭蓝皮书
中国"创建幸福家庭活动"评估报告（2018）
著(编)者：国务院发展研究中心"创建幸福家庭活动评估"课题组
2018年12月出版 / 估价：99.00元
PSN B-2015-508-1/1

健康城市蓝皮书
中国健康城市建设研究报告（2018）
著(编)者：王鸿春　盛继洪　2018年12月出版 / 估价：99.00元
PSN B-2016-564-2/2

健康中国蓝皮书
社区首诊与健康中国分析报告（2018）
著(编)者：高和荣　杨叔禹　姜杰
2018年6月出版 / 估价：99.00元
PSN B-2017-611-1/1

教师蓝皮书
中国中小学教师发展报告（2017）
著(编)者：曾晓东　鱼霞
2018年6月出版 / 估价：99.00元
PSN B-2012-289-1/1

教育扶贫蓝皮书
中国教育扶贫报告（2018）
著(编)者：司树杰　王文静　李兴洲
2018年12月出版 / 估价：99.00元
PSN B-2016-590-1/1

教育蓝皮书
中国教育发展报告（2018）
著(编)者：杨东平　2018年3月出版 / 定价：89.00元
PSN B-2006-047-1/1

金融法治建设蓝皮书
中国金融法治建设年度报告（2015~2016）
著(编)者：朱小黄　2018年6月出版 / 估价：99.00元
PSN B-2017-633-1/1

京津冀教育蓝皮书
京津冀教育发展研究报告（2017~2018）
著(编)者：方中雄　2018年6月出版 / 估价：99.00元
PSN B-2017-608-1/1

就业蓝皮书
2018年中国本科生就业报告
著(编)者：麦可思研究院　2018年6月出版 / 估价：99.00元
PSN B-2009-146-1/2

就业蓝皮书
2018年中国高职高专生就业报告
著(编)者：麦可思研究院　2018年6月出版 / 估价：99.00元
PSN B-2015-472-2/2

科学教育蓝皮书
中国科学教育发展报告（2018）
著(编)者：李康友　2018年10月出版 / 估价：99.00元
PSN B-2015-487-1/1

劳动保障蓝皮书
中国劳动保障发展报告（2018）
著(编)者：刘燕斌　2018年9月出版 / 估价：158.00元
PSN B-2014-415-1/1

老龄蓝皮书
中国老年宜居环境发展报告（2017）
著(编)者：党俊武　周燕珉　2018年6月出版 / 估价：99.00元
PSN B-2013-320-1/1

连片特困区蓝皮书
中国连片特困区发展报告（2017~2018）
著(编)者：游俊　冷志明　丁建军
2018年6月出版 / 估价：99.00元
PSN B-2013-321-1/1

流动儿童蓝皮书
中国流动儿童教育发展报告（2017）
著(编)者：杨东平　2018年6月出版 / 估价：99.00元
PSN B-2017-600-1/1

民调蓝皮书
中国民生调查报告（2018）
著(编)者：谢耘耕　2018年12月出版 / 估价：99.00元
PSN B-2014-398-1/1

民族发展蓝皮书
中国民族发展报告（2018）
著(编)者：王延中　2018年10月出版 / 估价：188.00元
PSN B-2006-070-1/1

女性生活蓝皮书
中国女性生活状况报告No.12（2018）
著(编)者：高博燕　2018年7月出版 / 估价：99.00元
PSN B-2006-071-1/1

社会政法类 皮书系列 2018全品种

汽车社会蓝皮书
中国汽车社会发展报告（2017~2018）
著(编)者：王俊秀　2018年6月出版 / 估价：99.00元
PSN B-2011-224-1/1

青年蓝皮书
中国青年发展报告（2018）No.3
著(编)者：廉思　2018年6月出版 / 估价：99.00元
PSN B-2013-333-1/1

青少年蓝皮书
中国未成年人互联网运用报告（2017~2018）
著(编)者：李为民　李文革　沈杰
2018年11月出版 / 估价：99.00元
PSN B-2010-156-1/1

人权蓝皮书
中国人权事业发展报告No.8（2018）
著(编)者：李君如　2018年9月出版 / 估价：99.00元
PSN B-2011-215-1/1

社会保障绿皮书
中国社会保障发展报告No.9（2018）
著(编)者：王延中　2018年6月出版 / 估价：99.00元
PSN G-2001-014-1/1

社会风险评估蓝皮书
风险评估与危机预警报告（2017~2018）
著(编)者：唐钧　2018年8月出版 / 估价：99.00元
PSN B-2012-293-1/1

社会工作蓝皮书
中国社会工作发展报告（2016~2017）
著(编)者：民政部社会工作研究中心
2018年8月出版 / 估价：99.00元
PSN B-2009-141-1/1

社会管理蓝皮书
中国社会管理创新报告No.6
著(编)者：连玉明　2018年11月出版 / 估价：99.00元
PSN B-2012-300-1/1

社会蓝皮书
2018年中国社会形势分析与预测
著(编)者：李培林　陈光金　张翼
2017年12月出版 / 定价：89.00元
PSN B-1998-002-1/1

社会体制蓝皮书
中国社会体制改革报告No.6（2018）
著(编)者：龚维斌　2018年3月出版 / 定价：98.00元
PSN B-2013-330-1/1

社会心态蓝皮书
中国社会心态研究报告（2018）
著(编)者：王俊秀　2018年12月出版 / 估价：99.00元
PSN B-2011-199-1/1

社会组织蓝皮书
中国社会组织报告（2017-2018）
著(编)者：黄晓勇　2018年6月出版 / 估价：99.00元
PSN B-2008-118-1/2

社会组织蓝皮书
中国社会组织评估发展报告（2018）
著(编)者：徐家良　2018年12月出版 / 估价：99.00元
PSN B-2013-366-2/2

生态城市绿皮书
中国生态城市建设发展报告（2018）
著(编)者：刘举科　孙伟平　胡文臻
2018年9月出版 / 估价：158.00元
PSN G-2012-269-1/1

生态文明绿皮书
中国省域生态文明建设评价报告（ECI 2018）
著(编)者：严耕　2018年12月出版 / 估价：99.00元
PSN G-2010-170-1/1

退休生活蓝皮书
中国城市居民退休生活质量指数报告（2017）
著(编)者：杨一帆　2018年6月出版 / 估价：99.00元
PSN B-2017-618-1/1

危机管理蓝皮书
中国危机管理报告（2018）
著(编)者：文学国　范正青
2018年8月出版 / 估价：99.00元
PSN B-2010-171-1/1

学会蓝皮书
2018年中国学会发展报告
著(编)者：麦可思研究院　2018年12月出版 / 估价：99.00元
PSN B-2016-597-1/1

医改蓝皮书
中国医药卫生体制改革报告（2017~2018）
著(编)者：文学国　房志武
2018年11月出版 / 估价：99.00元
PSN B-2014-432-1/1

应急管理蓝皮书
中国应急管理报告（2018）
著(编)者：宋英华　2018年9月出版 / 估价：99.00元
PSN B-2016-562-1/1

政府绩效评估蓝皮书
中国地方政府绩效评估报告 No.2
著(编)者：贠杰　2018年12月出版 / 估价：99.00元
PSN B-2017-672-1/1

政治参与蓝皮书
中国政治参与报告（2018）
著(编)者：房宁　2018年8月出版 / 估价：128.00元
PSN B-2011-200-1/1

政治文化蓝皮书
中国政治文化报告（2018）
著(编)者：邢元敏　魏大鹏　王蕾
2018年8月出版 / 估价：128.00元
PSN B-2017 G15-1/1

中国传统村落蓝皮书
中国传统村落保护现状报告（2018）
著(编)者：胡彬彬　李向军　王晓波
2018年12月出版 / 估价：99.00元
PSN B-2017-663-1/1

皮书系列 2018全品种

社会政法类·产业经济类

中国农村妇女发展蓝皮书
农村流动女性城市生活发展报告（2018）
著（编）者：谢丽华　2018年12月出版 / 估价：99.00元
PSN B-2014-434-1/1

宗教蓝皮书
中国宗教报告（2017）
著（编）者：邱永辉　2018年8月出版 / 估价：99.00元
PSN B-2008-117-1/1

产业经济类

保健蓝皮书
中国保健服务产业发展报告 No.2
著（编）者：中国保健协会　中共中央党校
2018年7月出版 / 估价：198.00元
PSN B-2012-272-3/3

保健蓝皮书
中国保健食品产业发展报告 No.2
著（编）者：中国保健协会
　　　　　中国社会科学院食品药品产业发展与监管研究中心
2018年8月出版 / 估价：198.00元
PSN B-2012-271-2/3

保健蓝皮书
中国保健用品产业发展报告 No.2
著（编）者：中国保健协会
　　　　　国务院国有资产监督管理委员会研究中心
2018年6月出版 / 估价：198.00元
PSN B-2012-270-1/3

保险蓝皮书
中国保险业竞争力报告（2018）
著（编）者：保监会　2018年12月出版 / 估价：99.00元
PSN B-2013-311-1/1

冰雪蓝皮书
中国冰上运动产业发展报告（2018）
著（编）者：孙承华　杨占武　刘戈　张鸿俊
2018年9月出版 / 估价：99.00元
PSN B-2017-648-3/3

冰雪蓝皮书
中国滑雪产业发展报告（2018）
著（编）者：孙承华　伍斌　魏庆华　张鸿俊
2018年9月出版 / 估价：99.00元
PSN B-2016-559-1/3

餐饮产业蓝皮书
中国餐饮产业发展报告（2018）
著（编）者：邢颖
2018年6月出版 / 估价：99.00元
PSN B-2009-151-1/1

茶业蓝皮书
中国茶产业发展报告（2018）
著（编）者：杨江帆　李闽榕
2018年10月出版 / 估价：99.00元
PSN B-2010-164-1/1

产业安全蓝皮书
中国文化产业安全报告（2018）
著（编）者：北京印刷学院文化产业安全研究院
2018年12月出版 / 估价：99.00元
PSN B-2014-378-12/14

产业安全蓝皮书
中国新媒体产业安全报告（2016~2017）
著（编）者：肖丽　2018年6月出版 / 估价：99.00元
PSN B-2015-500-14/14

产业安全蓝皮书
中国出版传媒产业安全报告（2017~2018）
著（编）者：北京印刷学院文化产业安全研究院
2018年6月出版 / 估价：99.00元
PSN B-2014-384-13/14

产业蓝皮书
中国产业竞争力报告（2018）No.8
著（编）者：张其仔　2018年12月出版 / 估价：168.00元
PSN B-2010-175-1/1

动力电池蓝皮书
中国新能源汽车动力电池产业发展报告（2018）
著（编）者：中国汽车技术研究中心
2018年8月出版 / 估价：99.00元
PSN B-2017-639-1/1

杜仲产业绿皮书
中国杜仲橡胶资源与产业发展报告（2017~2018）
著（编）者：杜红岩　胡文臻　俞锐
2018年6月出版 / 估价：99.00元
PSN G-2013-350-1/1

房地产蓝皮书
中国房地产发展报告No.15（2018）
著（编）者：李春华　王业强
2018年5月出版 / 估价：99.00元
PSN B-2004-028-1/1

服务外包蓝皮书
中国服务外包产业发展报告（2017~2018）
著（编）者：王晓红　刘德军
2018年6月出版 / 估价：99.00元
PSN B-2013-331-2/2

服务外包蓝皮书
中国服务外包竞争力报告（2017~2018）
著（编）者：刘春生　王力　黄育华
2018年12月出版 / 估价：99.00元
PSN B-2011-216-1/2

 产业经济类

皮书系列
2018全品种

工业和信息化蓝皮书
世界信息技术产业发展报告（2017~2018）
著（编）者：尹丽波　2018年6月出版／估价：99.00元
PSN B-2015-449-2/6

工业和信息化蓝皮书
战略性新兴产业发展报告（2017~2018）
著（编）者：尹丽波　2018年6月出版／估价：99.00元
PSN B-2015-450-3/6

海洋经济蓝皮书
中国海洋经济发展报告（2015~2018）
著（编）者：殷克东　高金田　方胜民
2018年3月出版／定价：128.00元
PSN B-2018-697-1/1

康养蓝皮书
中国康养产业发展报告（2017）
著（编）者：何莽　2017年12月出版／定价：88.00元
PSN B-2017-685-1/1

客车蓝皮书
中国客车产业发展报告（2017~2018）
著（编）者：姚蔚　2018年10月出版／估价：99.00元
PSN B-2013-361-1/1

流通蓝皮书
中国商业发展报告（2018~2019）
著（编）者：王雪峰　林诗慧
2018年7月出版／估价：99.00元
PSN B-2009-152-1/2

能源蓝皮书
中国能源发展报告（2018）
著（编）者：崔民选　王军生　陈义和
2018年12月出版／估价：99.00元
PSN B-2006-049-1/1

农产品流通蓝皮书
中国农产品流通产业发展报告（2017）
著（编）者：贾敬敦　张东科　张玉玺　张鹏毅　周伟
2018年6月出版／估价：99.00元
PSN B-2012-288-1/1

汽车工业蓝皮书
中国汽车工业发展年度报告（2018）
著（编）者：中国汽车工业协会
　　　　　　中国汽车技术研究中心
　　　　　　丰田汽车公司
2018年5月出版／估价：168.00元
PSN B-2015-463-1/2

汽车工业蓝皮书
中国汽车零部件产业发展报告（2017~2018）
著（编）者：中国汽车工业协会
　　　　　　中国汽车工程研究院深圳市沃特玛电池有限公司
2018年9月出版／估价：99.00元
PSN B-2016-515-2/2

汽车蓝皮书
中国汽车产业发展报告（2018）
著（编）者：中国汽车工程学会
　　　　　　大众汽车集团（中国）
2018年11月出版／估价：99.00元
PSN B-2008-124-1/1

世界茶业蓝皮书
世界茶业发展报告（2018）
著（编）者：李闽榕　冯廷佺
2018年5月出版／估价：168.00元
PSN B-2017-619-1/1

世界能源蓝皮书
世界能源发展报告（2018）
著（编）者：黄晓勇　2018年6月出版／估价：168.00元
PSN B-2013-349-1/1

石油蓝皮书
中国石油产业发展报告（2018）
著（编）者：中国石油化工集团公司经济技术研究院
　　　　　　中国国际石油化工联合有限责任公司
　　　　　　中国社会科学院数量经济与技术经济研究所
2018年2月出版／定价：98.00元
PSN B-2018-690-1/1

体育蓝皮书
国家体育产业基地发展报告（2016~2017）
著（编）者：李颖川　2018年6月出版／估价：168.00元
PSN B-2017-609-5/5

体育蓝皮书
中国体育产业发展报告（2018）
著（编）者：阮伟　钟秉枢
2018年12月出版／估价：99.00元
PSN B-2010-179-1/5

文化金融蓝皮书
中国文化金融发展报告（2018）
著（编）者：杨涛　金巍
2018年6月出版／估价：99.00元
PSN B-2017-610-1/1

新能源汽车蓝皮书
中国新能源汽车产业发展报告（2018）
著（编）者：中国汽车技术研究中心
　　　　　　日产（中国）投资有限公司
　　　　　　东风汽车有限公司
2018年8月出版／估价：99.00元
PSN B-2013-347-1/1

薏仁米产业蓝皮书
中国薏仁米产业发展报告No.2（2018）
著（编）者：李发耀　石明　秦礼康
2018年8月出版／估价：99.00元
PSN B-2017-645-1/1

邮轮绿皮书
中国邮轮产业发展报告（2018）
著（编）者：汪泓　2018年10月出版／估价：99.00元
PSN G-2014-419-1/1

智能养老蓝皮书
中国智能养老产业发展报告（2018）
著（编）者：朱勇　2018年10月出版／估价：99.00元
PSN B-2015-488-1/1

中国节能汽车蓝皮书
中国节能汽车发展报告（2017~2018）
著（编）者：中国汽车工程研究院股份有限公司
2018年9月出版／估价：99.00元
PSN B-2016-565-1/1

中国陶瓷产业蓝皮书
中国陶瓷产业发展报告（2018）
著(编)者：左和平 黄速建
2018年10月出版 / 估价：99.00元
PSN B-2016-573-1/1

装备制造业蓝皮书
中国装备制造业发展报告（2018）
著(编)者：徐东华
2018年12月出版 / 估价：118.00元
PSN B-2015-505-1/1

行业及其他类

"三农"互联网金融蓝皮书
中国"三农"互联网金融发展报告（2018）
著(编)者：李勇坚 王弢
2018年8月出版 / 估价：99.00元
PSN B-2016-560-1/1

SUV蓝皮书
中国SUV市场发展报告（2017~2018）
著(编)者：靳军 2018年9月出版 / 估价：99.00元
PSN B-2016-571-1/1

冰雪蓝皮书
中国冬季奥运会发展报告（2018）
著(编)者：孙承华 伍斌 魏庆华 张鸿俊
2018年9月出版 / 估价：99.00元
PSN B-2017-647-2/3

彩票蓝皮书
中国彩票发展报告（2018）
著(编)者：益彩基金 2018年6月出版 / 估价：99.00元
PSN B-2015-462-1/1

测绘地理信息蓝皮书
测绘地理信息供给侧结构性改革研究报告（2018）
著(编)者：库热西·买合苏提
2018年12月出版 / 估价：168.00元
PSN B-2009-145-1/1

产权市场蓝皮书
中国产权市场发展报告（2017）
著(编)者：曹和平
2018年5月出版 / 估价：99.00元
PSN B-2009-147-1/1

城投蓝皮书
中国城投行业发展报告（2018）
著(编)者：华景斌
2018年11月出版 / 估价：300.00元
PSN B-2016-514-1/1

城市轨道交通蓝皮书
中国城市轨道交通运营发展报告（2017~2018）
著(编)者：崔学忠 贾文峥
2018年3月出版 / 定价：89.00元
PSN B-2018-694-1/1

大数据蓝皮书
中国大数据发展报告（No.2）
著(编)者：连玉明 2018年5月出版 / 估价：99.00元
PSN B-2017-620-1/1

大数据应用蓝皮书
中国大数据应用发展报告No.2（2018）
著(编)者：陈军君 2018年8月出版 / 估价：99.00元
PSN B-2017-644-1/1

对外投资与风险蓝皮书
中国对外直接投资与国家风险报告（2018）
著(编)者：中债资信评估有限责任公司
中国社会科学院世界经济与政治研究所
2018年6月出版 / 估价：189.00元
PSN B-2017-606-1/1

工业和信息化蓝皮书
人工智能发展报告（2017~2018）
著(编)者：尹丽波 2018年6月出版 / 估价：99.00元
PSN B-2015-448-1/6

工业和信息化蓝皮书
世界智慧城市发展报告（2017~2018）
著(编)者：尹丽波 2018年6月出版 / 估价：99.00元
PSN B-2017-624-6/6

工业和信息化蓝皮书
世界网络安全发展报告（2017~2018）
著(编)者：尹丽波 2018年6月出版 / 估价：99.00元
PSN B-2015-452-5/6

工业和信息化蓝皮书
世界信息化发展报告（2017~2018）
著(编)者：尹丽波 2018年6月出版 / 估价：99.00元
PSN B-2015-451-4/6

工业设计蓝皮书
中国工业设计发展报告（2018）
著(编)者：王晓红 于炜 张立群 2018年9月出版 / 估价：168.00元
PSN B-2014-420-1/1

公共关系蓝皮书
中国公共关系发展报告（2017）
著(编)者：柳斌杰 2018年1月出版 / 定价：89.00元
PSN B-2016-579-1/1

皮书系列 2018全品种

公共关系蓝皮书
中国公共关系发展报告（2018）
著(编)者：柳斌杰　2018年11月出版／估价：99.00元
PSN B-2016-579-1/1

管理蓝皮书
中国管理发展报告（2018）
著(编)者：张晓东　2018年10月出版／估价：99.00元
PSN B-2014-416-1/1

轨道交通蓝皮书
中国轨道交通行业发展报告（2017）
著(编)者：仲建华　李闽榕
2017年12月出版／定价：98.00元
PSN B-2017-674-1/1

海关发展蓝皮书
中国海关发展前沿报告（2018）
著(编)者：干春晖　2018年6月出版／估价：99.00元
PSN B-2017-616-1/1

互联网医疗蓝皮书
中国互联网健康医疗发展报告（2018）
著(编)者：芮晓武　2018年6月出版／估价：99.00元
PSN B-2016-567-1/1

黄金市场蓝皮书
中国商业银行黄金业务发展报告（2017～2018）
著(编)者：平安银行　2018年6月出版／估价：99.00元
PSN B-2016-524-1/1

会展蓝皮书
中外会展业动态评估研究报告（2018）
著(编)者：张敏　任中峰　聂鑫焱　牛盼强
2018年12月出版／估价：99.00元
PSN B-2013-327-1/1

基金会蓝皮书
中国基金会发展报告（2017~2018）
著(编)者：中国基金会发展报告课题组
2018年6月出版／估价：99.00元
PSN B-2013-368-1/1

基金会绿皮书
中国基金会发展独立研究报告（2018）
著(编)者：基金会中心网　中央民族大学基金会研究中心
2018年6月出版／估价：99.00元
PSN G-2011-213-1/1

基金会透明度蓝皮书
中国基金会透明度发展研究报告（2018）
著(编)者：基金会中心网
　　　　　清华大学廉政与治理研究中心
2018年9月出版／估价：99.00元
PSN B-2013-339-1/1

建筑装饰蓝皮书
中国建筑装饰行业发展报告（2018）
著(编)者：葛道顺　刘晓一
2018年10月出版／估价：198.00元
PSN B-2016-553-1/1

金融监管蓝皮书
中国金融监管报告（2018）
著(编)者：胡滨　2018年3月出版／定价：98.00元
PSN B-2012-281-1/1

金融蓝皮书
中国互联网金融行业分析与评估（2018～2019）
著(编)者：黄国平　伍旭川
2018年12月出版／估价：99.00元
PSN B-2016-585-7/7

金融科技蓝皮书
中国金融科技发展报告（2018）
著(编)者：李扬　孙国峰　2018年10月出版／估价：99.00元
PSN B-2014-374-1/1

金融信息服务蓝皮书
中国金融信息服务发展报告（2018）
著(编)者：李平　2018年5月出版／估价：99.00元
PSN B-2017-621-1/1

金蜜蜂企业社会责任蓝皮书
金蜜蜂中国企业社会责任报告研究（2017）
著(编)者：殷格非　于志宏　管竹笋
2018年1月出版／定价：99.00元
PSN B-2018-693-1/1

京津冀金融蓝皮书
京津冀金融发展报告（2018）
著(编)者：王爱俭　王璟怡　2018年10月出版／估价：99.00元
PSN B-2016-527-1/1

科普蓝皮书
国家科普能力发展报告（2018）
著(编)者：王康友　2018年5月出版／估价：138.00元
PSN B-2017-632-4/4

科普蓝皮书
中国基层科普发展报告（2017～2018）
著(编)者：赵立新　陈玲　2018年9月出版／估价：99.00元
PSN B-2016-568-3/4

科普蓝皮书
中国科普基础设施发展报告（2017～2018）
著(编)者：任福君　2018年6月出版／估价：99.00元
PSN B-2010-174-1/3

科普蓝皮书
中国科普人才发展报告（2017～2018）
著(编)者：郑念　任嵘嵘　2018年7月出版／估价：99.00元
PSN B-2016-512-2/4

科普能力蓝皮书
中国科普能力评价报告（2018～2019）
著(编)者：李富强　李群　2018年8月出版／估价：99.00元
PSN B-2016-555-1/1

临空经济蓝皮书
中国临空经济发展报告（2018）
著(编)者：连玉明　2018年9月出版／估价：99.00元
PSN B-2014-421-1/1

皮书系列 2018全品种 — 行业及其他类

旅游安全蓝皮书
中国旅游安全报告（2018）
著(编)者：郑向敏 谢朝武　2018年5月出版 / 估价：158.00元
PSN B-2012-280-1/1

旅游绿皮书
2017~2018年中国旅游发展分析与预测
著(编)者：宋瑞　2018年1月出版 / 定价：99.00元
PSN G-2002-018-1/1

煤炭蓝皮书
中国煤炭工业发展报告（2018）
著(编)者：岳福斌　2018年12月出版 / 估价：99.00元
PSN B-2008-123-1/1

民营企业社会责任蓝皮书
中国民营企业社会责任报告（2018）
著(编)者：中华全国工商业联合会
2018年12月出版 / 估价：99.00元
PSN B-2015-510-1/1

民营医院蓝皮书
中国民营医院发展报告（2017）
著(编)者：薛晓林　2017年12月出版 / 定价：89.00元
PSN B-2012-299-1/1

闽商蓝皮书
闽商发展报告（2018）
著(编)者：李闽榕 王日根 林琛
2018年12月出版 / 估价：99.00元
PSN B-2012-298-1/1

农业应对气候变化蓝皮书
中国农业气象灾害及其灾损评估报告（No.3）
著(编)者：矫梅燕　2018年6月出版 / 估价：118.00元
PSN B-2014-413-1/1

品牌蓝皮书
中国品牌战略发展报告（2018）
著(编)者：汪同三　2018年10月出版 / 估价：99.00元
PSN B-2016-580-1/1

企业扶贫蓝皮书
中国企业扶贫研究报告（2018）
著(编)者：钟宏武　2018年12月出版 / 估价：99.00元
PSN B-2016-593-1/1

企业公益蓝皮书
中国企业公益研究报告（2018）
著(编)者：钟宏武 汪杰 黄晓娟
2018年12月出版 / 估价：99.00元
PSN B-2015-501-1/1

企业国际化蓝皮书
中国企业全球化报告（2018）
著(编)者：王辉耀 苗绿　2018年11月出版 / 估价：99.00元
PSN B-2014-427-1/1

企业蓝皮书
中国企业绿色发展报告No.2（2018）
著(编)者：李红玉 朱光辉
2018年8月出版 / 估价：99.00元
PSN B-2015-481-2/2

企业社会责任蓝皮书
中资企业海外社会责任研究报告（2017~2018）
著(编)者：钟宏武 叶柳红 张蒽
2018年6月出版 / 估价：99.00元
PSN B-2017-603-2/2

企业社会责任蓝皮书
中国企业社会责任研究报告（2018）
著(编)者：黄群慧 钟宏武 张蒽 汪杰
2018年11月出版 / 估价：99.00元
PSN B-2009-149-1/2

汽车安全蓝皮书
中国汽车安全发展报告（2018）
著(编)者：中国汽车技术研究中心
2018年8月出版 / 估价：99.00元
PSN B-2014-385-1/1

汽车电子商务蓝皮书
中国汽车电子商务发展报告（2018）
著(编)者：中华全国工商业联合会汽车经销商商会
　　　　北方工业大学
　　　　北京易观智库网络科技有限公司
2018年10月出版 / 估价：158.00元
PSN B-2015-485-1/1

汽车知识产权蓝皮书
中国汽车产业知识产权发展报告（2018）
著(编)者：中国汽车工程研究院股份有限公司
　　　　中国汽车工程学会
　　　　重庆长安汽车股份有限公司
2018年12月出版 / 估价：99.00元
PSN B-2016-594-1/1

青少年体育蓝皮书
中国青少年体育发展报告（2017）
著(编)者：刘扶民 杨桦　2018年6月出版 / 估价：99.00元
PSN B-2015-482-1/1

区块链蓝皮书
中国区块链发展报告（2018）
著(编)者：李伟　2018年9月出版 / 估价：99.00元
PSN B-2017-649-1/1

群众体育蓝皮书
中国群众体育发展报告（2017）
著(编)者：刘国永 戴健　2018年5月出版 / 估价：99.00元
PSN B-2014-411-1/3

群众体育蓝皮书
中国社会体育指导员发展报告（2018）
著(编)者：刘国永 王欢　2018年6月出版 / 估价：99.00元
PSN B-2016-520-3/3

人力资源蓝皮书
中国人力资源发展报告（2018）
著(编)者：余兴安　2018年11月出版 / 估价：99.00元
PSN B-2012-287-1/1

融资租赁蓝皮书
中国融资租赁业发展报告（2017~2018）
著(编)者：李光荣 王力　2018年8月出版 / 估价：99.00元
PSN B-2015-443-1/1

皮书系列 2018全品种

商会蓝皮书
中国商会发展报告No.5（2017）
著（编）者：王钦敏　2018年7月出版／估价：99.00元
PSN B-2008-125-1/1

商务中心区蓝皮书
中国商务中心区发展报告No.4（2017~2018）
著（编）者：李国红　单菁菁　2018年9月出版／估价：99.00元
PSN B-2015-444-1/1

设计产业蓝皮书
中国创新设计发展报告（2018）
著（编）者：王晓红　张立群　于炜
2018年11月出版／估价：99.00元
PSN B-2016-581-2/2

社会责任管理蓝皮书
中国上市公司社会责任能力成熟度报告No.4（2018）
著（编）者：肖红军　王晓光　李伟阳
2018年12月出版／估价：99.00元
PSN B-2015-507-2/2

社会责任管理蓝皮书
中国企业公众透明度报告No.4（2017~2018）
著（编）者：黄速建　熊梦　王晓光　肖红军
2018年6月出版／估价：99.00元
PSN B-2015-440-1/2

食品药品蓝皮书
食品药品安全与监管政策研究报告（2016~2017）
著（编）者：唐民皓　2018年6月出版／估价：99.00元
PSN B-2009-129-1/1

输血服务蓝皮书
中国输血行业发展报告（2018）
著（编）者：孙俊　2018年12月出版／估价：99.00元
PSN B-2016-582-1/1

水利风景区蓝皮书
中国水利风景区发展报告（2018）
著（编）者：董建文　兰思仁
2018年10月出版／估价：99.00元
PSN B-2015-480-1/1

数字经济蓝皮书
全球数字经济竞争力发展报告（2017）
著（编）者：王振　2017年12月出版／定价：79.00元
PSN B-2017-673-1/1

私募市场蓝皮书
中国私募股权市场发展报告（2017~2018）
著（编）者：曹和平　2018年12月出版／估价：99.00元
PSN B-2010-162-1/1

碳排放权交易蓝皮书
中国碳排放权交易报告（2018）
著（编）者：孙永平　2018年11月出版／估价：99.00元
PSN B-2015-652-1/1

碳市场蓝皮书
中国碳市场报告（2018）
著（编）者：定金彪　2018年11月出版／估价：99.00元
PSN B-2014-430-1/1

体育蓝皮书
中国公共体育服务发展报告（2018）
著（编）者：戴健　2018年12月出版／估价：99.00元
PSN B-2013-367-2/5

土地市场蓝皮书
中国农村土地市场发展报告（2017~2018）
著（编）者：李光荣　2018年6月出版／估价：99.00元
PSN B-2016-526-1/1

土地整治蓝皮书
中国土地整治发展研究报告（No.5）
著（编）者：国土资源部土地整治中心
2018年7月出版／估价：99.00元
PSN B-2014-401-1/1

土地政策蓝皮书
中国土地政策研究报告（2018）
著（编）者：高延利　张建平　吴次芳
2018年1月出版／定价：98.00元
PSN B-2015-506-1/1

网络空间安全蓝皮书
中国网络空间安全发展报告（2018）
著（编）者：惠志斌　覃庆玲
2018年11月出版／估价：99.00元
PSN B-2015-466-1/1

文化志愿服务蓝皮书
中国文化志愿服务发展报告（2018）
著（编）者：张永新　良警宇　2018年11月出版／估价：128.00元
PSN B-2016-596-1/1

西部金融蓝皮书
中国西部金融发展报告（2017~2018）
著（编）者：李忠民　2018年8月出版／估价：99.00元
PSN B-2010-160-1/1

协会商会蓝皮书
中国行业协会商会发展报告（2017）
著（编）者：景朝阳　李勇　2018年6月出版／估价：99.00元
PSN B-2015-461-1/1

新三板蓝皮书
中国新三板市场发展报告（2018）
著（编）者：王力　2018年8月出版／估价：99.00元
PSN B-2016-533-1/1

信托市场蓝皮书
中国信托业市场报告（2017~2018）
著（编）者：用益金融信托研究院
2018年6月出版／估价：198.00元
PSN B-2014-371-1/1

信息化蓝皮书
中国信息化形势分析与预测（2017~2018）
著（编）者：周宏仁　2018年8月出版／估价：99.00元
PSN B-2010-168-1/1

信用蓝皮书
中国信用发展报告（2017~2018）
著（编）者：章政　田侃　2018年6月出版／估价：99.00元
PSN B-2013-328-1/1

皮书系列 2018全品种
行业及其他类

休闲绿皮书
2017~2018年中国休闲发展报告
著(编)者：宋瑞　2018年7月出版／估价：99.00元
PSN G-2010-158-1/1

休闲体育蓝皮书
中国休闲体育发展报告（2017~2018）
著(编)者：李相如　钟秉枢
2018年10月出版／估价：99.00元
PSN B-2016-516-1/1

养老金融蓝皮书
中国养老金融发展报告（2018）
著(编)者：董克用　姚余栋
2018年9月出版／估价：99.00元
PSN B-2016-583-1/1

遥感监测绿皮书
中国可持续发展遥感监测报告（2017）
著(编)者：顾行发　汪克强　潘教峰　李闽榕　徐东华　王琦安
2018年6月出版／估价：298.00元
PSN B-2017-629-1/1

药品流通蓝皮书
中国药品流通行业发展报告（2018）
著(编)者：佘鲁林　温再兴
2018年7月出版／估价：198.00元
PSN B-2014-429-1/1

医疗器械蓝皮书
中国医疗器械行业发展报告（2018）
著(编)者：王宝亭　耿鸿武
2018年10月出版／估价：99.00元
PSN B-2017-661-1/1

医院蓝皮书
中国医院竞争力报告（2017~2018）
著(编)者：庄一强　2018年3月出版／定价：108.00元
PSN B-2016-528-1/1

瑜伽蓝皮书
中国瑜伽业发展报告（2017~2018）
著(编)者：张永建　徐华锋　朱泰余
2018年6月出版／估价：198.00元
PSN B-2017-625-1/1

债券市场蓝皮书
中国债券市场发展报告（2017~2018）
著(编)者：杨农　2018年10月出版／估价：99.00元
PSN B-2016-572-1/1

志愿服务蓝皮书
中国志愿服务发展报告（2018）
著(编)者：中国志愿服务联合会
2018年11月出版／估价：99.00元
PSN B-2017-664-1/1

中国上市公司蓝皮书
中国上市公司发展报告（2018）
著(编)者：张鹏　张平　黄胤英
2018年9月出版／估价：99.00元
PSN B-2014-414-1/1

中国新三板蓝皮书
中国新三板创新与发展报告（2018）
著(编)者：刘平安　闻召林
2018年8月出版／估价：158.00元
PSN B-2017-638-1/1

中国汽车品牌蓝皮书
中国乘用车品牌发展报告（2017）
著(编)者：《中国汽车报》社有限公司
　　　　　博世（中国）投资有限公司
　　　　　中国汽车技术研究中心数据资源中心
2018年1月出版／定价：89.00元
PSN B-2017-679-1/1

中医文化蓝皮书
北京中医药文化传播发展报告（2018）
著(编)者：毛嘉陵　2018年6月出版／估价：99.00元
PSN B-2015-468-1/2

中医文化蓝皮书
中国中医药文化传播发展报告（2018）
著(编)者：毛嘉陵　2018年7月出版／估价：99.00元
PSN B-2016-584-2/2

中医药蓝皮书
北京中医药知识产权发展报告No.2
著(编)者：汪洪　屠志涛　2018年6月出版／估价：168.00元
PSN B-2017-602-1/1

资本市场蓝皮书
中国场外交易市场发展报告（2016~2017）
著(编)者：高峦　2018年6月出版／估价：99.00元
PSN B-2009-153-1/1

资产管理蓝皮书
中国资产管理行业发展报告（2018）
著(编)者：郑智　2018年7月出版／估价：99.00元
PSN B-2014-407-2/2

资产证券化蓝皮书
中国资产证券化发展报告（2018）
著(编)者：沈炳熙　曹彤　李哲平
2018年4月出版／估价：98.00元
PSN B-2017-660-1/1

自贸区蓝皮书
中国自贸区发展报告（2018）
著(编)者：王力　黄育华
2018年6月出版／估价：99.00元
PSN B-2016-558-1/1

国际问题与全球治理类

"一带一路"跨境通道蓝皮书
"一带一路"跨境通道建设研究报(2017~2018)
著(编)者：余鑫 张秋生　2018年1月出版 / 定价：89.00元
PSN B-2016-557-1/1

"一带一路"蓝皮书
"一带一路"建设发展报告(2018)
著(编)者：李永全　2018年3月出版 / 定价：98.00元
PSN B-2016-552-1/1

"一带一路"投资安全蓝皮书
中国"一带一路"投资与安全研究报告(2018)
著(编)者：邹statek钎 梁昊光　2018年4月出版 / 定价：98.00元
PSN B-2017-612-1/1

"一带一路"文化交流蓝皮书
中阿文化交流发展报告(2017)
著(编)者：王辉　2017年12月出版 / 定价：89.00元
PSN B-2017-655-1/1

G20国家创新竞争力黄皮书
二十国集团(G20)国家创新竞争力发展报告(2017~2018)
著(编)者：李建平 李闽榕 赵新力 周天勇
2018年7月出版 / 定价：168.00元
PSN Y-2011-229-1/1

阿拉伯黄皮书
阿拉伯发展报告(2016~2017)
著(编)者：罗林　2018年6月出版 / 估价：99.00元
PSN Y-2014-381-1/1

北部湾蓝皮书
泛北部湾合作发展报告(2017~2018)
著(编)者：吕余生　2018年12月出版 / 估价：99.00元
PSN B-2008-114-1/1

北极蓝皮书
北极地区发展报告(2017)
著(编)者：刘惠荣　2018年7月出版 / 估价：99.00元
PSN B-2017-634-1/1

大洋洲蓝皮书
大洋洲发展报告(2017~2018)
著(编)者：喻常森　2018年10月出版 / 估价：99.00元
PSN B-2013-341-1/1

东北亚区域合作蓝皮书
2017年"一带一路"倡议与东北亚区域合作
著(编)者：刘亚政 金美花
2018年5月出版 / 估价：99.00元
PSN B-2017-631-1/1

东盟黄皮书
东盟发展报告(2017)
著(编)者：杨静林 庄国土　2018年6月出版 / 估价：99.00元
PSN Y-2012-303-1/1

东南亚蓝皮书
东南亚地区发展报告(2017~2018)
著(编)者：王勤　2018年12月出版 / 估价：99.00元
PSN B-2012-240-1/1

非洲黄皮书
非洲发展报告No.20(2017~2018)
著(编)者：张宏明　2018年7月出版 / 估价：99.00元
PSN Y-2012-239-1/1

非传统安全蓝皮书
中国非传统安全研究报告(2017~2018)
著(编)者：潇枫 罗中枢　2018年8月出版 / 估价：99.00元
PSN B-2012-273-1/1

国际安全蓝皮书
中国国际安全研究报告(2018)
著(编)者：刘慧　2018年7月出版 / 估价：99.00元
PSN B-2016-521-1/1

国际城市蓝皮书
国际城市发展报告(2018)
著(编)者：屠启宇　2018年2月出版 / 定价：89.00元
PSN B-2012-260-1/1

国际形势黄皮书
全球政治与安全报告(2018)
著(编)者：张宇燕　2018年1月出版 / 定价：99.00元
PSN Y-2001-016-1/1

公共外交蓝皮书
中国公共外交发展报告(2018)
著(编)者：赵启正 雷蔚真　2018年6月出版 / 估价：99.00元
PSN B-2015-457-1/1

海丝蓝皮书
21世纪海上丝绸之路研究报告(2017)
著(编)者：华侨大学海上丝绸之路研究院
2017年12月出版 / 定价：89.00元
PSN B-2017-684-1/1

金砖国家黄皮书
金砖国家综合创新竞争力发展报告(2018)
著(编)者：赵新力 李闽榕 黄茂兴
2018年8月出版 / 估价：128.00元
PSN Y-2017-643-1/1

拉美黄皮书
拉丁美洲和加勒比发展报告(2017~2018)
著(编)者：袁东振　2018年6月出版 / 估价：99.00元
PSN Y-1999-007-1/1

澜湄合作蓝皮书
澜沧江-湄公河合作发展报告(2018)
著(编)者：刘稚　2018年9月出版 / 估价：99.00元
PSN B-2011-196-1/1

国际问题与全球治理类

欧洲蓝皮书
欧洲发展报告（2017~2018）
著（编）者：黄平 周弘 程卫东
2018年6月出版 / 估价：99.00元
PSN B-1999-009-1/1

葡语国家蓝皮书
葡语国家发展报告（2016~2017）
著（编）者：王成安 张敏 刘金兰
2018年6月出版 / 估价：99.00元
PSN B-2015-503-1/2

葡语国家蓝皮书
中国与葡语国家关系发展报告·巴西（2016）
著（编）者：张曙光
2018年8月出版 / 估价：99.00元
PSN B-2016-563-2/2

气候变化绿皮书
应对气候变化报告（2018）
著（编）者：王伟光 郑国光
2018年11月出版 / 估价：99.00元
PSN G-2009-144-1/1

全球环境竞争力绿皮书
全球环境竞争力报告（2018）
著（编）者：李建平 李闽榕 王金南
2018年12月出版 / 估价：198.00元
PSN G-2013-363-1/1

全球信息社会蓝皮书
全球信息社会发展报告（2018）
著（编）者：丁波涛 唐涛 2018年10月出版 / 估价：99.00元
PSN B-2017-665-1/1

日本经济蓝皮书
日本经济与中日经贸关系研究报告（2018）
著（编）者：张季风 2018年6月出版 / 估价：99.00元
PSN B-2008-102-1/1

上海合作组织黄皮书
上海合作组织发展报告（2018）
著（编）者：李进峰 2018年6月出版 / 估价：99.00元
PSN Y-2009-130-1/1

世界创新竞争力黄皮书
世界创新竞争力发展报告（2017）
著（编）者：李建平 李闽榕 赵新力
2018年6月出版 / 估价：168.00元
PSN Y-2013-318-1/1

世界经济黄皮书
2018年世界经济形势分析与预测
著（编）者：张宇燕 2018年1月出版 / 估价：99.00元
PSN Y-1999-006-1/1

世界能源互联互通蓝皮书
世界能源清洁发展与互联互通评估报告（2017）：欧洲篇
著（编）者：国网能源研究院
2018年1月出版 / 定价：128.00元
PSN B-2018-695-1/1

丝绸之路蓝皮书
丝绸之路经济带发展报告（2018）
著（编）者：任宗哲 白宽犁 谷孟宾
2018年1月出版 / 估价：89.00元
PSN B-2014-410-1/1

新兴经济体蓝皮书
金砖国家发展报告（2018）
著（编）者：林跃勤 周文
2018年8月出版 / 估价：99.00元
PSN B-2011-195-1/1

亚太蓝皮书
亚太地区发展报告（2018）
著（编）者：李向阳 2018年5月出版 / 估价：99.00元
PSN B-2001-015-1/1

印度洋地区蓝皮书
印度洋地区发展报告（2018）
著（编）者：汪戎 2018年6月出版 / 估价：99.00元
PSN B-2013-334-1/1

印度尼西亚经济蓝皮书
印度尼西亚经济发展报告（2017）：增长与机会
著（编）者：左志刚 2017年11月出版 / 定价：89.00元
PSN B-2017-675-1/1

渝新欧蓝皮书
渝新欧沿线国家发展报告（2018）
著（编）者：杨柏 黄森
2018年6月出版 / 估价：99.00元
PSN B-2017-626-1/1

中阿蓝皮书
中国-阿拉伯国家经贸发展报告（2018）
著（编）者：张廉 段庆林 王林聪 杨巧红
2018年12月出版 / 估价：99.00元
PSN B-2016-598-1/1

中东黄皮书
中东发展报告No.20（2017~2018）
著（编）者：杨光 2018年10月出版 / 估价：99.00元
PSN Y-1998-004-1/1

中亚黄皮书
中亚国家发展报告（2018）
著（编）者：孙力
2018年3月出版 / 定价：98.00元
PSN Y-2012-238-1/1

皮书系列
2018全品种

国别类·文化传媒类

国别类

澳大利亚蓝皮书
澳大利亚发展报告（2017-2018）
著（编）者：孙有中 韩锋　2018年12月出版 / 估价：99.00元
PSN B-2016-587-1/1

巴西黄皮书
巴西发展报告（2017）
著（编）者：刘国枝　2018年5月出版 / 估价：99.00元
PSN Y-2017-614-1/1

德国蓝皮书
德国发展报告（2018）
著（编）者：郑春荣　2018年6月出版 / 估价：99.00元
PSN B-2012-278-1/1

俄罗斯黄皮书
俄罗斯发展报告（2018）
著（编）者：李永全　2018年6月出版 / 估价：99.00元
PSN Y-2006-061-1/1

韩国蓝皮书
韩国发展报告（2017）
著（编）者：牛林杰 刘宝全　2018年6月出版 / 估价：99.00元
PSN B-2010-155-1/1

加拿大蓝皮书
加拿大发展报告（2018）
著（编）者：唐小松　2018年9月出版 / 估价：99.00元
PSN B-2014-389-1/1

美国蓝皮书
美国研究报告（2018）
著（编）者：郑秉文 黄平　2018年5月出版 / 估价：99.00元
PSN B-2011-210-1/1

缅甸蓝皮书
缅甸国情报告（2017）
著（编）者：祝湘辉
2017年11月出版 / 定价：98.00元
PSN B-2013-343-1/1

日本蓝皮书
日本研究报告（2018）
著（编）者：杨伯江　2018年4月出版 / 定价：99.00元
PSN B-2002-020-1/1

土耳其蓝皮书
土耳其发展报告（2018）
著（编）者：郭长刚 刘义　2018年9月出版 / 估价：99.00元
PSN B-2014-412-1/1

伊朗蓝皮书
伊朗发展报告（2017~2018）
著（编）者：冀开运　2018年10月 / 估价：99.00元
PSN B-2016-574-1/1

以色列蓝皮书
以色列发展报告（2018）
著（编）者：张倩红　2018年8月出版 / 估价：99.00元
PSN B-2015-483-1/1

印度蓝皮书
印度国情报告（2017）
著（编）者：吕昭义　2018年6月出版 / 估价：99.00元
PSN B-2012-241-1/1

英国蓝皮书
英国发展报告（2017~2018）
著（编）者：王展鹏　2018年12月出版 / 估价：99.00元
PSN B-2015-486-1/1

越南蓝皮书
越南国情报告（2018）
著（编）者：谢林城　2018年11月出版 / 估价：99.00元
PSN B-2006-056-1/1

泰国蓝皮书
泰国研究报告（2018）
著（编）者：庄国土 张禹东 刘文正
2018年10月出版 / 估价：99.00元
PSN B-2016-556-1/1

文化传媒类

"三农"舆情蓝皮书
中国"三农"网络舆情报告（2017~2018）
著（编）者：农业部信息中心
2018年6月出版 / 估价：99.00元
PSN B-2017-640-1/1

传媒竞争力蓝皮书
中国传媒国际竞争力研究报告（2018）
著（编）者：李本乾 刘强 王大可
2018年8月出版 / 估价：99.00元
PSN B-2013-356-1/1

传媒蓝皮书
中国传媒产业发展报告（2018）
著（编）者：崔保国
2018年5月出版 / 估价：99.00元
PSN B-2005-035-1/1

传媒投资蓝皮书
中国传媒投资发展报告（2018）
著（编）者：张向东 谭云明
2018年6月出版 / 估价：148.00元
PSN B-2015-474-1/1

皮书系列 2018全品种 — 文化传媒类

非物质文化遗产蓝皮书
中国非物质文化遗产发展报告（2018）
著（编）者：陈平　　2018年6月出版 / 估价：128.00元
PSN B-2015-469-1/2

非物质文化遗产蓝皮书
中国非物质文化遗产保护发展报告（2018）
著（编）者：宋俊华　　2018年10月出版 / 估价：128.00元
PSN B-2016-586-2/2

广电蓝皮书
中国广播电影电视发展报告（2018）
著（编）者：国家新闻出版广电总局发展研究中心
2018年7月出版 / 估价：99.00元
PSN B-2006-072-1/1

广告主蓝皮书
中国广告主营销传播趋势报告No.9
著（编）者：黄升民　杜国清　邵华冬　等
2018年10月出版 / 估价：158.00元
PSN B-2005-041-1/1

国际传播蓝皮书
中国国际传播发展报告（2018）
著（编）者：胡正荣　李继东　姬德强
2018年12月出版 / 估价：99.00元
PSN B-2014-408-1/1

国家形象蓝皮书
中国国家形象传播报告（2017）
著（编）者：张昆　　2018年6月出版 / 估价：128.00元
PSN B-2017-605-1/1

互联网治理蓝皮书
中国网络社会治理研究报告（2018）
著（编）者：罗昕　傅庭荣
2018年9月出版 / 估价：118.00元
PSN B-2017-653-1/1

纪录片蓝皮书
中国纪录片发展报告（2018）
著（编）者：何苏六　　2018年10月出版 / 估价：99.00元
PSN B-2011-222-1/1

科学传播蓝皮书
中国科学传播报告（2016~2017）
著（编）者：詹正茂　　2018年6月出版 / 估价：99.00元
PSN B-2008-120-1/1

两岸创意经济蓝皮书
两岸创意经济研究报告（2018）
著（编）者：罗昌智　董泽平
2018年10月出版 / 估价：99.00元
PSN B-2014-437-1/1

媒介与女性蓝皮书
中国媒介与女性发展报告（2017~2018）
著（编）者：刘利群　　2018年5月出版 / 估价：99.00元
PSN B-2013-345-1/1

媒体融合蓝皮书
中国媒体融合发展报告（2017~2018）
著（编）者：梅宁华　支庭荣
2017年12月出版 / 定价：98.00元
PSN B-2015-479-1/1

全球传媒蓝皮书
全球传媒发展报告（2017~2018）
著（编）者：胡正荣　李继东　　2018年6月出版 / 估价：99.00元
PSN B-2012-237-1/1

少数民族非遗蓝皮书
中国少数民族非物质文化遗产发展报告（2018）
著（编）者：肖远平（彝）　柴立（满）
2018年10月出版 / 估价：118.00元
PSN B-2015-467-1/1

视听新媒体蓝皮书
中国视听新媒体发展报告（2018）
著（编）者：国家新闻出版广电总局发展研究中心
2018年7月出版 / 估价：118.00元
PSN B-2011-184-1/1

数字娱乐产业蓝皮书
中国动画产业发展报告（2018）
著（编）者：孙立军　孙平　牛兴侦
2018年10月出版 / 估价：99.00元
PSN B-2011-198-1/2

数字娱乐产业蓝皮书
中国游戏产业发展报告（2018）
著（编）者：孙立军　刘跃军　　2018年10月出版 / 估价：99.00元
PSN B-2017-662-2/2

网络视听蓝皮书
中国互联网视听行业发展报告（2018）
著（编）者：陈鹏　　2018年2月出版 / 定价：148.00元
PSN B-2018-688-1/1

文化创新蓝皮书
中国文化创新报告（2017·No.8）
著（编）者：傅才武　　2018年6月出版 / 估价：99.00元
PSN B-2009-143-1/1

文化建设蓝皮书
中国文化发展报告（2018）
著（编）者：江畅　孙伟平　戴茂堂
2018年5月出版 / 估价：99.00元
PSN B-2014-392-1/1

文化科技蓝皮书
文化科技创新发展报告（2018）
著（编）者：于平　李凤亮　　2018年10月出版 / 估价：99.00元
PSN B-2013-342-1/1

文化蓝皮书
中国公共文化服务发展报告（2017~2018）
著（编）者：刘新成　张永新　张旭
2018年12月出版 / 估价：99.00元
PSN B-2007-093-2/10

文化蓝皮书
中国少数民族文化发展报告（2017~2018）
著（编）者：武翠英　张晓明　任乌晶
2018年9月出版 / 估价：99.00元
PSN B-2013-369-9/10

文化蓝皮书
中国文化产业供需协调检测报告（2018）
著（编）者：王亚南　　2018年3月出版 / 定价：99.00元
PSN B-2013-323-8/10

皮书系列 2018全品种

文化传媒类 · 地方发展类-经济

文化蓝皮书
中国文化消费需求景气评价报告（2018）
著（编）者：王亚南　2018年3月出版 / 定价：99.00元
PSN B-2011-236-4/10

文化蓝皮书
中国公共文化投入增长测评报告（2018）
著（编）者：王亚南　2018年3月出版 / 定价：99.00元
PSN B-2014-435-10/10

文化品牌蓝皮书
中国文化品牌发展报告（2018）
著（编）者：欧阳友权　2018年5月出版 / 估价：99.00元
PSN B-2012-277-1/1

文化遗产蓝皮书
中国文化遗产事业发展报告（2017~2018）
著（编）者：苏杨　张颖岚　卓杰　白海峰　陈晨　陈叙图
2018年8月出版 / 估价：99.00元
PSN B-2008-119-1/1

文学蓝皮书
中国文情报告（2017~2018）
著（编）者：白烨　2018年5月出版 / 估价：99.00元
PSN B-2011-221-1/1

新媒体蓝皮书
中国新媒体发展报告No.9（2018）
著（编）者：唐绪军　2018年7月出版 / 估价：99.00元
PSN B-2010-169-1/1

新媒体社会责任蓝皮书
中国新媒体社会责任研究报告（2018）
著（编）者：钟瑛　2018年12月出版 / 估价：99.00元
PSN B-2014-423-1/1

移动互联网蓝皮书
中国移动互联网发展报告（2018）
著（编）者：余清楚　2018年6月出版 / 估价：99.00元
PSN B-2014-282-1/1

影视蓝皮书
中国影视产业发展报告（2018）
著（编）者：司若　陈鹏　陈锐
2018年6月出版 / 估价：99.00元
PSN B-2016-529-1/1

舆情蓝皮书
中国社会舆情与危机管理报告（2018）
著（编）者：谢耘耕
2018年9月出版 / 估价：138.00元
PSN B-2011-235-1/1

中国大运河蓝皮书
中国大运河发展报告（2018）
著（编）者：吴欣　2018年2月出版 / 估价：128.00元
PSN B-2018-691-1/1

地方发展类-经济

澳门蓝皮书
澳门经济社会发展报告（2017~2018）
著（编）者：吴志良　郝雨凡
2018年7月出版 / 估价：99.00元
PSN B-2009-138-1/1

澳门绿皮书
澳门旅游休闲发展报告（2017~2018）
著（编）者：郝雨凡　林广志
2018年5月出版 / 估价：99.00元
PSN G-2017-617-1/1

北京蓝皮书
北京经济发展报告（2017~2018）
著（编）者：杨松　2018年6月出版 / 估价：99.00元
PSN B-2006-054-2/8

北京旅游绿皮书
北京旅游发展报告（2018）
著（编）者：北京旅游学会
2018年7月出版 / 估价：99.00元
PSN G-2012-301-1/1

北京体育蓝皮书
北京体育产业发展报告（2017~2018）
著（编）者：钟秉枢　陈杰　杨铁黎
2018年9月出版 / 估价：99.00元
PSN B-2015-475-1/1

滨海金融蓝皮书
滨海新区金融发展报告（2017）
著（编）者：王爱俭　李向前　2018年4月出版 / 估价：99.00元
PSN B-2014-424-1/1

城乡一体化蓝皮书
北京城乡一体化发展报告（2017~2018）
著（编）者：吴宝新　张宝秀　黄序
2018年5月出版 / 估价：99.00元
PSN B-2012-258-2/2

非公有制企业社会责任蓝皮书
北京非公有制企业社会责任报告（2018）
著（编）者：宋贵伦　冯培
2018年6月出版 / 估价：99.00元
PSN B-2017-613-1/1

地方发展类-经济

福建旅游蓝皮书
福建省旅游产业发展现状研究（2017~2018）
著（编）者：陈敏华 黄远水　2018年12月出版 / 估价：128.00元
PSN B-2016-591-1/1

福建自贸区蓝皮书
中国（福建）自由贸易试验区发展报告（2017~2018）
著（编）者：黄茂兴　2018年6月出版 / 估价：118.00元
PSN B-2016-531-1/1

甘肃蓝皮书
甘肃经济发展分析与预测（2018）
著（编）者：安文华 罗哲　2018年1月出版 / 定价：99.00元
PSN B-2013-312-1/6

甘肃蓝皮书
甘肃商贸流通发展报告（2018）
著（编）者：张应华 王福生 王晓芳
2018年1月出版 / 定价：99.00元
PSN B-2016-522-6/6

甘肃蓝皮书
甘肃县域和农村发展报告（2018）
著（编）者：包东红 朱智文 王建兵
2018年1月出版 / 定价：99.00元
PSN B-2013-316-5/6

甘肃农业科技绿皮书
甘肃农业科技发展研究报告（2018）
著（编）者：魏胜文 乔德华 张东伟
2018年12月出版 / 估价：198.00元
PSN B-2016-592-1/1

甘肃气象保障蓝皮书
甘肃农业对气候变化的适应与风险评估报告（No.1）
著（编）者：鲍文中 周广胜
2017年12月出版 / 定价：108.00元
PSN B-2017-677-1/1

巩义蓝皮书
巩义经济社会发展报告（2018）
著（编）者：丁同民 朱军　2018年6月出版 / 估价：99.00元
PSN B-2016-532-1/1

广东外经贸蓝皮书
广东对外经济贸易发展研究报告（2017~2018）
著（编）者：陈万灵　2018年6月出版 / 估价：99.00元
PSN B-2012-286-1/1

广西北部湾经济区蓝皮书
广西北部湾经济区开放开发报告（2017~2018）
著（编）者：广西壮族自治区北部湾经济区和东盟开放合作办公室
　　　　　广西社会科学院
　　　　　广西北部湾发展研究院
2018年5月出版 / 估价：99.00元
PSN B-2010-181-1/1

广州蓝皮书
广州城市国际化发展报告（2018）
著（编）者：张跃国　2018年8月出版 / 估价：99.00元
PSN B-2012-246-11/14

广州蓝皮书
中国广州城市建设与管理发展报告（2018）
著（编）者：张其学 陈小钢 王宏伟　2018年8月出版 / 估价：99.00元
PSN B-2007-087-4/14

广州蓝皮书
广州创新型城市发展报告（2018）
著（编）者：尹涛　2018年6月出版 / 估价：99.00元
PSN B-2012-247-12/14

广州蓝皮书
广州经济发展报告（2018）
著（编）者：张跃国 尹涛　2018年7月出版 / 估价：99.00元
PSN B-2005-040-1/14

广州蓝皮书
2018年中国广州经济形势分析与预测
著（编）者：魏明海 谢博能 李华
2018年6月出版 / 估价：99.00元
PSN B-2011-185-9/14

广州蓝皮书
中国广州科技创新发展报告（2018）
著（编）者：于欣伟 陈爽 邓佑满　2018年8月出版 / 估价：99.00元
PSN B-2006-065-2/14

广州蓝皮书
广州农村发展报告（2018）
著（编）者：朱名宏　2018年7月出版 / 估价：99.00元
PSN B-2010-167-8/14

广州蓝皮书
广州汽车产业发展报告（2018）
著（编）者：杨再高 冯兴亚　2018年7月出版 / 估价：99.00元
PSN B-2006-066-3/14

广州蓝皮书
广州商贸业发展报告（2018）
著（编）者：张跃国 陈杰 荀振英
2018年7月出版 / 估价：99.00元
PSN B-2012-245-10/14

贵阳蓝皮书
贵阳城市创新发展报告No.3（白云篇）
著（编）者：连玉明　2018年5月出版 / 估价：99.00元
PSN B-2015-491-3/10

贵阳蓝皮书
贵阳城市创新发展报告No.3（观山湖篇）
著（编）者：连玉明　2018年5月出版 / 估价：99.00元
PSN B-2015-497-9/10

贵阳蓝皮书
贵阳城市创新发展报告No.3（花溪篇）
著（编）者：连玉明　2018年5月出版 / 估价：99.00元
PSN B-2015-490-2/10

贵阳蓝皮书
贵阳城市创新发展报告No.3（开阳篇）
著（编）者：连玉明　2018年5月出版 / 估价：99.00元
PSN B-2015-492-4/10

贵阳蓝皮书
贵阳城市创新发展报告No.3（南明篇）
著（编）者：连玉明　2018年5月出版 / 估价：99.00元
PSN B-2015-496-8/10

贵阳蓝皮书
贵阳城市创新发展报告No.3（清镇篇）
著（编）者：连玉明　2018年5月出版 / 估价：99.00元
PSN B-2015-489-1/10

地方发展类-经济

贵阳蓝皮书
贵阳城市创新发展报告No.3（乌当篇）
著(编)者：连玉明　2018年5月出版／估价：99.00元
PSN B-2015-495-7/10

贵阳蓝皮书
贵阳城市创新发展报告No.3（息烽篇）
著(编)者：连玉明　2018年5月出版／估价：99.00元
PSN B-2015-493-5/10

贵阳蓝皮书
贵阳城市创新发展报告No.3（修文篇）
著(编)者：连玉明　2018年5月出版／估价：99.00元
PSN B-2015-494-6/10

贵阳蓝皮书
贵阳城市创新发展报告No.3（云岩篇）
著(编)者：连玉明　2018年5月出版／估价：99.00元
PSN B-2015-498-10/10

贵州房地产蓝皮书
贵州房地产发展报告No.5（2018）
著(编)者：武廷方　2018年7月出版／估价：99.00元
PSN B-2014-426-1/1

贵州蓝皮书
贵州册亨经济社会发展报告（2018）
著(编)者：黄德林　2018年6月出版／估价：99.00元
PSN B-2016-525-8/9

贵州蓝皮书
贵州地理标志产业发展报告（2018）
著(编)者：李发耀　黄其松　2018年8月出版／估价：99.00元
PSN B-2017-646-10/10

贵州蓝皮书
贵安新区发展报告（2017~2018）
著(编)者：马长青　吴大华　2018年6月出版／估价：99.00元
PSN B-2015-459-4/10

贵州蓝皮书
贵州国家级开放创新平台发展报告（2017~2018）
著(编)者：申晓庆　吴大华　李泓
2018年11月出版／估价：99.00元
PSN B-2016-518-7/10

贵州蓝皮书
贵州国有企业社会责任发展报告（2017~2018）
著(编)者：郭丽　2018年12月出版／估价：99.00元
PSN B-2015-511-6/10

贵州蓝皮书
贵州民航业发展报告（2017）
著(编)者：申振东　吴大华　2018年6月出版／估价：99.00元
PSN B-2015-471-5/10

贵州蓝皮书
贵州民营经济发展报告（2017）
著(编)者：杨静　吴大华　2018年6月出版／估价：99.00元
PSN B-2016-530-9/9

杭州都市圈蓝皮书
杭州都市圈发展报告（2018）
著(编)者：洪庆华　沈翔　2018年4月出版／定价：98.00元
PSN B-2012-302-1/1

河北经济蓝皮书
河北省经济发展报告（2018）
著(编)者：马树强　金浩　张贵　2018年6月出版／估价：99.00元
PSN B-2014-380-1/1

河北蓝皮书
河北经济社会发展报告（2018）
著(编)者：康振海　2018年1月出版／定价：99.00元
PSN B-2014-372-1/3

河北蓝皮书
京津冀协同发展报告（2018）
著(编)者：陈璐　2017年12月出版／定价：79.00元
PSN B-2017-601-2/3

河南经济蓝皮书
2018年河南经济形势分析与预测
著(编)者：王世炎　2018年3月出版／定价：89.00元
PSN B-2007-086-1/1

河南蓝皮书
河南城市发展报告（2018）
著(编)者：张占仓　王建国　2018年5月出版／估价：99.00元
PSN B-2009-131-3/9

河南蓝皮书
河南工业发展报告（2018）
著(编)者：张占仓　2018年5月出版／估价：99.00元
PSN B-2013-317-5/9

河南蓝皮书
河南金融发展报告（2018）
著(编)者：喻新安　谷建全
2018年6月出版／估价：99.00元
PSN B-2014-390-7/9

河南蓝皮书
河南经济发展报告（2018）
著(编)者：张占仓　完世伟
2018年6月出版／估价：99.00元
PSN B-2010-157-4/9

河南蓝皮书
河南能源发展报告（2018）
著(编)者：国网河南省电力公司经济技术研究院
　　　　　河南省社会科学院
2018年6月出版／估价：99.00元
PSN B-2017-607-9/9

河南商务蓝皮书
河南商务发展报告（2018）
著(编)者：焦锦淼　穆荣国　2018年5月出版／估价：99.00元
PSN B-2014-399-1/1

河南双创蓝皮书
河南创新创业发展报告（2018）
著(编)者：喻新安　杨雪梅
2018年8月出版／估价：99.00元
PSN B-2017-641-1/1

黑龙江蓝皮书
黑龙江经济发展报告（2018）
著(编)者：朱宇　2018年1月出版／定价：89.00元
PSN B-2011-190-2/2

地方发展类-经济

湖南城市蓝皮书
区域城市群整合
著(编)者：童中贤 韩未名　2018年12月出版 / 估价：99.00元
PSN B-2006-064-1/1

湖南蓝皮书
湖南城乡一体化发展报告（2018）
著(编)者：陈文胜 王文强 陆福兴
2018年8月出版 / 估价：99.00元
PSN B-2015-477-8/8

湖南蓝皮书
2018年湖南电子政务发展报告
著(编)者：梁志峰　2018年5月出版 / 估价：128.00元
PSN B-2014-394-6/8

湖南蓝皮书
2018年湖南经济发展报告
著(编)者：卞鹰　2018年5月出版 / 估价：128.00元
PSN B-2011-207-2/8

湖南蓝皮书
2016年湖南经济展望
著(编)者：梁志峰　2018年5月出版 / 估价：128.00元
PSN B-2011-206-1/8

湖南蓝皮书
2018年湖南县域经济社会发展报告
著(编)者：梁志峰　2018年5月出版 / 估价：128.00元
PSN B-2014-395-7/8

湖南县域绿皮书
湖南县域发展报告（No.5）
著(编)者：袁准 周小毛 黎仁寅
2018年6月出版 / 估价：99.00元
PSN G-2012-274-1/1

沪港蓝皮书
沪港发展报告（2018）
著(编)者：尤安山　2018年9月出版 / 估价：99.00元
PSN B-2013-362-1/1

吉林蓝皮书
2018年吉林经济社会形势分析与预测
著(编)者：邵汉明　2017年12月出版 / 定价：89.00元
PSN B-2013-319-1/1

吉林省城市竞争力蓝皮书
吉林省城市竞争力报告（2017~2018）
著(编)者：崔岳春 张磊
2018年3月出版 / 定价：89.00元
PSN B-2016-513-1/1

济源蓝皮书
济源经济社会发展报告（2018）
著(编)者：喻新安　2018年6月出版 / 估价：99.00元
PSN B-2014-387-1/1

江苏蓝皮书
2018年江苏经济发展分析与展望
著(编)者：王庆五 吴先满
2018年7月出版 / 估价：128.00元
PSN B-2017-635-1/3

江西蓝皮书
江西经济社会发展报告（2018）
著(编)者：陈石俊 龚建文　2018年10月出版 / 估价：128.00元
PSN B-2015-484-1/2

江西蓝皮书
江西设区市发展报告（2018）
著(编)者：姜玮 梁勇
2018年10月出版 / 估价：99.00元
PSN B-2016-517-2/2

经济特区蓝皮书
中国经济特区发展报告（2017）
著(编)者：陶一桃　2018年1月出版 / 估价：99.00元
PSN B-2009-139-1/1

辽宁蓝皮书
2018年辽宁经济社会形势分析与预测
著(编)者：梁启东 魏红江　2018年6月出版 / 估价：99.00元
PSN B-2006-053-1/1

民族经济蓝皮书
中国民族地区经济发展报告（2018）
著(编)者：李曦辉　2018年7月出版 / 估价：99.00元
PSN B-2017-630-1/1

南宁蓝皮书
南宁经济发展报告（2018）
著(编)者：胡建华　2018年9月出版 / 估价：99.00元
PSN B-2016-569-2/3

内蒙古蓝皮书
内蒙古精准扶贫研究报告（2018）
著(编)者：张志华　2018年1月出版 / 定价：89.00元
PSN B-2017-681-2/2

浦东新区蓝皮书
上海浦东经济发展报告（2018）
著(编)者：周小平 徐美芳
2018年1月出版 / 定价：89.00元
PSN B-2011-225-1/1

青海蓝皮书
2018年青海经济社会形势分析与预测
著(编)者：陈玮　2018年1月出版 / 定价：98.00元
PSN B-2012-275-1/2

青海科技绿皮书
青海科技发展报告（2017）
著(编)者：青海省科学技术信息研究所
2018年3月出版 / 定价：98.00元
PSN G-2018-701-1/1

山东蓝皮书
山东经济形势分析与预测（2018）
著(编)者：李广杰　2018年7月出版 / 估价：99.00元
PSN B-2014-404-1/5

山东蓝皮书
山东省普惠金融发展报告（2018）
著(编)者：齐鲁财富网
2018年9月出版 / 估价：99.00元
PSN B2017-676-5/5

地方发展类-经济

皮书系列
2018全品种

山西蓝皮书
山西资源型经济转型发展报告（2018）
著（编）者：李志强　2018年7月出版　估价：99.00元
PSN B-2011-197-1/1

陕西蓝皮书
陕西经济发展报告（2018）
著（编）者：任宗哲　白宽犁　裴成荣
2018年1月出版　定价：89.00元
PSN B-2009-135-1/6

陕西蓝皮书
陕西精准脱贫研究报告（2018）
著（编）者：任宗哲　白宽犁　王建康
2018年4月出版　定价：89.00元
PSN B-2017-623-6/6

上海蓝皮书
上海经济发展报告（2018）
著（编）者：沈开艳　2018年2月出版　定价：89.00元
PSN B-2006-057-1/7

上海蓝皮书
上海资源环境发展报告（2018）
著（编）者：周冯琦　胡静　2018年2月出版　定价：89.00元
PSN B-2006-060-4/7

上海蓝皮书
上海奉贤经济发展分析与研判（2017～2018）
著（编）者：张兆安　朱平芳　2018年3月出版　定价：99.00元
PSN B-2018-698-8/8

上饶蓝皮书
上饶发展报告（2016～2017）
著（编）者：廖其志　2018年6月出版　估价：128.00元
PSN B-2014-377-1/1

深圳蓝皮书
深圳经济发展报告（2018）
著（编）者：张骁儒　2018年6月出版　定价：99.00元
PSN B-2008-112-3/7

四川蓝皮书
四川城镇化发展报告（2018）
著（编）者：侯水平　陈炜　2018年6月出版　定价：99.00元
PSN B-2015-456-7/7

四川蓝皮书
2018年四川经济形势分析与预测
著（编）者：杨钢　2018年1月出版　定价：158.00元
PSN B-2007-098-2/7

四川蓝皮书
四川企业社会责任研究报告（2017～2018）
著（编）者：侯水平　盛毅　2018年5月出版　定价：99.00元
PSN B-2014-386-4/7

四川蓝皮书
四川生态建设报告（2018）
著（编）者：李晟之　2018年5月出版　定价：99.00元
PSN B-2015-455 6/7

四川蓝皮书
四川特色小镇发展报告（2017）
著（编）者：吴志强　2017年11月出版　定价：89.00元
PSN B-2017-670-8/8

体育蓝皮书
上海体育产业发展报告（2017~2018）
著（编）者：张林　黄海燕
2018年10月出版　定价：99.00元
PSN B-2015-454-4/5

体育蓝皮书
长三角地区体育产业发展报（2017～2018）
著（编）者：张林　2018年6月出版　估价：99.00元
PSN B-2015-453-3/5

天津金融蓝皮书
天津金融发展报告（2018）
著（编）者：王爱俭　孔德昌
2018年5月出版　定价：99.00元
PSN B-2014-418-1/1

图们江区域合作蓝皮书
图们江区域合作发展报告（2018）
著（编）者：李铁　2018年6月出版　估价：99.00元
PSN B-2015-464-1/1

温州蓝皮书
2018年温州经济社会形势分析与预测
著（编）者：蒋儒标　王春光　金浩
2018年6月出版　定价：99.00元
PSN B-2008-105-1/1

西咸新区蓝皮书
西咸新区发展报告（2018）
著（编）者：李扬　王军
2018年6月出版　估价：99.00元
PSN B-2016-534-1/1

修武蓝皮书
修武经济社会发展报告（2018）
著（编）者：张占仓　袁凯声
2018年10月出版　定价：99.00元
PSN B-2017-651-1/1

偃师蓝皮书
偃师经济社会发展报告（2018）
著（编）者：张占仓　袁凯声　何武周
2018年7月出版　定价：99.00元
PSN B-2017-627-1/1

扬州蓝皮书
扬州经济社会发展报告（2018）
著（编）者：陈扬
2018年12月出版　估价：108.00元
PSN B-2011-191-1/1

长垣蓝皮书
长垣经济社会发展报告（2018）
著（编）者：张占仓　袁凯声　秦保建
2018年10月出版　定价：99.00元
PSN B-2017-654-1/1

遵义蓝皮书
遵义发展报告（2018）
著（编）者：邓彦　曾征　龚永育
2018年9月出版　估价：99.00元
PSN B-2014-433-1/1

地方发展类-社会

安徽蓝皮书
安徽社会发展报告（2018）
著(编)者：程桦　2018年6月出版 / 估价：99.00元
PSN B-2013-325-1/1

安徽社会建设蓝皮书
安徽社会建设分析报告（2017~2018）
著(编)者：黄家海　蔡宪
2018年11月出版 / 估价：99.00元
PSN B-2013-322-1/1

北京蓝皮书
北京公共服务发展报告（2017~2018）
著(编)者：施昌奎　2018年6月出版 / 估价：99.00元
PSN B-2008-103-7/8

北京蓝皮书
北京社会发展报告（2017~2018）
著(编)者：李伟东
2018年7月出版 / 估价：99.00元
PSN B-2006-055-3/8

北京蓝皮书
北京社会治理发展报告（2017~2018）
著(编)者：殷星辰　2018年7月出版 / 估价：99.00元
PSN B-2014-391-8/8

北京律师蓝皮书
北京律师发展报告No.4（2018）
著(编)者：王隽　2018年12月出版 / 估价：99.00元
PSN B-2011-217-1/1

北京人才蓝皮书
北京人才发展报告（2018）
著(编)者：敏el　2018年12月出版 / 估价：128.00元
PSN B-2011-201-1/1

北京社会心态蓝皮书
北京社会心态分析报告（2017~2018）
北京市社会心理服务促进中心
2018年10月出版 / 估价：99.00元
PSN B-2014-422-1/1

北京社会组织管理蓝皮书
北京社会组织发展与管理（2018）
著(编)者：黄江松
2018年6月出版 / 估价：99.00元
PSN B-2015-446-1/1

北京养老产业蓝皮书
北京居家养老发展报告（2018）
著(编)者：陆杰华　周明明
2018年8月出版 / 估价：99.00元
PSN B-2015-465-1/1

法治蓝皮书
四川依法治省年度报告No.4（2018）
著(编)者：李林　杨天宗　田禾
2018年3月出版 / 定价：118.00元
PSN B-2015-447-2/3

福建妇女发展蓝皮书
福建省妇女发展报告（2018）
著(编)者：刘群英　2018年11月出版 / 估价：99.00元
PSN B-2011-220-1/1

甘肃蓝皮书
甘肃社会发展分析与预测（2018）
著(编)者：安文华　谢增虎　包晓霞
2018年1月出版 / 定价：99.00元
PSN B-2013-313-2/6

广东蓝皮书
广东全面深化改革研究报告（2018）
著(编)者：周林生　涂成林
2018年12月出版 / 估价：99.00元
PSN B-2015-504-3/3

广东蓝皮书
广东社会工作发展报告（2018）
著(编)者：罗观翠　2018年6月出版 / 估价：99.00元
PSN B-2014-402-2/3

广州蓝皮书
广州青年发展报告（2018）
著(编)者：徐柳　张强
2018年8月出版 / 估价：99.00元
PSN B-2013-352-13/14

广州蓝皮书
广州社会保障发展报告（2018）
著(编)者：张跃国　2018年8月出版 / 估价：99.00元
PSN B-2014-425-14/14

广州蓝皮书
2018年中国广州社会形势分析与预测
著(编)者：张强　郭志勇　何镜清
2018年6月出版 / 估价：99.00元
PSN B-2008-110-5/14

贵州蓝皮书
贵州法治发展报告（2018）
著(编)者：吴大华　2018年5月出版 / 估价：99.00元
PSN B-2012-254-2/10

贵州蓝皮书
贵州人才发展报告（2017）
著(编)者：于杰　吴大华
2018年9月出版 / 估价：99.00元
PSN B-2014-382-3/10

贵州蓝皮书
贵州社会发展报告（2018）
著(编)者：王兴骥　2018年6月出版 / 估价：99.00元
PSN B-2010-166-1/10

杭州蓝皮书
杭州妇女发展报告（2018）
著(编)者：魏颖
2018年10月出版 / 估价：99.00元
PSN B-2014-403-1/1

地方发展类–社会

皮书系列 2018全品种

河北蓝皮书
河北法治发展报告（2018）
著(编)者：康振海　2018年6月出版 / 估价：99.00元
PSN B-2017-622-3/3

河北食品药品安全蓝皮书
河北食品药品安全研究报告（2018）
著(编)者：丁锦霞
2018年10月出版 / 估价：99.00元
PSN B-2015-473-1/1

河南蓝皮书
河南法治发展报告（2018）
著(编)者：张林海　2018年7月出版 / 估价：99.00元
PSN B-2014-376-6/9

河南蓝皮书
2018年河南社会形势分析与预测
著(编)者：牛苏林　2018年5月出版 / 估价：99.00元
PSN B-2005-043-1/9

河南民办教育蓝皮书
河南民办教育发展报告（2018）
著(编)者：胡大白　2018年9月出版 / 估价：99.00元
PSN B-2017-642-1/1

黑龙江蓝皮书
黑龙江社会发展报告（2018）
著(编)者：王爱丽　2018年1月出版 / 定价：89.00元
PSN B-2011-189-1/2

湖南蓝皮书
2018年湖南两型社会与生态文明建设报告
著(编)者：卞鹰　2018年5月出版 / 估价：128.00元
PSN B-2011-208-3/8

湖南蓝皮书
2018年湖南社会发展报告
著(编)者：卞鹰　2018年5月出版 / 估价：128.00元
PSN B-2014-393-5/8

健康城市蓝皮书
北京健康城市建设研究报告（2018）
著(编)者：王鸿春　盛继洪
2018年9月出版 / 估价：99.00元
PSN B-2015-460-1/2

江苏法治蓝皮书
江苏法治发展报告No.6（2017）
著(编)者：蔡道通　龚廷泰
2018年8月出版 / 估价：99.00元
PSN B-2012-290-1/1

江苏蓝皮书
2018年江苏社会发展分析与展望
著(编)者：王庆五　刘旺洪
2018年8月出版 / 估价：128.00元
PSN B-2017-636-2/3

民族教育蓝皮书
中国民族教育发展报告（2017·内蒙古卷）
著(编)者：陈中永
2017年12月出版 / 定价：198.00元
PSN B-2017-669-1/1

南宁蓝皮书
南宁法治发展报告（2018）
著(编)者：杨维超　2018年12月出版 / 估价：99.00元
PSN B-2015-509-1/3

南宁蓝皮书
南宁社会发展报告（2018）
著(编)者：胡建华　2018年10月出版 / 估价：99.00元
PSN B-2016-570-3/3

内蒙古蓝皮书
内蒙古反腐倡廉建设报告 No.2
著(编)者：张志华　2018年6月出版 / 估价：99.00元
PSN B-2013-365-1/1

青海蓝皮书
2018年青海人才发展报告
著(编)者：王宇燕　2018年9月出版 / 估价：99.00元
PSN B-2017-650-2/2

青海生态文明建设蓝皮书
青海生态文明建设报告（2018）
著(编)者：张西明　高华　2018年12月出版 / 估价：99.00元
PSN B-2016-595-1/1

人口与健康蓝皮书
深圳人口与健康发展报告（2018）
著(编)者：陆杰华　傅崇辉
2018年11月出版 / 估价：99.00元
PSN B-2011-228-1/1

山东蓝皮书
山东社会形势分析与预测（2018）
著(编)者：李善峰　2018年6月出版 / 估价：99.00元
PSN B-2014-405-2/5

陕西蓝皮书
陕西社会发展报告（2018）
著(编)者：任宗哲　白宽犁　牛昉
2018年1月出版 / 估价：89.00元
PSN B-2009-136-2/6

上海蓝皮书
上海法治发展报告（2018）
著(编)者：叶必丰　2018年9月出版 / 估价：99.00元
PSN B-2012-296-6/7

上海蓝皮书
上海社会发展报告（2018）
著(编)者：杨雄　周海旺
2018年2月出版 / 定价：89.00元
PSN B-2006-058-2/7

社会建设蓝皮书
2018年北京社会建设分析报告
著(编)者：宋贵伦 冯虹　2018年9月出版 / 估价：99.00元
PSN B-2010-173-1/1

深圳蓝皮书
深圳法治发展报告（2018）
著(编)者：张骁儒　2018年6月出版 / 估价：99.00元
PSN B-2015-470-6/7

深圳蓝皮书
深圳劳动关系发展报告（2018）
著(编)者：汤庭芬　2018年8月出版 / 估价：99.00元
PSN B-2007-097-2/7

深圳蓝皮书
深圳社会治理与发展报告（2018）
著(编)者：张骁儒　2018年6月出版 / 估价：99.00元
PSN B-2008-113-4/7

生态安全绿皮书
甘肃国家生态安全屏障建设发展报告（2018）
著(编)者：刘举科 喜文华
2018年10月出版 / 估价：99.00元
PSN G-2017-659-1/1

顺义社会建设蓝皮书
北京市顺义区社会建设发展报告（2018）
著(编)者：王学武　2018年9月出版 / 估价：99.00元
PSN B-2017-658-1/1

四川蓝皮书
四川法治发展报告（2018）
著(编)者：郑泰安　2018年6月出版 / 估价：99.00元
PSN B-2015-441-5/7

四川蓝皮书
四川社会发展报告（2018）
著(编)者：李羚　2018年6月出版 / 估价：99.00元
PSN B-2008-127-3/7

四川社会工作与管理蓝皮书
四川省社会工作人力资源发展报告（2017）
著(编)者：边慧敏　2017年12月出版 / 定价：89.00元
PSN B-2017-683-1/1

云南社会治理蓝皮书
云南社会治理年度报告（2017）
著(编)者：晏雄 韩全芳
2018年5月出版 / 估价：99.00元
PSN B-2017-667-1/1

地方发展类 - 文化

北京传媒蓝皮书
北京新闻出版广电发展报告（2017~2018）
著(编)者：王志　2018年11月出版 / 估价：99.00元
PSN B-2016-588-1/1

北京蓝皮书
北京文化发展报告（2017~2018）
著(编)者：李建盛　2018年5月出版 / 估价：99.00元
PSN B-2007-082-4/8

创意城市蓝皮书
北京文化创意产业发展报告（2018）
著(编)者：郭万超 张京成　2018年12月出版 / 估价：99.00元
PSN B-2012-263-1/7

创意城市蓝皮书
天津文化创意产业发展报告（2017~2018）
著(编)者：谢思全　2018年6月出版 / 估价：99.00元
PSN B-2016-536-7/7

创意城市蓝皮书
武汉文化创意产业发展报告（2018）
著(编)者：黄永林 陈汉桥　2018年12月出版 / 估价：99.00元
PSN B-2013-354-4/7

创意上海蓝皮书
上海文化创意产业发展报告（2017~2018）
著(编)者：王慧敏 王兴全　2018年8月出版 / 估价：99.00元
PSN B-2016-561-1/1

非物质文化遗产蓝皮书
广州市非物质文化遗产保护发展报告（2018）
著(编)者：宋俊华　2018年12月出版 / 估价：99.00元
PSN B-2016-589-1/1

甘肃蓝皮书
甘肃文化发展分析与预测（2018）
著(编)者：马廷旭 戚晓萍　2018年1月出版 / 定价：99.00元
PSN B-2013-314-3/6

甘肃蓝皮书
甘肃舆情分析与预测（2018）
著(编)者：王俊莲 张谦元　2018年1月出版 / 定价：99.00元
PSN B-2013-315-4/6

广州蓝皮书
中国广州文化发展报告（2018）
著(编)者：屈哨兵 陆志强　2018年6月出版 / 估价：99.00元
PSN B-2009-134-7/14

广州蓝皮书
广州文化创意产业发展报告（2018）
著(编)者：徐咏虹　2018年7月出版 / 估价：99.00元
PSN B-2008-111-6/14

海淀蓝皮书
海淀区文化和科技融合发展报告（2018）
著(编)者：陈名杰 孟景伟　2018年5月出版 / 估价：99.00元
PSN B-2013-329-1/1

河南蓝皮书
河南文化发展报告（2018）
著(编)者：卫绍生　　2018年7月出版 / 估价：99.00元
PSN B-2008-106-2/9

湖北文化产业蓝皮书
湖北省文化产业发展报告（2018）
著(编)者：黄晓华　　2018年9月出版 / 估价：99.00元
PSN B-2017-656-1/1

湖北文化蓝皮书
湖北文化发展报告（2017~2018）
著(编)者：湖北大学高等人文研究院
　　　　　中华文化发展湖北省协同创新中心
2018年10月出版 / 估价：99.00元
PSN B-2016-566-1/1

江苏蓝皮书
2018年江苏文化发展分析与展望
著(编)者：王庆五 樊和平　　2018年9月出版 / 估价：128.00元
PSN B-2017-637-3/3

江西文化蓝皮书
江西非物质文化遗产发展报告（2018）
著(编)者：张圣才 傅安平　　2018年12月出版 / 估价：128.00元
PSN B-2015-499-1/1

洛阳蓝皮书
洛阳文化发展报告（2018）
著(编)者：刘福兴 陈启明　　2018年7月出版 / 估价：99.00元
PSN B-2015-476-1/1

南京蓝皮书
南京文化发展报告（2018）
著(编)者：中共南京市委宣传部
2018年12月出版 / 估价：99.00元
PSN B-2014-439-1/1

宁波文化蓝皮书
宁波"一人一艺"全民艺术普及发展报告（2017）
著(编)者：张爱琴　　2018年11月出版 / 估价：128.00元
PSN B-2017-668-1/1

山东蓝皮书
山东文化发展报告（2018）
著(编)者：涂可国　　2018年5月出版 / 估价：99.00元
PSN B-2014-406-3/5

陕西蓝皮书
陕西文化发展报告（2018）
著(编)者：任宗哲 白宽犁 王长寿
2018年1月出版 / 定价：89.00元
PSN B-2009-137-3/6

上海蓝皮书
上海传媒发展报告（2018）
著(编)者：强荧 焦雨虹　　2018年2月出版 / 定价：89.00元
PSN B-2012-295-5/7

上海蓝皮书
上海文学发展报告（2018）
著(编)者：陈圣来　　2018年6月出版 / 估价：99.00元
PSN B-2012-297-7/7

上海蓝皮书
上海文化发展报告（2018）
著(编)者：荣跃明　　2018年6月出版 / 估价：99.00元
PSN B-2006-059-3/7

深圳蓝皮书
深圳文化发展报告（2018）
著(编)者：张骁儒　　2018年7月出版 / 估价：99.00元
PSN B-2016-554-7/7

四川蓝皮书
四川文化产业发展报告（2018）
著(编)者：向宝云 张立伟　　2018年6月出版 / 估价：99.00元
PSN B-2006-074-1/7

郑州蓝皮书
2018年郑州文化发展报告
著(编)者：王哲　　2018年9月出版 / 估价：99.00元
PSN B-2008-107-1/1

社会科学文献出版社　　　　　　　　　　　　　　**皮书系列**

✤ 皮书起源 ✤

"皮书"起源于十七、十八世纪的英国，主要指官方或社会组织正式发表的重要文件或报告，多以"白皮书"命名。在中国，"皮书"这一概念被社会广泛接受，并被成功运作、发展成为一种全新的出版形态，则源于中国社会科学院社会科学文献出版社。

✤ 皮书定义 ✤

皮书是对中国与世界发展状况和热点问题进行年度监测，以专业的角度、专家的视野和实证研究方法，针对某一领域或区域现状与发展态势展开分析和预测，具备原创性、实证性、专业性、连续性、前沿性、时效性等特点的公开出版物，由一系列权威研究报告组成。

✤ 皮书作者 ✤

皮书系列的作者以中国社会科学院、著名高校、地方社会科学院的研究人员为主，多为国内一流研究机构的权威专家学者，他们的看法和观点代表了学界对中国与世界的现实和未来最高水平的解读与分析。

✤ 皮书荣誉 ✤

皮书系列已成为社会科学文献出版社的著名图书品牌和中国社会科学院的知名学术品牌。2016年，皮书系列正式列入"十三五"国家重点出版规划项目；2013~2018年，重点皮书列入中国社会科学院承担的国家哲学社会科学创新工程项目；2018年，59种院外皮书使用"中国社会科学院创新工程学术出版项目"标识。

中国皮书网

（网址：www.pishu.cn）

发布皮书研创资讯，传播皮书精彩内容
引领皮书出版潮流，打造皮书服务平台

栏目设置

关于皮书：何谓皮书、皮书分类、皮书大事记、皮书荣誉、
皮书出版第一人、皮书编辑部

最新资讯：通知公告、新闻动态、媒体聚焦、网站专题、视频直播、下载专区

皮书研创：皮书规范、皮书选题、皮书出版、皮书研究、研创团队

皮书评奖评价：指标体系、皮书评价、皮书评奖

互动专区：皮书说、社科数托邦、皮书微博、留言板

所获荣誉

2008年、2011年，中国皮书网均在全国新闻出版业网站荣誉评选中获得"最具商业价值网站"称号；

2012年，获得"出版业网站百强"称号。

网库合一

2014年，中国皮书网与皮书数据库端口合一，实现资源共享。

权威报告·一手数据·特色资源

皮书数据库
ANNUAL REPORT(YEARBOOK) DATABASE

当代中国经济与社会发展高端智库平台

所获荣誉

- 2016年,入选"'十三五'国家重点电子出版物出版规划骨干工程"
- 2015年,荣获"搜索中国正能量 点赞2015""创新中国科技创新奖"
- 2013年,荣获"中国出版政府奖·网络出版物奖"提名奖
- 连续多年荣获中国数字出版博览会"数字出版·优秀品牌"奖

成为会员

通过网址www.pishu.com.cn或使用手机扫描二维码进入皮书数据库网站,进行手机号码验证或邮箱验证即可成为皮书数据库会员(建议通过手机号码快速验证注册)。

会员福利

- 使用手机号码首次注册的会员,账号自动充值100元体验金,可直接购买和查看数据库内容(仅限使用手机号码快速注册)。
- 已注册用户购书后可免费获赠100元皮书数据库充值卡。刮开充值卡涂层获取充值密码,登录并进入"会员中心"—"在线充值"—"充值卡充值",充值成功后即可购买和查看数据库内容。

数据库服务热线:400-008-6695　　　　图书销售热线:010-59367070/7028
数据库服务QQ:2475522410　　　　　　图书服务QQ:1265056568
数据库服务邮箱:database@ssap.cn　　　图书服务邮箱:duzhe@ssap.cn

IV及IR测试、极限电流测试、扩散增益试验、测试条件的影响测试、过载试验、长时间运行试验、加载循环试验、启动/关机循环试验、杂质影响试验等（见表2）。

表2 燃料电池核心部件标准

序号	标准号/计划号	标准名称
1	GB/T 20042.3-2009	质子交换膜燃料电池第3部分:质子交换膜测试方法
2	GB/T 20042.4-2009	质子交换膜燃料电池第4部分:电催化剂测试方法
3	GB/T 20042.5-2009	质子交换膜燃料电池第5部分:膜电极测试方法
4	GB/T 20042.6-2011	质子交换膜燃料电池第6部分:双极板特性测试方法
5	GB/T 20042.7-2014	质子交换膜燃料电池第7部分:炭纸特性测试方法
6	GB/Z 27753-2011	质子交换膜燃料电池膜电极工况适应性测试方法
7	GB/T 28817-2012	聚合物电解质燃料电池单电池测试方法

3. 电堆标准

电堆及模块是系统的基础，电堆和模块的检测项目主要有气体泄漏、运行测试、压力测试、振动测试、电气过载测试等。该部分标准给出了燃料电池模块和电堆的测试方法，并给出了最低安全要求，部分标准还给出了相关的型式试验方法。该部分标准目前已有国家标准共计6项（见表3）。

表3 燃料电池电堆标准

序号	标准号/计划号	标准名称
1	GB/T 20042.2-2008	质子交换膜燃料电池 电池堆通用技术条件
2	GB/T 34582-2017	固体氧化物燃料电池单电池和电池堆性能试验方法
3	GB/T 29838-2013	燃料电池 模块
4	GB/T 31035-2014	质子交换膜燃料电池电堆低温特性试验方法
5	GB/T 33978-2017	道路车辆用质子交换膜燃料电池模块
6	20141030-T-339	燃料电池电动汽车 燃料电池堆安全要求

4. 系统标准

燃料电池系统应用广泛，可应用于变电站、无人机、车辆等。该部分的燃料电池标准主要涉及安全、性能试验和技术条件等。在燃料电池系统的国

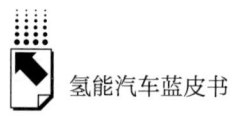

家标准中,安全类标准占有一定的比例,一个合格的产品要走向市场,不能只注重性能,安全才是首先要考虑的。在安全类的国标中主要的检测项目有气密性试验、尾气氢气浓度检测、绝缘强度试验、淋雨试验、报警与关机试验、燃料储存容器安全联接的连锁试验、发电系统表面升温试验等。通过这些检测项目提出了燃料电池系统最低安全要求。目前已有国家标准共计21项,国家标准指导性技术文件1项(见表4)。

表4 燃料电池系统标准

序号	标准号/计划号	标准名称
1	GB/T 36544-2018	变电站用质子交换膜燃料电池供电系统
2	20173719-T-604	车用质子交换膜燃料电池发电系统耐久性测试方法
3	20173720-T-204	无人机用氢燃料电池发电系统
4	GB/Z 21742-2008	便携式质子交换膜燃料电池发电系统
5	GB/T 30084-2013	便携式燃料电池发电系统 安全
6	GB/T 33979-2017	质子交换膜燃料电池发电系统低温特性测试方法
7	GB/T 23751.1-2009	微型燃料电池发电系统 第1部分:安全
8	GB/T 23751.2-2017	微型燃料电池发电系统 第2部分:性能试验方法
9	GB/T 23751.3-2013	微型燃料电池发电系统 第3部分:燃料容器互换性
10	GB/T 33978-2017	道路车辆用质子交换膜燃料电池模块
11	GB/T 23645-2009	乘用车用燃料电池发电系统测试方法
12	GB/T 25319-2010	汽车用燃料电池发电系统 技术条件
13	GB/T 28183-2011	客车用燃料电池发电系统测试方法
14	GB/T 31037.1-2014	工业起升车辆用燃料电池发电系统 第1部分:安全
15	GB/T 31037.2-2014	工业起升车辆用燃料电池发电系统 第2部分:技术条件
16	GB/T 31036-2014	质子交换膜燃料电池备用电源系统 安全
17	GB/T 27748.1-2017	固定式燃料电池发电系统 第1部分:安全
18	GB/T 27748.2-2013	固定式燃料电池发电系统 第2部分:性能试验方法
19	GB/T 27748.3-2011	固定式燃料电池发电系统 第3部分:安装
20	GB/T 27748.4-2017	固定式燃料电池发电系统 第4部分:小型燃料电池发电系统性能试验方法
21	GB/T 33983.1-2017	直接甲醇燃料电池系统 第1部分:安全
22	GB/T 33983.2-2017	直接甲醇燃料电池系统 第2部分:性能试验方法

5. 燃料电池电动汽车标准

从全球发展来看,燃料电池在车用电源领域最接近大规模应用,燃料电池车现在已经进入商业化导入期。目前标准的内容涵盖燃料电池汽车安全、性能、互换性、接口等方面。燃料电池电动汽车对燃料电池电堆/系统有着性能、安全及其他特性的要求。例如,燃料电池电动汽车安全要求中的检测项目包括燃料系统安全要求、燃料电池电堆/系统安全要求、动力电路系统安全要求、功能安全要求。关于在紧急情况下的反应等,其中就有对燃料电池电堆/系统的安全要求。燃料电池电堆/系统的安全要求主要是对气体泄漏、安全措施,以及接地提出了明确的要求。目前已有国家标准共计14项(见表5)。

表5 燃料电池电动汽车标准

序号	标准号/计划号	标准名称
1	20162462-T-339	燃料电池电动汽车定型试验规程
2	20140520-T-339	燃料电池电动汽车 安全要求
3	20140521-T-339	燃料电池电动汽车 整车氢气排放测试方法
4	GB/T 35178-2017	燃料电池电动汽车 氢气消耗量 测量方法
5	GB/T 34593-2017	燃料电池发动机氢气排放测试方法
6	GB/T 34425-2017	燃料电池电动汽车 加氢枪
7	GB/T 29123-2012	示范运行氢燃料电池电动汽车技术规范
8	GB/T 29124-2012	氢燃料电池电动汽车示范运行配套设施规范
9	GB/T 29126-2012	燃料电池电动汽车 车载氢系统 试验方法
10	GB/T 26779-2011	燃料电池电动汽车 加氢口
11	GB/T 26990-2011	燃料电池电动汽车 车载氢系统 技术条件
12	GB/T 26991-2011	燃料电池电动汽车 最高车速试验方法
13	GB/T 24548-2009	燃料电池电动汽车 术语
14	GB/T 24554-2009	燃料电池发动机性能试验方法

6. 燃料电池用氢气标准

氢能作为一种清洁、高效、安全、可持续的新能源,是人类的战略能源发展方向。氢能的发展对于我国减少石油等化石燃料的应用进而缩减对化石能源的依赖和建设多元化能源供给体系具有重要作用。目前,作为燃料电池的原料气,燃料电池用氢气和空气相关的国家标准共计4项。

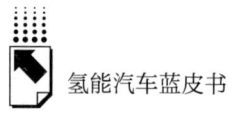

表6 燃料电池用氢气标准

序号	标准号/计划号	标准名称
1	GB/T 31886.1-2015	反应气中杂质对质子交换膜燃料电池性能影响的测试方法 第1部分:空气中杂质
2	GB/T 31886.2-2015	反应气中杂质对质子交换膜燃料电池性能影响的测试方法 第2部分:氢气中杂质
3	GB/T 33292-2016	燃料电池备用电源用金属氢化物储氢系统
4	GB/T 34872-2017	质子交换膜燃料电池供氢系统技术要求

7. 燃料电池行业及团体标准

行业及团体标准是对没有国家标准而又需要在全国某个范围内统一的技术要求所制定的标准。燃料电池行业及团体标准也是燃料电池标准化的一个重要组成部分。目前已发布燃料电池团体标准3项,行业标准2项。

表7 燃料电池行业及团体标准

序号	标准号/计划号	标准名称
1	YDB 053-2010	通信用氢燃料电池固态储氢系统
2	YDB 051-2010	通信用氢燃料电池供电系统
3	T/CEEIA 264-2017	无人机燃料电池发电系统技术规范
4	T/CEEIA 265-2017	无人机燃料电池燃料系统技术规范
5	T/CECA-G 0015-2017	质子交换膜燃料电池汽车用燃料氢气

(二)检测(标准的应用)

据中国国家认证认可监督管理委员会统计,目前具备氢气检测资质的有苏州金宏气体股份有限公司检测中心、江苏中能硅业科技发展有限公司GCL检测技术中心两家,对燃料电池产品的检测机构中具备资质的机构有南京大学昆山创新研究院检测检验中心、中国科学院长春应用化学研究所国家电化学和光谱研究分析中心、中国信息通信研究院泰尔实验室、中讯邮电咨询设计院有限公司通信电源实验室、襄阳达安汽车检测中心、长春汽车检测中心有限责任公司、中汽研汽车检验中心(天津)有限公司、上海机动车检测认证技术研究中心有限公司、重庆车辆检测研究院有限公司等,其中中国信息通信研究院泰尔实验室、中讯邮电咨询设计院有限公司通信电源实验室、襄阳达安汽车检测中心、长春汽车检测中心有限责任公司、中汽研汽车检验中心(天津)有限公司、上海机动车检测认证技术研究中心有限公司等检测范围为燃料电池汽车及通信用燃料电池供电系统。除此之外,很多氢能和燃料电池领域的研究机构也分别自建了检测平台,比如燃料电池及氢源技术国家工程研究中心、北京市氢燃料电池发动机工程技术研究中心、上海氢能利用工程技术研究中心、江苏省氢能燃料电池工程技术研究中心等。

近年来,在各标委会的努力下,相关科研所、企事业单位不断推出符合市场需求的燃料电池相关标准。目的就是让燃料电池相关产品可以有据可依。世界各国都将燃料电池列为本国能源发展的重要战略,投巨资研究开发。随着燃料电池市场化进程提速,生产企业对该类产品的检测服务需求日益增多,燃料电池技术规范与标准、质量检测检验行业也在加快发展以适应市场的需求。

(三)产品认证

2018年1月,中国质量认证中心正式发布了《关于开通无人机用燃料电池发电系统认证业务的通知》,正式开始受理无人机用燃料电池发电系统的产品认证申请。在不断发展的时代,产品的安全、质量以及环境等方面的要求是进入市场的必要因素。因此,产品获得认证标志是通向市场的钥匙。此次中国质量认证中心开通无人机用燃料电池发电系统认证业务,也将推进燃料电池产品的商业化、市场化。

三 我国燃料电池标准化及认证工作计划及展望

经过燃料电池行业中各标准与认证机构的努力,目前已发布的国家标准有49个,团体标准3个,行业标准2个,另外还有6个标准待发布。我国现有的燃料电池标准体系已逐渐完善，对关键部件、电堆、系统及主流应用都有相应的标准，随着燃料电池行业的迅速发展，行业对部分标准的测试方法提出了新的要求，检测项目也有增加，需对原有的标准进行更新。目前燃料电池的应用也越来越广，针对不同的应用，还需进一步完善燃料电池标准体系。待发布燃料电池标准见表8。

表8 待发布燃料电池标准

序号	标准号/计划号	标准名称
1	20141030 - T - 339	燃料电池电动汽车 燃料电池堆安全要求
2	20173719 - T - 604	车用质子交换膜燃料电池发电系统耐久性测试方法
3	20173720 - T - 204	无人机用氢燃料电池发电系统
4	20162462 - T - 339	燃料电池电动汽车定型试验规程
5	20140520 - T - 339	燃料电池电动汽车 安全要求
6	20140521 - T - 339	燃料电池电动汽车 整车氢气排放测试方法

（一）加强氢能燃料电池产业顶层设计

目前燃料电池产业已经进入快速发展阶段，技术创新速度加快，产品更迭周期缩短，标准化对燃料电池产业的发展具有支撑作用。一方面，标准是提升燃料电池产品质量的基础，标准制定应加快解决目前燃料电池领域标准的缺失和滞后问题，为提升行业管理水平和产品的市场竞争力打下基础。另一方面，坚持与产业发展相同步的原则，制定具有一定前瞻性的标准，引导燃料电池产业发展。

目前我国燃料电池标准已经步入正轨，且取得了一定的成绩，制订了一定数量的标准，但仍无法满足市场的需求。今后，我国还需继续加大燃料电池产业顶层设计的创新力度，根据新时期的新任务、新要求，从顶层的规划、标准的创新到标准的制修订，全力做好燃料电池相关的标准化工作，使燃料电池产品标准体系更加完善，从而促进燃料电池行业的发展。具体来讲，一是要加强系统全面的管理燃料电池标准化工作；二是要开展基础重点技术的标准化研究工作；三是要加强燃料电池应用产品安全性的标准化工作；四是要在完善整个标准体系建设的同时，推进相关标准的创新和标准的制修订规划，以标准来推动整个燃料电池行业水平的整体提高。

（二）加快推动燃料电池产业标准国际化

做好燃料电池的标准化工作，还需要加强与国际的交流，从而推动中国标准的国际化。主要体现在：一是要进一步发挥中国在世界燃料电池行业的作用，深入参与世界范围标准化研究和协调工作；二是要全面参与国际标准活动，在重点领域要积极提出我们的提案，并通过积极担任国际标准的召集人与牵头方，来充分发挥我国的优势；三是要密切地跟踪并研究全世界范围内燃料电池行业的动态，积极利用现有的多边合作机制，加强沟通与交流，以促进我国燃料电池标准的兼容与开放。

（三）加快推进燃料电池相关产品认证

产品认证是产品对特定标准和规范符合性的评价，通常由第三方机构实施，可以提高产品的信用保障，指导用户选购，促进贸易合作，保护消费者利益。

①产品认证可以提升产品在国内和国际市场上的竞争力。得到第三方机构产品认证，说明产品符合特定标准与规范，获得了该合格评定领域的认可。得到该领域内的承认，还会提高消费者对产品的信任。对于获得国际互认的评定的产品，将得到该领域各成员国的认可，对出口甚至价格上都会有一定优势。

②同时产品认证也是对质量管理体系的考核，能够引导产业健康发展。保证产品质量并持续地满足标准的要求，则必须根据该企业的具体情况建立质量管理体系。认证机构对企业的质量管理体系进行检查评定的过程中，会发现现有体系的问题，对企业改进质量管理和提高产品质量有着极大的帮助。从而促进产品的总体质量水平不断提高，并引导整个行业健康的发展。

③通过产品认证还能节约大量的检测检验费用。生产厂家在采购原材料和配件时只需检查第三方认证机构提供的各项信息，就可对产品的质量甚至

生产企业的质量管理体系做出判定。在采购时，无须对产品的质量再进行重复性的检验。

我国需要进一步开展燃料电池产品的产品认证工作，目前燃料电池产品认证处于初期阶段，已开展认证的产品较少，需重视燃料电池产品认证，增加认证产品品种，完善认证产品体系，在给燃料电池产品提供一个进入市场的钥匙的同时，也对燃料电池产品的安全、性能、环保等指标设立门槛，引导行业和产品良性发展。

B.9
中国车用氢能产业发展战略与支持政策

张长令　朱成　于丹　王建建*

摘　要： 不同于已经大规模普及和广泛应用的电能,车用氢能是一种新的清洁能源,需要构建相应的产业体系来保障其供给。当前,我国已出台的车用氢能相关支持政策主要集中在技术创新与研发支持方面,并以方向性引导为主,对技术创新与研发的支持主要体现在相对宏观的能源或新能源汽车产业政策中,车用氢能产业缺乏独立、完善的支持政策。为满足氢能燃料电池汽车用氢需求和保障车用氢能产业发展,我国亟须完善车用氢能产业顶层设计,构建车用氢能产业支持政策体系,加快制定国家加氢基础设施指导意见。

关键词： 车用氢能　发展战略　支持政策　技术创新产业化应用

作为新能源汽车重要的发展方向,氢能燃料电池汽车具有能源补充时间短、续驶里程长等优势,与电动汽车并存互补。随着韩国、日本等国家率先开始了产业化,中国氢能燃料电池汽车受到广泛关注,产业化进程不断加快。纵观汽车发展史,车用能源一直与汽车技术和产品协同发展。车用氢能

---

* 张长令,博士后,高级工程师,中国汽车技术研究中心有限公司北京工作部产业发展市场咨询部;朱成,博士,高级工程师,中国汽车技术研究中心有限公司新能源汽车技术服务中心主任;于丹,项目总监,中国汽车技术研究中心,全球环境基金(GEF)、联合国开发计划署(UNDP)"促进中国燃料电池汽车商业化发展"项目办公室;王建建,工程师,中汽中心北京工作部产业发展市场咨询部。

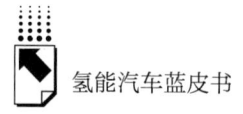

也不例外,将成为氢能燃料电池汽车发展的重要支撑。不同于已经大规模普及和广泛应用的电能,氢能是一种新的清洁能源,需要构建相应的产业体系来保障其供给。为支持车用氢能产业体系构建,我国出台了相关的产业发展战略与支持政策。

总体来看,我国对车用氢能产业的支持主要包括三个方面:第一,发展战略与产业引导。目前,我国尚未有专门的车用氢能产业发展战略,但在一些能源发展战略、科技发展战略及新能源汽车发展战略中,提出了车用氢能产业相关的发展思路和产业引导方向。第二,技术创新与研发支持。针对氢能燃料电池技术前沿、新兴等特点,就相关基础研究、前沿技术和产业化技术研发等提供支持。第三,产业化应用及示范支持。结合车用氢能、燃料电池等产业化技术及产品的应用,支持车用氢能产业相关主体开展示范项目和规模化示范应用。

一 车用氢能产业相关战略及政策概况

我国对车用氢能相关领域的明确支持始于"十五"时期。据笔者统计,截至2018年8月,我国共出台20项车用氢能相关战略及支持政策,内容涵盖能源发展战略、能源前沿技术、氢能及燃料电池技术创新、氢能及燃料电池产业化技术研发、氢能及燃料电池在汽车等交通工具载体上的应用等(见表1)。从相关战略和政策的发布部门来看,有9项由科技部发布,7项由国家发改委发布,5项由国务院发布,4项由国家能源局发布。从相关战略和政策的核心内容来看,国家宏观战略和政策支持最多,达9项,主要包括战略性新兴产业、创新驱动等宏观导向,以及能源、科技、新能源汽车等方向。其次为科技支持类政策,达7项。排名第三的为能源支持类政策,达5项。

表1 我国发布的车用氢能产业相关主要政策

序号	政策名称	发布部门	成文时间
1	关于印发当前优先发展的高技术产业化重点领域指南(2001年度)的通知	国家计委、科技部	2001年11月14日

续表

序号	政策名称	发布部门	成文时间
2	关于印发《可持续发展科技纲要(2001~2010年)》的通知	科技部	2002年8月2日
3	国家中长期科学和技术发展规划纲要(2006~2020年)	国务院	2006年3月31日
4	国家"十一五"科学技术发展规划	科技部	2006年05月14日
5	可再生能源中长期发展规划	国家发改委	2007年9月4日
6	国家"十二五"科学和技术发展规划	科技部	2011年07月13日
7	电动汽车科技发展"十二五"专项规划	科技部	2012年3月27日
8	国务院关于印发节能与新能源汽车产业发展规划(2012~2020年)的通知	国务院	2012年6月28日
9	关于印发能源发展战略行动计划(2014~2020年)的通知	国务院办公厅	2014年6月7日
10	关于新能源汽车充电设施建设奖励的通知	财政部、科技部、工信部、国家发改委	2014年11月18日
11	《中国制造2025》重点领域技术路线图	国家制造强国建设战略咨询委员会	2015年10月30日
12	能源技术革命创新行动计划(2016~2030年)	国家发改委、国家能源局	2016年4月7日
13	国家创新驱动发展战略纲要	国务院	2016年5月18日
14	国务院关于印发"十三五"国家战略性新兴产业发展规划的通知	国务院	2016年11月29日
15	能源发展"十三五"规划	国家发改委、国家能源局	2016年12月6日
16	能源生产和消费革命战略(2016~2030)	国家发改委、国家能源局	2016年12月29日
17	关于印发《汽车产业中长期发展规划》的通知	工信部、发改委、科技部	2017年4月6日
18	"十三五"交通领域科技创新专项规划	科技部、交通运输部	2017年6月14日
19	关于印发《解决弃水弃风弃光问题实施方案》的通知	国家发改委、国家能源局	2017年11月8日
20	国家重点研发计划"可再生能源与氢能技术"重点专项2018年度项目申报指南	科技部	2018年8月3日

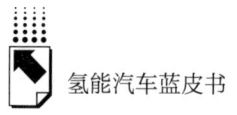

二 车用氢能产业政策要点分析

（一）车用氢能发展战略与产业引导

面对化石能源枯竭和环境问题的挑战，以新能源替代不可再生的化石能源是发展的必然趋势。近年来，氢能作为一种清洁高效的可再生能源，越来越受到关注，许多发达国家纷纷制定相应的发展战略和产业引导政策，予以大力支持。例如，日本政府已制定《氢基本战略》，美国自2003年开始重视氢能发展，并制定了一项氢态势计划。

我国对氢能的开发与利用越来越重视，逐渐将氢能发展列入相关发展战略及产业政策。从国家宏观层面来看，氢能越来越成为清洁能源和可再生能源发展的重要方向。早在2007年，我国就出台了《可再生能源中长期发展规划》，提出了自2007年起十五年我国可再生能源发展的总目标，即提高可再生能源在能源消费中的比重，推进可再生能源技术的产业化发展。十九大报告提出，构建市场导向的绿色技术创新体系，壮大清洁能源产业。推进能源生产和消费革命，构建清洁低碳、安全高效的能源体系。"十三五"规划纲要提出，深入推进能源革命，着力推动能源生产利用方式变革，优化能源供给结构，提高能源利用效率，建设清洁低碳、安全高效的现代能源体系，维护国家能源安全。建设现代能源体系。

具体来看，国务院于2012年发布的《节能与新能源汽车产业发展规划（2012~2020年）》首次提出了"车用氢能源产业"的概念。在2010年之前出台的政策中，氢能与燃料电池技术即被定义为新一代能源和可再生能源技术。例如，国家计委、科技部在2001年发布的《关于印发当前优先发展的高技术产业化重点领域指南（2001年度）的通知》提出，因地制宜地开发并推广氢能等可再生清洁能源。科技部在2002年发布的《可持续发展科技纲要（2001~2010年）》，将氢能与燃料电池技术归入"清洁能源与再生能源"类别，并提出了加快氢能制取、贮存和利用装置的开发步伐和取得技术上的突破的要求。2006年，国务院发布的《国家中长期科学和技术发展规划纲要（2006~2020年）》将氢能定位为先进能源技术，认为氢能将为能源的清洁利用带来新的变革，提出了重点研究规模化的氢能利用和分布式供能系统的要求。在2010年之后出台的政策中，氢能技术及产业提升到了战略高度。2014年6月，国务院办公厅发布的《关于印发能源发展战略行动计划（2014~2020年）的通知》，将氢能与燃料电池明确为能源科技创新战略方向和重点。2016年5月，国务院发布的《国家创新驱动发展战略纲要》提出，发展引领产业变革的颠覆性技术，开发氢能、燃料电池等新一代能源技术。2016年12月，国家发改委、国家能源局出台的《能源生产和消费革命战略（2016~2030）》，将氢能技术作为能源科技基础研究的重要方向。

同时，我国一些已出台的政策提出了车用氢能产业发展目标。《节能与新能源汽车产业发展规划（2012~2020年）》提出，到2020年，我国车用氢能源产业与国际同步发展。2015年，国家制造强国建设战略咨询委员会发布的《〈中国制造2025〉重点领域技术路线图》提出，到2025年，制氢、加氢等配套基础设施基本完善；燃料电池系统体积比功率达到3kW/L，冷起动温度达到-30℃以下，寿命超过5000h，产能超过10万套。同月出台的《节能与新能源汽车技术路线图》提出，2030年实现氢能及燃料电池汽车的大规模推广应用，氢气来源50%为清洁能源。2016年4月，国家发改委、国家能源局发布了《能源技术革命创新行动计划（2016~2030年）》，提出到2030年目标实现大规模氢的制取、存储、运输、应用一体化，以及加氢站现场储氢、制氢模式的标准化和推广应用；完全掌握燃料电池核心关键技术，建立完备的燃料电池材料、部件、系统的制备与生产产业链，实现燃料电池和氢能的大规模推广应用。我国车用氢能发展战略和产业引导主要政策，详见表2。

表2 我国车用氢能发展战略和产业引导主要政策

序号	政策名称	主要内容
1	关于印发当前优先发展的高技术产业化重点领域指南（2001年度）的通知	新能源和可再生能源：因地制宜地开发并推广氢能和地热能等可再生清洁能源

续表

序号	政策名称	主要内容
2	关于印发《可持续发展科技纲要(2001~2010年)》的通知	清洁能源与再生能源:研究燃料电池技术;加快氢能制取、贮存和利用装置的开发步伐,取得技术上的突破
3	国家中长期科学和技术发展规划纲要(2006~2020年)	先进能源技术:氢作为可从多种途径获取的理想能源载体,将为能源的清洁利用带来新的变革;重点研究规模化的氢能利用和分布式供能系统
4	可再生能源中长期发展规划	今后十五年我国可再生能源发展的总目标:提高可再生能源在能源消费中的比重,推进可再生能源技术的产业化发展
5	关于印发能源发展战略行动计划(2014~2020年)的通知	明确能源科技创新战略方向和重点:明确氢能与燃料电池、能源基础材料等20个重点创新方向
6	能源技术革命创新行动计划(2016~2030年)	2030年目标:实现大规模氢的制取、存储、运输、应用一体化,实现加氢站现场储氢、制氢模式的标准化和推广应用;完全掌握燃料电池核心关键技术,建立完备的燃料电池材料、部件、系统的制备与生产产业链,实现燃料电池和氢能的大规模推广应用
7	国家创新驱动发展战略纲要	发展引领产业变革的颠覆性技术,不断催生新产业;开发氢能、燃料电池等新一代能源技术
8	关于印发"十三五"国家科技创新规划的通知	五、发展清洁高效能源技术 大力发展清洁低碳、安全高效的现代能源技术,支撑能源结构优化调整和温室气体减排,保障能源安全,推进能源革命。可再生能源与氢能技术。开展氢能、可再生能源综合利用等技术方向的系统、部件、装备、材料和平台的研究
9	节能与新能源汽车产业技术路线图	2030年实现氢能及燃料电池汽车的大规模推广应用。大规模氢的制取、存储、运输、应用一体化,加氢站现场储氢、制氢模式的标准化和推广应用;氢气来源50%为清洁能源
10	能源发展"十三五"规划	创新驱动,推动能源技术革命 实施科技创新示范工程
11	能源生产和消费革命战略(2016~2030)	加强能源科技基础研究。开展前沿性创新研究;加快研发氢能等技术
12	电动汽车科技发展"十二五"专项规划	面向下一代纯电驱动平台技术突破需求,系统开展制氢、储氢、加氢关键技术装备研究与示范
13	节能与新能源汽车产业发展规划(2012~2020年)	主要目标:到2020年,车用氢能源产业与国际同步发展
14	《中国制造2025》重点领域技术路线图	目标:到2025年,制氢、加氢等配套基础设施基本完善;燃料电池系统体积比功率达到3kW/L,冷起动温度在-30℃以下,寿命超过5000h,产能超过10万套

续表

序号	政策名称	主要内容
15	国务院关于印发"十三五"国家战略性新兴产业发展规划的通知	到2020年,系统推进燃料电池汽车研发与产业化。推动车载储氢系统以及氢制备、储运和加注技术发展,推进加氢站建设。开展燃料电池等领域新技术研究开发;突破先进燃料电池等新能源电力技术瓶颈
16	"十三五"交通领域科技创新专项规划	以满足构建我国绿色现代综合交通运输体系和国家总体安全重大需求为总体目标,强化人工智能、新材料和新能源等赋能/赋性技术与交通运输需求的深度融合

燃料电池汽车是车用氢能的主要应用方向。根据工信部2017年1月发布的《新能源汽车生产企业及产品准入管理规定》,新能源汽车是指采用新型动力系统,完全或者主要依靠新型能源驱动的汽车,包括插电式混合动力(含增程式)汽车、纯电动汽车和燃料电池汽车等。我国氢能燃料电池汽车发展战略及产业引导政策,详见表3。

表3 我国氢能燃料电池汽车发展战略及产业引导政策

分类	政策名称	文号	发布部门	成文时间
发展战略与产业引导	国务院关于加快培育和发展战略性新兴产业的决定	国发〔2010〕32号	国务院	2010年10月10日
	电动汽车科技发展"十二五"专项规划	国科发〔2012〕195号	科技部	2012年3月27日
	国务院关于印发节能与新能源汽车产业发展规划(2012~2020年)的通知	国发〔2012〕22号	国务院	2012年6月28日
	国务院办公厅关于加快新能源汽车推广应用的指导意见	国办发〔2014〕35号	国务院办公厅	2014年7月14日
	国务院关于印发《中国制造2025》的通知	国发〔2015〕28号	国务院	2015年5月8日
	国务院关于印发"十三五"国家战略性新兴产业发展规划的通知	国发〔2016〕67号	国务院	2016年11月29日
	关于印发《汽车产业中长期发展规划》的通知	工信部联装〔2017〕53号	工信部、发改委、科技部	2017年4月6日

从战略层面来看，2010年，国务院发布的《国务院关于加快培育和发展战略性新兴产业的决定》，将新能源汽车产业确定为国家重点发展的战略性新兴产业。2012年，国务院又发布了《节能与新能源汽车产业发展规划（2012~2020年）》，总结了我国新能源汽车发展现状及面临的形势，提出了新能源汽车产业发展的指导思想和基本原则、技术路线和主要目标、主要任务、保障措施以及《规划》实施方案，氢能燃料电池汽车产业发展的顶层设计较为明确。

（二）车用氢能技术创新与研发

总体来看，车用氢能技术创新与研发是现有车用氢能相关政策的支持重点。《国家中长期科学和技术发展规划纲要（2006~2020年）》提出，形成氢能和燃料电池技术规范与标准。《国家"十一五"科学技术发展规划》提出，重点研究氢能与燃料电池技术、高效节能与分布式供能技术。《能源发展"十三五"规划》提出，集中攻关氢能和燃料电池。

其中，一些支持政策明确了氢能技术创新与研发的方向，更多的支持政策明确了燃料电池技术创新与研发方向。氢能技术方面，《国家中长期科学和技术发展规划纲要（2006~2020年）》提出，重点研究高效低成本的化石能源和可再生能源制氢技术，经济高效氢储存和输配技术。《国家"十一五"科学技术发展规划》提出，积极发展新能源和可再生能源技术，掌握核能、氢能开发与利用技术。《节能与新能源汽车技术路线图》提出，车载储氢系统发展路线以2020年、2025年及2030年为三个关键时间节点，以常温高压容器储氢为主要技术路线，同时鼓励其他储氢技术创新。《能源技术革命创新行动计划（2016~2030年）》提出，研究基于可再生能源及先进核能的制氢技术、新一代煤催化气化制氢和甲烷重整/部分氧化制氢技术、分布式制氢技术、氢气纯化技术。《电动汽车科技发展"十二五"专项规划》提出，开展高效、低排放、低成本水电解制氢技术研究；进行小型高效低成本的化石燃料制氢系统研究；开展高压氢气加注技术、系统配置集成技术和控制技术的研究，开发先进压缩机和加注枪等关键设备；开展太阳能光解等新型制氢技术研究。

燃料电池技术方面,《节能与新能源汽车产业发展规划（2012～2020年）》提出,加强新能源汽车关键核心技术研究,开展燃料电池电堆、发动机及其关键材料核心技术研究。《汽车产业中长期发展规划》提出,重点围绕燃料电池动力系统等6个创新链进行任务部署,支持燃料电池全产业链技术攻关。《国家中长期科学和技术发展规划纲要（2006～2020年）》提出,重点研究燃料电池基础关键部件制备和电堆集成技术、燃料电池发电及车用动力系统集成技术。《能源技术革命创新行动计划（2016～2030年）》提出,研究氢气/空气聚合物电解质膜燃料电池（PEMFC）技术、甲醇/空气聚合物电解质膜燃料电池（MFC）技术。《〈中国制造2025〉重点领域技术路线图》提出,到2025年,燃料电池系统技术方面突破高可靠性膜、催化剂及双极板,以及高可靠性供给系统及其关键部件等技术难题。《"十三五"国家战略性新兴产业发展规划》提出,到2020年,系统推进燃料电池汽车研发与产业化。加强燃料电池基础材料与过程机理研究,推动高性能低成本燃料电池材料和系统关键部件研发。加快提升燃料电池堆系统可靠性和工程化水平,完善相关技术标准。另外,《"十三五"交通领域科技创新专项规划》也提出了深入开展电堆关键材料和部件的创新研究及产业化研发、加大燃料电池发动机辅助系统研发力度、优化升级燃料电池动力系统技术等燃料电池汽车核心专项技术。我国车用氢能技术创新与研发相关主要政策,详见表4。

表4 我国车用氢能技术创新与研发相关主要政策

序号	政策名称	主要内容
1	国家中长期科学和技术发展规划纲要（2006～2020年）	前沿技术:氢能及燃料电池技术,重点研究高效低成本的化石能源和可再生能源制氢技术,经济高效氢储存和输配技术,燃料电池基础关键部件制备和电堆集成技术,燃料电池发电及车用动力系统集成技术,形成氢能和燃料电池技术规范与标准
2	能源技术革命创新行动计划（2016～2030年）	氢能与燃料电池技术创新:研究基于可再生能源及先进核能的制氢技术、新一代煤催化气化制氢和甲烷重整/部分氧化制氢技术、分布式制氢技术、氢气纯化技术;研究氢气/空气聚合物电解质膜燃料电池（PEMFC）技术、甲醇/空气聚合物电解质膜燃料电池（MFC）技术

续表

序号	政策名称	主要内容
3	国家"十一五"科学技术发展规划	超前部署前沿技术研究 先进能源技术。积极发展新能源和可再生能源技术,掌握核能、氢能开发与利用技术。重点研究氢能与燃料电池技术、高效节能与分布式供能技术
4	节能与新能源汽车产业技术路线图	车载储氢系统发展路线以2020年、2025年及2030年为三个关键时间节点,以常温高压容器储氢为主要技术路线,同时鼓励其他储氢技术创新
5	能源发展"十三五"规划	能源科技创新重点任务 关键技术 集中攻关:氢能和燃料电池
6	电动汽车科技发展"十二五"专项规划	开展高效、低排放、低成本水电解制氢技术研究;进行小型高效低成本的化石燃料制氢系统研究;开展高压氢气加注技术、系统配置集成技术和控制技术的研究,开发先进压缩机和加注枪等关键设备;开展太阳能光解等新型制氢技术研究
7	国务院关于印发节能与新能源汽车产业发展规划(2012~2020年)的通知	加强新能源汽车关键核心技术研究,开展燃料电池电堆、发动机及其关键材料核心技术研究
8	《中国制造2025》重点领域技术路线图	到2025年,关键共性技术:燃料电池系统技术:突破高可靠性膜、催化剂及双极板,高可靠性供给系统及其关键部件等技术难题
9	国务院关于印发"十三五"国家战略性新兴产业发展规划的通知	到2020年,系统推进燃料电池汽车研发与产业化。加强燃料电池基础材料与过程机理研究,推动高性能低成本燃料电池材料和系统关键部件研发。加快提升燃料电池堆系统可靠性和工程化水平,完善相关技术标准
10	关于印发《汽车产业中长期发展规划》的通知	利用企业投入、社会资本、国家科技计划(专项、基金等)统筹组织企业、高校、科研院所等协同攻关,重点围绕燃料电池动力系统等6个创新链进行任务部署;支持燃料电池全产业链技术攻关
11	"十三五"交通领域科技创新专项规划	燃料电池汽车核心专项技术:深入开展电堆关键材料和部件的创新研究及产业化研发,大幅提高燃料电池电堆产品性能、寿命,降低成本。加大燃料电池发动机辅助系统研发力度,重点突破空压机、氢循环泵等关键部件及其系统集成技术。优化升级燃料电池动力系统技术,重点突破高功率密度乘用车燃料电池发动机和长寿命商用车燃料电池发动机技术,燃料电池/动力电池混合动力集成控制与能量优化管理技术

(三)车用氢能技术产业化应用及示范

除了对车用氢能技术创新及研发进行支持之外,现有支持政策还明确了对车用氢能源技术产业化及示范的支持。未来,随着车用氢能产业化的不断推进,产业化应用与示范的支持力度有望进一步加强。

《节能与新能源汽车产业发展规划(2012~2020年)》提出,继续开展燃料电池汽车运行示范,提高燃料电池系统的可靠性和耐久性,带动氢的制备、储运和加注技术发展。《能源发展"十三五"规划》提出,加大资金、政策扶持力度,重点在制氢等领域,建设一批创新示范工程。《能源技术革命创新行动计划(2016~2030年)》提出,实现大规模、低成本氢气的制取、存储、运输、应用一体化,以及加氢站现场储氢、制氢模式的标准化和推广应用;实现PEMFC电动汽车及MFC增程式电动汽车的示范运行和推广应用;研究燃料电池分布式发电技术,实现示范应用并推广。

氢能的获取方面,《解决弃水弃风弃光问题实施方案》提出,通过在可再生能源富集地区布局建设的电力制氢,多渠道拓展可再生能源电力本地消纳。《节能与新能源汽车技术路线图》提出,在大规模集中制氢方面,立足现有的产业结构,实现焦炉煤气、工业副产氢纯化制氢,通过重整制氢技术和高效、低成本氢气分离技术的开发及应用,将焦炉气、工业副产氢所含的大量碳氢化合物转化为氢气,将分散的焦化厂升级为制氢网络,提供氢能源。

需要强调的是,科技部首次将"可再生能源与氢能技术"列入国家重点研发计划。科技部在2018年8月发布的《国家重点研发计划"可再生能源与氢能技术"重点专项2018年度项目申报指南》提出,推进氢能技术发展及产业化。我国车用氢能技术产业化应用及示范相关主要政策,详见表5。

表5 我国车用氢能技术产业化应用及示范相关主要政策

序号	政策名称	主要内容
1	能源技术革命创新行动计划(2016~2030年)	实现大规模、低成本氢气的制取、存储、运输、应用一体化,以及加氢站现场储氢、制氢模式的标准化和推广应用;实现PEMFC电动汽车及MFC增程式电动汽车的示范运行和推广应用;研究燃料电池分布式发电技术,实现示范应用并推广
2	节能与新能源汽车产业技术路线图	在大规模集中制氢方面,立足现有的产业结构,实现焦炉煤气、工业副产氢纯化制氢,通过重整制氢技术和高效、低成本氢气分离技术的开发及应用,将焦炉气、工业副产氢所含的大量碳氢化合物转化为氢气,将分散的焦化厂升级为制氢网络,提供氢能源

续表

序号	政策名称	主要内容
3	能源发展"十三五"规划	加大资金、政策扶持力度,重点在制氢等领域,建设一批创新示范工程
4	关于印发《解决弃水弃风弃光问题实施方案》的通知	多渠道拓展可再生能源电力本地消纳。鼓励可再生能源富集地区布局建设的电力制氢、电动汽车及配套设施等优先消纳可再生能源电力
5	电动汽车科技发展"十二五"专项规划	能源供给基础设施平台:制氢、储氢、加氢关键技术装备研究与示范。对已建氢燃料加注站进行运行评价、技术升级和系统扩展;进行副产氢提纯技术的规模化应用研究与示范;开展低成本可再生制储－加注一体化系统集成加氢站示范
6	国务院关于印发节能与新能源汽车产业发展规划(2012~2020年)的通知	扎实推进新能源汽车试点示范。继续开展燃料电池汽车运行示范,提高燃料电池系统的可靠性和耐久性,带动氢的制备、储运和加注技术发展
7	《中国制造2025》重点领域技术路线图	①目标:到2025年,制氢、加氢等配套基础设施基本完善②发展重点:通过优化燃料电池系统结构设计,加速关键部件产业化,大幅降低燃料电池系统成本③关键零部件:燃料电池系统及电堆
8	国务院关于印发"十三五"国家战略性新兴产业发展规划的通知	①到2020年,系统推进燃料电池汽车研发与产业化。加强燃料电池基础材料与过程机理研究,推动高性能低成本燃料电池材料和系统关键部件研发。加快提升燃料电池堆系统可靠性和工程化水平,完善相关技术标准。推动车载储氢系统以及氢制备、储运和加注技术发展,推进加氢站建设。开展燃料电池等领域新技术研究开发②推动新能源产业发展。积极推动多种形式的新能源综合利用。突破先进燃料电池等新能源电力技术瓶颈
9	"十三五"交通领域科技创新专项规划	①基础设施:加氢基础设施和示范考核技术 推进氢气储运技术发展,加氢站建设和燃料电池汽车规模示范。开展各种车载储氢技术创新,重点突破碳纤维缠绕塑料内胆气瓶的低成本与产业化技术。制定车用70MPa氢瓶四型瓶标准,开发70MPa储氢加氢装备及其加氢站集成技术,形成较完整的加氢设施配套技术与标准体系②燃料电池及燃料电池发动机创新及测试评价平台:针对燃料电池单体、电堆和燃料电池发动机系统关键核心技术,建立研发创新平台,重点开展催化剂、质子交换膜、碳纸、双极板等核心技术基础研究,燃料电池单体、电堆、辅助系统、发动机和控制技术的工程研究和产品开发,降低燃料电池成本,提高燃料电池环境适应性和寿命。建立测试评价平台,开展燃料电池单体、电堆、燃料电池发动机的测试技术研究和技术规范研究
10	关于新能源汽车充电设施建设奖励的通知	对符合国家技术标准且日加氢能力不少于200千克的新建燃料电池汽车加氢站每个站奖励400万元

续表

序号	政策名称	主要内容
11	国家重点研发计划"可再生能源与氢能技术"重点专项2018年度项目申报指南	本重点专项总体目标是：大幅提升我国可再生能源自主创新能力，推进氢能技术发展及产业化

三 车用氢能产业政策着力点及问题分析

为了更好地分析和把握现有车用氢能产业政策，本节从车用氢能全产业链的角度对其进行归类，结合现有政策在车用氢能产业链不同环节的着力点，剖析其存在的问题。

（一）车用氢能产业政策主要着力点

从车用氢能全产业链来看，车用氢能产业政策可以分为车用氢能供给环节政策和车用氢能应用环节政策两类。其中，车用氢能供给环节主要包括氢气制取、存储、运输和加注等，车用氢能应用环节主要包括氢气加注及燃料电池汽车使用等。

在车用氢能供给相关政策中，偏宏观的产业政策占了较大比例。我国已出台的20项车用氢能相关政策中，有10项以上政策属于偏宏观的政策，包括能源发展、新能源汽车发展、科技发展等类别，而"研发氢能等技术"仅仅是其中的一个分支方向。从表6可知，现有政策中有5项要点提出了车用氢能供给的总体方向，主要包括车载储氢系统及氢气制备、储运、加注技术研发，相关设备和产品开发，以及车用氢能技术应用、燃料电池汽车示范等。进一步来看，现有车用氢能产业政策分别有5项要点涉及加氢环节，4项要点涉及制氢环节，4项要点涉及氢气运输和存储环节。虽然有4项政策要点涉及氢气运输和存储环节，但其中有两项阐述了氢气运输和存储的技术路线。还有1项专门涉及氢气存储环节的政策要点，主要聚焦车载储氢技术。

表6 我国车用氢能产业政策及着力点

主要环节		总体方向	具体方向
氢能供给	制取	• 推动车载储氢系统以及氢制备、储运和加注技术发展，推进加氢站建设 • 继续开展燃料电池汽车运行示范，提高燃料电池系统的可靠性和耐久性，带动氢的制备、储运和加注技术发展 • 系统开展制氢、储氢、加氢关键技术装备研究与示范 • 开发氢气储运的关键材料及技术设备，实现大规模、低成本氢气的制取、存储、运输、应用一体化，以及加氢站现场储氢、制氢模式的标准化和推广应用 • 加快氢能制取、贮存和利用装置的开发步伐，取得技术上的突破 • 到2020年，实现燃料电池汽车批量生产和规模化示范应用 • 加强燃料电池汽车、智能网联汽车技术的研发 • 支持动力电池、燃料电池全产业链技术攻关 • 逐步扩大燃料电池汽车试点示范范围	• 进行副产氢提纯技术的规模化应用研究与示范；开展高效、低排放、低成本水电解制氢技术研究；进行小型高效低成本的化石燃料制氢系统研究 • 鼓励可再生能源富集地区布局建设的电力制氢等优先消纳可再生能源电力研究基于可再生能源及先进核能的制氢技术、新一代煤催化气化制氢和甲烷重整/部分氧化制氢技术、分布式制氢技术、氢气纯化技术 • 重点研究高效低成本的化石能源和可再生能源制氢技术
	存储运输		• 开展各种车载储氢技术创新，重点突破碳纤维缠绕塑料内胆气瓶的低成本与产业化技术；制定车用70MPa氢瓶四型瓶标准 • 重点研究经济高效氢储存和输配技术 • 发展以液态化合物和氨等为储氢介质的长距离、大规模氢的储运技术 • 从目前至2020年，氢气的储存与运输以20MPa高压气态运输为主
氢能应用	加氢		• 对符合国家技术标准且日加氢能力不少于200千克的新建燃料电池汽车加氢站每个站奖励400万元 • 开发70MPa储氢加氢装备及其加氢站集成技术，形成较完整的加氢设施配套技术与标准体系 • 对已建氢燃料加注站进行运行评价、技术升级和系统扩展 • 开展高压氢气加注技术、系统配置集成技术和控制技术的研究，开发先进压缩机和加氢枪等关键设备 • 开展太阳能光解等新型制氢技术研究；开展低成本可再生制氢－加注一体化系统集成加氢站示范
	燃料电池汽车		• 财政补贴：《关于调整完善新能源汽车推广应用财政补贴政策的通知》 • 激励措施：《乘用车企业平均燃料消耗量与新能源汽车积分并行管理办法》 • 示范运行：《中国燃料电池公共汽车商用化示范项目》《新能源汽车推广应用推荐车型目录》 • 准入管理：《新能源汽车生产企业及产品准入管理规定》 • 投资管理：《关于完善汽车投资项目管理的意见》 • 安全管理：《工信部关于进一步做好新能源汽车推广应用安全监管工作的通知》

相对于车用氢能环节，车用氢能应用环节的燃料电池汽车的支持政策较为完善。早在2001年，我国就启动了"十五"国家电动汽车重大专项，将燃料电池汽车技术确定为三种核心的整车技术之一，对其关键技术及共性技术研发进行持续支持。2003年起，在我国政府和全球环境基金（GEF）、联合国开发计划署（UNDP）共同支持下，科技部开始启动"中国燃料电池公共汽车商用化示范项目"。到目前为止，我国已连续开展三期燃料电池汽车示范项目。2009年起，我国开始加大对新能源汽车的支持力度，政策支持范围也不断扩大。作为新能源汽车的重要组成部分，燃料电池汽车也得到了相应的政策支持。由表6可知，我国对燃料电池汽车的支持政策已形成涵盖示范推广、财政补贴、激励措施、税收减免，以及投资管理、准入管理、安全管理在内，较为完善的支持政策体系。并且，不同于车用氢能供给环节政策大多是现有政策分支的情形，燃料电池汽车应用相关政策都是独立发布的政策。

（二）车用氢能产业政策存在的主要问题

结合我国车用氢能产业发展现状，对照以上政策着力点，可以发现我国现有车用氢能产业政策主要存在以下几个方面的突出问题：

第一，产业政策体系不够完善和健全。如前所述，我国现有车用氢能产业政策以偏宏观的产业引导和侧重于技术路线、技术研发的引导为主，缺乏系统、健全的支持车用氢能相关技术产业化和规模化示范应用的政策。当前，随着燃料电池汽车示范应用的加快推进，我国一些地区和企业已经开始了面向小批量车用氢能需求的氢能供给探索。服务于燃料电池汽车的氢气制取、运输和加注越来越受到重视，百辆级燃料电池汽车示范运行将在上海、佛山、云浮等地集中开展。然而，我国不仅缺乏对氢气纯化、运输等产业化技术的支持政策，国家层面的加氢站审批流程、加氢站运营管理规范等也较为匮乏。

第二，产业政策着力点明显错位。这种错位主要表现为，在氢能制取等我国车用氢能技术相对成熟和产业化进展较快的环节，政策相对密集。而在

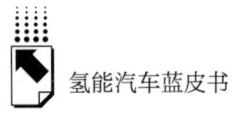

车用氢能存储、运输等较为薄弱环节，支持政策反而较少。例如，我国煤制氢、工业气体纯化制氢技术基本成熟，成本可降至 2 元/Nm^3 以下，煤制氢成本可降至 1 元/Nm^3 以下。同时，由于技术水平低、技术路线单一等原因，我国氢气运输成本较高。采用 20MPa 的气态运输氢气，运输成本可超过 10 元/kg，运输环节成本提升可超过总成本 50%。

第三，产业支持力度明显不足。我国对燃料电池汽车的支持力度较大，政策支持体系也较为完善。自 2001 年以来，我国持续对燃料电池汽车基础技术研发、产业化技术攻关等进行持续支持。同时，针对燃料电池汽车示范，还有相应的车辆购置补贴、免征购置税等力度较大的支持政策。相对于燃料电池汽车使用，车用氢能供给主要环节基本没有政策支持。即使对于燃料电池汽车小规模应用亟须的加氢站建设，虽然一些地方出台了专门的补贴政策，国家层面目前仍未出台明确的支持政策。在车用氢能供给环节，我国还需开展多元化的氢气存储、运输技术探索，并大力支持其产业化技术攻关。

四 车用氢能产业发展的政策建议

根据以上分析，我国已有相关政策对车用氢能产业的支持主要集中在技术创新与研发支持方面。具体来看，现有车用氢能产业相关支持政策以方向性引导为主，对技术创新与研发的支持主要体现在相对宏观的能源或新能源汽车产业政策中，车用氢能产业缺乏独立、完善的支持政策。为满足氢能燃料电池汽车用氢需求和保障车用氢能产业发展，我国需在以下几个方面完善支持政策：

第一，完善车用氢能产业顶层设计。虽然《节能与新能源汽车产业发展规划（2012~2020年）》已经提出了车用氢能源产业与国际同步发展的要求，但我国车用氢能产业顶层设计尚不清晰，不仅缺乏明确的战略定位，产业发展目标、发展路径等也不够完善和清晰。为此，我国亟须制定车用氢能产业发展战略和发展规划，完善车用氢能产业顶层设计。

第二，构建车用氢能产业政策体系。如前所述，我国已形成了燃料电池汽车支持政策体系。在一系列支持政策的共同作用下，我国燃料电池汽车发展取得较大进展，已初步掌握了燃料电池关键材料、电堆、动力系统、整车集成的核心技术，具备了燃料电池汽车产业化的基础。与燃料电池汽车相比，我国车用氢能产业支持政策还不够健全，亟须出台车用氢能源运输及加注技术研发、应用及示范、加氢站及氢安全管理等支持政策措施，构建满足产业发展基本需求的支持政策体系。

第三，加快制定国家加氢基础设施指导意见。加氢站是车用氢能供给和燃料电池汽车运行的基本保障。2017年以来，我国燃料电池汽车示范运行加快推进，一批燃料电池汽车开始投入应用领域。然而，由于加氢站建设滞后，个别地区"有车无氢"现象突出。为破解燃料电池汽车示范运行的瓶颈，我国需从国家层面统一谋划，加快制定国家加氢基础设施指导意见。

B.10
中国燃料电池电动汽车标准化工作进展

何云堂*

摘　要： 对于产业发展而言，技术标准具有基础性、综合性和战略性作用。氢燃料电池电动汽车具有能源加注时间短、环保性能高、续驶里程长等优势，是全球汽车工业可持续发展和能源产业转型升级的重要突破口。燃料电池电动汽车属于道路车辆，又兼有电动汽车的属性。本文主要着眼于中国燃料电池电动汽车标准化的工作背景、工作机制，以及国内外标准化现状，并重点介绍了燃料电池电动汽车的相关标准，包括整车、燃料电池发动机、动力电池标准等。

关键词： 燃料电池　电动汽车　标准化　动力电池

一　燃料电池电动汽车标准化背景、组织机构及运行机制

（一）燃料电池电动汽车标准化背景

汽车产业是世界主要工业国家的支柱产业，是衡量一个国家综合实力和发达程度的重要标志。随着中国汽车保有量的日益增多，能源安全和环境保

---

* 何云堂，中国汽车技术研究中心汽车标准化研究所教授级高工，同济大学兼职教授。全国汽车标准化技术委员会灯光分委会副主任委员，全国汽车标准化技术委员会电动车辆分委会委员，全国燃料电池标准化技术委员会委员。

护问题愈发凸显,是中国汽车产业可持续发展面临的两大挑战。氢燃料电池电动汽车具有最佳环保性能和能量转化效率,以及能源加注时间短、续驶里程长等优势,是未来汽车工业可持续化发展的重要方向,是全球汽车与能源产业转型升级的重要突破口。

氢具有来源广泛、大规模稳定储存、持续供应、远距离运输、快速补充等特点,在未来车用能源中,氢燃料与电力将并存互补,共同支撑新能源汽车产业发展。

发展氢能和氢燃料电池电动汽车产业对中国能源战略具有重要意义,对利用绿色能源,解决巨量弃风、弃光、弃水、弃电的能源浪费具有重要贡献,据国家能源局发布的《2015年度全国可再生能源电力发展监测评价报告》显示,2015年中国仅弃风电量就达339亿kWh。

因此,发展氢能与氢燃料电池电动汽车,是应对能源安全、环境保护等社会挑战的重要立足点;是顺应全球汽车产业生态变革趋势,是实现中国汽车工业由大变强的重要途径;是贯彻落实国家创新驱动发展战略,驱动中国汽车产业转型及占领未来制高点的具体体现。

燃料电池电动汽车属于道路车辆,又兼有电动汽车的属性。

从标准的角度来说,现有的传统汽车标准,在与动力系统关系不大的板块,如灯光、转向、外部突出物、视野相关、车速表、座椅、安全带、喇叭、儿童约束系统、汽车座椅头枕、汽车门锁、汽车门锁及车门保持件的安装、汽车内饰材料、儿童约束系统在车辆上安装的要求、驾驶员安全带固定点、汽车号牌板(架)、防止汽车转向机构对驾驶员的伤害等,都是适用于燃料电池电动汽车的。适用于燃料电池电动汽车的强制性检验项目详见表1。

表1 适用于燃料电池电动汽车的强制性检验项目

序号	检验项目	检验依据
1	汽车用灯丝灯泡前照灯	GB 4599 – 2007
	汽车用气体放电光源前照灯	GB 21259 – 2007
2	汽车用灯丝灯泡前雾灯	GB 4660 – 2007
		GB 4660 – 2016

续表

序号	检验项目			检验依据
3	机动车和挂车用后雾灯			GB 11554－2008
4	汽车及挂车前位灯			GB 5920－2008
5	汽车及挂车后位灯			GB 5920－2008
6	汽车及挂车前示廓灯			GB 5920－2008
7	汽车及挂车后示廓灯			GB 5920－2008
8	汽车及挂车制动灯（S1类）			GB 5920－2008
9	汽车及挂车制动灯（S3类）			GB 5920－2008
10	汽车及挂车后位灯、制动灯（混合）			GB 5920－2008
11	汽车及挂车倒车灯			GB 15235－2007
12	汽车及挂车前转向信号灯			GB 17509－2008
13	汽车及挂车后转向信号灯			GB 17509－2008
14	汽车及挂车侧转向信号灯			GB 17509－2008
15	机动车回复反射器		前	GB 11564－2008
16			侧	GB 11564－2008
17			后	GB 11564－2008
18			三角形	GB 11564－2008
19	外部照明和信号装置的安装规定			GB 4785－2007
20	汽车前照灯光束照射位置及发光强度			GB 7258－2012
				GB 7258－2017
21	汽车正面碰撞乘员保护			GB 11551－2014
	汽车正面碰撞乘员保护电动汽车安全要求			GB 11551－2014、GB/T 31498－20155
	汽车正面碰撞乘员保护混合动力电动汽车安全要求			GB 11551－2014、GB/T 31498－20155
	汽车正面碰撞乘员保护（滑车试验）			GB 11551－2014
	汽车正面碰撞乘员保护电动汽车安全要求			GB 11551－2014
	汽车正面碰撞乘员保护混合动力电动汽车安全要求			GB 11551－2014
22	汽车和挂车后下部防护装置－－第Ⅰ部分			GB 11567.2－2001
	汽车和挂车后下部防护装置－－第Ⅱ部分			
	汽车和挂车后下部防护装置－－第Ⅲ部分			
	汽车和挂车后下部防护装置－－第Ⅰ部分			GB 11567－2017
	汽车和挂车后下部防护装置－－第Ⅱ部分			
	汽车和挂车后下部防护装置－－第Ⅲ部分			
23	汽车和挂车侧面防护装置			GB 11567.1－2001
				GB 11567－2017

续表

序号	检验项目			检验依据
24	汽车护轮板			GB 7063－2011
25	汽车驾驶员前方视野			GB 11562－2014
26	汽车间接视野装置性能			GB 15084－2013
27	汽车间接视野装置安装要求			GB 15084－2013
28	汽车风窗玻璃除霜系统			GB 11555－2009
29	汽车风窗玻璃除雾系统			GB 11555－2009
30	汽车风窗玻璃刮水器、洗涤器			GB 15085－2013
31	汽车风窗玻璃刮水器、洗涤器			GB 15085－2013
32	汽车用车速表			GB 15082－2008
33	汽车操纵件、指示器及信号装置的标志			GB 4094－1999
34	机动车用喇叭			GB 15742－2001
35	机动车用喇叭的装车特性			GB 15742－2001
36	乘用车外部凸出物			GB 11566－2009
	商用车驾驶室外部凸出物			GB 20182－2006
37	汽车座椅			GB 15083－2006
	汽车座椅		行李箱冲击	GB 15083－2006
	专用校车学生座椅系统及其车辆固定件的强度			GB 24406－2012
	儿童约束系统			GB 27887－2011
38	汽车座椅头枕			GB 11550－2009
39	汽车门锁			GB 15086－2013
	汽车门锁及车门保持件的安装			GB 15086－2013
40	乘用车制动性能			GB 21670－2008
	汽车制动性能			GB 12676－2014
	挂车制动装置及性能			
41	转向装置			GB 17675－1999
42	汽车材料	汽车内饰材料		GB 8410－2006
		客车及专用校车		GB 8410－2006、GB 7258－2012
				GB 8410－2006、GB 7258－2017
43	汽车无线电骚扰特性			GB 14023－2011
44	汽车加速行驶车外噪声			GB 1495－2002

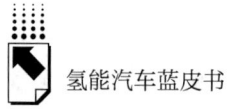

续表

序号	检验项目		检验依据
45	客车结构安全要求		GB 13094-2007
			GB 13094-2017
	双层客车结构安全要求		GB/T 19950-2005
	客车上部结构强度		GB 17578-2013
	轻型客车上部结构强度		GB 17578-2013
	专用校车上部结构强度		GB 24407-2012、GB 17578-2013
	专用校车顶部结构强度		GB 24407-2012
	专用校车车内空气质量		
	专用校车安全技术条件		
	轮椅及其使用者的约束系统		GB 13094-2017
46	汽车外廓尺寸及质量参数		GB 1589-2016
47	汽车安全带		GB 14166-2013
	汽车安全带、儿童约束系统在车辆上安装的要求		GB 14166-2013
48	汽车安全带安装固定点	驾驶员安全带固定点	GB 14167-2013
		前排乘员安全带固定点	
		其他乘员安全带固定点	
49	汽车安全带安装固定点	ISOFIX 固定点系统及上拉带固定点	GB 14167-2013
50	汽车号牌板(架)		GB 15741-1995
51	防止汽车转向机构对驾驶员的伤害		GB 11557-2011
	防止汽车转向机构对驾驶员伤害(正面固定壁障碰撞试验)		
52	汽车标记及车辆识别代号(VIN)(商用车)		GB 7258-2017、GB 16735-2004
	汽车及部件标记、车辆识别代号(VIN)(乘用车)		GB7258-2017、GB 16735-2004
	道路运输危险货物车辆标志		GB 13392-2005
	校车标识		GB 24315-2009
53	机动车及挂车侧标志灯		GB 18099-2013
54	机动车用三角警告牌		GB 19151-2003
55	汽车驻车灯		GB 18409-2013
56	用于保护车载接收机的无线电骚扰特性(车辆零部件和模块的测量)	刮水电机	GB/T 18655-2010
57		闪光继电器	
58		暖风电机	
59	用于保护车载接收机的无线电骚扰特性(车辆天线接收到的发射的测量)		GB/T 18655-2010

续表

序号	检验项目			检验依据
60	轻型客车结构安全要求			GB 18986-2003
	轻型客车结构上部结构强度			GB 18986-2003
61	客车座椅(动态)			GB 13057-2014
	客车座椅(静态)			GB 13057-2014
62	汽车侧面碰撞乘员保护			GB 20071-2006
	汽车侧面碰撞乘员保护电动汽车安全要求			GB 20071-2006、GB/T 31498-2015
	汽车侧面碰撞乘员保护混合动力电动汽车安全要求			GB 20071-2006、GB/T 31498-2015
63	汽车门铰链			GB 15086-2013
64	汽车防抱制动性能			GB 21670-2008
	挂车防抱制动性能			GB/T 13594-2003 GB 12676-2014
	汽车防抱制动系统的电磁兼容性			GB18655-2002、GB/T17619-1998
65	危险货物运输车辆结构			GB 21668-2008
	道路运输爆炸品和剧毒化学品车辆安全强制性项目			GB 20300-2006
	罐式危险品运输车及半挂车补充安全技术要求			工信部产业[2012]504号
	道路运输液体危险货物罐式车辆紧急切断阀			QC/T 932-2012
66	汽车防盗装置			GB 15740-2006
67	汽车制动软管(气压)			GB 16897-2010
	汽车制动软管(液压)			
	汽车制动软管(真空)			
68	汽车轮胎		乘用车	GB 9743-2015
			商用车	GB 9744-2015
	汽车轮胎认证标记		乘用车	GB 9743-2015
			商用车	GB 9744-2015
69	汽车门锁(耐惯性力性能)			GB 15086-2013
70	滑动门系统			GB 15086-2013
71	汽车前、后端保护装置			GB 17354-1998
72	汽车罩(盖)锁系统			GB 11568-2011
73	汽车及挂车后牌照板照明装置			GB 18408-2015
74	汽车昼间行驶灯			GB 23255-2009
75	汽车用前照灯清洗器			GB 21260-2007

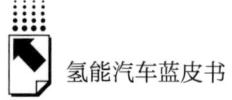

续表

序号	检验项目		检验依据
76	货车及挂车车身反光标识	反射器型	GB 11564-2008
		反光膜型	GB 23254-2009
	货车及挂车车身反光标识标记		GB 23254-2009
77	车身反光标识的安装和粘贴		GB 7258-2017、GB 23254-2009
78	汽车用发动机净功率		GB/T 17692-1999
79	车辆尾部标志板	低速车辆	GB 25990-2010
		载重车和牵引车	
		挂车和半挂车	
80	汽车用LED前照灯		GB 25991-2010
81	机动车安全运行强制性项目		GB 7258-2012
82	乘用车顶部强度		GB 26134-2010
83	乘用车内部凸出物		GB 11552-2009
	乘用车内部凸出物	台车试验	
84	商用车驾驶室乘员保护		GB 26512-2011
85	商用车前下部防护要求—部件部分		GB 26511-2011
	商用车前下部防护要求—安装部分		
	商用车前下部防护要求—整车部分		
86	车辆尾部标志板的安装规定		GB 25990-2010
87	车辆车速限制系统技术要求		GB/T 24545-2009

现有的电动汽车标准，如制动能量回收、电机、除霜除雾、动力性、超级电容器、电动汽车用电机及其控制器、车载储能装置、功能安全和故障防护、人员触电防护、电动车辆的电磁场辐射发射强度、电动汽车操纵件、指示器及信号装置的标志、电动汽车用仪表、电动汽车传导充电用连接装置、电动汽车远程服务与管理系统技术规范、动力电池能量密度（PED）、动力电池（含超级电容器）最大充电倍率（CR）、新能源汽车平台符合性等同样满足燃料电池电动汽车要求。2017年1月16日，工信部印发《新能源汽车生产企业及产品准入管理规定》（工产业第39号），旨在落实发展新能源汽车的国家战略，规范新能源汽车生产活动，促进新能源汽车产业持续健康发展，其中规定了新能源汽车产品专项检验项目，分19大类、39个具体项目（见表2）。

表 2 新能源汽车产品专项检验项目及依据标准

序号	标准号	中文标准名称
1	GB/T 18333.2－2015	电动道路车辆用锌空气蓄电池
2	QC/T 741－2014	车用超级电容器
3	GB/T 31484－2015	电动汽车用动力蓄电池循环寿命要求及试验方法
4	GB/T 31485－2015	电动汽车用动力蓄电池安全要求及试验方法
5	GB/T 31486－2015	电动汽车用动力蓄电池电性能要求及试验方法
6	GB/T 31467.3－2015	电动汽车用锂离子动力蓄电池包和系统 第3部分:安全性要求与测试方法
7	GB/T 18488.1－2015	电动汽车用电机及其控制器 第1部分:技术条件
8	GB/T 18488.2－2015	电动汽车用电机及其控制器 第2部分:试验方法
9	GB/T 18384.1－2015	电动汽车安全要求 第1部分:车载储能装置
10	GB/T 18384.2－2015	电动汽车安全要求 第2部分:功能安全和故障防护
11	GB/T 18384.3－2015	电动汽车安全要求 第3部分:人员触电防护
12	GB/T 24549－2009	燃料电池电动汽车 安全要求
13	GB/T 18387－2008	电动车辆的电磁场辐射强度的限值和测量方法 宽带 9kHz～30MHz
14	GB/T 4094.2－2005	电动汽车操纵件、指示器及信号装置的标志
15	GB/T 19836－2005	电动汽车用仪表
16	GB/T 18386－2005	电动汽车能量消耗率和续驶里程试验方法
17	GB/T 19753－2013	轻型混合动力电动汽车能量消耗量试验方法
18	GB/T 19754－2015	重型混合动力电动汽车能量消耗量试验方法
19	GB/T 24552－2009	电动汽车风窗玻璃除霜除雾系统的性能要求及试验方法
20	GB/T 28382－2012	纯电动乘用车技术条件
21	GB/T 24554－2009	燃料电池发动机性能试验方法
22	GB/T 26779－2011	燃料电池电动汽车 加氢口
23	GB/T 26990－2011	燃料电池电动汽车 车载氢系统 技术要求
24	GB/T 29126－2012	燃料电池电动汽车车载氢系统试验方法
25	GB/T 20234.1－2015	电动汽车传导充电用连接装置 第1部分:通用要求
26	GB/T 20234.2－2015	电动汽车传导充电用连接装置 第2部分:交流充电接口
27	GB/T 20234.3－2015	电动汽车传导充电用连接装置 第3部分:直流充电接口
28	GB/T 27930－2015	电动汽车非车载传导式充电机与电池管理系统之间的通信协议
29	GB/T 31498－2015	电动汽车碰撞后安全要求
30	QC/T 838－2010	超级电容电动城市客车
31	GB/T 32694－2016	插电式混合动力电动乘用车 技术条件
32	GB/T 32960.2－2016	电动汽车远程服务与管理系统技术规范 第2部分:车载终端
33	GB/T 32960.3－2016	电动汽车远程服务与管理系统技术规范 第3部分:通信协议及数据格式
34	GB/T 18388－2005	电动汽车定型试验规程

续表

序号	标准号	中文标准名称
35	GB/T 19750－2005	混合动力电动汽车 定型试验规程
36	QC/T 925－2013	超级电容电动城市客车 定型试验规程
37	GB/T 18385－2005	电动汽车 动力性能 试验方法
38	GB/T 19752－2005	混合动力电动汽车 动力性能 试验方法
39	GB/T 26991－2011	燃料电池电动汽车 最高车速 试验方法

当然，随着相关标准制修订情况的变化，《新能源汽车产品专项检验项目及依据标准》将适时调整。

但是燃料电池电动汽车也有自己的一些特点，如燃料电池电动汽车安全要求、燃料电池发动机性能、燃料电池电动汽车加氢口、燃料电池电动汽车车载氢系统、燃料电池系统（发动机）额定功率、燃料电池电动汽车纯电续驶里程这些项目由自身的特点决定的。

（二）燃料电池电动汽车标准化组织机构

我国燃料电池电动汽车标准是在全国汽车标准化技术委员会（SAC/TC114）电动车辆分标委会（SC27）的主持下制定的（见图1），由于其本身的专业特性，电动车辆分标委会SC27又下设了一个燃料电池电动汽车标准研究工作组（FCEV－WG）（见图2）。

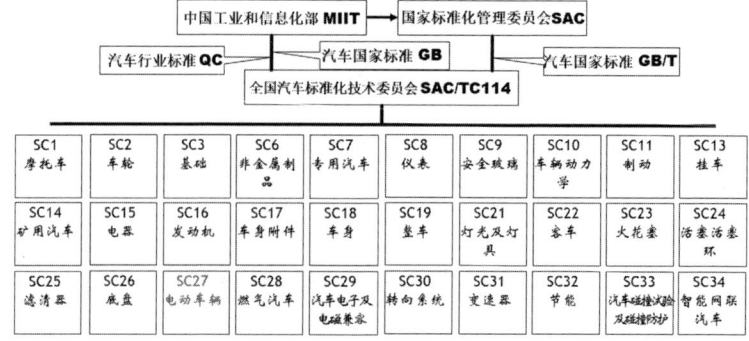

图1 TC114的构成

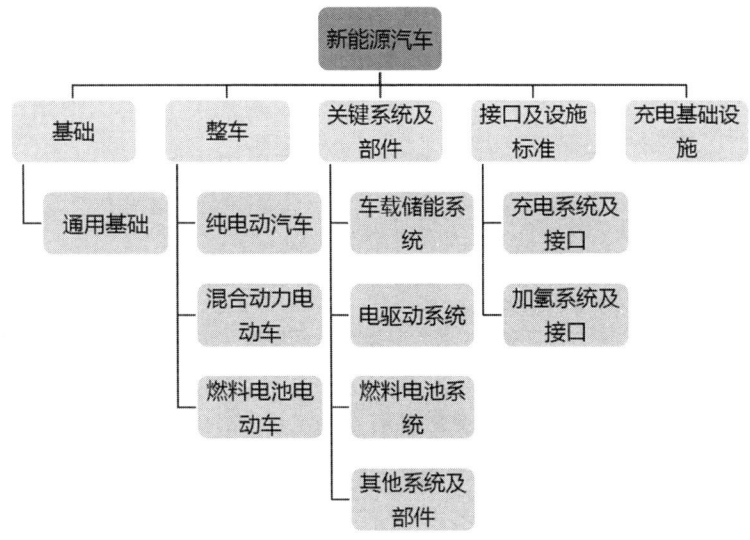

图 2　SC27 的业务构成

（三）燃料电池电动汽车标准化运行机制

燃料电池电动汽车的标准化工作流程如图 3 所示。

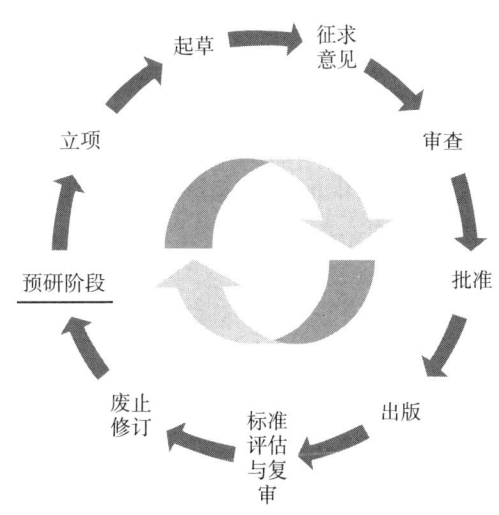

图 3　燃料电池电动汽车的标准化流程

现阶段,世界范围内,燃料电池电动汽车尚在发展之中,目前推出的标准都是推荐性的,推荐性国家标准立项申报程序如图4所示。

图 4　推荐性国家标准立项程序

- 可由个人、企业、标准化机构等提出项目需求
- 经技术委员会评审;经行业主管部门同意司函上报
- 网上申报系统(使用指定的统一格式的建议书及标准草案)
- 委员电子投票
- 国标委统一协调归口
- 专家评审,项目答辩
- 网上公示、征求意见
- 立项批准

二　燃料电池电动汽车标准化进展及工作计划

(一)燃料电池电动汽车标准体系建设

为了规范和统一燃料电池电动汽车产品;引导技术发展,促进技术交流;促进产业发展,提升产品质量;支撑政府管理,燃料电池电动汽车标准研究工作组着手编制燃料电池电动汽车标准体系。

标准体系需要紧密贴合产业发展方向;提升安全要求;促进推广应用。编制燃料电池电动汽车标准体系的目的,是为了提出系统、科学的标准体系;提出规划时间内的标准项目;提出标准体系建设的实施步骤。

编制燃料电池电动汽车标准体系的原则:统筹规划体系建设,协调分工和任务；合理安排项目，循序渐进制定标准；坚持自主制定，体现先进性；多行业协调与联合，合力推进。

1. 体系表

根据以上的编制原则，在充分征求行业意见的基础上，燃料电池电动汽车标准研究工作组编制了燃料电池电动汽车的初步的标准体系（见图5）。

2. 体系说明

燃料电池电动汽车标准体系是电动汽车标准体系的一部分。这一部分标准体系的构成涉及燃料电池电动汽车整车、燃料电池发动机、氢系统等方面，这些标准构成燃料电池电动汽车的基本标准体系，必定存在一定的局限性，随着技术的发展，这些内容将要加以补充或修订。

（1）燃料电池电动汽车整车

①整车试验方法

在技术标准部分，整车试验方法和技术条件是本体系的中心内容之一。涉及燃料电池电动汽车整车的试验方法很多，同传统汽车相比，试验方法差异较大的项目后面的相关章节中将有介绍，但目前比较有基础，也可以制定的有如下的方面。需要说明的是，目前我国还没有液态氢燃料电池电动汽车项目，暂时可以不归入有关内容，但为了体系的完整性，燃料电池电动汽车标准研究工作组仍然保留液态氢方面的内容，以备将来的技术进步：

- 燃料电池电动汽车定型试验规程
- 燃料电池电动汽车碰撞时氢气泄漏的测量方法
- 燃料电池电动汽车除霜除雾试验方法
- 燃料电池电动汽车刮水器试验方法
- 燃料电池混合动力汽车—道路操纵特性—使用氢
- 纯燃料电池电动汽车—道路操纵特性—使用氢
- 燃料电池混合动力汽车—能量特性—第1部分：使用压缩氢
- 燃料电池混合动力汽车—能量特性—第2部分：使用液态氢
- 纯燃料电池电动汽车—能量特性—第1部分：使用压缩氢
- 纯燃料电池电动汽车—能量特性—第2部分：使用液态氢

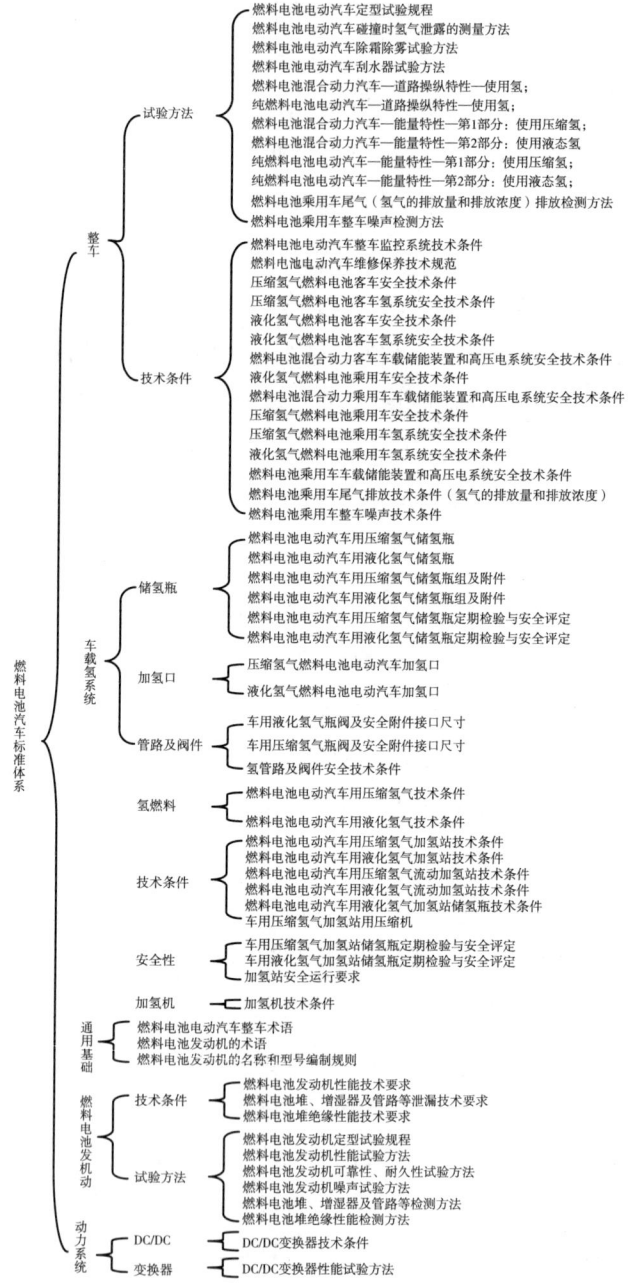

图5 燃料电池电动汽车的标准体系

- 燃料电池乘用车尾气（氢气的排放量和排放浓度）排放检测方法
- 燃料电池乘用车整车噪声检测方法

②整车技术条件

燃料电池整车技术条件内容涉及面很多，但重点内容则是围绕安全、节能、环保等方面展开的，主要有：

- 燃料电池电动汽车整车监控系统技术条件
- 燃料电池电动汽车维修保养技术规范
- 压缩氢气燃料电池客车安全技术条件
- 压缩氢气燃料电池客车氢系统安全技术条件
- 液化氢气燃料电池客车安全技术条件
- 液化氢气燃料电池客车氢系统安全技术条件
- 燃料电池混合动力客车车载储能装置和高压电系统安全技术条件
- 液化氢气燃料电池乘用车安全技术条件
- 燃料电池混合动力乘用车车载储能装置和高压电系统安全技术条件
- 压缩氢气燃料电池乘用车安全技术条件
- 压缩氢气燃料电池乘用车氢系统安全技术条件
- 液化氢气燃料电池乘用车氢系统安全技术条件
- 燃料电池乘用车车载储能装置和高压电系统安全技术条件
- 燃料电池乘用车尾气排放技术条件（氢气的排放量和排放浓度）
- 燃料电池乘用车整车噪声技术条件

（2）车载氢系统

①储氢瓶

车载氢系统包括三个方面的内容：储氢瓶、加氢口、管路及阀件。其中储氢瓶涉及两种状态氢的储氢瓶、附件以及安全评定：

- 燃料电池电动汽车用压缩氢气储氢瓶
- 燃料电池电动汽车用液化氢气储氢瓶
- 燃料电池电动汽车用压缩氢气储氢瓶组及附件
- 燃料电池电动汽车用液化氢气储氢瓶组及附件

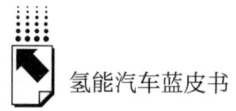

- 燃料电池电动汽车用压缩氢气储氢瓶定期检验与安全评定
- 燃料电池电动汽车用液化氢气储氢瓶定期检验与安全评定

②加氢口

加氢口的标准化，是燃料电池电动汽车标准化的一个重要部分，也是燃料电池电动汽车国际化的一个重要特征，因为这是同传统汽车一个重要差异所在，是燃料电池电动汽车和基础设施接口的一个重要内容，它同样涉及两种状态氢：

- 压缩氢气燃料电池电动汽车加氢口
- 液化氢气燃料电池电动汽车加氢口

③管路及阀件

管路及阀件是车载氢系统重要组成部分，这里包含尺寸和安全技术条件：

- 车用液化氢气瓶阀及安全附件接口尺寸
- 车用压缩氢气瓶阀及安全附件接口尺寸
- 氢管路及阀件安全技术条件

（3）氢燃料

氢燃料是氢燃料电池电动汽车发展的重要基础，燃料性能不仅影响到燃料电池寿命，更会对整车的诸多性能，如动力性、排放等产生重大影响，这也是应该优先制定的项目。

- 燃料电池电动汽车用压缩氢气技术条件
- 燃料电池电动汽车用液化氢气技术条件

（4）加氢站

加氢站，作为保证氢燃料电池电动汽车安全运行的基础设施，其场所分布、安全设置和保障措施等理应受到重视。加氢站包含固定地面式加氢站和车辆牵引的流动加氢站，在标准的制定项目方面，主要考虑其技术条件和安全性。

①加氢站技术条件

加氢站技术条件有：

- 燃料电池电动汽车用压缩氢气加氢站技术条件

- 燃料电池电动汽车用液化氢气加氢站技术条件
- 燃料电池电动汽车用压缩氢气流动加氢站技术条件
- 燃料电池电动汽车用液化氢气流动加氢站技术条件
- 燃料电池电动汽车用液化氢气加氢站储氢瓶技术条件
- 车用压缩氢气加氢站用压缩机

②加氢站安全性

加氢站安全性为社会所关注，应该有相关的标准来进行要求、检验和评定：

- 车用压缩氢气加氢站储氢瓶定期检验与安全评定
- 车用液化氢气加氢站储氢瓶定期检验与安全评定
- 加氢站安全运行要求

③加氢机技术条件

此外，加氢站里还要涉及加氢机的内容，只考虑：

- 加氢机技术条件

（5）基础、通用

燃料电池电动汽车基础标准，有利于将来的国内国际交流。

- 燃料电池电动汽车整车术语
- 燃料电池发动机的术语
- 燃料电池发动机的名称和型号编制规则

（6）燃料电池发动机

同整车一样，也存在两个方面：技术条件和试验方法。在燃料电池堆方面，SAE推出的燃料电池堆性能和耐久试验方法有一定的参考意义。我国目前在中国科学院大连化学物理研究所、武汉理工大学、清华大学、同济大学都开展了燃料电池堆、燃料电池发动机的试验研究。我们可以综合其研究成果，推出我国的相应试验方法。

- 燃料电池发动机性能技术要求
- 燃料电池堆、增湿器及管路等泄漏技术要求
- 燃料电池堆绝缘性能技术要求

以及

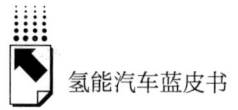

- 燃料电池发动机定型试验规程
- 燃料电池发动机性能试验方法
- 燃料电池发动机可靠性、耐久性试验方法
- 燃料电池发动机噪声试验方法
- 燃料电池堆、增湿器及管路等检测方法
- 燃料电池堆绝缘性能检测方法

(7) 动力系统 DC/DC 变换器

DC/DC 变换器并不是燃料电池电动汽车的专有设备，但目前我国的电动汽车标准体系中上没有该内容，故也在此列出，涉及技术条件和性能试验方法。

- DC/DC 变换器技术条件
- DC/DC 变换器性能试验方法

3. 近期的规划

按照规划，燃料电池电动汽车标准研究工作组制定了一个简化版的体系图，主要是适应近期的急需，把上面的庞杂的项目进行归类，按照轻重缓急的顺序，提出远期项目。近期规划见表3。

表3 简化的近期规划项目

类别	序号	标准
基础通用	1	GB/T 24548-2009 燃料电池电动汽车 术语+【修改单】
整车	2	GB/T 24549-2009 燃料电池电动汽车 安全要求
	3	GB/T 26991-2011 燃料电池电动汽车 最高车速试验方法
	4	GB/T 35178-2017 燃料电池混合动力电动汽车 氢气消耗量测量方法
	5	20140521-T-339 燃料电池电动汽车 整车氢气排放测试方法
	6	20162462-T-339 燃料电池电动汽车 定型试验规程
	7	尚未提交立项 燃料电池电动汽车 能量消耗量和续驶里程测试方法
	8	燃料电池电动汽车 低温起动性能试验方法（补充）
	9	燃料电池电动汽车 高原性能试验方法（补充）
	10	燃料电池电动汽车 环境适应性
	11	燃料电池电动汽车 碰撞后安全要求（补充）
	12	燃料电池电动汽车 动力性能试验方法（建议修订26991）

续表

类别	序号	标准
部件-车载氢系统	13	GB/T 26990-2011 燃料电池电动汽车 车载氢系统 技术条件
	14	GB/T 29126-2012 燃料电池电动汽车 车载氢系统 试验方法
	15	燃料电池电动汽车 车载氢系统 EMC
	16	燃料电池电动汽车 车载氢系统 安装强度
	17	燃料电池电动汽车 车载氢系统 安装要求
部件-发动机	18	GB/T 34593-2017 燃料电池发动机 氢气排放测试方法
	19	GB/T 24554-2009 燃料电池发动机 性能试验方法
	20	已提交立项 燃料电池发动机 耐久性加速工况
	21	燃料电池发动机可靠性
部件-发动机辅助系统	22	燃料电池发动机 氢气循环泵 性能试验方法（补充）
	23	燃料电池发动机 空气压缩机 性能试验方法（补充）
	24	燃料电池发动机 增湿器 性能试验方法（补充）
	25	燃料电池发动机 去离子器 性能试验方法（补充）
	26	燃料电池发动机空滤
	27	燃料电池发动机氢气循环泵
	28	燃料电池发动机 电磁兼容性能 试验方法（补充）
	29	部件-DC/DC？
部件-燃料电池堆	30	20141030-T-339 燃料电池电动汽车 燃料电池堆安全要求
	31	已提交立项 燃料电池电动汽车 燃料电池堆性能试验方法
接口与通信	32	GB/T 34425-2017 燃料电池电动汽车 加氢枪
	33	GB/T 26779-2011 燃料电池电动汽车 加氢口+【修改单】
	34	已提交立项 燃料电池电动汽车 加氢通信协议
其他	35	QC/T 816-2009 加氢车技术条件
	36	GB/T 29123-2012 示范运行氢燃料电池电动汽车技术规范
	37	GB/T 29124-2012 氢燃料电池电动汽车示范运行配套设施规范
	38	燃料电池电动汽车用氢气品质要求（补充）

需要说明的是，对于标准体系当中的项目，不限于国标，也可以考虑团标等。对于标准体系当中的项目，未来会采取时间段分类，例如划分为短期、中期、长期等。对于目前体系表格当中涉及的项目，并不表

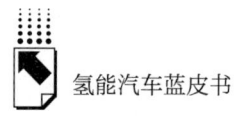

示未来一定会进行标准立项，对于有争议的项目，相关提出单位应该提供足够的理由和支撑表明相关的必要性。增加燃料电池发动机辅助系统的标准内容。合并 GB/T 26990 与 GB/T 29126 两项标准，并且与 GB/T 24549 相协调。燃料电池电动汽车用氢气品质要求项目，超出 TC 114 的研究范围。

（二）燃料电池电动汽车标准化进展及工作计划

1. 燃料电池电动汽车标准的特殊性

中国的燃料电池电动汽车基本是混合动力的，除了燃料电池系统外，还有动力蓄电池或者超级电容器。由于储能、驱动方式等的不同，除具有传统汽车所固有的一切安全问题外还存在其自身特有的安全隐患，如电伤害、电池内压、有害气体、电池爆炸、高压氢气、电解液泄露等，在汽车事故中这些问题的发生将给乘员带来严重伤害。

燃料电池电动汽车具有传统汽车所具有的全部安全问题，同时又必须考虑其特有的电气安全、氢安全问题。在某种情况下，这两方面还可能相互耦合。电动汽车在静止、充电和正常运行等工况下可能出现诸多安全问题。

与传统燃油汽车相比，电动汽车主要存在多个方面的安全隐患，这些差异性也使得电动汽车标准在原有的传统汽车标准体系的基础上还需要进一步完善。

2. 国外燃料电池电动汽车标准法规

（1）标准化组织

与燃料电池电动汽车相关的国际标准化组织（见表 4）。

表 4 与燃料电池电动汽车相关的国际标准化组织

组织	名称	秘书处所在国
ISO/TC22/SC21	道路车辆技术委员会/电动车辆分委会	法国
ISO/TC197	氢技术委员会	加拿大

续表

组织	名称	秘书处所在国
IEC/TC105	燃料电池技术委员会	德国
IEC/TC69	电动工业车辆和电动工业卡车技术委员会	比利时

注：ISO 和 IEC 的分工明确：ISO 负责电动车辆整车性能要求、测量方法；IEC 主要负责与电相关的零部件方面的标准。

国外与燃料电池标准化有关的组织（见表5）。

表5 国外与燃料电池标准化有关的组织

美国	SAE 汽车工程师学会	SAE 电动汽车标准论坛委员/燃料电池电动汽车标准委员会
	NHTSA	负责就燃料电池项目对 FMVSS 300 系列标准的修订。
日本	国土交通省	对道路车辆的安全法规中加入了燃料电池电动汽车方面的内容。如：碰撞时的燃料泄漏、定置噪声级的测量、风窗玻璃刮水器、洗涤器、除霜除雾系统、压缩氢气汽车的燃料供给系统、燃料电池电动汽车关于高压电的乘员保护等
	JARI/JEVA 日本汽车研究所/日本电动汽车协会	
欧洲	CEN/TC301 欧洲标准化技术委员会/电驱动道路车辆委员会	
	CENELEC/TC69X 欧洲电工委员会/电动车辆电气系统委员会	
	UN/ECE 联合国欧洲经济委员会	

这些标准化组织机构之间的协调。牵涉到燃料电池电动汽车标准法规的标准化组织，为了更有效率地推出自己的标准法规外，他们也在积极合作、协调分工，充分利用各自的资源，开展相关研究，图6显示了在该领域 IEC、ISO 两大国际标准化组织各自的技术分委会分工、各自的工作组分工，以及它们之间的关系。

在 UNECE，为了同以上两大国际标准化组织推出的标准相协调，目前在 GRPE 和 GRSP 工作小组成立了对应的非正式工作组。分别负责排放及安全方面的事务。

（2）国外已经或即将发布的相关标准综述

燃料电池汽车作为汽车的特殊类型，需要有针对性地制定相关技术标

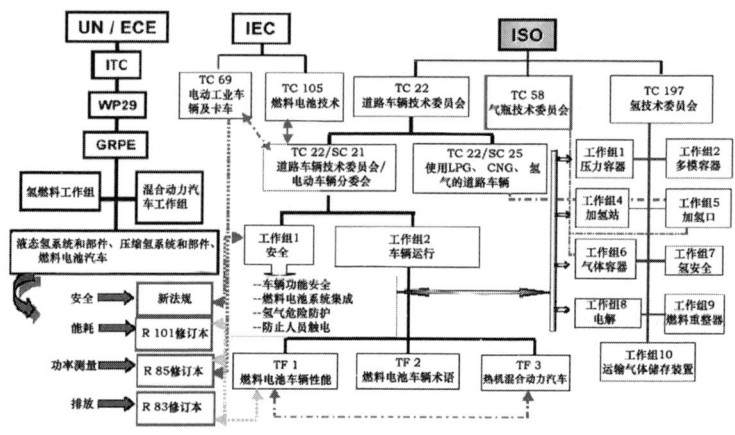

图 6 ISO、IEC 和 UNECE 之间的关系

准,即在汽车共性标准体系之外,增加燃料电池电动汽车特有的标准。① 上述国外燃料电池电动汽车标准化组织制定的燃料电池电动汽车的标准化主要有以下四个方面。

①安全方面

制订安全方面的标准主要是保证人身的安全。在多数情况下,这些内容是按法规来实施的,也就是政府强制执行,以控制或避免燃料电池电动汽车本身或其附近可能发生的危险。燃料电池电动汽车技术与内燃机技术有较大的差异,特有的安全问题主要与高压电气装备以及高压氢源的爆燃有关。[1]

为使燃料电池电动汽车得以广泛应用,必须保证燃料电池电动汽车在各种条件下都能安全运行。燃料电池电动汽车本身不是一种"危险"的产品,但为保证这类车辆的安全,消除使用者对燃料电池电动汽车的不必要恐惧心理,除要满足现有的安全标准和法规,还必须对车上的高电压装备和高压氢源等制订相应的标准和法规。

标准化和法规的主管部门有一个重要的责任,这就是要正确认识和评价作为新事物的燃料电池电动汽车在运行中潜在的危险和安全问题,不能制订

---

① 何云堂、邵忠瑛:《我国电动汽车标准体系综述》,《标准生活》2010 年第 5 期。

过严的法规或政策而限制了其发展。一辆设计得很好的燃料电池电动汽车并不会比一般设计的电气装置更危险。

适用于燃料电池电动汽车的安全标准可以分为以下几类：

电气安全：这些标准是为了防止电器漏电，使用者触电。这与车上大量的蓄电池、动力电路、充电时与电网的连接都有关系。

氢源安全：燃料电池电动汽车携带易燃、易爆的高压氢源，这些标准规定储气瓶，氢气泄漏的限值等要求，以避免危险的发生。

机械安全：这些标准与现有燃油汽车标准基本上是等效的，例如：灯光、安全带的要求等。

特殊安全：这些标准是与燃料电池电动汽车的结构有关，主要涉及蓄电池、储气瓶的安装位置以及特殊结构安全要求，电磁辐射，操作安全性，故障防护等。

②性能评价

制订燃料电池电动汽车性能方面的标准主要是为了确定客观评价车辆或零部件性能的方法和准则。对于迅速发展变化的燃料电池电动汽车技术来说，这些标准特别重要。新的产品为在市场上占有一席之地而竞争，用户要评价产品的性能，特别是评价燃料电池电动汽车的续驶里程以及能量消耗量、动力性，都需要统一而明确的标准。只有用统一的经确认有效的标准来进行性能测量，才能鉴别各厂在不同基础上所制订的性能指标，才可向公众提供可信的数据。主要有以下几方面：能源效率，续驶里程、能耗，动力性，可靠性等方面。

③运行协调

制订燃料电池电动汽车运行方面的标准主要是为了保证有些车辆零部件的通用性和互换性。最典型的标准化部件就是充电连接器以及加氢口等，要规定尺寸和操作上的要求，使得不同型号的车辆能用统一的充电/加氢连接器与充电设备/加氢设备连接，以便推广应用。此外，对于制造者来说，这些标准也很重要，有了标准就可选择，有利于降低制造成本，有利于进入市场，同时便于行业的配套及提供服务。

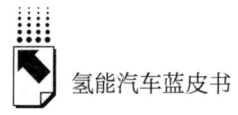

④基础标准

基础标准主要是指有关术语、标志、结构、参数等方面的标准,这方面的标准主要是建立统一的规范语言。基础标准是构成标准体系的平台和基准,其他应用标准要在此基础上建立及执行,没有基础标准将使应用标准失去描述、说明、比较的出发点,无法进行技术的交流。①

(3) 国际标准

①ISO 发布的标准

ISO 发布了多项燃料电池电动汽车的使用、安全、基础设施等标准,其中,TC22/SC21 发布的是整车标准,而 TC197 发布的则是氢燃料的。它们是:

ISO 13984　液态氢—地面车辆加注系统接口

ISO 13985.1　液态氢—地面车辆燃料箱—第 1 部分:设计、制造、检查和试验;

ISO 13985.2　液态氢—地面车辆燃料箱—第 2 部分:安装和保养;

ISO 13985.3　液态氢—地面车辆燃料箱;

ISO 13986　为液态氢的多型运输的储氢罐

ISO 14687　氢燃料—产品规格

ISO 15869.1　气态氢和氢混合气—地面车辆燃料箱—第 1 部分:一般要求;

ISO 15869.2　气态氢和氢混合气—地面车辆燃料箱—第 2 部分:金属箱特殊要求(1 型);

ISO 15869.3　气态氢和氢混合气—地面车辆燃料箱—第 3 部分:金属内胆、箍绕复合燃料箱特殊要求(2 型);

ISO 15869.4　气态氢和氢混合气—地面车辆燃料箱—第 4 部分:金属内胆、完全缠绕复合燃料箱特殊要求(3 型);

ISO 15869.5　气态氢和氢混合气—地面车辆燃料箱—第 4 部分:非金

---

① 何云堂:《我国电动汽车的标准体系》,《汽车与配件》2011 年第 22 期。

属内胆、完全缠绕复合燃料箱特殊要求（4 型）；

  ISO/TR 15916 氢系统安全基本要求；

  ISO 16110－1 利用燃料重整技术的氢气发生器—第 1 部分：安全；

  ISO 16110－2 利用燃料重整技术的氢气发生器—第 2 部分：确定效率的程序；

  ISO 16111 可运输气体储存装置—吸附在可逆金属氢化物中的氢气；

  ISO 17268 压缩氢气车辆加注连接装置（基于 SAE J2600）；

  ISO/ TS 20012 气态氢和氢混合气—加氢站；

  ISO 21009－1 液态氢储藏

  ISO 22734.1 利用电解水的氢发生器—第 1 部分：工业或商业用；

  ISO 22734.2 使用电解水的氢发生器—第 2 部分：民用；

  ISO 22918 燃料电池混合动力汽车—道路操纵特性—使用氢；

  ISO 22919 纯燃料电池电动汽车—道路操纵特性—使用氢；

  ISO 22920.1 燃料电池混合动力汽车—能量特性—第 1 部分：使用压缩氢；

  ISO 22920.2 燃料电池混合动力汽车—能量特性—第 2 部分：使用液态氢

  ISO 22920.3 燃料电池混合动力汽车—能量特性—第 3 部分：使用含碳燃料；

  ISO 22921.1 纯燃料电池电动汽车—能量特性—第 1 部分：使用压缩氢；

  ISO 22921.2 纯燃料电池电动汽车—能量特性—第 2 部分：使用液态氢；

  ISO 22921.3 纯燃料电池电动汽车—能量特性—第 3 部分：使用含碳燃料；

  ISO 22922 燃料电池混合动力汽车—排放测量—使用含碳燃料；

  ISO 22923 纯燃料电池电动汽车—排放测量—使用含碳燃料；

  ISO 23273.1 燃料电池道路车辆—安全规范—第 1 部分：汽车功能安

全;

ISO 23273.1 燃料电池道路车辆—安全规范—第2部分：装备压缩氢气的车辆的氢气危险防护；

ISO 23273.1 燃料电池道路车辆—安全规范—第3部分：防止人员触电；

ISO 23828-1 燃料电池混合动力汽车—能耗测量—第1部分：使用压缩氢气；

ISO 23829-1 纯燃料道路车辆—能耗测量—第1部分：使用压缩氢气。

ISO 24490 低温泵

②IEC发布的标准

在IEC，燃料电池标准由IEC/TC105燃料电池技术委员会制定，截至目前，IEC正在针对62282燃料电池技术起草系列技术规范、国际标准和一项技术评估报告。它们是：

IEC/TS 62282-1 燃料电池技术—第1部分：术语；

IEC 62282-2 燃料电池技术—第2部分：燃料电池模块；

IEC 62282-3-1 燃料电池技术第3-1部分：固定燃料电池电厂—安全；

IEC 62282-3-2 燃料电池技术第3-2部分：固定燃料电池电厂—性能试验方法；

IEC 62282-3-3 燃料电池技术第3-3部分：固定燃料电池电厂—安装；

IEC 62282-4 燃料电池技术第4部分：驱动和辅助动力装置（APU）的燃料电池系统；

IEC 62282-5 燃料电池技术第5部分：轻便燃料电池电气用具-安全和性能要求；

IEC 62282-6-1 燃料电池技术第6-1部分微型燃料电池系统‐安全；

IEC 62282-6-2 燃料电池技术第6-2部分微型燃料电池系统‐性能；

IEC 62282－6－3　燃料电池技术第6－3部分微型燃料电池系统－互换性；

TTA（技术趋势评估报告）4 燃料电池——大有可为的电能（1997）；

（4）国家或地区标准

①美国

a. SAE 燃料电池标准化委员会发布的标准

美国一直在进行燃料电池标准化工作。1999年，成立了SAE燃料电池论坛，它的主要任务是促进燃料电池电动汽车的代码、标准工作，顺利地把燃料电池电动汽车引入市场。美国SAE燃料电池标准化委员会是它的下属机构，其工作范围是"为燃料电池电动汽车制定标准和试验规程"并规定"标准必须包括安全及性能要求、与效能及环境保护密切相关的燃料系统可靠性和回收利用的内容，建立试验规程，以确保汽车、系统、部件性能试验的同一性。"[①]

SAE燃料电池标准化委员会是该领域标准化工作的领头人，为该领域的全球性标准化协调奠定了基础。其成员来自相关的汽车、燃料电池生产厂、供应商，政府机构和其他一些涉及相关基础设施、辅助设施建设的组织。分六个工作组：术语、界面、技术性能、排放及燃料消耗、回收再利用、安全等6个工作组。该委员会通过几年的工作，共制定了8项标准，它们是：[②]

- SAE J2574　燃料电池电动汽车术语（SAE信息报告）

该标准由术语工作组制定，标准制定过程中日本电动车辆协会和ISO提供了大量的基础信息。该标准2002年3月13日发布。该标准术语主要包含7部分：一般术语——燃料电池电动汽车通用部件和特性术语，燃料电池种类，燃料——燃料电池的燃料和燃料储存，燃料电池部件，燃料电池系统，燃料电池电动汽车系统以及燃料电池车基础构件的术语及定义。

- SAE J2578　燃料电池电动汽车一般安全（SAE推荐规程

该标准由安全工作组制定，2002年12月11日发布。本推荐规程规定

[①] 何云堂、赵静炜：《国内外燃料电池汽车标准化工作综述》，《电气技术》2006年第1期。

[②] 赵静炜：《SAE燃料电池汽车（FCEV）标准委员会燃料电池汽车标准》。

了燃料电池系统、燃料存储和电力系统安全集成到燃料电池电动汽车的技术指南。旨在提供公共道路用燃料电池电动汽车设计时应考虑的机械和电力系统的安全，是用于公共道路上运行的燃料电池电动汽车。主要内容包括以下几方面：燃料电池电动汽车设计和构造的安全导则——车辆一般安全要求，燃料系统安全，燃料电池系统安全，电系统安全，机械系统安全，故障安全保证，安全标识；操作要求——操作手册，燃料规格，车辆正常运行时的燃料释放；紧急情况的响应；车辆维护。

- SAE J2594 质子交换膜燃料电池系统回收（SAE 推荐规程）

该标准由可回收工作组制定，2003 年 9 月 2 日发布。本标准技术内容分为两部分，第 1 部分介绍了回收利用的背景，回收利用计算方法，燃料电池系统拆解、回收的要求等；第 2 部分介绍和说明 OEMFC 系统可回收利用的构成图表。

- SAE J2600 压缩氢气车辆燃料加注连接装置（SAE 标准）

该标准由接口工作组制定，2002 年 10 月 4 日发布。标准中规定了连接装置的一般结构、加注嘴、标准插口尺寸、插口、用法说明、标志的要求规定以及认证试验规程。标准中规定了连接装置燃料加注角度（Weh 角度，已被 CaFCP 采用）。该标准已提交到 ISO。

- SAE J2615 汽车用燃料电池系统性能试验规程（SAE 推荐规程）

该标准由工性能工作组制定，2005 年 1 月 5 日发布。本推荐规程提供了具有直流输出的汽车用燃料电池系统性能试验的基本框架。描述了根据制造商申明的性能指标对动力性、效能、瞬间响应、起步停车性能、环境限值、运行要求和完整性等性能进行的测量。内容为：试验设备和工具、性能参数和测量准确度要求、试验规程的范围和要求、预试验的条件、试验规程、数据采集和计算、试验结果的报告。

- SAE J2616 汽车燃料电池系统燃料处理分系统性能试验规程（SAE 推荐规程）

本标准由性能工作组制定，2005 年 1 月 5 日发布。本推荐规程主要内容包括：试验范围、试验设备和工具、性能参数和测量准确度要求、试验规程的范围和要求、预试验的条件、试验规程、数据采集、分系统参数的计算、试验结果的报告。

- SAE J1766 电动和混合动力汽车电池系统碰撞完整性推荐规程（SAE 推荐规程）

本标准由安全工作组制定，2005年4月20日发布。该推荐规程首次发布时间为1996年，1998年电动车辆安全委员会修订，本次由燃料电池电动汽车标准委员会安全工作组修订。该规程适用于所有电动和混合动力电动车辆用电池，包括SAE J1797中所描述的电池。电动和混合动力汽车包含有多种电池系统，在乘客和电池系统之间必须提供良好的绝缘保护，以防止车辆在各种碰撞中电池系统潜在的有害因素和材料对乘车人的伤害，本标准规定了电绝缘、电解液泄漏、液体间的相互反应、电池系统的固定等要求以及试验方法。

- SAE J2719 燃料电池电动汽车 H2 质量要求（SAE 信息报告）

本标准由接口工作组制定，2005年11月10日发布。

- SAE J2572 使用压缩氢气的燃料电池电动汽车排放、能耗和续驶里程测量方法（SAE 推荐规程）

本标准由排放和能耗工作组制定。主要内容包括标准适用范围、参考文件、试验条件和设备、数据采集、试验循环、车辆能耗以及车辆续驶里程的测量方法。

- SAE J2579 燃料电池电动汽车燃料系统安全

本标准由安全工作组制定。主要规定了容纳或燃料处理或其他有害物质的系统要求，包括设计以及结构要求——一般机械要求、燃料存储系统、安全调节装置、燃料切断装置、流量限值、压力要求、燃料加注连接装置、燃料排放和车辆通风设计、气体监测器、火源防护布置、故障检测和报警、标识和标签；操作要求；突发事件处理；维护的要求。[①]

- SAE J2601 压缩氢气车辆燃料加注通讯装置

---

① 赵静炜：《SAE 燃料电池汽车（FCEV）标准委员会燃料电池汽车标准》。

本标准由接口工作组负责制定。主要内容包括车辆/加氢站天线通讯（着眼于安全和100%快充（<3分钟））；加氢时车辆或车/站控制；CNG车加氢无通讯；可选择的方案：无通讯、低速慢充、供应商的设计建议。

- SAE J2617　汽车用PEM燃料电池堆分系统性能试验（SAE推荐规程）

本标准由性能工作组制定。主要规定试验的范围、试验设备及准确度、性能参数单位和测量精度要求、加入电池堆燃料纯度，例如：燃料和水，试验准备条件、试验规程——极性测量、功率曲线和堆温度；分系统参数测量；试验报告。

- SAE J2722　质子交换膜（PEM）燃料电池堆耐久试验（SAE推荐规程）

该标准在制定中。

SAE燃料电池标准委员会是该领域标准化工作的领头人，做了大量工作，而且有着重要的影响，值得注意的是J2600连接器/接口这个标准不仅被OEMs作为"标准的连接器"而且被不同的ISO团体用于车辆燃料加注站的连接器。

b. 美国NHTSA发布的标准

另外，美国交通部下属的国家公路交通安全管理局（NHTSA）开始实施氢气、燃料电池和代用燃料车辆安全研究计划，计划的目的是为了减少对外国进口燃料的依赖、提高燃油效率、降低排放；使在2020年之前，燃料电池电动汽车也可作为一种可选择的交通工具。美国正积极致力于燃料电池电动汽车的研究开发工作，其标准法规研究工作在NHTSA具体进行。在该项领域，NHTSA核心内容是通过对燃料电池电动汽车的试验，利用适合的标准就其安全评估内容进行风险评估，并向公众提供安全信息。

NHTSA开展了燃料箱（罐），燃料电池，燃料分发系统的性能试验：燃料箱（罐）的完整性试验，燃料电池安全系统的有效性（卸压装置，自动紧急关闭系统等），燃料泄漏探测，防火/爆、动力系统、燃料箱（罐）和递送系统性能测试（车辆或燃料系统实物模型）等。

NHTSA开展了车载燃料加注接口系统/加氢站接口的性能试验：泄漏，火花/接地，车辆与加氢站之间的通信等。

NHTSA 开展了燃料电池电动汽车整车的性能试验：泄漏（运行和停车时），燃料电池，冷却系统和辅助电池之间的电隔离，实车碰撞（正碰，侧碰，后碰），碰撞后处理等。

目前，美国在 SAE 中已经有了燃料电池电动汽车术语，安全等标准，在燃料系统中已有的标准是：联邦法典第 49 卷，第 571 部分"联邦机动车安全标准"中 301 至 305，共 5 项标准。这些分别定义了燃油系统、内饰材料、CNG 系统、CNG 气瓶、电动汽车等方面的内容，但是 301 和 303 没有定义氢气特性，如易于泄漏，无色无味，空中 4%～75% 的可燃浓度区域，低至 0.02 mJ 的最低着火能量等；301 和 304 没有定义车载氢气储存特性，如高压（10000 psi），低温液体的通风和冷却，金属氢化物（加放氢的热管理）等；305 没有定义高压部件的特性，其中电隔离的要求对于燃料电池电动汽车来说需要进行适当的修改。NHTSA 的目标：在 FMVSS 的 300 系列标准中加入氢和燃料电池的内容，并积极参加 GTR 制订过程。同时研究 SAE J2572、J2578、J2579、J2600、J2601 的相关内容。

②欧洲

欧洲经济委员会也把现有法规针对氢汽车、燃料电池等方面进行了修改或补充，例如，在 UN/ECE 的 101 法规中，已经加入了由欧盟的燃料电池电动汽车协会（EU/FUEVA）负责起草的燃料电池电动汽车燃料消耗量测试方法。其他详细情况如表 6 所示。

表6 有关氢燃料的 EEC 指令/ECE 法规

主题	EEC 指令/ECE 法规
排放	70/220/EEC 包括最新的修正本以及 ECE R83
燃料箱/后防护装置	70/221/EEC 包括最新的修正本以及 ECE R34/58
控制的识别	78/316/EEC 包括最新的修正本
燃料消耗量	80/1268/EEC 包括最新的修正本以及 ECE R 101
发动机功率	80/1269/EEC 包括最新的修正本以及 ECE R84
侧碰	96/27/EC& ECE R95

续表

主题	EEC 指令/ECE 法规
正碰	96/79/EC& ECE R94
车辆性能测试	96/96/EC&PTI
CO_2 标识	99/94/EC
基础指令	70/156/EEC 包括最新的修正本
电动汽车	新的 EC 指令和 ECE R100
除霜/除湿	78/317/EWG（已在进展之中）

按照已有的计划，UNECE 将在 2006 年完成以下技术法规，它们是：

- 关于使用液态氢车辆的专门部件认证的统一条款
- 关于安装有使用液态氢专门部件的车辆认证的统一条款
- 关于使用压缩气态氢车辆的专门部件认证的统一条款
- 关于安装有使用压缩气态氢专门部件的车辆认证的统一条款

在 2010 年，完成这些内容的全球技术法规（GTR），目前这些工作正在紧锣密鼓地进行，已经在 UNECE/WP29 的 GRPE 和 GRSP 两个小组内分别成立工作组，由德国专家负责。

GTR 路线图：利用欧洲诸多氢燃料电池电动汽车示范运行结果、研究成果以及已有的 ECE 关于氢燃料电池电动汽车的法规草案直接形成 GTR 技术草案，这期间，相关的研究工作还同步进行。另外，在 2006 年开始的欧盟 FG7（欧盟第七框架计划）收集一些问题的技术细节，以充实 GTR 草案。目标是 2010 年正式发布氢燃料电池电动汽车的全球技术法规。

GTR 的制定原则：对于已成熟的可用于燃料电池的技术 – 为 UN GTR 制定性能标准

- 碰撞后的电气隔离
- 碰撞后的燃料防泄漏
- 正常使用中的燃料防泄漏（渗漏）

对于未成熟的技术领域，如氢存储和燃料质量，则制定过渡性标准，并通过汽车示范项目评估标准的完整性，最后将过渡性标准修订为真正的性能标准。

制定燃料电池电动汽车的全球技术法规是通向全球协调统一法规的必由之路。中国是1998年协议的签字国，该项技术法规的确立将对中国的燃料电池电动汽车法规产生直接影响。

③日本燃料电池电动汽车安全法规

第一，日本的安全法规

a. 安全法规导则，即基本要求，涉及燃料电池电动汽车的有燃料系统和电系统两大块。"燃料系统要求"在导则第17章。

b. 安全法规规定的技术细节（APD），这是日本法规的核心内容所在，主要分为三章，270篇。他们把与燃料电池相关的内容加入各自相关的条款当中，而不是分别把他们单独列出来，例如在安全导则17章中有"燃料系统要求"，而对应的技术细节则需要分别到APD的98.3，98.4，98.5，176.3和176.4中去找。

c. 技术标准，这些技术标准以附件的形式出现。当需要对某一项技术细节进行更深入的研究，则需要找到对应的技术细节。日本国土交通省在2005年3月31日发布的第386号公告中，对道路车辆的安全法规中加入了燃料电池电动汽车方面的内容。主要涉及以下项目：

- 附件17 碰撞时的燃油箱泄漏
- 附件38 定置噪声级的测量
- 附件84 风窗玻璃刮水器、洗涤器
- 附件86 除霜除雾系统
- 附件100 压缩氢气汽车的燃料供给系统
- 附件101 燃料电池电动汽车关于高压电的乘员保护

如上述的"燃料系统要求"对应的试验方法在附件100给出。

总之，日本的安全法规是一个庞杂的系统，与中国的标准体系相比，显得复杂，但很严密，需要仔细研究才能掌握其内容。

第二，日本的燃料电池电动汽车的安全法规

日本燃料电池电动汽车的安全法规包含在以下三个方面。

- 整车标准：实车碰撞时的氢气泄漏限制
- 零部件标准：氢气燃料箱和附件
- 安全系统标准：

氢气安全：氢气系统组成

氢气泄漏警告系统

氢气清除数量

高电压安全：防止直接接触

防止间接接触

下面分别从氢气安全、高电压安全（防止电击）、环保和视野相关项目测试几个方面做一归纳，并分别介绍一下，以了解日本燃料电池电动汽车安全法规的全貌。

a. 日本燃料电池电动汽车安全法规-氢气安全

首先，氢气泄漏的考虑，有三种情形：没有泄漏；泄漏发生时，能感觉到，并关闭气源；泄漏时，没有气体堆积，或气体进入乘客舱。

其次，氢气泄漏的探测，有三种方式：氢气传感器的使用、压力下降的测量跟踪、流量变化率的测量。

b. 日本燃料电池电动汽车安全法规-高电压安全（防止电击）

首先，ECE R100 要求的内容：

- 防止直接接触
- 防止间接接触
- 100Ω/V 绝缘电阻

另外，对于燃料电池来说，由于冷却液泄漏等原因开始导电，可能会使隔离电阻值降低，需要采取必要的安全措施：

- 防止乘员与下列导电部件的直接或间接接触：这些部件同冷却液直接接触。
- 当绝缘电阻下降到 100Ω/V 时，有相应的警告信号。
- 有漏电流时，自动切断电力供应。

c. 日本燃料电池电动汽车安全法规-环保

氢气燃料质量不仅影响燃料电池的质子交换膜的使用寿命,同时对排放产物有不同的影响。

- 尾气排放:可能的排放物质测量
- 噪声测试:静置噪声测量
- 燃料消耗量测试:对于燃料电池电动汽车来说,目前的型式认证不要求进行该项测试,但在公害研究所利用重量分析的方法(10-15工况下)进行燃料消耗量测试。目前国际标准组织/TC22正在考虑制定该项标准。

d. 日本燃料电池电动汽车安全法规-视野相关项目测试

低温时除霜除雾、刮水器试验,因为在低温时,电机或燃料电池均不工作,需要借助外部能源来进行试验。

3. 中国的燃料电池电动汽车标准

(1)术语与定义

中国根燃料电池电动汽车术语和定义相关的标准有两项(见表7)

表7 燃料电池电动汽车术语与定义标准

序号	标准号	标准名称	范围	内容
1	GB/T19596-2017	电动汽车术语	本标准适用于电动汽车整车、电机及控制器、蓄电池及充电器。	①定义整车术语:主要包括电动汽车、结构与部件、性能三大类 ②定义电机及控制器的术语:主要包括电机、控制器、电机类型、控制器部件、相关装置、性能参数 ③定义可充电储能系统的术语:主要包括可充电储能装置种类、结构与部件、规格与性能、容量、能量、功率、密度、电压、电流及现象等 ④定义了充电机的术语:主要包括概述、充电方式、控制方式、规格与性能等
2	GB/T24548-2009	燃料电池电动汽车术语	本标准规定了燃料电池电动汽车相关的术语及其定义。本标准适用于使用气态氢的燃料电池电动汽车整车及部件。	①通用术语:主要包括燃料电池、冷/热启动、氢脆、中毒等 ②质子交换膜燃料电池(PEMFC)系统:主要包括燃料电池堆、辅助系统两部分 ③车载供氢系统:包括高压储氢容器、氢气加注口、额定加注压力等 ④燃料电池电动汽车整车系统:包括整车集成、燃料电池动力系统等 ⑤性能及试验方法:包括燃料电池安全与性能要求、燃料电池系统性能试验方法两部分

(2) 整车电安全

电动汽车的一般安全要求是（包括混合动力）在正常使用状态下的电安全要求，只要是包含 B 级电路的动汽车都有此项要求。电动汽车的一般安全要求一般包含三个层次：动力电池与整车的绝缘问题；特殊功能安全动力电池与整车的绝缘问题；特殊功能安全题；高压电力系统对人体的潜在击伤害。

电动汽车的一般安全要求在标准上体现为目前的国 GB/T18384 - 1/2/3 电动汽车安全要求三个标准中，其来源是 ISO6469 的 1 - 2 - 3 部分。

(3) GB/T 31467.3 - 2015 电动汽车用锂离子动力蓄电池包和系统 - 第 3 部分：安全性要求和测试方法

GB/T31467.3 - 2015《电动汽车用锂离子动力蓄电池包和系统　第 3 部分：安全性要求和测试方法》，规定了电动汽车用锂离子动力蓄电池包和系统安全性要求和测试方法，主要包括机械试验，环境试验和电气试验三个部分。机械试验主要包括：振动、机械冲击、跌落、翻转、模拟碰撞和挤压；环境试验主要包括：温度冲击、湿热循环、海水浸泡、外部火烧、盐雾和高海拔。电气试验主要有过温保护、短路保护、过充电保护和过放电保护。其中与碰撞后安全有关的部分主要有机械冲击、翻转、模拟碰撞、挤压、外部火烧、短路保护，本部分只对碰撞后相关部分进行研究。

(4) GB/T xxxx 低速行驶提示音

电动汽车（纯电动汽车、混合动力汽车、燃料电池电动汽车等）在纯电动模式下以低速行驶时，平均车外噪声与传统内燃机车辆相比有明显的降低，使得道路的其他使用者，包括行人、自行车等，特别是盲人和有视觉障碍的人不容易察觉到车辆的接近，容易导致发生交通事故。针对电动汽车的低速行驶安全性问题，美国国家高速公路安全委员会（NHTSA）、日本国土交通省（MLIT）、联合国欧洲经济委员会（UNECE）世界车辆法规协调论坛（WP29）等近年来做了大量的研究和讨论，一致确定在具有纯电动行驶模式的电动汽车上，需配备能够在低速行驶时发出警示提示音的装置，以减小和行人发生交通事故的概率。国内各汽车制造商在电动汽车领域的投入以及产出越来越大，为了避免因为过于安静造成的意外事故，有必要制定电动汽车低速行驶提示音技术标准，提高电动汽车在低速行驶状态下的可察觉性，增强电动汽车的安全性能，有效保护包括行人在内的其他道路使用者的人身安全。

标准规定了电动汽车低速行驶提示音工作的车速范围、声级限值、频率要求、声音类型以及暂停开关等要求和试验方法（见表8、表9）。本标准适用于 M1、N1 类的纯电动汽车、具有纯电动行驶模式的混合动力车辆以及燃料电池电动汽车。

表8 电动汽车低速行驶提示音

项目	内容
工作的车速范围	提示音系统的工作车速范围应至少包含大于0km/h 且小于等于20km/h 车辆静止且处于可行驶模式状态下，厂商可选择是否让低速提示音系统发声
声级限值	按照规定方法测得的电动汽车车外噪声，需在其所包含的各个1/3倍频程上，其中至少两个1/3倍频程上不小于表9中所规定的声级 装备了提示音系统的车辆在行驶时发出的噪声最大不应超过75dB(A)
频率要求	●频率范围 提示音系统所发出的声音,应至少包含两个表1中所规定的1/3倍频程,且至少有一个1/3倍频程在1600Hz(含)以下。这两个1/3倍频程的最低声级,应不低于表9中规定的对应的声级限值 ●频移 当车辆以5km/h～20km/h范围内的某一速度前进时,提示音系统所发出的声音中,至少有一个表1中所规定的1/3倍频程的频率会随车速的增加而变大,或随着车速减小而变小。该频率的最小平均频移速度应满足≥0.8%/(km/h)
声音类型	汽车制造商可提供多种替换声音类型,驾驶人员可进行选择,且每一种声音试验时应满足标准要求 电动汽车低速提示音不能使用特殊交通工具特定音效,推荐使用类似传统发动机引擎音的声音
暂停开关	●配备提示音系统的车辆,可由制造商选择是否配置暂停开关 ●暂停开关应布置在驾驶员正常驾驶状态下视线可及、可接触和操作的位置 ●当暂停开关被激活时,应有明确的信号装置(声、光、电或其他装置)释放信号提示驾驶员低速行驶提示音系统已被暂停使用 ●车辆使用钥匙或启动按钮恢复到"OFF"状态后再重新启动时,提示音系统应重新开始工作 ●如果车辆配置了暂停开关,制造商应就其功能影响向顾客做出说明

续表

项目	内容
试验方法	本标准包括三项具体试验内容,均可以在户外或室内进行,先测试背景噪声,作为讨论提示音声压级和频移试验结果的前提;然后进行提示音声压级和频移试验,其中:提示音声压级测试项目包括前进恒速、倒车恒速,都可以通过实车试验或者外部信号模拟的方式测试;频移测试提供了5种可选用的试验方法,需要结合实际试验条件进行选择,频移测试在原数据的基础上还需要进行计算分析

资料来源:《GB/T xxxx.电动汽车低速行驶提示音》。

表9 最低声级限值

单位:dB(A)

频率/(Hz)		匀速向前行驶 车速10km/h	匀速向前行驶 车速20km/h	倒挡行驶
计权声级(总声级)		52	58	49
1/3倍频程	160	47.0	52.0	—
	200	46.0	51.0	—
	250	45.0	50.0	—
	315	46.0	51.0	—
	400	47.0	52.0	—
	500	47.0	52.0	—
	630	48.0	53.0	—
	800	48.0	53.0	—
	1000	48.0	53.0	—
	1250	48.0	53.0	—
	1600	46.0	51.0	—
	2000	44.0	49.0	—
	2500	41.0	46.0	—
	3150	38.0	43.0	—
	4000	36.0	41.0	—
	5000	33.0	38.0	—

(5) GB/T XXXX燃料电池电动汽车定型试验规程

本标准规定了燃料电池电动汽车新产品设计定型试验的实施条件、试验项目、试验方法、判定依据和试验报告的内容。

试验项目由强制性标准检验、整车性能试验和整车试验场可靠性行驶试验3部分组成。

改装车的试验项目应根据具体变化确定具体的试验项目，凡因改装而引起变化的项目都应该进行试（检）验。

①强制性标准检验

强制性标准的检测项目基本上包含了燃料电池电动汽车适用的现行的标准，其中车外噪声、风窗玻璃除霜、除雾三项试验方法如下：

• 燃料电池电动汽车应在燃料电池模式做车外噪声试验，试验在参照GB1495《汽车加速行驶车外噪声限值及测量方法》。

• 燃料电池电动汽车在做风窗玻璃除雾系统试验时，按照GB/T 24552-2009《电动汽车风窗玻璃除霜除雾系统的性能要求及试验方法》进行，不限制燃料电池是否启动。

• 燃料电池电动汽车在做风窗玻璃除霜系统试验时，按照GB/T 24552-2009《电动汽车风窗玻璃除霜除雾系统的性能要求及试验方法》进行，不限制燃料电池是否启动。

②整车性能试验

燃料电池电动汽车的整车性能试验应在国家授权的试验场地内进行。

试验项目按照产品技术条件进行评定。包括：

• 整车基本参数测量和主要性能测试

• 燃料电池电动汽车专项性能试验

• 燃料电池电动汽车的车辆安全

• 燃料电池电动汽车动力性中的最高车速按GB/T 26991的规定进行测量，其他动力性能按GB/T 18385的规定进行测量

• 燃料电池电动汽车的能量消耗和续驶里程按GB/T XXXXX的规定进行测量。

③可靠性行驶试验

燃料电池电动汽车的可靠性行驶试验应在国家授权的试验场地内进行。全新设计的燃料电池电动汽车按相应传统车辆进行可靠性行驶试验；改装车可靠性行驶试验的总里程为15000km，总质量小于3.5t的车辆里程分配为

强化坏路3000km，平路2000km，高速跑道5000km，耐久工况5000km（方法按照GB/T19750附录B的规定进行）；总质量大于3.5t的车辆里程分配为强化坏路3000km，平路2000km，高速跑道5000km，运行使用试验5000km。

燃料电池电动汽车按相应传统车辆进行可靠性行驶试验，关键总成不能出现1、2类故障；安全性能不降低。

（6）GB/T 35178-2017 燃料电池混合动力电动汽车 氢气消耗量测量方法

本标准规定了燃料电池电动汽车氢气消耗量的测量方法。本标准适用于使用压缩氢气的不可外接充电的燃料电池电动汽车。①

轻型车辆应按照GB/T 19753规定的试验程序进行。为了测量氢气消耗量，在底盘测功机上的试验车辆的工况参考GB/T 19753的规定。

重型车辆应按照GB/T 19754规定的试验程序进行。为了测量氢气消耗量，在底盘测功机上的试验车辆的工况参考GB/T 19754的规定。

可以选择下面三种方法中的一种方法进行车辆的氢气消耗量的测量：

- 压力温度法
- 质量分析法
- 流量法

试验进行三次，试验结果取三次平均值，圆整到小数点后两位数字。

（7）GB/T 24549-2009 燃料电池电动汽车 安全要求

GB24549规定了电安全、氢气安全等燃料电池电动汽车涉及的安全要求，其中电安全部分主要使用GB/T 18384中的条款，此处重点介绍燃料电池电动汽车整车特有的燃料系统、燃料电池系统、动力电路系统、功能、故障防护和碰撞等方面的安全要求。本标准适用于使用气态氢的燃料电池电动汽车。②

---

① 《GB/T 35178-2017. 燃料电池混合动力电动汽车氢气消耗量测量方法》。
② 《GB/T 24549-2009. 燃料电池电动汽车安全要求》。

①整车氢气排放与检测

车辆排气系统按照 GB/TXXXX《燃料电池电动汽车 整车氢气排放测试方法》怠速热机状态氢气排放章节试验方法进行,并满足以下要求。

a. 在进行正常操作(包括开车和停车)时,任意3s内的平均氢气浓度不超过4%(体积浓度);

b. 在任何瞬时氢气浓度不大于8%(体积浓度)。

②整车氢气泄漏及检测

氢气泄漏量:对一辆标准乘用车进行氢气渗透量、泄漏量评估时,需要将其限制在一个封闭的空间内,增压至标称工作压力,确保氢气的渗透和泄漏量在稳态条件下不超过 0.15NL/min 速度测试困难,计算建议用浓度替代;

储氢系统泄漏或渗透的氢燃料,不得直接排到乘客舱、行李舱/货舱,或者车辆中任何有潜在火源风险的封闭空间或半封闭空间。

在安装氢系统的封闭或半封闭的空间上方的适当位置,至少安装一个氢泄漏探测器,能实时检测氢气的泄漏量,并将信号传递给氢气泄漏警告装置;

在驾驶员容易识别的部位安装氢气泄漏警告装置;该装置能根据氢气泄漏量的大小发出不同的警告信号。泄漏量与警告信号的级别由制造商根据车辆的使用环境和要求决定。一般情况下,在泄漏量较小时,即空气中氢气体积含量≥2%时,发出一般警告信号;在氢气泄漏量较大时,即空气中氢气体积含量≥4%时,立即发出严重警告信号,并自动关断氢供应;但如果车辆装有多个氢系统,允许仅关断有氢泄漏部分的氢供应,给予更严苛方法豁免。

氢泄漏探测器发生短路、断路等故障时,应能对驾驶员发出故障报警信号。

③功能安全要求

驾驶员易于观察的地方,应装有指示储氢容器氢气压力的仪表,或指示氢气剩余量的仪表。

④储氢容器和管路要求

储氢容器和管路一般不应装在乘客舱、行李舱或其他通风不良的地方；但如果不可避免要安装在行李舱或其他通风不良的地方时，应设计通风管路或其他措施，将可能泄漏的氢气及时排出。储氢容器和管路等应安装牢固，紧固带与储氢容器之间应有缓冲保护垫，以防行车时发生位移和损坏。

对可能受排气管、消声器等热源影响的储氢容器、管道等应有适当的热绝缘保护。要充分考虑使用环境对储氢容器可能造成的伤害，需要对储氢容器组加装防护装置。直接暴露在阳光下的储氢容器应有必要的覆盖物或遮阳棚。

⑤管路要求

氢系统管路安装位置及走向要避开热源以及电器、蓄电池等可能产生电弧的地方。尤其管路接头不能位于密闭的空间内。高压管路及部件可能产生静电的地方要可靠接地，或其他控制氢泄漏量及浓度的措施，即便在产生静电的地方，也不会发生安全问题。

支撑和固定管路的金属零件不应直接与管路接触，但管路与支撑和固定件直接焊合或使用焊料连接的情况例外。

刚性管路不得产生与相邻部件碰撞和摩擦；管路保护垫应能抗震和消除热胀冷缩影响，两端固定的管路在其中间应有适当的弯曲，支撑点的间隔应不大于1m。

⑥超压泄放系统要求

该项目采用目测检查的方法对燃料系统进行验证。

超压泄放系统要求如下：

a. 在连接温度驱动超压泄放装置（TPRD）和压力驱动泄放装置（PRD）释放管路的出口处采取必要的保护措施（如加盖一个管帽），防止在使用过程中被异物堵塞，影响气体释放。

b. 通过温度驱动安全泄压装置（TPRD）释放的氢气，不应：

Ⅰ流入封闭空间或半封闭空间；

Ⅱ流入或流向任一车轮罩；

Ⅲ流向储氢瓶；

Ⅳ朝车辆前方向释放。

c. 通过安全泄压装置（如爆破片）释放的氢气，不应：

Ⅰ流向裸露的电气端子、电气开关或其他引火源；

Ⅱ流向或流入乘客舱或货舱；

Ⅲ流向或流入任一汽车轮罩；

Ⅳ流向储氢瓶。

与PRD相连的管道、通道和出口的制造材料使用熔点高于538℃（1000°F）的金属材料。

⑦加氢口要求

汽车燃料系统应包含能够保证燃料加注时切断向燃料电池系统供应燃料的功能。

加氢口应具有能够防止尘土、液体和污染物等进入的防尘盖，防尘盖旁边应注明燃料加注口的最大加注压力。燃料加注口应设置在汽车侧面。

加氢口应有消除汽车静电的措施。

加氢口应能够承受来自任意方向的670N的载荷，不应影响到燃料系统气密性。①

⑧燃料管路氢气泄漏及检测

减压阀之前的燃料管路内的压力为1.25标称工作压力，其他管路处于额定工作压力。

应使用气体探测仪或泄漏检测液（如肥皂溶液）对高压部分与燃料电池堆（或燃料电池系统）之间的燃料管路的可接近部分进行氢气泄漏检测。应对接头部位进行重点泄漏检测。

当使用气体探测仪进行检测时，探测仪应尽可能靠近管路，且检测应至少持续10s，氢气泄漏体积浓度应该小于1%。

当使用泄漏检测液进行检测时，在使用泄漏检测液后的3min应进行目

---

① 《GB/T 24549-2009. 燃料电池电动汽车安全要求》。

测检查，以3min内没有出现气泡为合格。

⑨氢气泄漏报警装置功能要求

报警装置应通过警报灯或具有下列特性的文字显示对驾驶员发出警报：

a. 坐在驾驶座位的驾驶员应能够看到警报，不应受天气和时间的影响。

b. 系统故障时报警应为黄色；满足B2.3.3项条件时，报警应为红色。

c. 在车辆运行过程中或启动过程中，当车内封闭空间或半封闭空间内出现氢气浓度超过1.0%~3.0%内某个值的泄漏情况时，警报应保持亮起。

d. 当大于2.0%~4.0%内某个值泄漏报警发生后，泄漏浓度低于报警值时，只有在下次燃料电池系统启动时才能复位报警状态，取消报警。

e. 车内安装的氢浓度监测设备精度应高于0.1%vol。

⑩燃料排出装置要求

为了对燃料装置进行维修保养或其他目的，应规定从汽车上排出燃料的方法。

⑪用户手册要求

燃料电池电动汽车制造厂商应该提供用户手册，指明汽车特定的操作、燃料和安全特征。手册中至少包括以下内容：

汽车安全操作程序，包括操作环境；

汽车上储存、使用的燃料、冷却剂等物料的注意事项；

汽车操作系统能显示设备危险情况，并当检测出问题时能采取适当行动；

应对燃料电池电动汽车的停车场地要求做出说明；

燃料加注程序和安全设备注意事项；

操作人员更换部件或释放燃料的注意事项；

对关系到电池电堆等重要部件的维护进行说明；

路边紧急救援信息；

说明紧急情况处理的办法；

对是否有不适合行车的场所进行说明。

⑫服务手册要求

燃料电池电动汽车制造厂应编制与汽车维修、保养相关的信息。推荐至少包括以下内容：

对用户汽车维修场所进行说明；

汽车使用的危险材料的化学和物理特性；

在维修期间，汽车或其系统可能出现的危险；

汽车发生某种危险时特有的急救程序；

维护工具、装备和个人保护装备；

特殊维护工作的方法和程序；

必需的维护项目、维护周期列表；

从燃料电池电动汽车中置换燃料的程序。

（8）可充电储能系统

燃料电池电动汽车上搭载的可充电储能系统属于车辆的关键系统之一。

对车载储能系统的标准进行了解，首先需要明确动力电池、可充电储能系统和车载储能系统三个概念。动力电池，是动力蓄电池的简称，即为电动汽车动力系统提供能量的可以重复充电和放电的电化学装置，包括锂离子电池、镍氢电池、铅酸电池以及锂硫电池和固态电池等。另外，还涉及可充电储能系统和车载储能系统的概念，可充电储能系统是指由可充电储能装置构成的系统，强调可以重复充电，不强调电化学装置的属性，包括动力蓄电池、超级电容、飞轮储能装置；车载储能系统不强调可以重复充电，也不强调电化学装置的属性，包括动力蓄电池、超级电容、锌空气电池、飞轮以及燃料电池等。在动力电池、可充电储能系统和车载储能系统三个概念中，以车载储能系统的范围最为宽泛，也能更好地包容在电动汽车上使用的储能系统。

如图7红色的部分所示，依据目前电动汽车产业化应用的情况，超级电容和锌空气电池也是动力电池的有益补充，因此也纳入作为动力电池标准化工作的一部分，但不包括储能飞轮（没有大规模应用）和燃料电池（另有专项标委会）；同时对可充电储能系统和车载储能系统共同的关键附件，如电池管理系统、电池箱等制定了标准。

我国动力电池标准体系围绕整车安全、性能、寿命、空间布置与循环

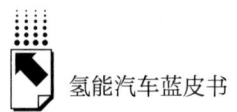

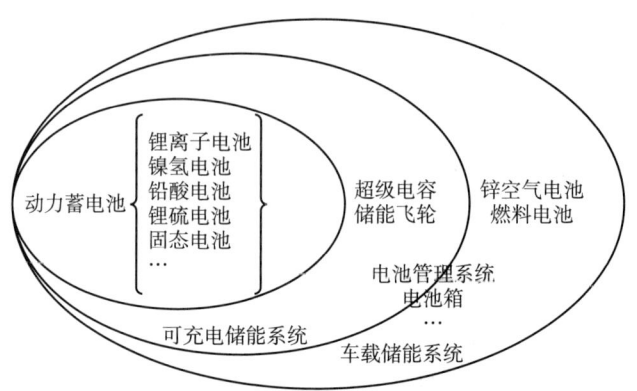

图7　动力电池标准化工作涉及的范畴

利用等需求开展研究,与整车标准体系密不可分,图8所示为我国动力电池标准关键领域与典型标准,主要包括18项电池单体、模块、电池包和系统的电性能、循环寿命、安全性、互换性回收利用及关键附件相关标准,有力支撑了"新能源汽车生产企业和产品准入"等行业管理政策的发布和实施。

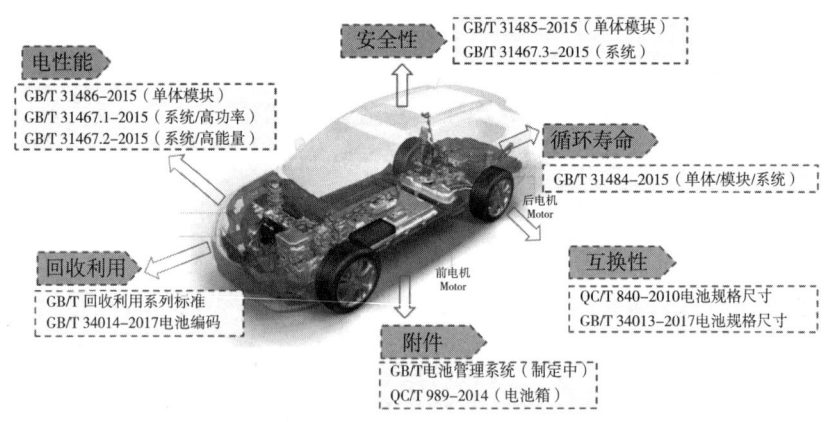

图8　我国动力电池标准关键领域与典型标准

我国现行有效的动力电池新产品标准如表10所示,其中推荐性国家标准9项,行业标准8项,总计17项。

表 10 我国现行有效的动力电池新产品标准汇总

序号	标准号	标准名称
1	GB/T 31484－2015	电动汽车用动力蓄电池循环寿命要求及试验方法
2	GB/T 31485－2015	电动汽车用动力蓄电池安全要求及试验方法
3	GB/T 31486－2015	电动汽车用动力蓄电池电性能要求及试验方法
4	GB/T 31467.1－2015	电动汽车用锂离子动力蓄电池包和系统第1部分:高功率应用测试规程
5	GB/T 31467.2－2015	电动汽车用锂离子动力蓄电池包和系统第2部分:高能量应用测试规程
6	GB/T 31467.3－2015	电动汽车用锂离子动力蓄电池包和系统第3部分:安全性要求与测试方法
7	GB/T 18333.2－2015	电动道路车辆用锌空气蓄电池
8	GB/T 34013－2017	电动汽车用动力蓄电池产品规格尺寸
9	GB/T 34014－2017	汽车动力蓄电池编码规则
10	QC/T 741－2014	车用超级电容器
11	QC/T 742－2006	电动汽车用铅酸蓄电池
12	QC/T 743－2006	电动汽车用锂离子蓄电池
13	QC/T 744－2006	电动汽车用金属氢化物镍蓄电池
14	QC/T 840－2010	电动汽车用动力蓄电池产品规格尺寸
15	QC/T 897－2011	电动汽车用电池管理系统技术条件
16	QC/T 989－2014	电动汽车用动力蓄电池箱通用要求
17	QC/T 1023－2015	电动汽车用动力蓄电池系统通用要求

作为目前动力电池的主要类型,锂离子电池和镍氢电池的标准占了可充电储能系统标准的大多数,如表11所示。

表 11 锂离子电池和镍氢电池相关标准汇总

序号	标准号	标准名称	范围	主要内容
1	GB/T 31484－2015	电动汽车用动力蓄电池循环寿命要求及试验方法	本标准规定了电动汽车用动力蓄电池(以下简称蓄电池)的循环寿命技术要求、试验方法、检验规则 本标准适用于装载在电动汽车上的动力蓄电池单体、模块和系统	本标准主要技术内容如下: ·标准循环寿命; ·工况循环寿命:混合动力乘用车用功率型蓄电池、混合动力商用车用功率型蓄电池、纯电动乘用车用能量型蓄电池、纯电动商用车用能量型蓄电池、插电式和增程式电动汽车用蓄电池。

续表

序号	标准号	标准名称	范围	主要内容
2	GB/T 31485-2015	电动汽车用动力蓄电池安全要求及试验方法	本标准规定了电动汽车用动力蓄电池(以下简称蓄电池)的安全要求、试验方法、检验规则。本标准适用于装载在电动汽车上的锂离子蓄电池和金属氢化物镍蓄电池单体和模块,其他类型蓄电池参照执行	本标准主要技术内容如下: ·单体蓄电池技术要求及试验方法包括:过放电、过充电、短路、跌落、加热、挤压、针刺、海水浸泡、温度循环、低气压等; ·蓄电池模块技术要求及试验方法包括:过放电、过充电、短路、跌落、加热、挤压、针刺、海水浸泡、温度循环、低气压等。
3	GB/T 31486-2015	电动汽车用动力蓄电池电性能要求及试验方法	本标准规定了电动汽车用动力蓄电池(以下简称蓄电池)的电性能要求、试验方法、检验规则。本标准适用于装载在电动汽车上的锂离子蓄电池和金属氢化物镍蓄电池单体和模块,其他类型蓄电池参照执行	本标准主要技术内容如下: ·单体蓄电池技术要求及试验方法包括:外观、极性、外形尺寸及质量、室温放电容量; ·蓄电池模块技术要求及试验方法包括:外观、极性、外形尺寸及质量、室温放电容量、室温倍率放电容量、室温倍率充电性能、低温放电容量、高温放电容量、荷电保持与容量恢复能力、耐振动、储存。
4	GB/T 31467.1-2015	电动汽车用锂离子动力蓄电池包和系统第1部分:高功率应用测试规程	本部分规定了电动汽车用高功率锂离子动力蓄电池包和系统电性能的测试方法。本部分适用于装载在电动汽车上,主要以高功率应用为目的的锂离子动力蓄电池包和蓄电池系统,以高功率应用为目的的镍氢动力蓄电池包和系统等参照执行	—

续表

序号	标准号	标准名称	范围	主要内容
5	GB/T 31467.2－2015	电动汽车用锂离子动力蓄电池包和系统第2部分：高能量应用测试规程	本部分规定了电动汽车用高能量锂离子动力蓄电池包和系统电性能的测试方法 本部分适用于装载在电动汽车上，主要以高能量应用为目的的锂离子动力蓄电池包和蓄电池系统，以高能量应用为目的的镍氢动力蓄电池包和系统等参照执行	—
6	GB/T 31467.3－2015	电动汽车用锂离子动力蓄电池包和系统第3部分：安全性要求与测试方法	本部分适用于装载在电动汽车上的锂离子动力蓄电池包和系统，镍氢动力蓄电池包和系统等参照执行。本部分规定了电动汽车用锂离子动力蓄电池包和系统安全性的要求和测试方法	—
7	GBXXXXX	电动汽车用动力蓄电池安全要求	本标准规定了电动汽车用动力蓄电池（以下简称电池）单体、电池包或系统的安全要求和试验方法 本标准适用于电动汽车用锂离子电池和镍氢电池等可充电储能装置	—
8	GB/T 34013－2017	电动汽车用动力蓄电池产品规格尺寸	本标准规定了电动汽车用动力蓄电池（以下简称蓄电池）单体、模块和标准箱规格尺寸要求 本标准适用于装载在电动汽车上的锂离子蓄电池和金属氢化物镍蓄电池，其他类型蓄电池参照执行	—
9	GB/T 34014－2017	汽车动力蓄电池编码规则	本标准规定了汽车动力蓄电池编码的对象、代码结构和数据载体 本标准适用于汽车动力蓄电池、超级电容器及其他可充电储能装置	—

(9) GB/T 24554-2009 燃料电池发动机性能试验方法

本标准规定了燃料电池发动机起动特性、稳态特性、动态响应特性、气密性检测、绝缘电阻检测等试验方法。本标准适用于车用质子交换膜燃料电池发动机。燃料电池发动机性能试验项目及方法（见表12）。

表12 燃料电池发动机性能试验项目及方法

试验项目	试验方法
冷机方法	燃料电池发动机(冷却液加注完成)在规定的温度和湿度条件下保温足够长的时间以保证燃料电池发动机内部温度与环境温度相同,静置时间至少为12h
热机方法	按照制造厂的使用规定,使燃料电池发动机工作在一定功率,同时监测燃料电池堆冷却液的出口温度,一旦燃料电池堆冷却液的出口温度达到正常工作温度,即认为燃料电池发动机达到热机状态[1]
起动特性试验	冷起动特性试验 试验条件 试验前燃料电池发动机处于冷机状态。试验过程应自动进行,不能有人工干预 试验方法 冷起动特性试验按以下方法进行: a) 按照制造厂规定的起动操作步骤起动燃料电池发动机 b) 燃料电池发动机起动后,在急速状态下持续稳定运行10min 试验过程中测量记录的数据 试验中测量的数据:冷起动时间、燃料电池发动机系统电压 热起动试验 试验条件 试验前燃料电池发动机处于热机状态,试验过程应自动进行,不能有人工干预 试验方法 热起动试验按以下方法进行: a) 按照制造厂规定的起动操作步骤起动燃料电池发动机 b) 燃料电池发动机起动后,在急速状态下持续稳定运行10min 试验过程中测量记录的数据 试验中测量的数据:热起动时间、燃料电池发动机系统电压
额定功率试验	试验条件 试验前燃料电池发动机的状态为热机状态,试验过程应自动进行,不能有人工干预 试验方法 额定功率试验按以下方法进行: a) 热机过程结束后,回到急速状态运行10s b) 测试平台按照规定的加载方法进行加载,加载到额定功率后持续稳定运行60min 试验过程中测量记录的数据 试验中测量的数据:燃料电池发动机系统的电压、电流,氢气的消耗量,辅助系统的电压、电流

续表

试验项目	试验方法
峰值功率试验	试验条件 试验前燃料电池发动机的状态为热机状态。试验过程应自动进行,不能有人工干预 试验方法 峰值功率试验按以下方法进行: a) 热机过程结束后,回到怠速状态运行10s b) 测试平台按照规定的加载方法进行加载,加载到额定功率后在该功率点至少稳定运行10min,然后按照规定的加载方式加载到设定的峰值功率,在该功率点持续稳定运行设定的时间(根据产品技术要求确定),到达设定的时间后按照制造厂规定的卸载方式进行卸载 试验过程中测量记录的数据 试验中测量的数据:峰值功率运行的时间、燃料电池发动机系统的电压、电流,氢气的消耗量,辅助系统的电压、电流
动态响应特性试验	试验条件 试验前燃料电池发动机处于热机状态。试验过程应自动进行,不能有人工干预 试验方法 加载动态响应测试 加载动态响应测试按以下方法进行: a) 热机过程结束后,回到怠速状态运行10s b) 按照规定的加载方式加载到动态响应的起始功率点,在该功率点至少稳定运行1min c) 测试平台向燃料电池发动机发送动态阶跃工作指令,同时测试平台按照规定的加载方式加载,直至达到动态阶跃的截止点,燃料电池发动机在该功率点至少持续稳定运行10min 推荐取 $10\%P_E \sim 90\%P_E$ 的响应时间作为评价燃料电池发动机的动态响应指标。P_E 为燃料电池发动机额定功率 卸载动态响应测试 卸载动态响应测试按以下方法进行: a) 热机过程结束后,回到怠速状态运行10s b) 按照规定的加载方式加载到动态响应的起始功率点,在该功率点至少稳定运行1min c) 测试平台向燃料电池发动机发送动态阶跃工作指令,同时测试平台按照规定的卸载方式卸载,在规定的时间内达到动态阶跃的截止点,燃料电池发动机在该功率点至少持续稳定运行10min 试验过程中测量记录的数据 试验中测量的数据:动态阶跃响应时间、燃料电池发动机系统的电压、电流,氢气的消耗量,辅助系统的电压、电流
稳态特性试验	试验条件 试验前燃料电池发动机处于热机状态。试验过程应自动进行,不能有人工干预 试验方法 稳态特性试验按以下方法进行: 在燃料电池发动机工作范围内均匀选择至少10个工况点 热机过程结束后,回到怠速状态运行10s

续表

试验项目	试验方法
稳态特性试验	按照规定的加载方法加载到预先确定的工况点,在每个工况点至少持续稳定运行3min 试验过程中测量记录的数据 试验中测量的数据:燃料电池发动机系统的电压、电流、氢气的消耗量、辅助系统的电压、电流 由此可以得到:燃料电池堆的极化特性曲线(V-I曲线)、燃料电池堆的功率曲线、燃料电池堆的效率曲线;燃料电池发动机的功率曲线、燃料电池发动机的效率曲线;辅助系统的功率曲线等
紧急停机功能测试	试验条件 燃料电池发动机处于工作状态。试验过程应自动进行,不能有人工干预 试验方法 按照规定的加载方式,把燃料电池发动机加载到一定的功率点(功率值不低于50% P_E),持续运行一定时间,然后测试平台紧急切断气源,5min后重新起动燃料电池发动机,检查燃料电池发动机是否正常起动
燃料电池发动机气密性测试	关闭燃料电池发动机排氢阀,将燃料电池发动机氢气系统中充满惰性气体(氮气、氩气、氦气,氦气浓度不低于5%的氦氮混合气),压力设定为50kPa,压力稳定后,关闭氢气的进气阀,保持20min 关闭燃料电池发动机排氢阀,燃料电池发动机空气排气口封闭。将燃料电池发动机氢气系统和阴极流道中充满惰性气体,两侧压力都设定为正常工作压力,压力稳定后,关闭两侧的进气阀,保持20min 数据记录,记录压力下降值
绝缘电阻测试	测试条件:上述测试项目完成后,燃料电池发动机冷却泵处于运转状态,燃料电池发动机处于热机状态 测试方法:按照GB/T XXXX(燃料电池电动汽车 安全要求)规定的方法测量燃料电池堆正极和负极分别对地的绝缘电阻;绝缘电阻值应满足GB/T XXXX(燃料电池电动汽车 安全要求)的规定
质量测试	测量燃料电池堆和辅助系统的质量(包括氢气供应系统(不包括高压氢气瓶)、空气供应系统、控制系统、水热管理系统(不包括散热器总成)等,应包括冷却液及加湿用水的质量)

资料来源:《GB/T 24554-2009. 燃料电池发动机性能试验方法》。

(10) 加氢接口与通信协议

本部分的标准有加氢车技术条件、燃料电池电动汽车加氢枪、燃料电池电动汽车加氢口、加氢通信协议(已经立项)四项标准。

(11) QC/T 816-2009 加氢车技术条件

标准规定了用于装运和加注高压氢气的车辆的术语、定义、要求、标志和随车文件。适用于用定型汽车底盘改装的装运和加注高压氢气的加氢车。加氢车的项目及要求如表13所示。

表13 加氢车的项目及要求

单位：%

项目	要求
整车基本要求	加氢车应符合相关强制性国家标准的要求,且符合本标准的要求 外购件、外协件应符合有关零部件标准的规定,并有制造厂的合格证。经加氢车生产厂检验合格后,方能使用。所有自制零部件经检验合格方可装配 加氢车外廓尺寸、轴荷、质量应符合GB 1589的规定。且厂定最大总质量不得超过底盘最大允许总质量,转向轴(轮)载质量和侧倾稳定角应符合GB 7258的规定 加氢车应安装侧面及后下部防护装置,防护装置应符合GB 11567.1和GB 11567.2的规定 加氢车的运行安全要求应符合GB 7258的规定
电气及导静电装置	电器元件和导线必须连接可靠、屏蔽良好、有防爆措施 加氢车底部应设置符合JT 230规定的导静电拖地胶带 加氢车应另外设置导静电接地装置,用于加注时将加氢车与地面、加注对象形成导静电通路 金属氢气管路的任意两点间或任意一点到接地线末端的电阻应不大于10Ω。加氢软管两端金属件之间的电阻应不大于10Ω
防泄漏及消防装置	加氢车应有明确的信号装置,用于提示驾驶员车辆各系统运行状态,并在发生故障的情况下提示有关人员,如氢气泄漏报警 加氢车的上部空间,应通风良好。顶棚内表面应平整,避免死角,并设通风气窗,保证车内不留氢气积聚的空间 加氢车上易于积聚氢气的地方应设置空气中氢气浓度超限报警装置,当空气中氢气含量达到0.5%时报警,达到1%时启动相应的事故排风风机。排风风机应安装于加氢车的顶部,其排风方向应向上方 加氢车上宜设置火焰报警传感器 加氢车应配带灭火器,且便于存取,固定可靠
储氢装置	加氢车内选用的氢气储气瓶应符合国家相关标准和法规。 加氢车内的储氢瓶组应设置以下安全装置: a)安全泄压装置,当选用复合材料瓶时,应有热熔栓 b)压力指示仪表、压力传感器 c)氮气吹扫置换接口 加氢车内的储氢瓶组应固定在独立支架上,宜卧式存放,应采取有效的减振及热应力保护措施

续表

项目	要求
增压装置	氢气压缩机(或增压机)的安全保护装置的设置应满足下列规定: a)压缩机(或增压机)进、出口与第1个切断阀之间设置有安全阀 b)压缩机(或增压机)进、出口设置有高压、低压报警和超限停机装置 c)压缩机(或增压机)进、出口管路设置有氮气吹扫置换接口 氢气压缩机(或增压机)应固定在独立支架上,安装压缩机(或增压机)的吸气、排气和泄气管道时,应采取有效的减振措施
加注装置	氢气加注装置应具有充装、计量和控制功能,并符合下列规定: a)氢气加注速率应考虑相关安全要求 b)应设置安全限压装置 c)宜选用质量流量计计量 d)进气管道上应设置手动和自动切断阀 e)工作仪表和操作装置应设在便于观察和操作处 加气软管上应设置拉断阀 加气软管上的拉断阀、加气软管及软管接头等应符合下列规定: a)拉断阀的分离拉力范围为 220N – 660N b)加气软管及软管接头应选用具有抗腐蚀性能的材料 c)加气软管应能导电 氢气加注装置上应设置紧急关机按钮,在紧急情况下按下此按钮后能同时关闭气源和电源
氢气管道及附件	氢气管道应采用适于氢气传输、防氢渗、防氢脆的材质 加氢车内的所有氢气管道、阀门、管件的设计压力应比最大工作压力高10%以上,并不得低于安全阀的泄放压力 氢气放空管的设置应符合下列规定: a)将氢气引至车身外集中安全排放,排放方向应向上 b)放空管管口应有防雨水侵入和杂物堵塞的措施 c)放空管上设置阻火器 氢气管道上的法兰、阀门、胶管两端等连接处,均应采用金属线跨接 氢气管道系统安装完成后,应进行压力试验和气密性试验,试验时要有安全保护措施。其中,压力试验可参照相关安全要求进行;气密性试验应以氦气或氮氦混合气(氦气浓度不低于5%)作为试验气体,试验压力应为设计压力的1.05倍,达到试验压力后,保压10min,然后降至设计压力,对管道连接部位进行泄漏检查,以无泄漏为合格
标志	加氢车两侧应有明显的"严禁烟火"字样,加氢车顶部应有危险货物车辆标志灯,加氢车后部应有易燃气体标志牌,且符合 GB 13392 的规定 加氢车应在明显部位固定产品标牌,标牌应符合 GB/T 18411 – 2001 的规定,标牌上至少包括以下内容:产品名称与型号;产品外形尺寸(长×宽×高),mm;加氢装置额定工作压力;储氢瓶额定容量、额定工作压力;出厂编号及出厂日期

续表

项目	要求
随车文件	加氢车应配备使用说明书。使用说明书的编写应包括以下内容： 产品名称与型号 生产企业名称、详细地址 加氢车技术特点及参数 安全操作要求 应急措施与防险对策 行驶速度要求 停车熄火要求 加氢车维修保养停放的特殊规定

资料来源：《QC/T 816－2009. 加氢车技术条件》。

(12) GB/T 26779－2011 燃料电池电动汽车 加氢口

本标准规定了燃料电池电动汽车加氢口的定义、型式、要求、试验方法、检验规则。适用于使用压缩氢气为工作介质，工作压力不超过35MPa，工作环境温度为－40 ℃~60 ℃的燃料电池电动汽车。[①]

加氢口应有防止水和灰尘进入接口并能防止接口损伤的防尘盖，应有防止防尘盖丢失的装置。

加氢口应有接地连接装置，除非车辆上有其他能消除静电的措施。

加氢口应有防止压力超过标称压力的压缩氢气通过加氢口的功能。

加氢口与氢接触的材料应与氢兼容，在设计的使用寿命期限内，不会发生氢脆现象。

GB/T 26779－2011《燃料电池电动汽车 加氢口》于2011年发布，至今已有5年时间，对于推动燃料电池电动汽车工业的可持续发展、创造清洁环境、保障能源安全等起到了积极的促进作用。同时，随着时间的延续、技术的进步，燃料电池电动汽车对于加氢速度的需求也在发生着变化。

GB/T 26779－2011 标准对加氢口的结构型式只设定了2种。这两种加氢口的尺寸较小，流通能力不大，在重点考虑加注时间的情况下，更适用于

---

① 《GB/T 26779－2011. 燃料电池电动汽车加氢口》。

储氢量有限的燃料电池车辆,如燃料电池轿车等,但是对于耗氢量大,储氢量要求多的城市公交车、物流车等燃料电池商用车而言,其流通能力明显不足,加注时间显著增加,这对于燃料电池车辆的推广是个不可忽视的障碍,因此,在现有标准中增加主要用于燃料电池商用车的大口径加氢口的相关内容,推出了 GB/T 26779-2011《燃料电池电动汽车 加氢口》第1号修改单

主要修改两部分内容:

①修改加氢口型号命名规则,体现出压力等级和关键配合尺寸的相关信息。

②增加一款35MPa大口径加氢口标准图纸。

(13) GB/T 34425-2017 燃料电池电动汽车 加氢枪

本标准规定了燃料电池电动汽车加氢枪的定义、要求和试验方法。

本标准适用于使用压缩氢气为工作介质、工作压力不超过35 MPa、工作环境温度为-40℃~60℃的燃料电池电动汽车加氢枪。①

加氢枪接口型式及尺寸应具有与满足加氢口的匹配性,加氢枪的设计应确保其只能与工作压力等级相同或更高的加氢口连接使用,避免与更低工作压力等级的加氢口相连。

加氢枪应符合 GB/T 24549—2009 燃料电池电动汽车安全要求的有关规定。

加氢枪与氢接触的材料应与氢兼容,在设计的使用寿命期限内,不会发生氢脆现象。加氢枪应采用不发火材料。

加氢枪按照不同的类型要求如下:

①A型:该型加氢枪适用于加氢机关闭之后加注软管处于高压状态的装置。只有当加氢枪与加氢口正确连接时,才能进行加氢。该型加氢枪配备一个或多个集成阀门,通过关闭该阀门能够首先停止加氢,然后在卸枪之前安全地放空枪头中的气体。其操作机制应确保在排空动作之前排空管路已打开,并且在卸下加氢枪之前加氢枪截止阀和加氢口针阀之间的气体已安全地

---

① 《GB/T 34425-2017. 燃料电池电动汽车加氢枪》。

排放出去。

②B型：该型加氢枪适用于加氢机关闭之后加注软管处于高压状态的装置。该型加氢枪进气口之前直接或间接地安装一个独立的三通阀门，并且通过该阀门实现在卸下加氢枪之前安全地排空枪头内残留气体。只有当加氢枪与加氢口正确连接时，才能进行加氢。在卸下加氢枪之前应先放气。外部的三通阀应有标记指示开、关及放气的位置。

③C型：该型加氢枪适用于加氢机关闭之后加注软管被泄压（小于等于0.5 MPa）的装置。只有当加氢枪与加氢口正确连接时，才能进行加氢。通过接收来自加氢枪的正确连接信号，加氢机可控制相关功能。

加氢枪与加氢机软管的连接不应只依靠螺纹密封。

A型加氢枪应有一体式或永久标识，标示启动时"开""关"操作的方向。

加氢枪应有过滤器等防护措施能防止上游固体物质的进入。

加氢枪在大气环境温度范围为 -40℃ ~60℃和氢气温度范围为 -40℃ ~85℃下应能正常工作。

加氢枪不应通过机械方法打开加氢口单向阀。

加氢枪的试验项目及要求详见表14。

表14 加氢枪的试验项目及要求

项目	要求
气密性	未连接的加氢枪的泄漏速度在20℃、101MPa环境下应小于20cm^3/h；连接装置在20℃、101MPa环境下的泄漏速度应小于20cm^3/h；连接到加氢口后，其氢气泄漏速度在20℃、101MPa环境下小于20cm^3/h
阀门操作手柄	如果加氢枪配备了阀门操作手柄，距离旋转轴的最远点应能承受200N的力，并且不会造成操作手柄损坏或卡口损坏
异常负载	加氢枪和加氢口连接部件在工作中应能承受任意方向施加670N的力，不出现扭曲、损坏和泄漏
摆动/扭曲	加氢口及其连接部件不应发生松弛或损坏
连接组件扭矩	加氢口和连接组件应能承受1.5倍安装扭矩的扭转力而无损坏迹象
循环寿命	加氢枪应能承受100000次循环。加氢枪锁定装置应在正常拆卸压力下进行检查以确保它正确地应用于加氢枪上

续表

项目	要求
连接装置	加氢枪和加氢口的连接装置应能承受最高气流工况
耐氧老化试验	对密封材料进行耐氧老化试验,不应出现破裂或可见的坏损
非金属材料浸渍	对加氢枪中与氢直接接触的非金属材料进行浸渍试验,样品膨胀不能超过25%,收缩不能超过10%,重量损失不能超过10%
和加氢口连接件的电阻	在承压或非承压状态下,加氢口和加氢枪连接件的电阻不应大于1000Ω。在寿命循环试验前后均应进行电阻试验
液静压强度	未连接的加氢枪、加氢口及已连接的加氢枪、加氢口在进行下列试验时不能出现泄漏
抗腐蚀性	加氢枪应不发生腐蚀或保护涂层缺失,并显示良好的安全性
变形	现场连接/组装部件应能够承受1.5倍安装扭矩的扭矩,而不出现变形、损坏或泄漏
污染试验	加氢枪和加氢口应能承受污染。加氢枪和加氢口应通过10次循环连续的污染试验
热循环试验	加氢枪和加氢口应能承受热循环。该循环应重复100次

资料来源:《GB/T 34425 - 2017. 燃料电池电动汽车加氢枪》。

(14) GB/T XXXX 加氢通信协议

众所周知,燃料电池电动汽车加氢时,加氢站氢气储气设施的工作压力越高或该工作压力与车辆充氢压力的压力差越大,将使车辆充氢时间越短或容易进行充氢过程的控制、调节;携带更多的氢气。因而,高压(70MPa)加氢成为主流技术选择。①

一个完整的加氢系统包括加氢站和燃料电池车辆,其加氢方式可分为通信和非通信两类。所谓在加氢过程中使用"通信"意味着车辆和加氢站相互配合,使用数据传输,加氢站收到的数据经验证是有效的;而"非通信"则指车辆和加氢站没有配合使用数据传输,或者加氢站收到的数据没有验证为有效。

对于70MPa加氢,由于高压,实时温度可能会提升至120度,而车载氢气瓶的允许工作温度一般处于 - 40℃ ~ 80℃,由此进行实时数据通信从而进行实时监控成为一项关键技术。相比较于非通信过程,通信加注过程更加

---

① 《GB/T XXXX. 加氢通信协议》。

基于实际情况，而不是一种约定俗成。利用实时监控下的数据，可以建立一个最佳的控制策略以在最短的充气时间内达到最佳的充气状态。

标准适用于燃料电池电动汽车，特别对于加氢的通信进行要求，将其划分为"物理层""数据链路层""表示层"三个功能层。

① "物理层"作为数据传输介质，由连接不同节点的相关设备构成；其主要功能是利用介质为数据链路层提供物理连接，负责处理数据传输并监控数据出错率，以便数据流的透明传输。

"物理层"的协议主要对接口规范：红外物理层连接规范（IrPHY）[①]；数据流的调制方案：反向归零（RZI）调制方案；光脉冲持续时间和容差：最大脉冲持续时间为位周期的 3/16，容差 0.6 微妙；物理帧字节格式进行定义。

② "数据链路层"的目的是在物理层提供的服务基础之上，在通信的实体间建立数据链路连接，传输以"帧"为单位的数据包，并采用差错控制与流量控制方法，确保有效数据由发送端至接收端的传递。

这里，主要加入帧头和帧尾，即帧起始字符（XBOF、BOF）和帧结束字符（EOF），帧转义字符（CE）等控制字符；另对帧校验序列（FCS）区域和采用的 16 位 CRC 循环冗余校验码给出要求和描述，主要还是基于 IrDA 的红外连接访问协议 IrLAP 中低速异步数据连接规范。

③ "表示层"处理在两个通信系统中交换信息的表示方式，如数据格式变换、数据加密解密、数据压缩与恢复等，在接收到所有的数据后进行完整性检查。

加氢过程的"表示层"协议，需要对数据进行完整性检查，包括数据类型、定界检验、标签检查、所涉及字符或数字相应的定义值检查、数据间

---

① IrDA 是红外数据组织（Infrared Data Association）的简称，目前广泛采用的 IrDA 红外连接技术由该组织提出。目前 IrDA 已经制定出了物理介质和协议层规格：红外物理层连接规范 IrPHY（Infrared Physical Layer Link Specification），红外连接访问协议 IrLAP（Infrared Link Access Protocol）和红外连接管理协议 IrLMP（Infrared Link Management Protocol）。其中 IrPHY 规范制定了红外通信硬件设计上的目标和要求。

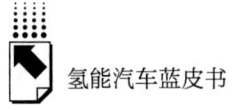

隔检查等。

综上，在通信过程中，将具体为通信描述项给予车辆和加氢站均可读懂的"语法和定义"。例如，标签、单位、格式、范围、数据传递时间间隔，数据分隔符等，并根据传递方向进行双方的实时通信，从而保障快速、安全的加氢过程。

热 点 篇

Hot Issue Reports

B.11
中国车用氢能产业经济性分析

张 帅 彭 聪

摘 要： 氢燃料电池汽车具备零排放、续航长和效率高等优点，被认为是新能源汽车发展的主要选择之一。燃料电池汽车如果能做到大规模化推广，核心在于经济性能否不低于燃油车和电动车，全寿命周期成本主要影响因素是氢气成本和燃料电池动力系统制造成本。本立足于经济性角度，对氢气的各类制取方式和运输方式成本进行比较；对燃料电池汽车、燃油车和锂电电动车制造成本进行比较；对燃料电池汽车、燃油车和锂电电动车运营成本进行比较。

关键词： 车用氢能 燃料电池 成本 经济性

---

* 张帅，国金证券董事总经理、首席分析师；彭聪，国金证券研究所研究员。

一 氢气制取方式经济性比较分析

通过比较分析各种制氢方式的成本、优劣势和环保影响，我们认为：氯碱工业副产氢的路线成本较低，已经可以满足一定规模的下游燃料电池车需求；随着燃料电池车规模的提升，天然气重整制氢可以提供大规模、低成本的氢气供应；另外，随着燃料电池反向制氢成本的降低，弃风弃光制氢并通过液氢运输将成为最洁净环保的能源利用方式。不同制氢方式搭配不同运氢方式对应的氢气成本范围见图1。

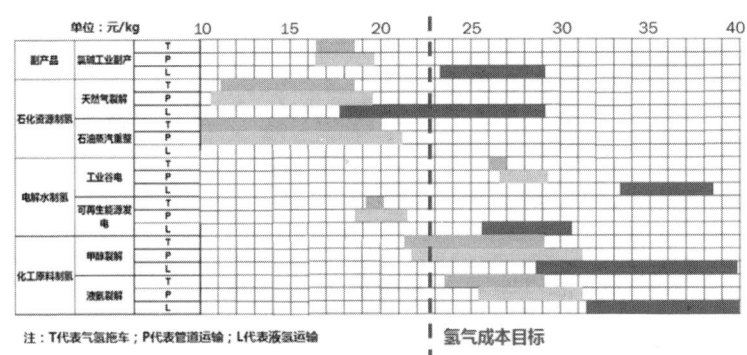

图1 不同制氢方式搭配不同运氢方式对应的氢气成本范围
资料来源：国金证券。

（一）制氢产业现状

根据 Hydrogen Analysis Resource Center 的统计数据显示，全球制氢能力约保持在1440百万标准立方英尺/天。其中中国的制氢能力保持在1320.86吨/天以上。

全球来看，目前主要的制氢原料96%以上来源于传统能源的化学重整（48%来自天然气重整、30%来自醇类重整、18%来自焦炉煤气），4%左右来源于电解水。目前国内主流的氢气来源为焦炉煤气制氢。

目前，制备氢气的几种主要方式包括氯碱工业副产氢、电解水制氢、化工原料制氢（甲醇裂解、乙醇裂解、液氨裂解等）、石化资源制氢（石油裂解、水煤气法等）和新型制氢方法（生物质、光化学等）。

通过比较分析各种制氢方式的成本、优劣势和环保影响，我们认为：在现阶段，选择成本较低、氢气产物纯度较高的氯碱工业副产氢的路线，已经可以满足下游燃料电池车运营的氢气需求；在未来氢能产业链发展得比较完善的情况下，利用可再生能源电解水制氢将成为终极能源解决方案。各类制氢方式综合对比详见表1。

（二）制氢技术路线

氢气根据制取来源分为两大类：①非再生制氢，原料是化石燃料；②可再生制氢，原料是水或可再生物质。制备氢气的方法目前较为成熟，从多种能源来源中都可以制备氢气，每种技术的成本及环保属性都不相同（见图2）。主要分为五种技术路线：氯碱工业副产氢、电解水制氢、化工原料制氢（甲醇裂解、乙醇裂解、液氨裂解等）、石化资源制氢（石油裂解、水煤气法等）和新型制氢方法（生物质、光化学等）（见图3）。

1. 氯碱工业尾气提纯制氢

氯碱工业上用电解饱和氯化钠溶液的方法来制取$NaOH$、Cl_2，同时得到副产品氢气（H_2）。把这类氢气去掉杂质，可制得纯氢。我国许多氯碱厂都采用PSA提氢装置处理，可获得高纯度氢气（氢纯度可达99%~99.999%）。变压吸附分离（PSA）技术是物理吸附路线，其原理是高压情况下，多孔固体物质对混合气体杂质成分吸附能力较大；低压情况下吸附能力较小，解析气体。PSA提纯制氢利用沸腾分子筛等吸附剂对混合气体实现升压吸附、降压解析得到氢气的过程（见图4）。

表 1 各类制氢方式综合对比

制氢工艺	煤气制氢	天然气制氢	氨分解制氢	电解水制氢	甲醇裂解制氢
适用规模	$10000 \sim 20000 m^3$	$>5000 m^3$	$<50 m^3$	$2 \sim 300 m^3$	$<20000 m^3$
制氢成本（元/Nm^3）	$0.6 \sim 1.2$	$0.8 \sim 1.5$	$2 \sim 2.5$	$2.5 \sim 3.5$	$1.8 \sim 2.5$
运行参数	反应压力≈0.7MPA	反应压力>1.5MPA	工作压力0.05MPA，温度800~850℃	电解槽工作压力4.0MPA，出槽气体温度~90℃	工作压力1.2MPA，温度260~290℃
技术指标	纯度≥99%，副产物CO_2	纯度39%~59%，可回收CO_2、CO和CH_4，氢气回收率达70%	最大产量$200m^3/H$，最高纯度39%~49%，综合气体N_2	最大产量$300m^3/H$，最高纯度69%，可回收O_2	最大产量$20000M^3/H$，纯度39%~79%，可回收CO，CO_2
主要消耗（Nm^3）	煤:7.3kg 电:0.355kW/h	原料天然气$0.12m^3$ 燃料天然气$0.48m^3$ 锅炉供水1.7kg，供电0.2kw/h	液氨电 1.3kW/h，$0.52kg/m^3$	脱盐水0.82kg，电5.5kW/h	电0.0556kW/h，甲醇0.52kg
技术环保安全	工艺流程时间长，制造环境差，容易污染环境	排放少量锅炉污水、CO_2和水蒸气以及少量废催化剂	1.反应器耐高温；换器材质稳定；电消耗大 2.氨气易爆 3.液氨有毒性	流程简易，工作稳定，全自动操作	甲醇使用环保，运输安全，节省成本
占地面积	100m×80m	50m×30m（受限于天然气的供应）	20m×15m，液氨供应在工厂附近	50m×20m，不存在建设地域限制	20m×15m，甲醇供应在工厂附近
优势领域	中大规模的制氢装置	大规模制作流程	中高要求，中小规模	小规模，要求高端精确	中高要求，中小规模

资料来源：国金证券。

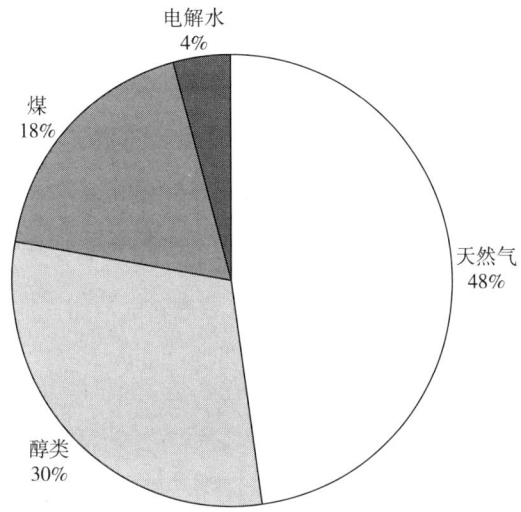

图 2　全球制氢主要来源

资料来源：Hydrogen Analysis Resource Center，国金证券整理。

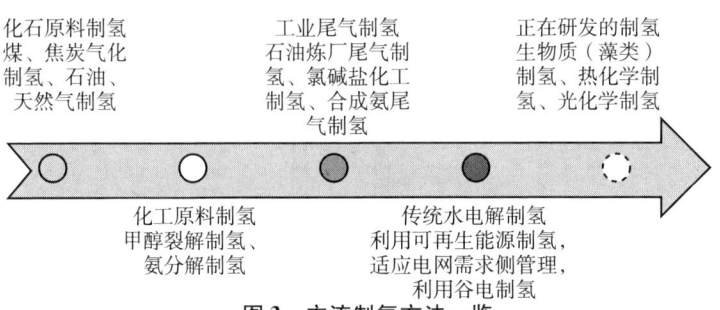

图 3　主流制氢方法一览

资料来源：国金证券。

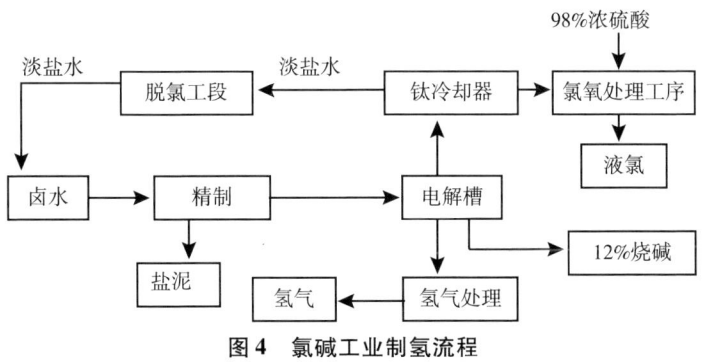

图 4　氯碱工业制氢流程

资料来源：国金证券。

根据国家统计局的数据，2016年，我国氯碱厂产能为3945万吨，产量为3283.9万吨。根据氯碱平衡表，烧碱与氢气的产量配比为40:1，理论上将产生氢气82.1万吨，即92亿Nm^3氢气。成本在1.3元~1.5元/Nm^3。

目前氯碱厂对氢气的利用主要是两个方面，一方面是与氯气反应生产盐酸，另一方面是将氢气直接燃烧，产生热能。但是后者需要的投资较大，因此大量的氯碱厂实际上将氢气都直接放空了。这样对于氢气资源实质上是一种浪费，如能合理收集氯碱厂所生产的氢气，对于发展燃料电池而言是一种合理的途径。氢气来源广泛充裕，但是燃料电池产业需要的是低成本氢气，所以与负荷中心距离较短的氯碱副产氢气是最有效的资源。我国氯碱厂产能和产量变化见图5。

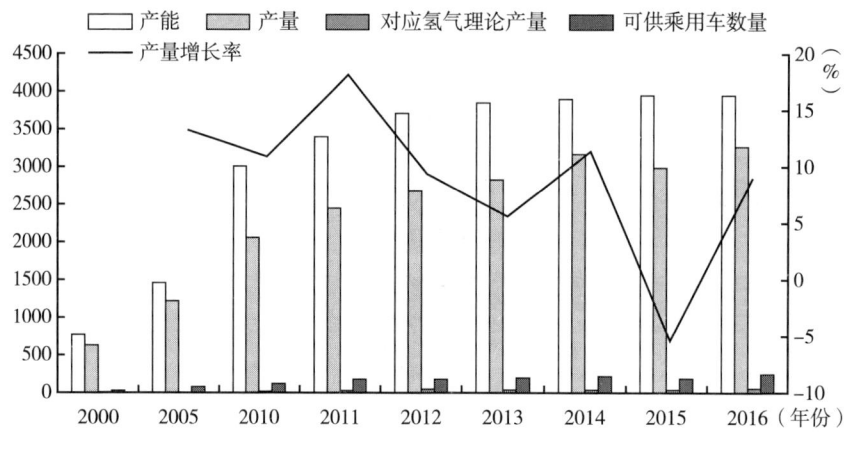

图5 我国氯碱厂产能和产量变化

资料来源：中国氯碱行业协会。

2. 电解水制氢

电解水制氢技术发展已久，具备设备简单、生产过程环保、得到氢气纯度极高（99.7%）等优点，缺陷主要是氢气成本高昂，耗电量大。目前电解水制氢主要有三种路线，分别是碱性电解水制氢、固体聚合物电解水制氢、固体氧化物电解水制氢。

（1）碱性电解水制氢

碱性电解水制氢是当下工业最成熟的制氢路线，在工业上大规模使用，电解水的电压一般在1.65~2.2 V，电流密度1000~2000A/m²。电解水反应场所是电解槽，电解槽内分为阳极室和阴极室，各室内充满电解液，当在一定电压下电流从电极间通过时，则在阴极上产生氢气，在阳极上产生氧气。该方法工艺简单，耗电量高，每立方米氢气需要4.5~5.5度电，电费成本占制氢成本比例约为80%，双极电解槽示意图详见图6。

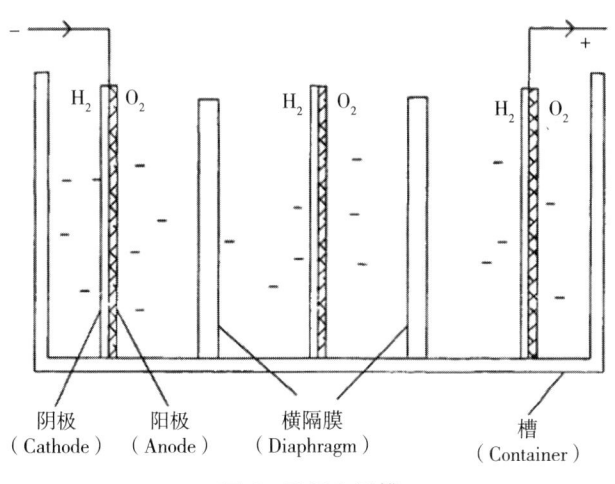

图6 双极电解槽

资料来源：根据公开资料整理。

（2）SPE电解水制氢

SPE电解水制氢技术核心在于它使用一种固体聚合物电解质膜，这种膜可以使氢离子透过而使气体无法通过。SPE电解水制氢技术主要具备以下优点：①效率高，可达90%，能耗和成本低；②电解质是聚合物，性能非常稳定，耐久性长；③采用固体聚合物电解质，只对质子有单向导通作用，氢气纯度高（氢气纯度>99.99%，氧气纯度>99.99%）；④没有液体电解质，装置体积小、重量轻。SPE电解水制氢技术的缺点主要是膜成本高昂，装置昂贵。

（3）固体氧化物电解水制氢

固体氧化物电解槽（SOEC）由两个电极和一种电解质组成，SOEC是处于起步阶段的电解水制氢路线，其优点是可以在相对较高的温度下（700℃~1000℃）工作，降低了电能损耗；并且无须补充损失掉的电解质

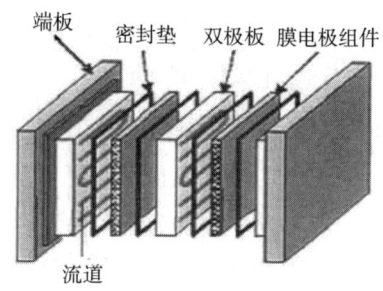

图 7　PEM 电解槽结构

资料来源：根据公开资料整理。

完美解决腐蚀问题。除此之外，SOEC 也可以在相对较高的温度下（700℃～1000℃）工作，这样也降低了电能损耗。SOEC 两边电极是多孔结构，一边是氢电极，另一边是氧电极，中间是致密的电解质。SOEC 两侧电极上施加一定的直流电压，水被分解为 H^+ 和 O^{2-}，H^+ 在阴极得到电子生成 H_2，而 O^{2-} 到达阳极失去电子得到氧气（见图 8）。

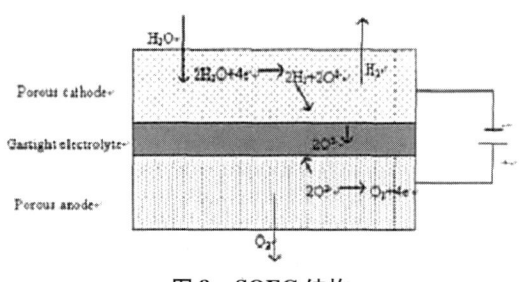

图 8　SOEC 结构

资料来源：根据公开资料整理。

3. 石化资源制氢

（1）水煤气制氢

水煤气制氢是传统的煤化工工艺路径，但是水煤气制氢含硫偏高，不适用于燃料电池。其制氢原理是在高温条件下，使用焦炭或者无烟煤与水蒸气反应得到水煤气，然后将其净化，与水蒸气通过催化剂将一氧化碳转化为二氧化碳，得到含氢量为 80% 的混合气体（$C + H_2O \rightarrow CO + H_2$—热，$CO + H_2O \rightarrow CO_2 + H_2$）。最后除去 CO_2 以及 CO 得到较为纯净的氢气。这种方式制氢量大,成本低。但如果用于燃料电池,则其中含硫量偏高,易使得燃料电池的铂催化剂中毒,损坏染料电池电堆。因此目前尚无法实现大规模生产使用。未来如果脱硫技术提升,则有颠覆氢气来源的可能。

(2) 天然气制氢

天然气制氢技术成熟,一般适用于大规模制氢场景,天然气制氢装置由天然气蒸汽转化和 PSA 提纯氢气两部分组成。技术路线主要包括水蒸气重整、部分氧化、自热重整、催化裂解等(见图9、表2)。

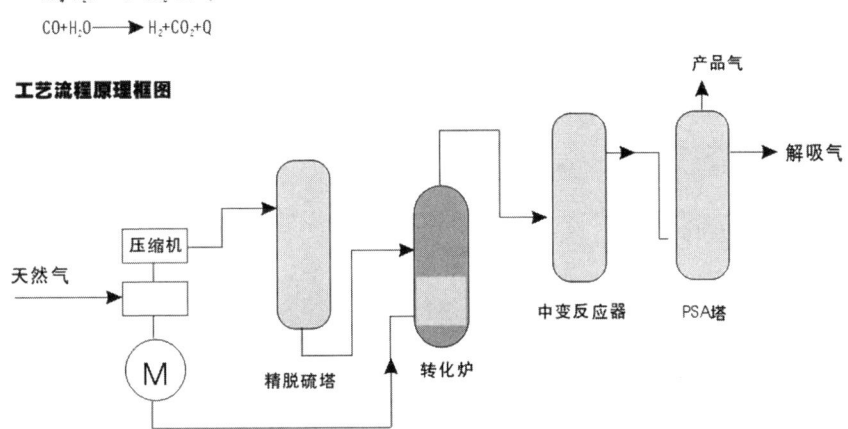

图9 天然气裂解制氢反应原理及流程工艺

资料来源:根据公开资料整理。

表2 天然气制氢的几种技术

制氢技术路线	原理简介
水蒸气重整	甲烷与水蒸气经催化反应和水煤气变换反应最终生成氢气
天然气部分氧化重整	甲烷与氧气先进行部分氧化反应,再进行水煤气变换反应,最终制得氢气
自热重整制氢	这种工艺本身可以自供热,热量利用较为合理。甲烷与水蒸气发生水蒸气重整反应,和氧气发生部分氧化反应,氧化反应放出的热量直接用于水蒸气重整反应,然后一氧化碳通过水煤气转化成氢气
催化分解制氢	可直接生成碳和氢气,因此,无须额外分离操作便可以制得高纯氢气

资料来源:根据公开资料整理。

成本方面,天然气裂解制氢的成本在9~16.85元/kg(0.8~1.5元/Nm³)。笔者根据中石化集团经济技术研究院所提供数据测算,详见表3。天然气制氢虽然在成本方面有优势,但需要针对性地制氢,对于前期投资要求较高,且制氢过程会产生一定的污染。

表3 天然气裂解制氢成本测算

假设制造1吨氢气	1吨氢气=11123.5m³氢气
原料(元/吨)	2650
氢与原料比例(重量)	1:3.24
辅助设备成本(元)	3000
工艺流程费用(元)	1100
总费用(元)	12686
单位成本(元/m³)	1.14

资料来源:中石化经济技术研究院。

4. 化工原料制氢

(1) 甲醇制氢

甲醇制氢主要有3种路线:甲醇裂解、甲醇—蒸汽重整和甲醇部分氧化。在以上甲醇制氢路线中,甲醇裂解由于应用范围更广和原料单一的特点具有更强的竞争力。

表4 甲醇制氢的三种技术

制氢方法	反应式	优点	缺点
甲醇裂解	$CH_3OH \rightarrow 2H_2 + CO$	高温下反应迅速	CO含量高,外部供热
甲醇-蒸汽重整	$CH_3OH + H_2O \rightarrow 3H_2 + CO_2$	产物氢气含量高,温度低	吸热反应,外部供热
甲醇部分氧化	$CH_3OH + 1/2O_2 \rightarrow 2H_2 + CO_2$	反应迅速、条件温和	产物中氢气含量较低

资料来源:国金证券。

(2) 液氨制氢

液氨制氢方法由英国化学家亚瑟汀斯利在1894年提出,主要原理是利用液氨和钠单质反应生成氨基化钠,然后氨基化钠将分解成为氮气、氢气以

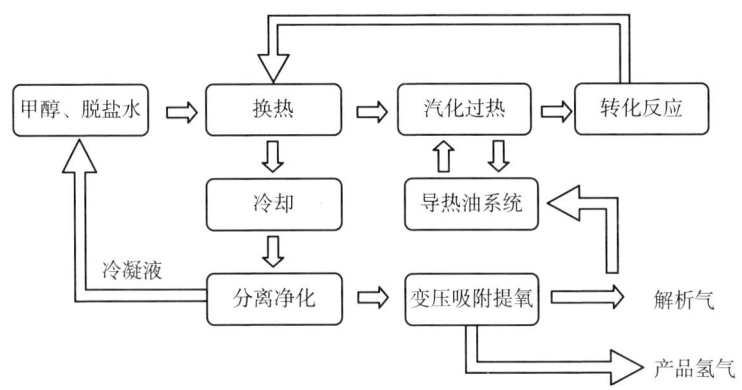

图 10　甲醇裂解制氢流程

资料来源：国金证券。

及钠单质。液氨是世界上产量最大的无机化合物之一，通常与丙烷一样被加压储存在液氨罐之内（300psi，约 20 千帕），液氮虽然可获得性高，但是液氨制氢需要依赖于钌作为催化剂，而钌是一种稀有金属，且在该过程中，分离氢气需要极高的温度。

2015 年，英国科学家提出液氨制氢的新方法，将分离氢气的温度降低到了 400℃的温度。一个典型的汽车电池都可以提供足够的能量来加热一个小型（1.5 立方英寸）钠/氨反应器到达该温度。其设备的输出不能满足一个大型商业设施所需的氢气，但可以扩大到满足一辆氢能燃料电池汽车所需的氢气。

5. 生物制氢

生物制氢技术原理是利用高效产氢细菌代谢把有机物转化为氢气的过程，生物制氢具备以下优点，原料来源于垃圾废水，成本低廉，生产环保，并且十分节能。生物制氢包括光合生物制氢和厌氧发酵制氢两大类。

光合生物制氢机理和植物光合作用相似，微生物通过光合作用分解水产生氢气。目前这方面微生物研究的较多的是蓝绿藻和光合细菌等。光合生物制氢优点包括可持续、消耗二氧化碳，缺点主要是产氢能力低，产生的氧气会抑制氢化酶。

厌氧发酵制氢机理是厌氧光合细菌从有机物中提取的还原能和光提供的能量将 H^+ 还原成 H_2 的过程。厌氧发酵制氢路线优点包括没有氧气的产生、产氢速度快、转化效率较高和反应器设计简单等。

（三）各路线制氢成本

氯碱工业副产制氢的成本在 14.6~16.85 元/kg（1.3~1.5 元/Nm^3）。氯碱工业副产制氢的方法成本较低，且所制备的氢气纯度能达到 99.99%，同时理论储量和经济储量都相对较高，足以满足现有燃料电池对于氢气的需求量。

电解水大规模制氢成本在 27.5~38.5 元/kg（2.5~3.5 元/Nm^3），80%成本主要是电费，每立方米氢气耗电量 4.5~5.5 度电，电解水制氢降本主要有两种方法：①工艺革新降低电解过程的能耗；②使用弃电能进行电解水。

天然气裂解制氢的成本在 9~16.85 元/kg（0.8~1.5 元/Nm^3）。我们根据中石化集团经济技术研究院所提供的一些数据测算，详见表3。天然气制氢虽然在成本方面有优势，但需要针对性地制氢，对于前期投资要求较高。

甲醇制氢成本在 19.8~27.5 元/kg（1.8~2.5 元/Nm^3），甲醇转化制氢反应温度低（260℃~280℃），工艺条件缓和，燃料消耗低。

液氨制氢目前的成本在 2~2.5 元/Nm^3，如未来有进一步的技术突破，液氨制氢的技术可以拓展到直接用于车载供氢。

二　氢气储运方式经济性比较分析

气氢拖车运输适合小规模、短距离运输情景；气氢管道运输适合大规模、短距离运输情景；液氢罐车运输适合长距离运输。

运输规模和运输距离是对氢气运输影响最大的两个因素，对三种氢气运输方式的成本变化造成不同的影响。根据不同氢气运输方式的变化规律，在运输规模和运输距离确定的情况下，可以选出成本最低的运氢方式。

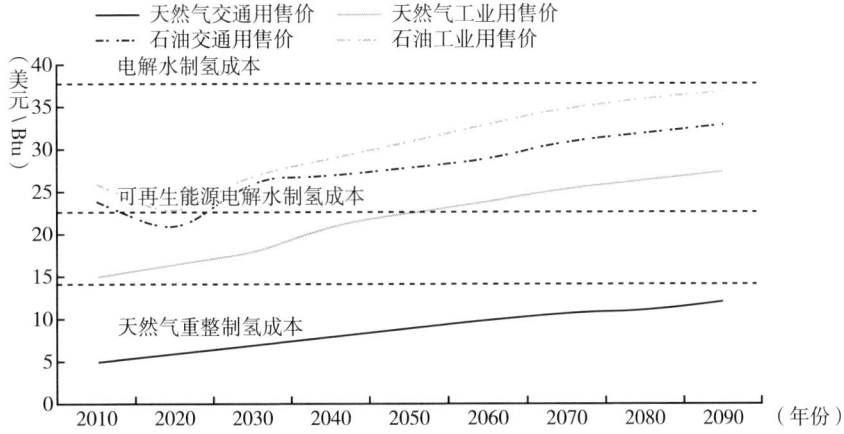

图11　不同制氢方法与天然气、石油价格比较及未来趋势预测

资料来源：根据公开资料整理。

主要的三种氢气运输方式（气氢拖车、管道输氢和液氢罐车运输）的成本组成可以划分为：设备投资（存储、压缩、液化和加注设备）、电力成本、管道投资成本、运输车辆投资成本（包括车载储氢容器）、车辆燃料成本、人力成本和其他运行维护费用（见图12）。通过研究我们可以得出结论：

①对于气氢拖车运输方式，主要受距离因素影响，规模对运氢成本影响比例较小；

②对于管道输氢方式，管道投资成本在运氢成本中占最大比例，适用于运氢规模大，距离近的情况；

③对于液氢罐车运输方式，非常适用于大规模氢气长距离运输，运氢成本与运输规模呈负相关，规模越大运氢成本越低，与运输距离成正相关，距离越远运氢成本越加上升，但上升幅度远小于气氢拖车。

（一）储氢现状及趋势

目前，常用的储氢的方式主要分为：低温液态储氢、高压气态储氢和储氢材料三种（见图13）。高压储氢技术成熟可靠，是目前应用最为广泛的储氢方式。

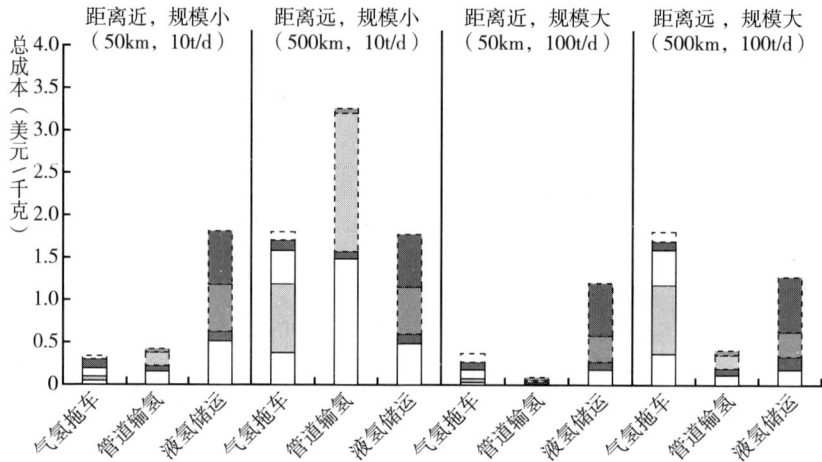

图12 不同运输规模和运输距离下的三种运氢模式成本比较

资料来源：根据公开资料整理。

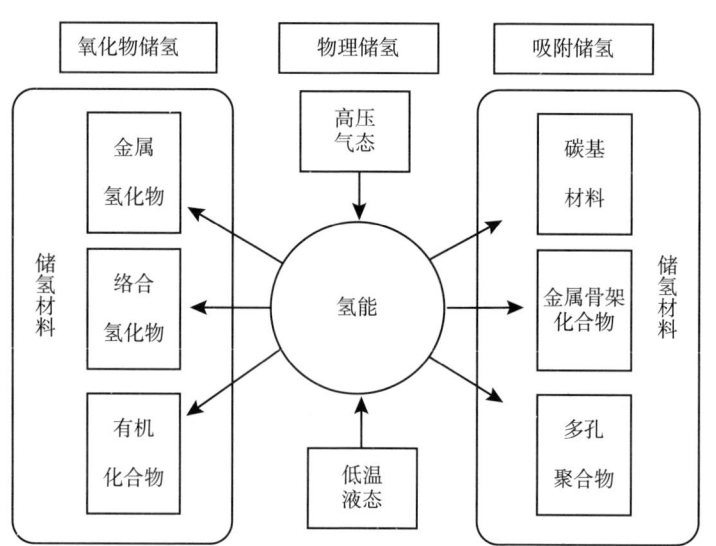

图13 三种储氢方式一览

资料来源：根据公开资料整理。

低温液态储氢是未来主要发展趋势，低温液氢储存成本较高，但在储氢密度方面，液氢存储方案更具有优势。储氢材料储氢，储氢密度高，但目前仍处于研究阶段。其中储氢材料主要包含两种形式——氢化物储氢和吸附储氢。①氢化物储氢主要包括金属氢化物、络合化合物、有机化合物；②吸附储氢主要包括碳基材料、金属骨架化合物和多孔聚合物（见表5）。

表5 不同储氢方法效率、体积能量密度和主要评价

方法	储氢效率	体积能量密度(kg/L)	主要评价
高压储氢	0.7~10%	0.015	技术成熟,应用广泛,简便易行
液化储氢	14.20%	0.04	技术成熟,应用于大型存储,能耗高
金属氢化物储氢	3%	0.028	价格昂贵,适合小型系统
活性炭储氢	9.80%	N/A	经济,储氢量高,解吸快,循环使用寿命长,易实现规模化生产
纳米碳管储氢	2~8%	N/A	处于研发阶段,不能规模化,成本高
$NaBH_4$	3.35%	0.036	储存效率高,安全污染,成本较高

资料来源：根据公开资料整理。

1. 高压气态储氢

高压气态储氢一般有两种方式，一种是用具有较大容积的气瓶，该类气瓶的单个水容积在600~1500L，为无缝锻造压力容器；另一种是采用小容积的气瓶，单个气瓶的水容积在45~80L。从成本角度看，大型储氢瓶的前期投资成本较高，但后期维护费用低，且安全性和可靠性较高。

储氢瓶是储氢系统的核心，成本占储氢系统成本的1/3左右，车用氢气钢瓶主要向着高压化、轻量化、低成本、质量稳定的方向发展。目前70MPa储氢罐已经处于大规模示范应用阶段，其性能已经能满足家用汽车使用需求，且80MPa储氢罐的研发已经陆续开始，但尚处于实验室阶段。目前在车载储氢瓶领域，我国多使用35MPa储氢瓶，但从趋势上来看，为了提升单车能量密度，未来70MPa甚至更高的车载储氢瓶将是主要趋势。

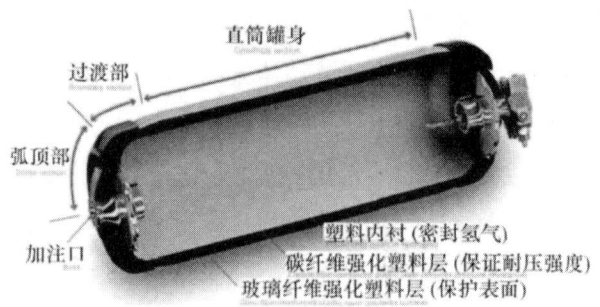

图 14　70MPa 储氢瓶

资料来源：Mirai 官网，国金证券整理。

表 6　按照结构和材料不同划分的气瓶类型标准

气瓶类型	气瓶材质
Ⅰ 型	金属（钢或铝）气瓶
Ⅱ 型	金属（钢或铝）内胆环向缠绕气瓶
Ⅲ 型	金属（钢或铝）内胆全缠绕气瓶
Ⅳ 型	塑料内胆全缠绕气瓶

资料来源：ANSI/CSA NGV2。

2. 低温液态储氢

液化储氢质量能量密度最大，为常温、常压下气态氢的 845 倍，最初用于宇航工业上。氢气压缩冷却到 -253℃ 以下可以变成液氢，然后需要储存于液氢储罐，液氢储罐核心在于低温保冷，是液氢储存的关键。

液氢储存罐是定制化的绝热真空容器，分为内外两层：其中内胆装有液氢，支承物由玻璃纤维带制成，内夹层材料一般是多层镀铝涤纶薄膜，内胆一般使用铝合金和不锈钢等材料；外壳一般使用低碳钢和不锈钢等材料。

液氢具备质量密度和体积密度高的优点，是当下看来极为理想的储氢方式，但是液氢面临两大难点：①材料成本高，主要是因为材料绝热要求高和储槽的设计要求高。②氢液化能耗大，存在蒸发损失，氢液化耗费的能量占到了总氢能的 30%。液氢储罐和液氢储存完整系统，详见图 15。

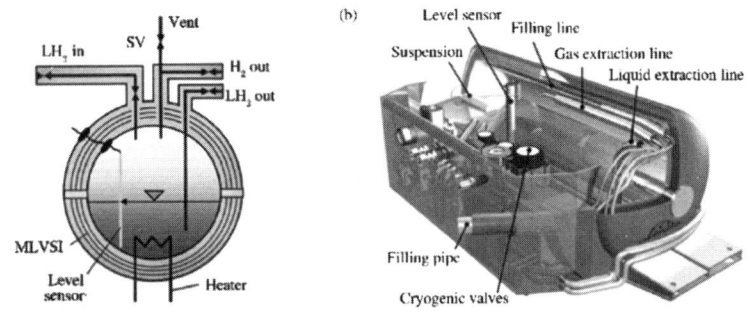

图15 液氢储罐和液氢储存完整系统

资料来源：国金证券。

3. 储氢材料

储氢材料主要包含两种形式——物理吸附储氢和化学氢化物储氢：①物理吸附储氢主要包括金属有机框架等；②化学氢化物储氢主要包括金属氢化物等（见图16）。储氢材料的主要优点在于储氢体积密度大、操作简单、运输方便、成本低、安全等。但目前储氢材料路线仍存在着一些技术问题亟待解决，储氢材料是未来的重点研究和发展方向。

金属氢化物储氢：金属氢化物储氢，为氢气和碱金属、除铍（Be）以外的碱土金属、某些d区金属或f区金属之间进行的化合反应，多数可逆。当外界有热量加给氢化物时，它就分解为相应金属单质并释放出氢气。目前工业上用来储氢的金属材料大多是由多种金属混合而成的合金，根据构成合金的原子比不同，目前开发的储氢合金主要包括AB5型、AB2型、AB型和A2B型等四大类，研究成功的储氢合金大致分为稀土镧镍、铁钛合金、镁系合金、钒铌铅等多元素系。目前储氢合金的研究热点方向主要致力于储存容量高、综合性能好、轻质储氢合金的开发和性能研究等。

有机物储氢：有机物储氢材料主要是不饱和液体有机物，这种材料与氢存在一对可逆反应，可以通过利用催化加氢实现储氢，通过脱氢反应实现氢的释放。有机储氢材料主要具备以下优点：①储氢质量密度较大，例如苯的理论储氢量为7.19wt%，甲苯的理论储氢量是6.18wt%；②常温常压运输，方便安全，储氢材料与汽油类似，在储存运输这一方面可以类似现在的油类

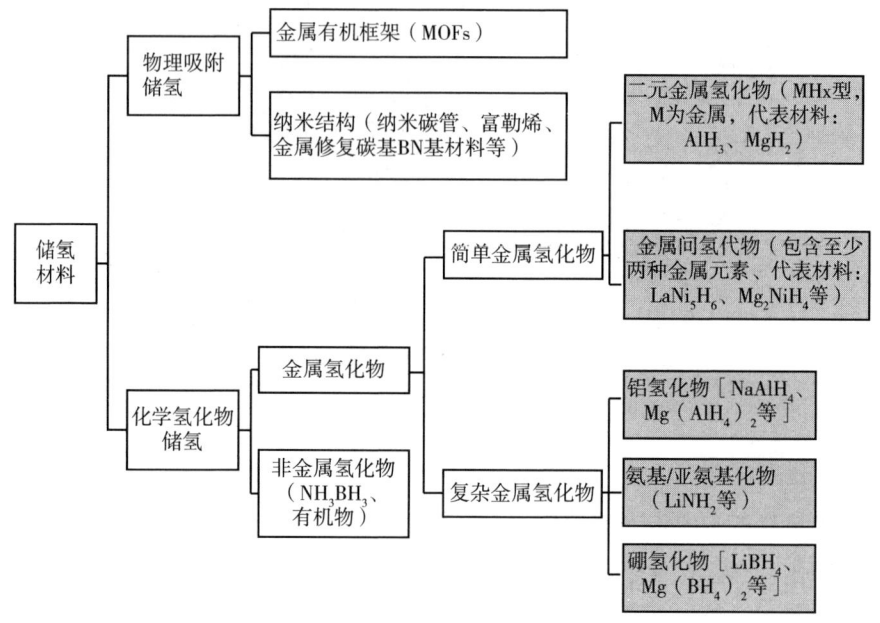

图 16 储氢材料分类

资料来源：国金证券。

储运。有机储氢材料缺陷在于催化剂容易失活，还需进一步研究。

物理吸附储氢：物理吸附原理主要是储氢材料和氢分子之间存在范德华力，可以实现可逆储氢。物理吸附储氢材料的储氢容量关键因素在于吸附材料的比表面积，比表面积越大，吸附温度越低，储氢量就越大。目前物理吸附储氢材料中发现碳基有机非金属（如活性炭、碳纳米管、石墨等）和金属有机框架材料（MOFs）两类材料在低温物理吸附方面具备优势。当下物理吸附储氢材料研究热点主要聚焦于吸附材料的制备和表面改性，从而实现储氢容量提高。

（二）储氢成本与成本下降

储氢瓶的成本主要来自储氢瓶原材料与储氢系统装配，使用到碳纤维的内衬、外壳、绝缘层等部分占储氢罐成本的48%，占整个储氢系统的16%。国内35MPa储氢瓶成本裸瓶在1万~2万元，三瓶组储氢系统售价10万元左右。储氢瓶成本组成见图17。

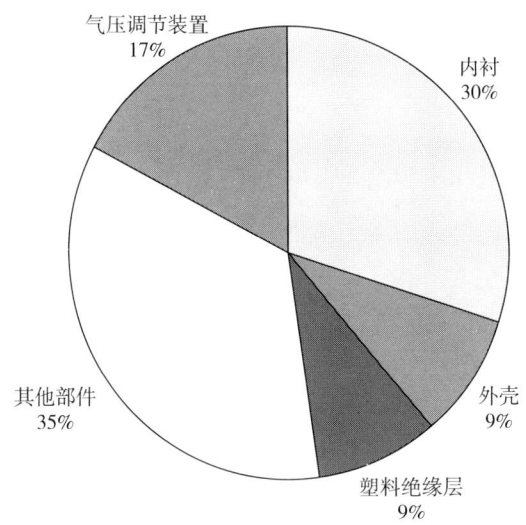

图 17　储氢瓶成本组成

资料来源：国金证券。

通过原材料降本、集成度提高和规模化生产的方式可以达到降低成本的目的。目前 70Mpa 钢瓶成本较高，主要是因为①所使用的碳纤维等材料价格昂贵；②箱体结构复杂，制作技术难度高。从短期来看，我们认为，FCV 数量如超过 1 万辆，氢瓶成本即可下降至少 50%，对应地，FCV 的整体成本可下降约 3%。

降本一方面靠原材料成本降低。美国橡树岭国家实验室采用高密度前驱体路线制备高强度碳纤维，显著降低了碳纤维制备成本，同时使储氢系统成本降低了 11%；合理设计系统集成：储氢系统组成复杂，包括温度调节装置、气体通道等部件；合理设计系统的集成方式可以优化系统结果，提高系统效率。

降本另一方面靠规模效应：气瓶结构复杂，装配工艺烦琐，批量化生产能够显著体现规模效应，降低成本。产量达到 50 万台每年时，储氢系统成本可降低至目前的 45%。

（三）运氢方式及成本分析

目前我国常用的运氢方式主要分为：气氢拖车运输（tube trailer）、气氢管道运输(pipeline)和液氢罐车运输(liquid truck)。运氢环节包括集中制氢厂的运输准备环节(氢气压缩/液化、存储及加注)和车辆/管道运输环节。

1. 气氢拖车运输

气氢拖车运输适用于距离制氢厂不远,规模不大的用户。气氢拖车系统的运行过程如下:空载气氢拖车在集中制氢厂加满氢气,然后在运输范围内到达加氢站,卸下车上管状储存容器作为加氢站的存储设备,同时拾起原本位于加氢站的"空载"管状容器,运回集中制氢厂开始新一轮的加载。

常用的高压长管拖车一般装8根高压储气管。其中高压储气管直径0.6m,长11m,工作压力35MPa,工作温度为-40℃~60℃,单只钢瓶容积为2.25m^3,重量2730kg。长管拖车总重26030kg,装氢气300kg以上,输送氢气的效率只有1.1%。未来可以通过更高压力的存储提升载氢能力(见表7)。

在假设车速为60km/h,单车每天工作15小时的情况下,得出在运输距离为200km的情况下,气氢拖车运输氢气的成本约为2.02元/千克。国内气氢拖车运输成本与运输距离关系见图18。

表7 气氢拖车运输成本相关数据

氢气拖车车重(kg)	26030
单车载氢量(kg)	300
总重(kg)	26330
60km/h的等速油耗(L/100km)	29.06
油价(元/升)	5.402
油费成本[元/(100公里·千克)]	0.52
气氢压缩电费成本(元/千克)	0.55
设备维修费(元/天)	5.48
储存设备(元/天)	50.23
压缩设备(元/天)	0.14
车辆投资(元/天)	246.58

资料来源:国金证券。

2. 管道输氢

气氢的管道运输用于大规模的输送。在同能量流率情况下,氢气管道运输成本要高于天然气管道运输成本,原因主要是氢气自身体积能力密度小和

中国车用氢能产业经济性分析

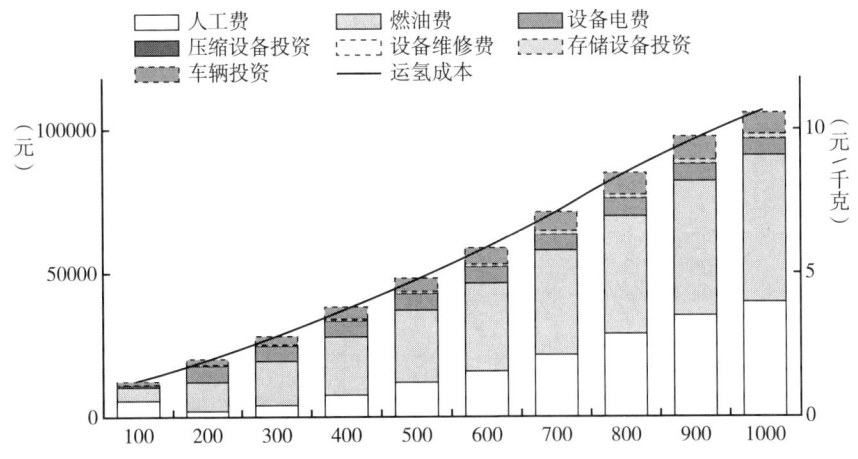

图18 国内气氢拖车运输成本与运输距离关系

资料来源：国金证券。

管材要求高（使用防止氢脆现象管材）。管道运输的成本绝大部分是管道的初始投资建设成本，运行成本比例很小。

目前氢气的运输管道长度较天然气管道长度相差几个数量级，成本方面，氢气管道的造价约为天然气管道造价的2倍。以美国为例，其天然气管道的长度约为55×10^4km，氢气管道的长度约为2389km。造价方面，天然气管道的造价仅为12.5万~50万美元/千米，氢气管道的造价在30万~100万美元/千米。

改造现有的天然气管道用于输送氢气的主要方式是提升钢管材质中的含碳量，低碳钢更适合输送纯氢；而塑料管道由于压力较小，不能用于输氢。管道输氢更适合点对点运输且两端产生和使用氢气的规模都非常大的情况，目前加氢站对氢气的需求暂时达不到该规模。

3. 液氢罐车运输

液氢储运的经济性与储量大小密切相关。液化相同热值氢气的耗电量远高于氢气压缩的耗电量（约11倍），加之液氢储存罐的选材和技术水平要求高，前期投入成本高。根据我们的测算，液化过程的相关成本（设备投资和电耗成本）占运氢成本的最大份额，比例在70%~80%。

我们假设车速60km/h，一辆车一天工作15h计算，一辆车一天可以跑900km。计算得出在10t/d的运输规模下，200km的运氢价格为12.25元/千克、500km的运氢价格为12.54元/千克（见图19）；在100t/d的运输规模下，200km的运氢价格为8.57元/千克，500km的运氢价格为8.85元/千克（见图20）。

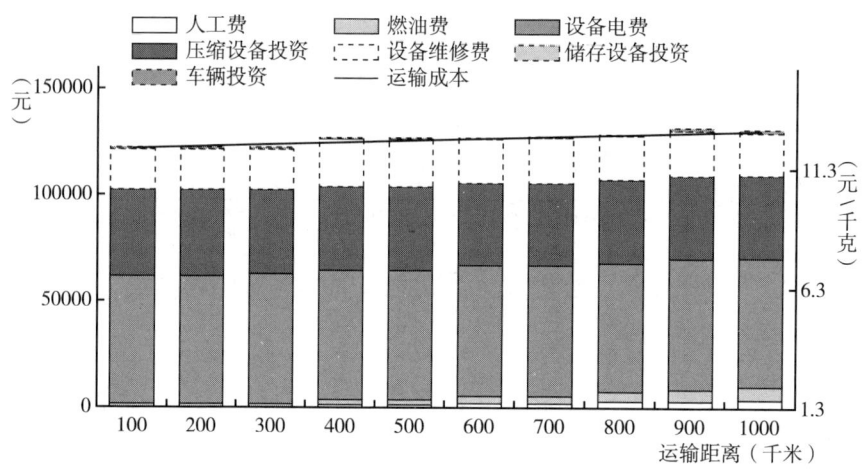

图19　10t/d的运输规模下液氢运输的成本与距离的关系

资料来源：国金证券。

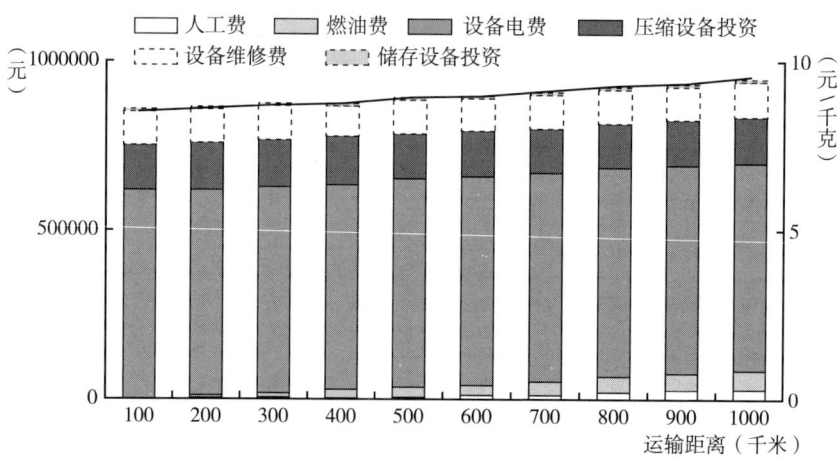

图20　100t/d的运输规模下液氢运输的成本与距离的关系

资料来源：国金证券。

三 燃料电池、锂电池和燃油汽车经济性比较

燃料电池汽车具备续驶里程长、加氢快和零排放等优势,非常适合发展商用车,在短中期加氢站等基础设施覆盖不够完善的时候,乘用车市场难以拓展,目前国内燃料电池汽车发展的主要是商用车。商用车分为客车和物流车,物流车下游对象主要是物流配送企业,对于经济性更加敏感。因此,本文在对燃料电池汽车、电动车和燃油车进行经济比较时,主要以物流车车型为研究对象。

制造成本方面:燃料电池由于处于产业导入期,成本较高,30kW载重3.5t的燃料电池物流车成本为100万元左右,75kWh载重1.3t的电动物流车成本为19万元左右,载重3t的燃油物流车成本为11万元左右。

全生命周期成本方面:

当前补贴下纯电动物流车虽然依旧是最为经济的选择,但优势有限。并随着载重量的上升,其经济性有所下降。在补贴退坡后,载重<1T的分级中,纯电动物流车使用成本由0.86元/千米升至0.90元/千米,比燃油物流车少0.04元/千米;而在1T≤载重<2T的分级中,纯电动物流车的使用成本由1.21元/千米升至1.25元/千米,相较于燃油物流车只有0.02元/千米的优势。

载重≥2T燃料电池物流车补贴力度大,目前经济性已可比肩燃油车。由于燃料电池补贴未退坡,目前其使用成本为1.64元/千米,比燃油物流车仅高出0.04元/千米。未来伴随氢气价格和电堆成本下降,无疑可以媲美燃油车经济性。

(一)燃料电池、锂电池和燃油汽车制造成本现状比较

1. 燃料电池汽车制造成本现状

目前我国燃料电池产业处于导入期,燃料电池汽车主要是"锂电池+燃料电池"增程式汽车路线,燃料电池汽车成本构成主要由燃料电池动力

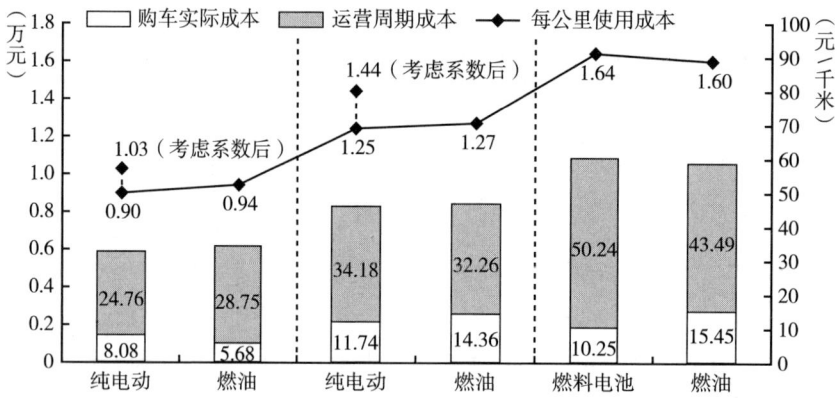

图21 现阶段补贴政策下三种物流车全生命周期成本比对

资料来源：国金证券。

总成、储氢系统、锂电池、电机电控和车身等组成。当前燃料电池汽车规模较小又处于导入期，成本高昂，考虑补贴30kW燃料电池物流车成本在80万~100万元。

2. 电动物流车制造成本构成

电动物流车成本主要由动力电池、电机、电控、底盘和车身等构成。当前物流车平均带电量75kWh，载重在1.5t左右，不考虑补贴电动物流车制造成本为19万元左右。载重1.3t的电动物流车成本测算见表8。

表8 载重1.3t的电动物流车成本测算

单位：万元，%

项目	成本	成本占比
动力电池	9.75	51
电机	0.7	4
电控	1.2	6
DCDC	0.8	4
热管理	0.5	3
驾驶室	0.99	5
轮胎	0.77	4
车架	0.66	3

续表

项目	成本	成本占比
电子电器	0.55	3
传动转向	0.44	2
其他	2.75	14
总成本	19.11	100

资料来源：国金证券。

3. 燃油物流车制造成本构成

燃油物流车成本主要由发动机、车桥、驾驶室、轮胎和车架等构成，载重3t的燃油物流车平均成本为11万元左右。载重3t的燃油物流车成本测算见表9。

表9 载重3t的燃油物流车成本测算

单位：万元，%

项目	成本	成本占比
发动机	2.53	23
车桥	1.65	15
驾驶室	0.99	9
轮胎	0.77	7
车架	0.66	6
变速器	0.66	6
电子电器	0.55	5
传动转向	0.44	4
其他	2.75	25
总成本	11.00	100

资料来源：国金证券。

（二）燃料电池、锂电池和燃油汽车全生命周期成本比较

1. 车型选取

物流配送分为城际配送（包括干线、支线配送）、城市配送（包括短

驳、终端配送),其中干线运输由中重卡完成,支线运输主要由载重 2~3t 的轻中型货车承担;短驳和终端配送主要由载重 1t 左右的微轻型货车或者电动两轮车承担。

燃料电池物流车具有高载重、高续航优势,适合城际干线和支线运输。2017 年国内投放了 1272 台燃料电池商用车,上海部署了中国首批 500 台氢燃料电池物流车的示范推广运营工作,目前包括申通、京东等多家物流企业正在使用燃料电池物流车运营,其中京东使用数量达到 195 辆。

电动车物流车聚焦支线和市内配送。城市物流以商业配送和快件运输为主要形式,运输具有多批次少批量、以小型货物为主的特点,所行驶的城市道路车流量大,部分道路较为狭窄,所以对运输工具有小型化、轻量化的要求,适合电动物流车。新能源物流车应用场景见图 22。

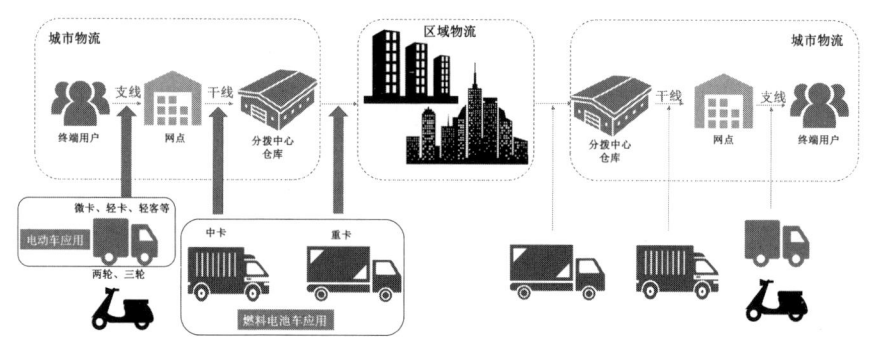

图 22 新能源物流车应用场景

资料来源:国金证券。

将城市配送车辆从传统燃油物流车更新到新能源物流车的抉择时,涉及如何合理评估企业个体经济效益,因而全面分析各个物流车型的经济性是十分关键的。由于载重≥2T 的纯电动物流车较为少见且现在市场上燃料电池物流车的车型还十分有限,在载重≥2T 车型比较中,将燃油车和燃料电池物流车比较;在载重<2T 的车型中,将燃油车和电动物流车比较。

我们从已公布的《新能源汽车推广应用推荐车型目录》和《免征车辆

购置税的新能源汽车车型目录》中选取了尽量相似的两款纯电动物流车、3款燃油物流车和1款燃料电池物流车作为主要研究对象,其中纯电动物流车有市场口碑较好、推广应用可能性较高的热门品牌车型东风小康EC35和上汽大通EV80,与之对比的是其同系列的燃油车型。燃料电池物流车则选取了入选推荐目录的东风EQ5080和东风嘉运5080两款中型厢式运输车(见表10)。

表10 三类物流车车型级参数比较

分类	载重<1T		1T≤载重<2T		载重≥2T	
物流车	纯电动	燃油	纯电动	燃油	燃料电池	燃油
车型	东风小康EC35	东风小康C35	上汽大通EV80	上汽大通V80	东风EQ5080FCEV	东风嘉运5080
载重(t)	0.65	0.75	1.27	1.38	3.50	3.38
最高车速(km/h)	90.00	135.00	100.00	160.00	90.00	105.00
续航里程(km)	233.00	0.00	230.00	0.00	305.00	0.00
电池容量(kWh)	42.00	0.00	75.00	0.00	—	0.00
电池寿命(年)	5.00	—	5.00	—	8.00	—
工况电油气耗(kWh/L/kg)/100km	18.00	7.50	28.00	9.00	2.50	13.80

资料来源:根据公开资料整理。

2. 全生命周期成本分析

对于汽车来说,购买和使用一辆汽车所产生的成本发生在汽车生命周期的不同时期,我们将车辆生命周期划分为三个阶段:车辆购置、车辆运营、车辆报废。使用者成本考虑从购车、运营至最终报废的全部生命周期内产生的所有成本,具体包括:购车成本、车辆购置税、购车补贴、牌照费用、燃料成本、维修保养成本、电池更换成本、保险费、其他杂费和报废补贴等。加氢和充电基础设施的建设成本不在讨论范围之内,因为充电基础设施一般不是由使用者承担建设,并且受使用者拥有的车辆数目影响(见图23)。

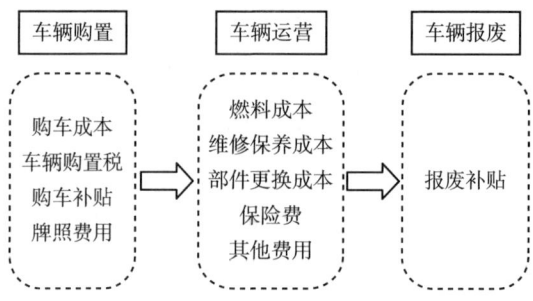

图 23　全生命周期成本构成

资料来源：国金证券。

（1）车辆购置阶段

购车成本：整车购买成本，计算采用各个车型官网发布的官方指导价格或权威网站数据库的参考价格。

车辆购置税：应税车辆的计税价格的10%，计税价格为购买应税车辆而支付的全部价款，不包括其中17%的增值税税款。车辆购置税计算公式为：车辆购置税＝车价／（1＋17%）×10%。从2004年9月开始，国家规定新能源汽车免征车辆购置税，至2018年7月已公布19批《免征车辆购置税的新能源汽车车型目录》。因此目录中纯电动车辆和燃料电池车辆购置税为0。

购车补贴：纯电动车补贴退坡明显，燃料电池车辆保持不变。国家和各省市针对纯电动物流车提供一次性购车补贴，二者可叠加享受。按照2018年国家最新的补贴标准，新能源专用车实行分段补贴，30kWh以下部分补贴850元/kWh，下调幅度超40%；30～50kWh部分补贴750元/kWh；超过50kWh部分补贴650元/kWh，补贴上限由15万元下调到10万元，下调幅度33%。燃料电池车辆对比2017年政策补贴不退坡，但技术要求更加细化。按照车型不同，给予不同程度的补贴，总体而言远高于纯电动物流车。大部分地方政府补贴（单车补贴）上限为国补的50%。（此项政策对于燃料电池车辆是否适用还有待明确政策出台，目前各地对于燃料电池物流车补贴比例各异）（见表11、表12）。

表 11　2018 年纯电动物流车补贴政策

补贴标准（元/kWh）			中央财政单车补贴上限（万元）	地方财政单车补贴上限
30（含）kWh 以下部分	30~50（含）kWh 部分	50kWh 以上部分		
850	750	650	10	无要求，但估计不会超过国补的一半

资料来源：工信部。

表 12　2018 年燃料电池汽车补贴政策

单位：万元/辆

车辆类型	补贴标准
燃料电池乘用车	20
燃料电池轻型客车、货车	30
燃料电池大中型客车　中重型货车	50
地补配套比例	所属地
1∶0.5~1∶1	上海
1∶1	佛山市

资料来源：工信部。

牌照费用：主要包括新车上线检测缴纳的费用、拓号照相的费用以及新车牌照的费用，以及按照车辆种类（如机动车辆、非机动车辆、载人汽车、载货汽车等）、吨位和规定的税额计算征收的车船使用税。由于各省政策及市场价格有所差异，我们取 2500 元作为平均费用。目前针对新能源物流车没有类似纯电动私家车免费上牌的优惠政策。

（2）车辆运营阶段

燃料成本：车辆运营一年所产生的油耗、电耗、气耗成本。根据前文分析，我们假设物流车辆日均行驶 150km，车辆每年使用总天数为 300 天。燃料消耗取市区工况下的数值，柴油均价取 6.5 元/升，商业用电均价取 1.2 元/kWh（包含服务费），氢气售价 40 元/千克。纯电动车充电存在电量损失，充电综合效率取 90%。通过统计现有燃料电池物流车指标测算得其百公里耗氢量为 2.5kg。三类物流车燃料费用计算方法见表 13。

表13 三类物流车燃料费用计算方法

车型	计算方法	费用假设
燃油物流车	市区工况百公里耗油量(L/100km)×[年行驶总里程(km)/100]*油价(元/升)	柴油6元/升
纯电动物流车	市区工况百公里耗电量(kWh/100km)×[年行驶总里程(km)/100]/充电综合效率*商业用电价格(元/kWh)	商用电1.2元/kWh 充电综合效率90%
燃料电池物流车	市区工况百公里耗氢量(kg/100km)×[年行驶总里程(km)/100]×氢气价格(元/千克)	氢气40元/千克
行驶里程假设:车辆日均行驶200km,每年工作300天		

资料来源:国金证券。

维修保养成本:相对于传统燃油车,纯电动车的电池组与电动机替代发动机,结构简单,维修保养更为方便,除电池以外的维修保养费用可减少50%。为加强关键零部件质量保证,国家规定新能源汽车生产企业应对消费者提供动力电池等储能装置、驱动电机、电机控制器质量保证,货车生产企业应提供不低于5年或20万公里的质保期限,这个规定对于燃料电池车辆依然适用。

部件更换成本:由于目前纯电动汽车电池组商业化技术所限,其寿命较短,常见车型普遍为3~5年,三元锂电池组寿命较长,达到5年。估计纯电动汽车电池组市场均价为1400元/kWh,则每种车型电池组价格可根据各自电池容量计算得出。模型假设车辆使用前5年由于质保原因不产生电池更换成本,从第6年开始考虑此成本。而燃料电池车采用进口电堆,寿命可在20000小时以上,我们认为其在车辆寿命期内不需要更换电堆,但是由于燃料电池是用空气中的氧气与氢气进行反应,所以需要定期更换空气过滤器,目前还没有具体的运营数据,我们取4万元作为空气过滤器的更换成本。

保险费用:车辆购置之初开始每年缴纳保险,主要包括交强险和商业保险。纯电动汽车和燃油汽车的交强险相同,商业保险费率仅受车价影响,纯电动汽车略高。假设按最高额全险保险费计算,全部保险费燃料电池汽车7000元/年,纯电动汽车7000元/年,燃油汽车6500元/年。

其他费用:运营中必须缴纳的各项杂费包括年检费、车船使用税、日常维护、停车费、过路过桥费、违章罚款、事故赔偿等,燃料电池汽车和纯电动汽车、燃油汽车并无差别，假设4000元/年。

电动车系数：由于电动车充电耗时较长，并且根据现阶段运营情况调研，很多车型存在续航虚标、故障频繁等问题，使得电动物流车运营成本提高，因此给其运营成本一个系数。

（3）车辆报废阶段

报废补贴：根据国家机动车报废补贴最新标准，报废微型载货车，每辆补贴6000元，报废轻型载货车，每辆补贴9000元，报废中型载货车，每辆补贴13000元。按照国家现行的汽车报废年限规定，微型载货车使用年限为8年，轻、中型载货车的使用年限为10年。我们将三种物流车使用年限都取为8年。

（4）结论

经过测算，在目前较高的燃料电池价格水平下，考虑40元/kg的氢气价格，燃料电池物流车每公里使用成本约1.64元，与燃油车接近，考虑到燃料电池物流车成本的持续下降和各地对于燃油物流车的限制，燃料电池车的优势将更加明显，不论对于运营商还是终端用户。三类物流车经济性分析比较详见表14。

表14　三类物流车经济性分析比较（2018年补贴）

分类	载重<1T		1T≤载重<2T		载重≥2T	
物流车	纯电动	燃油	纯电动	燃油	燃料电池	燃油
运营周期成本（万元）	24.76	28.75	34.18	32.26	50.24	43.49
报废补贴（万元）	0.60	0.60	0.90	0.90	1.30	1.30
全生命周期总成本（万元）	32.24	33.83	45.02	45.72	59.19	57.64
全生命周期总成本－考虑系数（万元）	37.19	—	51.85	—	—	—
每公里使用成本（元/千米）	0.90	0.94	1.25	1.27	1.64	1.60
每公里使用成本－考虑系数（元/千米）	1.03	—	1.44	—	—	—

核心假设：车辆使用年限为8年；每年运营300天，日均行驶里程150km；电动车运营系数为1.2
2017年补贴的情况下：载重<1T，纯电动物流车每公里使用成本0.86元/千米；1T≤载重<2T，纯电动物流车每公里使用成本1.21元/千米

资料来源：国金证券。

区域篇

Region Reports

B.12
北京车用氢能产业发展与燃料电池汽车示范运行

梁晨 韦瑾 申彤 张晓 张艺书*

摘　要： 北京市自"十二五"初期就开始加快推进纯电动汽车、燃料电池汽车等新能源汽车的科研、开发及产业化应用，2012年以来，北京市在燃料电池汽车领域加大支持力度，推进燃料电池整车及关键零部件研发生产、车辆示范应用及基础设施建设。同时以整车为抓手，整合清华大学、亿华通公司、天海工业等多方资源，逐步完善了区域燃料电池汽车产业链，建立燃料电池轿车研发平台，合力开展技术攻关。未来，北

---

* 梁晨，高级工程师，北京汽车研究总院有限公司燃料电池部部长助理；韦瑾，高级工程师，北京市新能源汽车发展促进中心副主任；申彤，北京市新能源汽车发展促进中心项目部部长；张晓，北京市新能源汽车发展促进中心示范运营一部副部长；张艺书，北京市新能源汽车发展促进中心主管工程师。

京市将结合 2022 年冬奥会的整体规划以及产业布局规划,开展氢能联合开发应用研究,提高北京市在氢能利用上的技术和研发实力。

关键词: 燃料电池客车　加氢站　电堆　示范运行

一　北京车用氢能产业发展背景、组织机构及相关支持政策

(一)北京车用氢能及燃料电池产业发展情况

北京市氢燃料电池产业开始于"十五"期间国家"863"氢燃料电池汽车开发项目,2012 年以来,北京市科委进一步加大在燃料电池汽车领域研发的支持力度,推进高校研究院所开展关键技术研发,并与北汽福田汽车股份有限公司(以下简称北汽福田)、北京新能源汽车股份有限公司(以下简称北汽新能源)、北京亿华通科技股份有限公司(以下简称亿华通)等在京整车及关键零部件企业深入合作,通过持续的技术攻关,北京已形成相对完整的氢能燃料电池大客车、物流车创新链条,轿车样车也已进入联调阶段,并积极推进燃料电池车辆在未来科技城、张家口等区域应用,在京津冀区域布局建设制氢、储氢、运氢、供氢的全链条氢能体系。

(1)率先形成了国内领先的氢能燃料电池大客车创新链。北京加强技术与产业协同,利用市场带动产业,重点将燃料电池大客车作为发力点,形成完整覆盖上下游产业链条,并从产业研发环节向示范运行环节延伸。清华大学与北汽福田联合研发的 8.5 米、10 米、12 米燃料电池大客车已取得整车产品公告,并获百辆订单。

(2)整合优势资源建立燃料电池轿车研发平台。由北汽集团牵头完成了集成 30 千瓦电堆动力系统的燃料电池轿车以及燃料电池动力系统、车载

氢系统等核心技术方案。同时以整车为抓手，整合清华大学、亿华通公司等多方资源，逐步完善了区域氢能燃料电池汽车核心产业链，建立燃料电池轿车研发平台，合力开展技术攻关。

（3）推进氢能燃料电池整车及关键零部件研发生产。按照整车—系统—零部件思路，在已建立整车、系统集成能力基础上，组织开展金属双极板、储氢瓶、空压机、氢气循环泵、阀门等燃料电池动力系统零部件核心技术攻关，推进核心部件国产化开发及应用。

（4）推进燃料电池车辆在京津冀区域示范应用。北京自2003年起作为UNDP试点城市，两期项目累计投运燃料电池公交车6辆，运营里程近16万公里，累计运营时间超过30个月，并计划于2018~2020年，开展不少于15辆燃料电池汽车示范运行，其中5辆客车已完成车辆全球公开招标，由北汽福田中标，北京市公交集团为车辆运营主体。

（5）布局建设全链条氢能体系，建成国内首座持续运营车用加氢站。积极推进央企等多主体参与氢能基础设施体系建设，并建成了国内首座持续运营车用加氢站——永丰加氢站。永丰加氢站曾为2008年北京奥运会燃料电池车辆示范提供服务，现为燃料电池客车和物流车提供支撑服务，站内设计了外供氢气、现场电解水制氢及天然气重整制氢三种氢气供应方式，氢气存储量不低于3000标准立方米，15分钟内可完成燃料电池大客车加注。后期结合北京2022年冬奥会的整体规划以及产业布局规划，北京还将重点支持和推进加氢站建设，包括风电制氢加氢站以及加油加氢合建站等。此外，北京市还将开展氢能联合开发应用研究，提高在氢能利用上的技术和研发实力。

（二）北京氢能燃料电池汽车推广组织机构及相关政策

根据北京市新能源汽车联席会议分工安排，推进新能源汽车（含燃料电池汽车）相关部门职责如下：北京市新能源汽车联席会议办公室（北京市科学技术委员会）负责统筹推进新能源汽车推广应用，推进科技创新与示范。北京市经济和信息化委员会负责对参与北京推广应用的新能源汽车生产企业和产品进行引导，指导在京生产企业开发适用于北京推广的新能源车型产品；负责市级补助资金的兑付；会同相关部门督促生产企业落实废旧动力电池回收主体责任。北京市财政局负责组织制定市级财政补助政策。北京市城市管理委员会负责新能源汽车充电站（桩）的建设和运营管理。北京市交通委员会负责新能源小客车指标申请受理、组织审核和差异化的新能源汽车交通管理政策制定等。北京市公安局公安交通管理局负责办理新能源汽车车辆登记、核发新能源汽车号牌等。北京市质量技术监督局负责对在京销售的新能源汽车进行监测抽检。

为加快推进北京市新能源汽车技术创新，打造"高精尖"经济结构，北京市于2017年12月正式印发实施了《北京市加强科技创新加快培育新能源智能汽车产业的指导意见》，将燃料电池汽车作为重点支持方向，主要包括：①加大以氢燃料为主的燃料电池乘用车开发力度，着力在整车耐久性、续驶里程和燃料电池使用寿命等领域取得突破。②加快燃料电池汽车质子交换膜、气体扩散层、金属双极板等关键材料及部件开发，实现高比功率高耐久性燃料电池电堆等关键技术突破，金属双极板燃料电池电堆重量比功率达到3千瓦/千克。③提升整车竞争能力。强化整车带动，全面推进现有整车设计和制造企业转型升级。鼓励企业加大燃料电池汽车整车技术与产品创新力度，强化自主品牌建设，提升整车设计能力、工程化开发能力和智能制造水平，加快打造具有国际竞争力的新能源汽车企业。④增强关键零部件配套能力。重点增强燃料电池电堆及系统、氢气循环泵、空压机等零部件，高压储氢、液态储氢等的研发生产能力。⑤培育新能源汽车服务新业态。发展检验检测服务，提升燃料电池汽车整车及关键零部件检测能力，完善相关标准体系。⑥围绕燃料电池汽车规模化示范应用，在冬奥会和冬残奥会相关区域推进制氢、加氢核心技术应用。

为进一步落实新能源汽车补贴政策，鼓励购买新能源汽车，北京市在2018年7月发布了《关于调整完善北京市新能源汽车推广应用财政补助政策的通知》，对燃料电池汽车按照中央与地方1∶0.5的比例安排市级补助。此外，北京还成立了氢能技术协同创新平台，旨在探索氢能技术协同创新的新模式,推动未来科学城央企与研究院、入驻单位与京内外科研产业单位开展高水平、高效研究,提高整体研发效率,加快科研成果产出。

二 北京车用氢能产业进展

北京市持续推进燃料电池汽车科研、开发及产业化应用,北京市科委在燃料电池客车、物流车以及轿车等整车领域以及高功率长寿命电堆及高压储氢系统等方面给予持续支持,围绕氢能与燃料电池汽车技术开展核心攻关,逐步形成了以高精尖科研院所和骨干企业为核心的氢能与燃料电池汽车产业技术开发闭环。在氢能基础设施方面,北京建成了国内首座持续运营车用加氢站——永丰加氢站,并鼓励多方主体参与氢能制备—存储—运输全链条布局规划。例如,神华集团、中节能风力发电等公司均积极开发利用河北省丰富的风电资源,在张北、沽源等地建立了风电制氢项目,制氢项目分期完成,能满足京津冀地区氢燃料电池汽车对高纯度、低成本气源的需求;支持华能集团开展风电制氢关键技术研究并在张家口开展风电制/加氢站建设,拟日产氢气 $12000Nm^3/d$,连续加注 6 辆燃料电池大客车;推动中国石化北京石油分公司在昌平区王府加油站基础上,开展加油加氢合建站建设,为北京市成为国内领先的氢燃料电池车辆示范城市打下了坚实的基础。

(一)永丰加氢站及运行状况

北京永丰加氢站是国内第一座车用加氢站,建设面积约 3960 平方米,分三期完成建设工程。整个工程包括:外供氢、生产(两种现场制氢)、压缩(二级升压)、储存(二级存储)、加注(两种加注压力,三种加注接口),以及安全、消防和公用工程等。包括三种制/供氢方式:外供氢、水电解制氢、天然气重整制氢。

自 2006 年正式运行以来,永丰加氢站先后为多个项目,多种车辆进行了加注服务。截至 2018 年 8 月,加氢站累计加氢 11500 余次,加注氢气总量超过150000kg，目前日均服务60辆客车，在运行过程中无任何安全事故发生。包括UNDP和全球环境基金（GEF）共同资助的燃料电池城市客车示范项目，获得了国际IPHE首届技术成就奖，并成功地为2008年北京奥运会燃料电池车辆的示范运营提供了服务。

永丰加氢站一期主要完成了外供氢和氢气加注部分；一期建设的功能包括：外供氢升压（从20MPa升压至40MPa）、加注、安全、消防等系统，以及必要的服务功能区，土建施工和设备调试于2006年10月全部完成，并为接下来的UNDP/GEF项目中Daimler-Chrysler公司的燃料电池客车提供了加氢服务，为燃料电池车队的商业示范运行提供了保障。

永丰第二期主要完成了天然气重整制氢和站用储罐部分；为了更好地保证氢气供应，满足奥运期间燃料电池汽车示范运行的需要，2007年底到2008年6月对北京加氢站进行了技术改造和功能完善。在第二期改造中，主要增加了天然气重整制氢装置，提高了现场供氢的能力；增加了40MPa高压氢气储罐，避免了压缩机的频繁起停，提高了充装的速度和安全性；增加了20MPa固定氢气储罐，完善了生产流程，增加了加氢站的自主储氢能力；同时，避免单独租用管束车，节约了运行成本；在原有加氢机上增加了一种新的35MPa加氢枪，满足了燃料电池轿车的加注要求。

永丰加氢站三期改造主要完成了电解水制氢部分。通过国内相关企业合作，研发出国内第一套撬装水电解制氢装置，在满足加氢站日常用氢需求的同时，也进一步优化了加氢站商业化运行模式。该装置于2010年4月到达现场，5月中旬安装调试完毕，6月初正式产出满足国标要求的合格高纯氢气。永丰站的整体工艺如图1所示。

（二）整车开发

在北京市的整体支持下，由北汽集团下属的北汽福田、北汽股份及北汽新能源等整车企业牵头完成了多款燃料电池汽车，涵盖客车、商用车及轿车等多个车型，取得产品公告并实现市场化销售和运行。

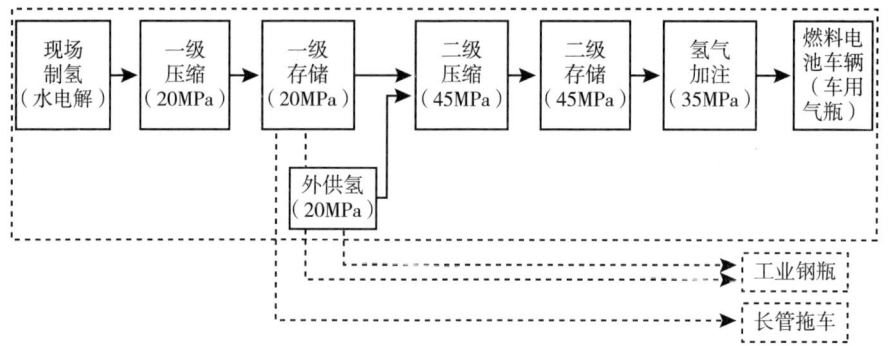

图 1　永丰加氢站的制氢储氢加氢工艺

1. 北汽福田燃料电池客车

北汽福田欧辉燃料电池客车从2008年奥运会示范运营开始，经过十年的发展，已经完成了三代车型的开发，并实现了商业化运营，其发展历程如图2所示。

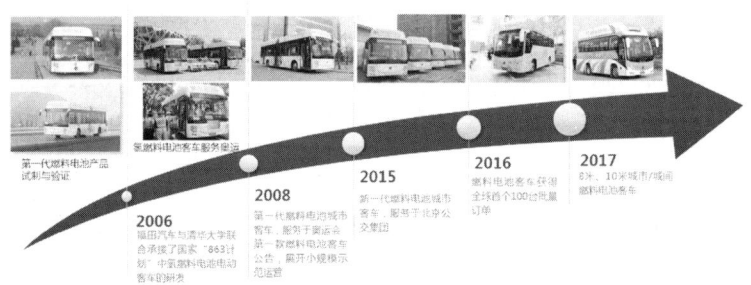

图 2　北汽福田欧辉燃料电池客车发展历程

（1）第一代燃料电池城市客车

作为国家"863"重大科技专项中燃料电池项目的主要成果，北汽福田研发的BJ6123C6N4D燃料电池城市客车于2008年4月（164批公告）登上国内首批燃料电池城市客车公告（见图3）。整车性能满足了示范运行的基本要求，并随后投入奥运会使用，开创了燃料电池车在奥运会上使用的先河。第一代燃料电池客车整车参数如表1所示。

表1　第一代燃料电池客车整车参数

关键参数	数值	关键参数	数值
低温启动(℃)	0	续航里程(km)	300@ CCBC
低温存储(℃)	0	工况氢耗(kg/100km)	<9.6
加氢时间(min)	15	电堆寿命(h)	4000

图3　第一代燃料电池城市客车

(2) 第二代燃料电池客车

作为第一代燃料电池车型的升级版，北汽福田欧辉第二代燃料电池客车着重在低温性能和能耗方面提高了性能指标。其中低温启动性能从0℃降低至-15℃，工况能耗从9.6kg/100km降低至小于8kg/100km。电堆寿命也增加一倍左右。该产品于第278批获得产品公告。第二代燃料电池客车如图4所示，整本参数如表2所示。

(3) 第三代燃料电池客车

北汽福田第三代燃料电池客车（如图5所示）较前两代在整车冷启动性能、氢耗水平等方面都有显著提升，并于2016年5月首次签订大批量氢

表2 第二代燃料电池客车整车参数

关键参数	数值	关键参数	数值
低温启动(℃)	-15	续航里程(km)	450@CCBC
低温存储(℃)	-20	工况氢耗(kg/100km)	<8
加氢时间(min)	10	电堆寿命(h)	10000

图4 第二代燃料电池客车

燃料电池客车百台订单,真正实现了氢燃料电池客车产业化、商业化运营。整车参数如表3所示。

图5 北汽福田第三代燃料电池客车

表3 第三代燃料电池客车整车参数

关键参数	数值	关键参数	数值
低温启动（℃）	-20	续航里程（km）	500@CCBC
低温存储（℃）	-46	工况氢耗（kg/100km）	<5
加氢时间（min）	10	电堆寿命（h）	15000

2. 北汽福田燃料电池物流车

北汽福田于2013年启动8吨燃料电池增程式物流车项目，并得到国家科技支撑计划支持，与清华大学、北京亿华通、盟固利、大洋电机和北京交通大学累计合作开发5台样车，并取得了燃料电池物流车的整车公告，如图6所示。车辆于2016年投入示范运营，累计行驶里程超过5万公里。

图6 北汽福田燃料电池商用车

根据市场需求，北汽福田于2017年启动全新平台8吨燃料电池物流车和12吨燃料电池环卫车两个燃料电池车项目。其中，8吨燃料电池物流车采用30kW燃料电池电堆、35MPa供氢系统和2挡AMT驱动总成，等速续航里程超过540km。12吨燃料电池环卫车采用60kW燃料电池熊、35MPa供氢系统和整体电动桥的驱动方案，最高时速≥105km/h。

3. 北汽燃料电池乘用车

北汽集团自2015年启动燃料电池轿车研发，第一代燃料电池轿车采用

10kW 燃料电池电堆作为增程器，配合 26kWh 动力电池和 70MPa 的供氢系统，整车依托北汽绅宝 C80 车型为基础进行改制，燃料电池在整车运行时辅助动力电池提供动力，并在车辆减速、停车等工况下由燃料电池电堆产生电能对动力电池进行充电，通过实际道路测试，第一代样车的动力性与纯电车型保持一致，最高时速可到 150km/h，整车如图 7 所示。

图 7 北汽绅宝 C80FCV 增程式燃料电池轿车

基于增程式燃料电池轿车的研发基础，北汽集团于 2016 年启动基于 C53F 全新平台的电电混合燃料电池轿车开发，电电混合模式采用 30kW 以上燃料电池电堆，根据 450km 续航里程需求，适当减少了动力电池的容量，并实现了电堆与动力电池混合驱动、动力电池单独驱动以及制动能量回收等七种能量驱动模式。

（三）电堆系统

1. 亿华通

亿华通自 2004 年以来启动氢燃料电池发动机的研发与产业化，在 2017

年8月建成全国首条半自动化燃料电池发动机生产线并顺利投产,目前一期项目年产能达2000台,全部完工后,可实现年产燃料电池发动机1万台。目前产业化产品已经广泛应用于客车、物流车、乘用车、叉车、有轨电车、固定电源等诸多领域,并与宇通客车、福田汽车、中通客车、中国中车等国内多家整车企业展开广泛合作。

目前亿华通自主开发、生产的燃料电池发动机包括30kW、60kW及80kW等系列产品。其2018年最新发布的国产30kW燃料电池发动机如图8所示,实现了即插即用,应用世界领先的干膜技术,气体不需要加湿器,全天候-30℃低温启动、-40℃低温储存及停机自动保护;电堆体积功率密度大于2.0kW/L;采用低功率低压吹风机,具有低能耗、低噪音和低故障的特点;高度集成化、模块化的设计,节省空间的同时降低维护成本;响应速度快,可实现快速无条件无损伤启动、关机;防护等级达IP67。

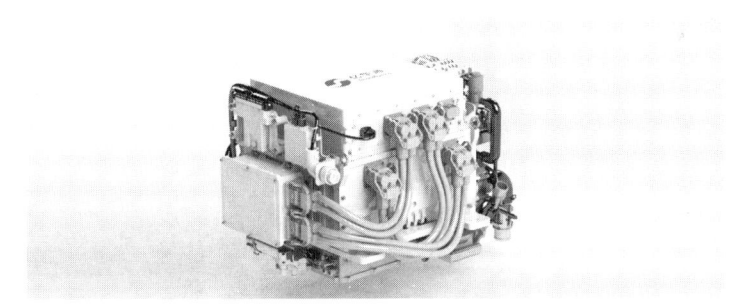

图8 亿华通国产30kW燃料电池发动机

结合自主开发的燃料电池电堆,亿华通还自主开发了DC/DC转换器和压缩气态氢系统,并具备70MPa氢系统集成和控制能力。其DC/DC通过交流阻抗技术完成对燃料电池在线状态识别,防护等级达到IP67,效率达到96%~97%。由亿华通完成的35MPa和70MPa氢系统应用于客车、轿车、物流车和有轨电车等车型,具有氢气预警、生产过程控制保障、零部件保障、安全设计保障等多重安全保障措施。

2. 北京氢璞创能科技有限公司

北京氢璞创能科技有限公司（以下简称氢璞创能）成立于2010年专注于水冷燃料电池的研发和产业化。拥有三十多项燃料电池电堆及生产线发明专利与保密技术，核心产品包括石墨板、复合板和金属板燃料电池电堆及发动机等。拥有150MW/年产能的首个自主知识产权电堆自动化产线及10MW/年的工艺验证产线，率先实现了燃料电池电堆的工业化生产，其产品应用在车载动力，无人机，通信备电、分布式能源等。

氢璞创能于2012年完成第一代甲醇制氢及燃料电池电堆的研发，并在2014年完成第二代电堆核心部件研制并完成首辆燃料电池汽车测试，2016年完成第三代水冷电堆研制并对车载集成系统进行优化升级。2018年氢璞创能实现了复合板电堆的量产，并在多款新能源商用车上展开商业化应用，同时启动了100kW高功率密度金属板电堆的开发。

氢璞创能 NOWOGEN – ST 系列第四代电堆（见图9）采用量产型复合板技术和采用低铂载膜电极，具有高速单片电压巡检系统，功率密度超过2.0kW/L，产品包括STC18/23/36/46/72等，并已应用于车载电源、分布式能源、燃料电池样车、军事等多个领域，其性能得到了良好的验证。

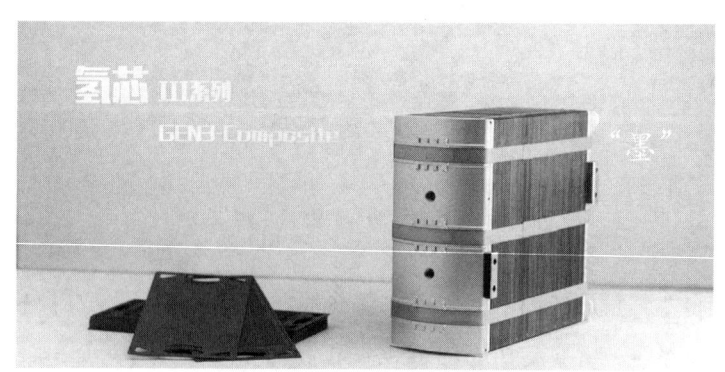

图9　氢璞创能 NOWOGEN – ST 系列第四代电堆

STM20/50/100金属板电堆（如图10所示）采用单片交叉流场设计，结构简单可靠；优化的表机处理工艺，表面化学特性更稳定；更优的气、水管理系统设计,使电堆运行更稳定高效。电堆可满足中高压运行的密封性要求,电堆单片额定功率可达300W,输出额定功率可从20kW到100kW,堆升功率在4kW以上,适用于乘用车使用。

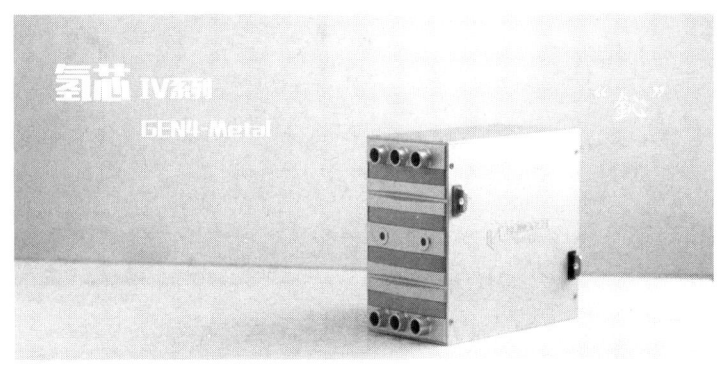

图10 氢璞创能STM20/50/100金属板电堆

(四)供氢系统及加氢设备

1. 北京天海工业有限公司

北京天海工业有限公司(以下简称北京天海)于2016年成功研制出TYPE Ⅲ型工作压力为35MPa铝内胆碳纤维全缠绕复合气瓶,其供氢系统目前已在重卡上开展应用(见图11)。并于2017年开发TYPE Ⅲ型工作压力为70MPa铝内胆碳纤维全缠绕复合气瓶和车载供氢系统。

2. 北京科泰克科技有限责任公司

北京科泰克科技有限责任公司(以下简称科泰克)是大容积Ⅲ型气瓶主要生产企业,也是高压氢气瓶和车用氢系统的主要供应商。

科泰克于2002年完成燃料电池城市客车20MPa、100L车用压缩氢气铝胆复合气瓶开发。并在2003年实现20MPa、50L车用压缩氢气铝胆复合气瓶在燃料电池轿车的装车。2006年开始35MPa大容积车载供氢瓶的原形设计和典型试验研究,并在上海申沃客车上实现120L车用天然气铝胆复合气瓶有限公司完成设计定型工作,开始批量使用。

图 11　北京天海 35MPa 供氢瓶及系统

2007年和2009年，科泰克35MPa、140L车用压缩氢气瓶分别应用于北京奥运会和上海世博会燃料电池客车，并进行示范运行。目前科泰克已完成70MPa铝合金内胆氢气瓶的开发，如图12所示。

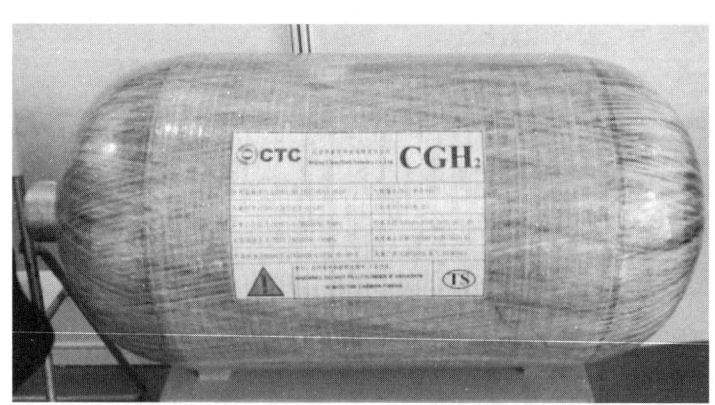

图 12　科泰克 70MPa，65L 铝合金内胆氢气瓶

科泰克搭载燃料电池客车的车载氢系统如图13所示，其包括高压气瓶、阀门、管件及温度、压力、氢浓度传感器等，氢气瓶布置在客车顶部，便于车辆结构布置并提高安全性。

➤ **车载氢系统**

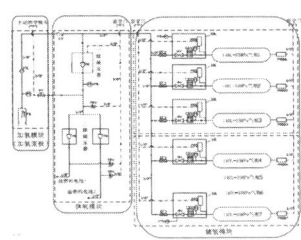

车载储氢系统包括加注子系统、储氢子系统和供氢子系统。

主要零部件：
1) 车用氢气瓶
2) 阀门：瓶口阀、截止阀、单向阀、电磁阀、减压器
3) 传感器：压力、温度、氢气浓度
4) 管件

图 13　燃料电池客车车载氢系统

3. 北京伯肯节能科技股份有限公司（兰天达）

北京伯肯节能科技股份有限公司业务及技术领域涵盖燃料电池供氢系统、空气供应系统、氢压缩机加氢站设备及加氢站建设运营等业务领域。

兰天达从 2004 年起配套完成氢燃料电池大客车的氢供应系统，并与上汽集团等单位合作开发 35MPa、70MPa 氢供应系统，图 14 为 70MPa 供氢系统。

图 14　兰天达 70MPa 供氢系统

4. 北京海德利森科技有限公司

北京海德利森科技有限公司（以下简称海德利森）专注于氢燃料电池研究、加氢站研制、氢气瓶测试研制等，其氢气增压应用压力已达1000MPa，并能单独或综合提供移动、固定式加氢站、高压氢气管路工程及气密测试服务、燃料电池汽车加氢保障服务等，同时有自主开发的氢气加注机、高压供氢检测系统等产品。

车载供氢系统检测平台，采用20-200bar储气瓶中的氢气（氦气、氮气）作为被压缩介质，使用压缩空气（或氮气减压）作为动力源，额定把氢气（氦气、氮气）增压至700bar；通过加氢枪充入用户测试单元进行保压、循环加压测试等测试，全套系统包含手动、自动控制，并含流量测试单元、自动可调流量控制，如图15所示。

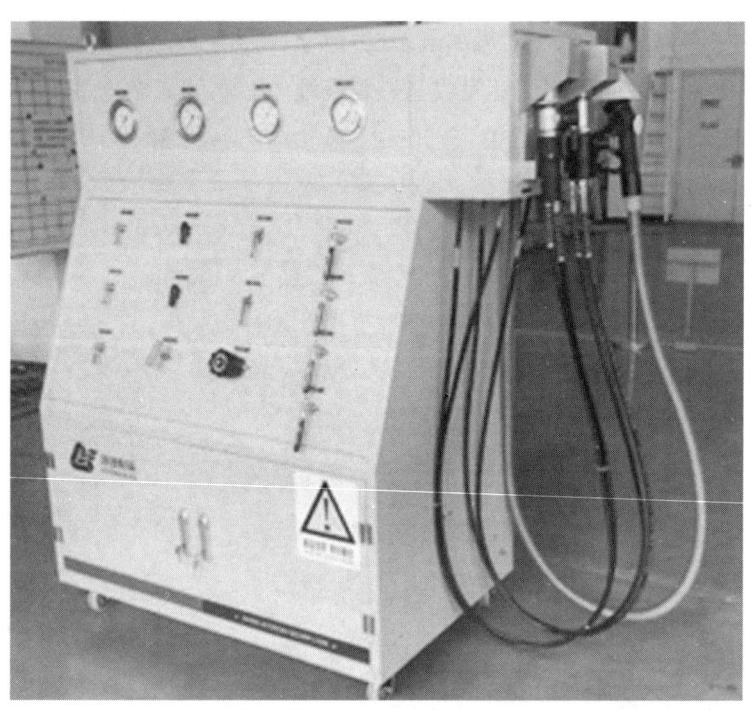

图15 车载供氢系统检测平台

移动式氢气加注系统，如图16所示，在常温下可实现35MPa和70MPa氢气加注，加压最高压力：120MPa，采用风冷自冷却方式，加注系统包括移动式、固定式，可全自动或手动加注。

图16　移动式氢气加注系统

2008年，海德利森为世博会提供了国内第一套移动式70MPa加氢站并为上汽乘用车加氢，2015年起进行70MPa车载燃料电池氢气瓶疲劳寿命测试，2016年至今在海南、黑河等国内极端气候条件下燃料电池轿车测试提供加氢站和加氢服务，服务车辆包括上汽（SAIC）荣威950等，2017年完成丰田常熟TMEC加氢站。海德利森45MPa商用移动加氢站应用亿华通张家口临时加氢站，每日供氢量1000kg，保障张家口49辆公交车日常运营。

综上，经过多年积累，北京市已逐渐培育了以燃料电池客车为龙头、多种车型研发的氢燃料电池核心零部件研发生产企业，形成了较为完整的产业链零部件配套体系，还建成了加氢站并持续运营，率先实现了氢燃料电池汽车整车开发、示范运营。

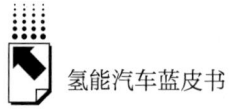

三 北京燃料电池汽车示范运行情况

北京市积极推进燃料电池示范应用，推动产业研发环节向示范运行环节延伸，截至2018年7月底，在北京和张家口共运行燃料电池客车142辆，并积极推进全球环境基金（GEF）/联合国开发计划署（UNDP）"促进中国燃料电池汽车商业化运营项目实施"。该项目由GEF/UNDP资助，旨在推进燃料电池汽车产业化。2003～2011年，科技部联合北京市、上海市，成功组织实施了GEF/UNDP资助的中国燃料电池公共汽车示范项目一期、二期项目。此外，在国家863项目的支持下，北京市还在2008年奥运会期间组织燃料电池公交车示范运营。

（一）GEF/UNDP中国燃料电池公共汽车示范项目

北京市于2003年开始参与燃料电池汽车的GEF第一期示范，2004～2005年通过招标采购了3辆戴姆勒奔驰的燃料电池客车，2006～2007年在北京新建了全国第一个加氢站。

2006年9月启动试运营，单车平均日运行里程为78.71km，平均满载率约为6.7%；2006年11月北京公交对燃料电池公交车运营线路和运营计划进行调整、摸索，并从2007年1月起开始正式实施。车辆早班7:10由永丰站载客发车，沿384路路线到北宫门，末车时间为15:00，全日车次24次。线路调整后单车平均日运行增至103km，平均满载率最高达49%。

2007年10月底，3辆燃料电池公交车示范运行结束。自2006年6月至2007年10月，3辆燃料电池公交车经过了17个月的示范运行，累计示范运行里程84922.1km 单车平均运行超过28000km；电堆累计运行时间5358.3h；运送乘客56851人次。3辆车累计燃料消耗16621.8kg，百公里燃料消耗为19.57kg。燃料电池公交车累计示范运行905个工作日，车辆平均完好车率和工作车率约为88%。据了解，该项目的车辆完好车率与欧洲和澳大利亚示范项目相比大体相同。

（二）2008年奥运会示范运营

2008年奥运会期间，在国家863科技支撑计划项目的支持下，北京市继续开展燃料电池公交车示范运营项目。为了便于分析比较，国产燃料电池客车项目仍按前期UNDP/GEF合作示范项目的运行路线和运营组织方案，从2008年8月1日开始在801路区间段正式运行，2009年7月31日示范运行结束。其间，3辆由北汽福田生产的国产燃料电池客车累计2.1km，燃料电池客车燃料经济性为10.9kg/100km，并实现了中途无故障的奥运保障目标。

在此期间，利用联合国项目配套建设的永丰加氢站为燃料电池客车的运行提供加氢服务，如图17所示。

图17 燃料电池公交车在永丰基地加氢站

示范运行线路选择与UNDP/GEF合作的"中国燃料电池商业化示范项目"相同的运行线路，首末站设在永丰示范基地——永丰公交场站，基地距加氢站约2km。在此载客发车，基本沿384路到北宫门，再从北宫门沿801路区间段到人民大学运行4圈后载客返回永丰基地，单车日运行里程103km。首车时间为7:30，末车时间为15:00，全日车次24次。示范线路计划全程行驶时间为70分钟，计划间隔35分钟。运行线路和现场运行如图18所示。

图18　示范运行路线和现场运行

（1）示范运行数据

指标	国产燃料电池客车	指标	国产燃料电池客车
电堆累计工作时间(h)	3646	满载率(%)	27.26
累计载客行驶里程(km)	60198	运送乘客人次	39995
累计行驶里程(km)	75460	平均故障间隔里程(km)	3009
燃料消耗量(kg)	5753	加氢量(kg)	5753
完好车率(%)	99		

（2）国产燃料电池客车与奔驰燃料电池客车示范运行

同期相比,在里程和气候相当的条件下氢耗至少减少40%。车辆运营里程和车辆氢耗对比分别见图19和图20。

结合前期运行情况和经验,北京市作为UNDP/GEF"中国燃料电池汽车联合示范项目"三期项目示范城市之一,还将在2018～2020年继续开展不少于15辆燃料电池汽车的示范运行。

四　车用氢能产业政策建议及发展展望

虽然国内氢能燃料电池汽车尤其是燃料电池客车已进入商业化运营初期,但是在氢燃料电池汽车产业发展中还存在氢能管理不成熟、储运成本

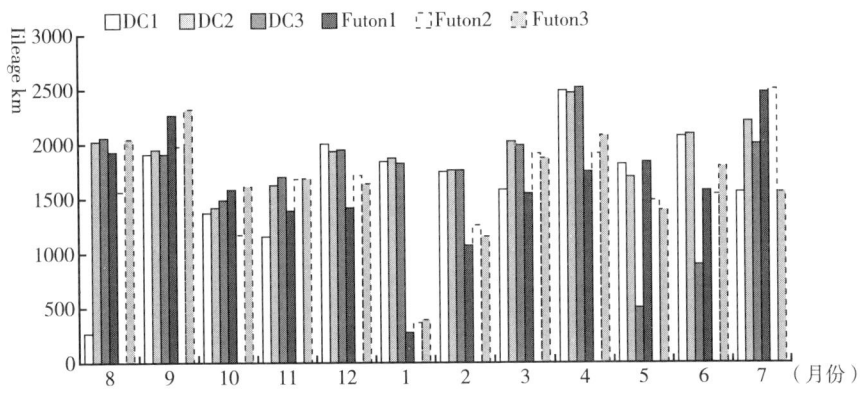

图 19 车辆运营里程

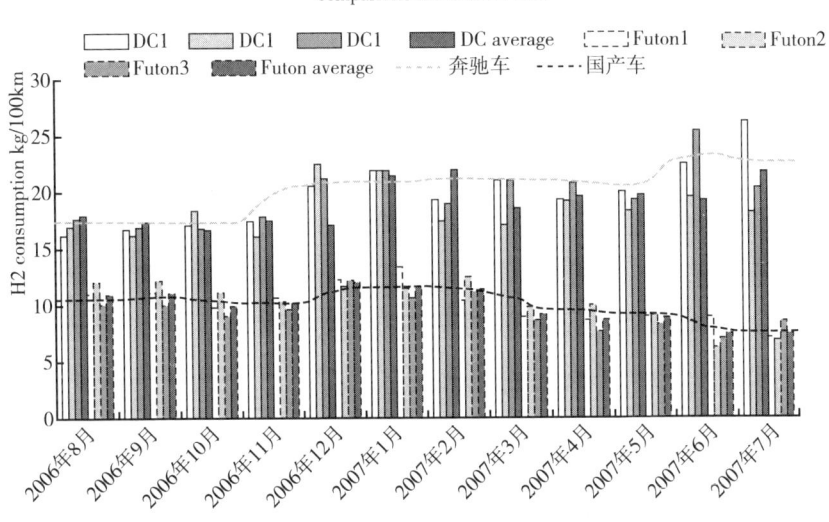

图 20 车辆氢耗对比

高、氢能基础设施不完善、关键零部件依赖进口、燃料电池汽车成本高、燃料电池汽车未形成规模化、国产化等问题，严重阻碍了氢燃料电池汽车产业的快速发展。为了促进氢燃料电池汽车产业的快速发展，主要从产业政策推进、基础设施建设、国际合作与关键部件自主创新相结合等方式开展后续工作，具体实施如下。

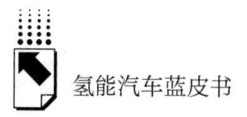

（一）制定氢能及燃料电池汽车产业顶层发展规划

立足于长远性、全局性、战略性、方向性，设计未来氢燃料电池汽车产业发展的可持续行动方案。基于国家"十三五"新能源汽车发展规划和路线图的总要求，结合未来发展的产业结构，明确氢能产业发展的指导思想、发展目标、主要任务及保障措施，着重解决制约产业发展的基本性问题，超前布局产业链关键环节，抢占能源技术制高点，引导企业积极参与、推动政产学研联合开发攻关，实现氢能与氢能燃料电池汽车产业的快速健康发展。

（二）制定适合氢能产业发展的管理规范

随着技术的发展，氢气在制、储、运环节已经能够实现安全可控，但目前对氢的认识依然停留在危化品阶段。建议从国家层面普及氢安全知识和使用规范，及时完善关于制氢、储氢、运氢相关的管理制度和法律法规，使得氢能的发展有章可循、有法可依、有序发展，真正发挥氢作为清洁能源的优势和作用，加快氢能制、储、运环节基础设施的建设和推进，解决氢能资源短缺等问题。

（三）引导和支持氢能基础设施建设及运营

目前，加氢站数量少是制约产业发展的一个重要因素，主要受运营车辆少、建设成本高、标准滞后等影响。在氢能燃料电池汽车商业化应用起步阶段，基础设施的建设及运营需要在建设项目审批、补贴政策等方面予以支持；同时完善加氢站建设标准，引导加氢站超前建设布局，推广合建站建设，保障氢燃料电池汽车的规模化推广。

（四）关键技术、核心零部件重点攻关

目前，我国氢能与燃料电池关键技术有待进一步提高、部分核心零部件需实现国产化。整合研发机构及企业优势资源，集中力量实现技术突破，从而降低成本，保证关键和核心技术掌握在自己手里，推动产业安全健康发展。

（五）重点地区和重点领域突破，加快商业化进程

我国现阶段氢能与燃料电池汽车产业还处于商业化初期，应该实行重点地区和重点领域进行突破，在氢气丰富、空气污染严重的北方地区优先推广，并给予持续稳定的补贴政策，推进商业化进程。在京津冀地区、华北地区、东北等人口密集地区、空气污染地区、可再生能源丰富地区，公共交通等领域率先实现突破。

（六）加强国际合作

经过多年努力，我国在氢能和燃料电池技术领域取得了快速发展，已经掌握了催化剂、质子交换膜、双极板材料等关键技术，与国际先进水平保持同步，但在关键零部件规模生产及相关性能指标上，与国际先进水平还有一定差距，建议相关企业积极参与国际合作，提高产品技术、性能及品质，开拓国际市场，提高我国氢能燃料电池汽车产业在全球市场的竞争力和影响力。

B.13 上海车用氢能产业发展与燃料电池汽车示范运行

荣文伟　曹光宇　乔丽　汪雪　任海波*

摘　要： 上海是我国车用氢能产业发展和燃料电池汽车示范最早的地区之一。为推进产业发展，上海成立了专门的氢能燃料电池汽车组织机构，并最早出台了区域燃料电池汽车发展规划。经过多年努力，上海在燃料电池汽车整车、燃料电池电堆及系统、电动辅助系统和加氢基础设施、氢气制备等环节形成了一批龙头企业，车用氢能产业初具规模。为更好促进车用氢能产业发展，上海亟须突破氢能基础设施建设瓶颈，做好车用氢能供给和打造燃料电池乘用车优势。

关键词： 上海　车用氢能　燃料电池汽车　示范运行

作为国内创新发展的先行者和重要的创新策源地，上海高度重视新兴产业发展。在发展氢能燃料电池汽车产业方面，上海较早构建了涵盖车用氢能供给、燃料电池及政策技术研发、燃料电池汽车产业化与示范运行等主要环节较为完善的产业链。

---

* 荣文伟，上海国际汽车城（集团）有限公司董事长；曹光宇，上海市燃料电池汽车示范应用与创新联盟理事长，环球车享汽车租赁有限公司总经理；乔丽，上海国际汽车城（集团）有限公司新能源事业部经理，上海市燃料电池汽车示范应用与创新联盟副秘书长；汪雪，上海国际汽车城（集团）有限公司高级项目经理，上海市燃料电池汽车示范应用与创新联盟办公室主任；任海波，工程师，中国汽车技术研究中心有限公司北京工作部产业市场咨询部。

一 上海车用氢能产业发展背景、组织机构及相关支持政策

（一）产业发展背景及相关支持政策

"十五"期间，上海形成了科研驱动模式，承担多项国家级项目，奠定了良好的技术积累、研发基础和人才团队等优势，"十一五"期间，上海形成了示范应用驱动模式，建设了加氢站等基础设施，积累了丰富的燃料电池汽车示范运行经验。"十二五"期间，上海进入"整车牵引"发展模式。从2003年"超越一号"燃料电池汽车到2015年上汽荣威950燃料电池汽车，上海燃料电池汽车技术水平始终代表了我国燃料电池汽车发展的较高水平，并在世博会、新能源汽车万里行等示范应用中表现出众。由此可见，上海是我国氢能燃料电池汽车技术研发与产业化的先行者，具有明显的产业基础与先发优势。

在资源环境压力及国家政策引导下，上海高度重视氢能燃料电池产业的发展。为进一步促进氢能燃料电池汽车产业健康发展，上海自2001年起就开始出台支持燃料电池汽车研发的支持政策。2010年，上海借助世博会的机遇，支持氢能供给、加氢站建设和燃料电池汽车示范运行。2013年以来，上海密集发布了一系列支持氢能燃料电池汽车发展的政策。2017年9月27日发布了《上海市燃料电池汽车发展规划》（沪科合〔2017〕23号），规划到2020年，上海将聚集超过100家燃料电池汽车相关企业，于2025年建成50座加氢站，到2030年实现燃料电池汽车技术和制造总体达到国外同等水平，燃料电池汽车全产业链年产值突破3000亿元。2018年5月22日印发了《上海市燃料电池汽车推广应用财政补助方案》（沪科规〔2018〕2号），对符合本市燃料电池汽车示范运行标准并在本市燃料电池汽车商业运营示范区内运行的燃料电池汽车，在中央财政补助的基础上进一步实施地方补贴，大力支持燃料电池汽车产业的推广与应用。

（二）产业相关组织机构

为更好地推进氢能燃料电池汽车产业发展，上海打造了若干服务于产业发展的公共平台，主要包括依托上海国际汽车城的上海市燃料电池汽车示范应用创新联盟、依托同济汽车研究院等5家单位的智能新能源汽车科创功能平台、依托上海机动车检测认证技术研究中心的产品测评认证及科研公共服务平台等。

1. 上海市燃料电池汽车示范应用创新联盟与国际汽车城凝聚产业发展力量

作为上海市级汽车产业园区，经过18年开发建设，上海国际汽车城已成为具备全产业链功能的汽车产业发展平台。自2010年起，上海国际汽车城积极推进新能源汽车领域示范项目建设，于2011年被科技部认定为全国唯一的新能源汽车示范城市EVZONE（核心区），2015年被工信部认定为全国首个"智能网联汽车示范区"。

上海市燃料电池汽车示范应用创新联盟（以下简称"联盟"）于2018年4月在上海国际汽车城成立，是由积极投身于燃料电池汽车示范应用，致力于燃料电池汽车及其关键零部件相关的技术与产品研发、生产与制造、示范与服务等企事业单位的社会团体，依托单位为上海国际汽车城（集团）有限公司。

作为聚集产业资源和服务氢能燃料电池汽车产业发展的平台，联盟将主要开展以下几个方面工作。

（1）完善燃料电池汽车示范环境

探索创新商业模式，开展相关政策、法规和标准研究，为燃料电池汽车规模化示范运行打下坚实的基础。借助UNDP三期项目、上海市科委配套课题、国家重大科技专项等支持，开展燃料电池公交客车、乘用车、物流车等示范运行，考核多种燃料电池动力系统在上海高温、高湿等环境下的可靠性和耐久性，获取1000小时以上的车辆实际工况运行数据，解决70MPa氢燃料加注问题。

（2）建设开放性创新服务平台

开放性创新服务平台以燃料电池动力系统及关键零部件技术创新为主

旨，通过产学研深度合作开展燃料电池动力系统及关键零部件技术研发，形成在氢能燃料电池汽车领域具有国际影响力的研发能力，吸引国内外相关企业、研究机构加盟上海。

（3）培育氢能燃料电池汽车产业

通过燃料电池汽车示范应用的牵引，建立燃料电池汽车维护保养体系及专业维护团队，为后续燃料电池汽车规模化示范奠定基础。与高校、科研机构开展产学研合作，培养氢能燃料电池汽车高水平研究人才以及从业人员，为氢能燃料电池汽车技术扩散做好准备。

（4）开展国际合作交流

依托电动汽车国际示范区、电动汽车国际科技合作基地以及全球环境基金（GEF）与联合国开发计划署（UNDP）等国际机构积极开展与国外氢能燃料电池专业研究机构及企业间的合作交流，借鉴国外示范应用经验，学习国外先进的技术，宣传上海燃料电池汽车示范应用及技术研发成果，提升上海在氢能燃料电池汽车领域的国际影响力。

2. 智能新能源汽车科创功能平台服务燃料电池产业研发与技术孵化

上海智能新能源汽车科创功能平台有限公司（以下简称"功能型平台"）是落实国家《上海系统推进全面创新改革试验加快建设具有全球影响力科技创新中心方案》（国发［2016］23号）和《上海市燃料电池汽车发展规划》（沪科合［2017］23号）、围绕新能源汽车和智能汽车关键共性技术研发支持和转化平台，是上海首批规建、汽车领域唯一的，以支持创业创新、技术孵化、政策咨询的功能型服务平台。

功能型平台在上海市各级政府部门的指导与支持下，由市科委、市经信委和嘉定区两级政府共同组织建设，同济汽车设计研究院有限公司、上海国际汽车城（集团）有限公司、上海机动车检测认证技术研究中心有限公司、上海汽车电驱动工程技术研究中心有限公司、上海电科智能系统股份有限公司5家单位凝聚共识、立足公益、创新机制，共同出资组建而成。平台聘请国内相关领域的院士组成战略委员会，咨询、指导平台的战略发展方向和技术路径；在全球层面遴选技术带头人，构建贯穿服务于基础研发、测试评价、工程服务的技术服务体系。

作为独立运行的公益性服务平台，聚焦电动化和智能化，支撑上海市燃料电池和智能网联汽车的技术创新，助力上海汽车产业的转型升级和可持续发展。为社会提供项目咨询、方案制订、数据分析和成果转化一站式服务，为政府提供相关技术经济研究和战略咨询服务。仅在燃料电池技术领域，功能型平台规划投资研究、测试和工程服务的设备费用逾4亿元，构建材料形貌分析、电化学过程研究等贯穿燃料电池基础测试试验体系；构建催化剂性能测试评价、制备合成、材料结构和功能分析实验室；构建膜电极等测试评价、制备能力；单电池（短堆）测试评价实验室等。通过向社会提供开放实验室和燃料电池仿真开发平台等服务方式，托举初创企业，推动原始创新。依托测试服务，构建贯穿材料、单体电芯、动力系统等层面数据链，累积数据平台，服务于产品研发、技术经济研究和战略决策支持。

平台串联起燃料电池新结构的水热气管理建模仿真、新材料及新组件创新研究、电芯到系统工程化开发的技术支持、测试评价和产品认证服务全产业链技术支持平台；集聚燃料电池产业化发展迫切需求的动力系统集成创新技术能力，构建国际先进水平的燃料电池动力系统硬件在环测试评价服务体系。预计在2018年底，功能型平台将构建气燃料电池基础实验室，初步覆盖燃料电池单片、电堆、发动机试验能力；逐步构建"可视化"的燃料电池、锂电池材料形貌分析和纳米尺度电化学过程分析技术链，形成支撑正向产品开发和测试评价的分析、研究能力。

3. 产品测评认证及科研公共服务平台保障氢能与燃料电池汽车产业发展

上海机动车检测认证技术研究中心有限公司暨国家机动车产品质量监督检验中心（上海）/国家新能源机动车产品质量监督检验中心/国家机动车专用检测设备计量站，是国家第三方机动车产品检测机构，拥有汽车、摩托车产品的全部国家授权，包括工信部车辆《公告》检测、环保部车辆环保目录检测、交通部车辆油耗检测、国家认监委车辆及零部件产品3C认证检测等。

上海机动车检测认证技术研究中心积极推进科研院所、组织机构和全产业链企业（包括整车OEM、系统供应商、零部件企业、加氢设施及附件供应商、材料供应商等）合作，展开了氢燃料电池汽车及零部件产品、加氢设施的测评认证、委托研发测试、示范运行、标准制修订、咨询服务、科研项目等多项重要工作。另一方面，作为上海地方智库，参与制定了《上海市燃料电池汽车发展规划》《长三角氢走廊建设发展规划》等；作为上海新能源地标委秘书处单位，主导了多项氢能燃料电池相关标准的制修订工作。

近期，上海机动车检测认证技术研究中心将在上海市政府的指导下，联合区域内优势企业构建"氢能源技术服务平台"等实体，以服务上海市氢能与燃料电池汽车产业发展为基本立足点，以落实上海市燃料电池汽车发展规划、完善氢能与燃料电池汽车产业链构建、保障氢能与燃料电池汽车产业健康有序发展为目标，并结合我国氢能与燃料电池产业发展需求，打造"立足上海、服务全国"的覆盖加氢设施、氢能多种应用、燃料电池汽车、混合动力三电及接口技术、燃料电池系统、氢系统、核心零部件及核心材料的氢能与燃料电池汽车产品测评认证服务及科研支撑第三方公共服务平台。

二 上海车用氢能产业进展

经过十多年发展，上海聚集了大量产业资源，已初步形成了较为完善的氢能燃料电池汽车产业体系。其中，形成了以上汽集团为代表的整车企业，以同济大学为代表的燃料电池汽车技术创新、人才培养机构，以上海机动车检测认证技术研究中心有限公司、上海智能新能源汽车科创功能平台有限公司为代表的测试、评价和认证机构，以上海新源动力有限公司、上海电驱动有限公司、上海神力科技有限公司、上海重塑能源科技有限公司、上海攀业氢能源科技有限公司和上海燃料电池汽车动力系统有限公司等为代表的燃料电池研发和产业化先锋，以上海国际汽车城（集团）有限公司、氢车熟路汽车运营（上海）有限公司为代表的氢能燃料电池汽车示范运营商，以及以上海舜华新能源有限公司、上海氢枫能源技术有限公司、上海驿蓝能源科技有限公司等一批企业为代表的氢能基础设施建设主力军。此外，上海已拥有安亭加氢站，初步具备了氢能、燃料电池、燃料电池动力系统、燃料电池汽车以及基础设施等较为完整的产业配套要素。

（一）燃料电池产业化状况

在燃料电池方面，上海聚集了上海新源动力有限公司、上海电驱动有限公司、上海神力科技有限公司、上海重塑能源科技有限公司、上海攀业氢能源科技有限公司和上海燃料电池汽车动力系统有限公司等企业，形成了包括燃料电池电堆研发生产、系统开发及集成、测试评价和车载储氢供氢技术，电动辅助系统等在内的核心技术，开发了与燃料电池汽车相配套的系列关键零部件。

1. 上海神力科技有限公司

上海神力科技有限公司是中国最早开发车用燃料电池发动机的公司，从"九五"至"十三五"期间，不断承担科技部"863"计划等重大课题，其中低压不增湿燃料电池技术已达到世界先进水平，并拥有完全自主知识产权。截至2017年底，神力科技已获授权专利333项，其中发明专利143项，美国专利4项，牵头起草和参与制定的燃料电池国家标准，已有24项颁布实施，获得注册商标4个。

2015年，神力科技成为北京亿华通科技股份有限公司的控股子公司，迎来了新的发展机遇。公司建立与国外燃料电池企业合作，国内产学研结合的运营模式，引进国内外优秀技术专家，组建经验丰富的技术团队，成立了集研发、测试于一体的国内一流燃料电池研发中心。公司拥有年产能2000台的国产化燃料电池核心电堆半自动化生产线和双极板自动化生产线各1条，拥有氢系统集成制造生产线1条，拥有从100W到100kW燃料电池堆的测试设备，拥有从10kW到150kW燃料电池系统测试设备，燃料电池开发、燃料电池系统集成开发、燃料电池系统测试台开发、氢系统开发、燃料电池及系统测试、燃料电池及系统实验室规划建设是神力科技的主营业务。

神力科技已经同上汽集团、上海大众、郑州宇通、北汽福田、中通客车、中国中车、上海申龙、苏州金龙、奇瑞汽车、长城汽车等国内知名的整车企业合作,成功开发了燃料电池新能源汽车,并在中国(北京、上海)、美国加州、英国和韩国等国家和地区成功示范运行。

2. 上海重塑能源科技有限公司

上海重塑能源科技有限公司致力于提供车用燃料电池产品和车载配套技术服务。车用燃料电池系统已进入产业化阶段,CAVEN 系列 32kW 和 46kW 的燃料电池系统已实现量产,并在广东省云浮市建成中国首条燃料电池系统生产线,已实现年产能 5000 套,扩充产能可达 20000 套每年。

2017 年 12 月,搭载了重塑科技 CAVEN3(32kW)燃料电池系统的 500 辆东风牌 7.5t 燃料电池物流车在上海地区完成了销售并上牌,以租赁的形式开启了商业化运营,目前有 13 家物流及电商企业在使用该款车型,主要包括京东、德邦、珍缘(盒马)、申通等。运营路线主要围绕着重塑科技内部加氢站 120km 的半径进行物流配送。终端使用客户对燃料电池汽车在中长途、中重载和高强度等方面表现的优异性能给予了肯定。截至 2018 年 7 月 22 日,该批次车辆累计运行里程 848045km,累计耗氢量为 23152kg,车辆百公里氢耗仿真设计值约 3.1kg,实际运行中百公里耗氢统计值为 2.6~2.8kg,累计车辆平均无故障行驶里程为 7572km。

为了监控车辆的安全运营及做好售后服务,该批次车辆已接入重塑科技售后服务中心数据安全监控平台。如发生氢泄漏等安全问题,该平台会第一时间发送报警信息通知司机、售后服务中心、车辆运营商、平台运营商等,并会按照既定程序进行处理,以确保车辆的安全运行。

3. 上海燃料电池汽车动力系统有限公司

2001 年 12 月,在科技部"863 计划电动汽车重大专项""863 计划节能与新能源汽车重大项目"支持下,上汽集团与上海科技投资公司、上海工业投资(集团)公司、信息产业部电子第二十一所等共同成立了上海燃料电池汽车动力系统有限公司(以下简称"上燃动力")。

上燃动力基本形成了包括以燃料电池汽车为核心的整车设计、集成,动力系统平台集成与控制,车载储氢供氢技术,电动辅助系统等在内的核心技术,开发了与燃料电池汽车相配套的系列关键零部件,包括电动空调、整车控制器(VMS)、功率电子集成控制单元(PCU)等。依托上汽集团的整车平台,结合同济大学的产学研合作,先后完成了我国第一至四代燃料电池轿车动力平台研发,并成功开拓出"电电混合、动力系统平台、副产氢气纯化和高压储氢"的燃料电池轿车。

目前,上燃动力开展的工作主要包括30kW燃料电池系统优化、百套级燃料电池系统生产线设计与系统生产制造、金属板及大功率燃料电池系统预开发、燃料电池系统和零部件测试台产品开发、燃料电池汽车运营维保、加氢站建设规划、整车技术服务等。上燃动力已构建上海市燃料电池汽车运营的维保中心,提供氢燃料电池汽车的维修保养工作,包含氢系统安全检测、燃料电池发动机系统维修与保养等服务。

未来,上燃动力将以"安亭·环同济创智城"项目建设为契机,打造上海"氢能燃料电池产业园",园区配置了完善的办公、研发、试制和测试等功能性平台,并拟建设1座加氢站和新能源汽车运营维保中心,可满足至少200辆燃料电池汽车在上海的日常运营。目前,已有近十家企业和公司签订了战略协议并意向入驻该园区,包括上汽大通、上海楞次、安徽明天、上海方时、上海机动车检测中心、上海科创中心—智能型新能源汽车功能性平台等整车企业、燃料电池零部件企业和科研院所和机构。

(二)燃料电池汽车发展状况

自2001年开始,上海在国家863计划支持下开发燃料电池轿车。采用"电—电"混合技术的燃料电池动力系统指标在国内处于领先地位,部分技术指标达到或接近国际先进水平。动力系统装载了大众帕萨特领驭、上汽荣威、奇瑞东方之子、一汽奔腾、长安志翔等整车。在燃料电池轿车动力系统研发积累的基础上,上海进一步开发了采用双轿车动力系统的燃料电池公交客车。

1. 以上汽集团为代表的整车企业加快推进燃料电池产业发展进程

上海燃料电池整车企业以上汽集团为代表。上汽集团从"十五"开始,在"三纵三横"各方面进行全面布局,积极探索新能源汽车发展方向,尤其是在燃料电池汽车研发和商业化应用方面持续投入,积累了丰富的开发经验,取得了丰硕的成果。

2001年,上汽集团与通用一起成功开发"凤凰一号"燃料电池汽车。2008年北京奥运会上,上汽集团与同济大学共同开发了20辆燃料电池汽车作为赛时公用车。2010年,上汽集团为上海世博会共提供了1125辆新能源汽车,其中包括174辆氢燃料电池汽车。世博会期间,新能源示范车辆总载客超过1.2亿人次,车辆安全、平稳运行超过2900万公里,圆满完成了世博示范运营任务。近年来,上汽集团在燃料电池领域不断取得突破。围绕燃料电池汽车项目,上汽集团累计投入超过10亿元,开发完成了200型燃料电池系统(200A,200B两个系列),完成三款燃料电池汽车的开发制造,自主掌握了燃料电池电堆及系统、电控、整车集成、整车验证的开发能力,在乘用车、商用车、大客车方面均取得突破,并带动了我国燃料电池汽车产业链建设。荣威750与荣威950燃料电池轿车核心性能详见表1。

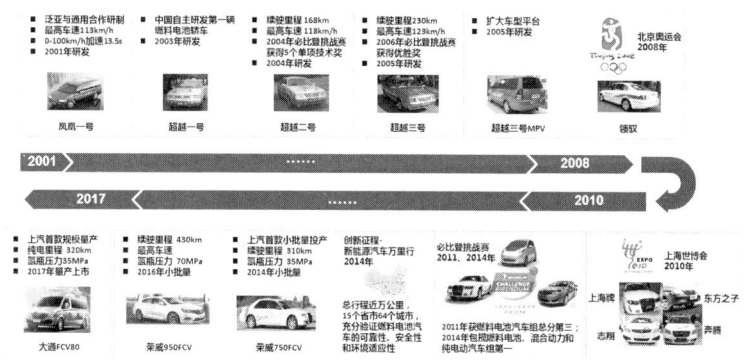

图1　上海燃料电池乘用车典型车型开发历程

表1　荣威750与荣威950燃料电池轿车核心性能一览

项目	荣威750	荣威950
长宽高(mm)	4862×1765×1422	4996×1857×1502
整备质量(kg)	1860	2080
0~100 km/h加速时间(s)	15	12

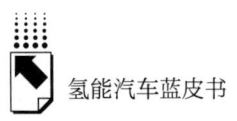

续表

项目	荣威750	荣威950
最高车速(km/h)	150	160
最大爬坡度(%)	20	25
续驶里程(km)	310	430/350
低温启动性能(℃)	-10	-20
氢瓶容量(kg)	3.6	4.2
氢瓶压力(bar)	350	700

乘用车方面，上汽荣威750燃料电池轿车2014年7月完成国内首个燃料电池汽车公告，已累计销售31辆。2016年12月，上汽集团完成国家燃料电池创新工程项目，小批量投产并销售50辆荣威950燃料电池轿车，其中40辆参加UNDP三期示范项目。目前，上汽集团已累计推广81辆燃料电池轿车。

商用车方面，上汽大通FCV80燃料电池轻客于2017年投产，当年完成销售100台，成功实现燃料电池汽车商业化应用。上海申沃2017年成功中标UNDP三期上海示范运营项目，将提供6辆燃料电池客车投入嘉定公交线路运营。

未来，上汽集团将与国际和国内优质资源合作，研发具备世界先进水平的燃料电池技术，突破核心材料和关键部件的瓶颈，进一步开发300型大功率、高功率密度燃料电池系统，突破燃料电池电堆和核心部件等关键技术，掌握自主设计、开发能力。同时，上汽集团还将大力推动燃料电池商用车的生产、制造与使用。

2. 同济科研团队与工程化平台建设支撑氢能燃料电池汽车发展

同济大学新能源汽车工程中心成立于2000年，中国燃料电池汽车技术创新战略联盟秘书长单位。此外，受科技部委托，中心同时承担了国际氢能经济和燃料电池伙伴计划（IPHE）联络办公室的工作，代表科技部出席相关会议，定期向科技部汇报国际上氢能燃料电池的最新进展。

在科研人才方面，同济大学新能源汽车团队从2006年至今，获授权专利187项（其中发明专利64项）。在科研成果方面，近年来在"十五"、"十一五"和"十二五"期间，在新能源汽车领域承担了20余项863项目、973专项及一大批地方和企业的重大科研攻关项目，代表性的项目包括"燃料电池轿车""燃料电池轿车动力系统技术平台""混合动力轿车""燃料电池发动机可靠性与耐久性试验"等国家863项目，以及"燃料电池汽车高压氢气加氢站和供氢技术""70MPa加氢机""风光互补制氢加氢站""氢能汽车加氢设施关键技术及标准研究"等氢设施相关课题。通过承担上述科技项目，已形成了一支科研实力雄厚、年龄结构合理的技术团队。

同济大学成功研制的拥有完全自主知识产权的、电电混合"超越"燃料电池轿车动力平台，填补了我国燃料电池轿车研制的空白。并与上汽集团、上海大众、奇瑞等汽车整车企业紧密合作，研制了基于上海大众桑塔纳3000、上汽MPV和奇瑞东方之子等"超越"系列燃料电池轿车示范样车。为2008年奥运会研制的20辆燃料电池轿车，成为我国首款进入汽车产品公告的燃料电池汽车，圆满完成马拉松赛引导等奥运任务。16辆奥运燃料电池轿车于2009年相继在美国加州进行示范。世博会期间，联合上汽、一汽、大众、长安、奇瑞等企业为上海世博会提供燃料电池轿车80辆，燃料电池观光车100辆，3辆UNDP燃料电池城市公交客车。

（三）氢能及加氢站产业化发展状况

上海拥有以上海舜华新能源有限公司、上海氢枫能源技术有限公司、上海驿蓝能源科技有限公司等企业为代表的基础设施建设主力军。同济大学则在建设世博会固定加氢站1座和移动加氢站2座后，目前正在建设一座填补国内空白的风光互补耦合电解制氢70MPa加氢站。

1. 车载氢系统

上海舜华新能源系统有限公司主营业务包括加氢站设计与工程技术服务、供氢系统及加氢设备研发销售，是国内领先的氢能系统整体解决方案供应商。

在车载氢系统方面，舜华新能源是国内较早从事车载氢系统研发的企业，拥有35MPa和70MPa车载氢系统技术，参与主持了多项国家、省部级项目，如国家863计划"燃料电池轿车用高压供氢系统研发研制报告"、上海市科委"燃料电池汽车70MPa车载供氢系统"等，参与了历年"超越系列"燃料电池轿车供氢系统的设计、集成，配合上汽集团完成了荣威系列燃料电池汽车的研发。目前，舜华新能源所集成的35MPa车载供氢系统已配套上海申沃、成都客车、中植汽车等6款燃料电池汽车，并获工信部公告。舜华新能源自主成功研发了35MPa车用集成瓶阀，并进行了小批量试用，目前正在进行量产准备，正在开发70MPa车用集成瓶阀，已完成样机研发。在其他车载氢系统部件方面，舜华新能源已开发车载氢系统控制器、红外通讯模块等，并正在研发加氢口、减压集成模块及管路连接系统等。舜华车载氢系统及检测设备见表2。

表2 舜华车载氢系统及检测设备

高压集成瓶阀 High pressure integrated bottle valve	高压储氢/供氢系统 High Pressure Hydrogen Supply System	增压加氢机/氢气 测试设备 Refueller and Testing Device
工作压力:35MPa/70MPa	工作压力:35MPa/70MPa	加注压力:20~70MPa
工作环境温度:-40°~+85°	输出压力:0~2MPa	入口压力:≥2MPa
接口形式:2"-12UN	储氢罐容积:28L/52L/74L/145L	可依据客户需求定制
介质:氢气/天然气等	—	

2. 氢能基础设施建设

（1）固定式加氢站

在氢能基础设施方面，舜华新能源先后建设完成了安亭加氢站、世博加氢站、亚运会加氢设施、深圳大运会加氢站、云浮加氢站及多台移动加氢站或模块式加氢设施，累计已为燃料电池汽车提供加氢服务35000余次，加注

图 2　主要加氢站类型

氢气超过 45000kg，舜华新能源公司管理运行的安亭加氢站已持续安全运行 10 年。舜华新能源自主研发成功了 70MPa 加氢机，在大连加氢站得到成功应用。舜华新能源建立了上海驿蓝能源科技有限公司和云浮舜为氢能有限公司，致力于推进上海、佛山等地区的氢能基础设施建设，推动国内氢能技术发展。

上海驿蓝能源科技有限公司（简称"上海驿蓝"）是由上海舜华新能源系统有限公司、上海鉴鑫投资有限公司、上海驿动汽车服务有限公司、林德气体（香港）有限公司共同出资成立的上海市氢能源基础设施投资建设运营平台公司，目标在 2020 年建成标准加氢站、加氢母站、加油加氢合建站、加氢充电合建站 5~10 座，2025 年建成 40~50 座。上海驿蓝将围绕具体落实《上海市燃料电池汽车发展规划》，目标在 2022 年完成上海加氢走廊建设，从西北到西南沿嘉定、青浦、松江、金山、闵行、奉贤到临港地区、从西北到东北沿嘉定、宝山、浦东、迪士尼地区到浦东机场区域，择机建设崇明区加氢网络。

同时，上海驿蓝围绕长三角核心城市进行长三角加氢走廊布局，关注细分市场氢能的推广和应用，逐步构建长三角加氢网络。目前上海驿蓝托管安亭加氢站并投资在建上海化工区加氢站，具体情况如下。

①安亭加氢站

2003 年，科技部启动了 863 项目"燃料电池汽车高压氢气加气站及供氢技术研发"，坐落于上海市安亭国际汽车城的安亭加氢站即是该项目重要组成部分。安亭加氢站是上海第一个固定加氢站，由舜华新能源和同济大学等单位共同建设。安亭加氢站是一座外供氢加氢站，加注压力 35MPa，储存压力43MPa，可连续为20辆燃料电池轿车和6辆燃料电池大巴加注氢气。

②化工区加氢站

化工区加氢站位于上海化工区舜工路，是上海驿蓝成立后的第一个自主投资建设的加氢站，该站占地面积约8000平方米，属于大型加氢母站，具备燃料电池汽车加氢、氢气长管拖车充装和电动汽车充电三个功能。加氢站设2台35MPa加氢机和1台70MPa加氢机；包含90MPa氢气离子压缩机在内共三台压缩机；25MPa、45MPa和90MPa储氢装置，最大储氢量可达850kg。

充装站设有2台22MPa氢气压缩机；2个氢气长管拖车充装柱；3个氢气长管拖车充装位。充装站主要服务于20MPa氢气长管拖车，日供氢能力约为1800kg，今后本市加氢站将主要由化工区加氢站配送氢气。

充电站部分将建设一套微电网系统，即"光—储—充"互补的智慧微网，主要建设内容包括光伏、储能、充电站系统。a. 光伏发电系统：建设太阳能光伏发电系统容量：130kW；b. 储能系统：储能系统电池容量：400kWh，具备并网逆变系统功能，电池使用寿命≥4000次；c. 电动汽车充电桩：60kW直流一体式充电桩6根，1机双枪。

③其他加氢站

上海驿蓝正在与上海国际汽车城、上汽集团等多家企业积极沟通，在已有项目投资建设的同时，加速上海全市加氢站布局工作。目前已在嘉定郊野公园、宝山丰翔路完成后续建站选址工作。上海驿蓝也在和中石化上海公司探讨加油加氢合建站可行性研究，利用符合要求的中石化现有加油站点，改建、扩建加油加氢合建站，加快上海市加氢站建设工作，推动燃料电池汽车在上海的发展。同时，上海驿蓝还在和无锡、南通等长三角多个城市进行商业化加氢站布局的项目论证。

（2）撬装式加氢设备

上海氢枫能源技术有限公司（简称"氢枫能源"）是一家专业从事加氢站投资、建设和运营的企业，目前在上海、十堰、佛山、中山已建有自有加氢站，同时承接了南通百应能源、聊城中通客车加氢站建设项目，并都已建设完成，交付使用。同时还有一大批客户，如爱德曼氢能源装备有限公司、深圳五洲龙汽车有限公司等，也已签订合作书。

氢枫能源在上海正在建设阶段的加氢站是位于嘉定区外冈镇的上海电驱动加氢站，设计加氢规模为500kg/d，设计氢气储量为998kg，日加注150辆氢燃料电池汽车。主要设备有一套加氢能力为500kg/d的撬装式加氢设备，一套具备三级加注能力的储氢瓶组（工作压力为45MPa），一台加氢能力为35MPa的加氢机。加氢站采用先进的分级加注理念，运用顺序控制阀组的工艺设计和逻辑设定，极大提高了加氢效率。

图3 上海电驱动加氢站

氢枫能源还在上海化工区还筹划与浦江气体合建上海第一座70MPa的加氢站。该站设计加氢规模为500kg/d，具备70MPa加氢能力（兼容35MPa），目前项目已经进入实际操作阶段，预计2019年一季度建设完成。此外，该项目还承担了上海市科委项目"70MPa撬装式加氢设备技术研发"任务。

以上海化工区为核心建设"化工区氢走廊"可以为加氢站提供大量清洁的氢能，降低氢能源的获取成本。因而，氢枫能源在2020年前分别在奉贤、金山、浦东建设2个加氢站，围绕化工区打造氢能汽车的加氢走廊。针对这个广阔的市场，氢枫能源有着"化工区氢走廊"和"环上海氢能圈"的前景规划。

（3）制氢加氢一体化加氢站

上海浦江特种气体有限公司（以下简称"浦江气体"）是国内较早的专

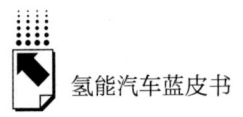

业氢气制造企业，公司目前具有工业氢、纯氢、高纯氢、超纯氢等完整的产品系列。目前，浦江气体正在与氢枫能源等企业合作，在上海化工区合建上海首个制氢加氢一体化加氢站。

2018年7月，浦江气体获得车用氢气充装许可，具备成为上海首个制氢加氢一体化的加氢站的基本条件。车用氢气充装压力为35Mpa，日充装能力为300千克。浦江气体自购3台上汽大通FCV80车辆用于员工班车及化工区示范运营。

浦江气体还于2017年10月获得上海化学工业区的"三基地"立项许可，在上海化学工业区E5地块建设氢能研发基地，工业区管道供气技术研发基地和瓶装工业气体产业互联网技术研发基地。其中，氢能研发基地包括了日充装能力1000千克，充装压力70Mpa的加氢站一座；一期每小时6000m^3高压商品氢气充装站一座；国内首套民用液氢装置一套（每小时氢气液化处理量1000m^3）及有机物储氢中试装置一套（每小时氢气处理量150m^3）。同时，该站还设计了掺氢天然气（HCNG）的配置和加注装置，用于车辆及锅炉的，HCNG产能达每小时5000m^3。该基地占地3.4万平方米，是国内最大的化工尾气回收利用工厂，能为上海及长三角地区提供能源用氢。

三 上海燃料电池汽车示范运行情况

（一）示范运营规模扩大，多条技术路线并举

2008年，上海开发的领驭燃料电池轿车首次获得国家汽车产品公告，20辆领驭燃料电池轿车为北京奥运会提供交通服务，共计出车970余次，行驶总里程达7.3万公里。在圆满完成2008年北京奥运任务的同时，16辆燃料电池汽车在美国加州继续为期半年的示范运行。

在燃料电池汽车商业化示范运营方面，上海也积累了大量经验。自2003年3月，在GEF/UNDP支持下，财政部、科技部联合北京市、上海市共同实施"促进中国燃料电池汽车商业化发展"项目。二期示范项目于

2007年6月6日启动，通过国际招标采购了6辆燃料电池城市客车，在2010年上海世博园区内提供"零排放"交通服务，另外还有100辆燃料电池观光车、90辆燃料电池轿车加入，体现了上海世博会"城市让生活更美好"主题。至二期项目结束，6辆燃料电池城市客车累计安全运行20多万公里，减排二氧化碳216吨。

继UNDP二期示范项目之后，上海又承担了GEF/UNDP"促进中国燃料电池汽车商业化发展"三期项目，项目于2016年8月31日正式启动，拟通过在北京、上海、郑州、佛山、盐城等城市开展百辆级燃料电池客车、轿车、物流车、邮政车等商业化示范运行，从提高燃料电池和燃料电池汽车生产和应用、加氢站成本降低和发展环境改善、燃料电池汽车商业化政策和法规框架、信息传播活动和能力建设等多方面开展研究，促进燃料电池汽车在中国的商业化发展。上海作为主要示范城市之一，将依托电动汽车国际示范区建设氢燃料电池汽车宣传推广平台，开展燃料电池公交车、氢燃料电池乘用车以及氢燃料电池通勤车多类型的86辆氢燃料电池汽车示范运营，其中使用GEF资金采购燃料电池城市公交车6辆，利用配套资金采购燃料电池轿车40辆、物流车30辆、燃料电池大巴通勤车10辆。目标运行里程140多万公里、二氧化碳减排600多吨。

根据上海市新能源汽车数据采集及监测研究中心后台数据，上海目前有587辆燃料电池汽车接入平台。上海已启动燃料电池乘用车、通勤车、邮政物流车和厢式物流车的示范运营，共运营里程将近90万公里，其中UNDP三期"促进中国燃料电池汽车商业化发展"示范项目运营8万多公里，UNDP框架外其他车辆商业化运营80多万公里。

表3　上海燃料电池汽车已启动运营情况

单位：辆

企业名称	车辆备案品牌	车型销售名称	数量
上海汽车集团股份有限公司	荣威牌	荣威950燃料电池轿车	50
上汽大通汽车有限公司	大通牌	燃料电池客车FCV80	39
东风汽车公司	东风牌	燃料电池厢式运输车	500

（二）基础设施加氢站建设布局加快

基础设施方面，上海的安亭加氢站于 2009 年 7 月开始投入运行，是上海的第一座加氢站，国内运行时间最长，也是国内首座固定式加氢站，安亭加氢站的储氢容量为 800 千克，可连续加注 20 辆轿车和 6 辆大巴。

按照上海市燃料电池汽车发展规划，至 2020 年将建设加氢站 5~10 座，形成小型加氢站网络。2016~2020 年建成 7 座加氢站（红色）：金山化工区加氢站、嘉定郊野公园加氢站、安亭加氢站升级改造、宝山卢家桥加氢站、浦东加氢站、浦江镇加氢站、青浦加氢站；2020~2022 年建成 10 座加氢站（绿色）。上海规划和在建加氢站十余座，初步形成环上海氢走廊格局（见图 4）。

图 4　环上海加氢站走廊

四　上海车用氢能产业发展的政策建议

经过多年努力，上海在车用氢能产业发展和燃料电池汽车示范方面均走在了国内前列。一方面,在国家和上海市的支持下,上海在燃料电池汽车整车、燃料电池电堆及系统、电动辅助系统和加氢基础设施、氢气制备等环节形成了一批龙头企业,车用氢能产业初具规模。另一方面,作为我国最早开展燃料电池汽车示范运行的城市之一,上海积极推进燃料电池汽车示范运行,积累了丰富的经验,取得了一定突破。为更好地推进车用氢能产业发展,上海需要重点在以下几个方面开展工作。

(一)加快氢能基础设施建设

首先,突破氢能基础设施建设瓶颈。目前,我国在国家层面并无专门的加氢基础设施建设管理规定,车用氢气定性不明确,也缺乏专门的加氢站技术规范。为保障氢能基础设施建设,上海有必要开展专门研究,加快制定和出台加氢站建设管理及技术规范。其次,加快推进加氢站建设。随着国内氢能燃料电池汽车产业的加快发展,上海燃料电池汽车示范运行也在加快推进。然而,上海建成使用的固定式加氢站仍然较少,不能满足示范运行车辆的加氢需求,亟须加快加氢站建设。

(二)做好车用氢能供给

不同于车用燃油和电能,氢能是一种新型能源,氢能供给的相关技术正处于加快发展过程中。同时,为保障车用氢能供给,需要构建涵盖氢气制取、存储、运输、压缩、加注等在内的供给体系。目前,上海市虽然开始了车用氢能供给的探索,车用氢能供给体系初具雏形,但还不能满足燃料电池汽车示范运行需求。为做好车用氢能供给,上海一方面要加快氢气存储、运输等关键技术研发,引导工业制氢、氢气纯化等技术向车用氢能技术转化,丰富氢气存储、运输、加氢等企业数量,提升氢能装备水平。另一方面,上海还要聚焦加氢能力提升,强化加氢设备企业产业化能力,降低加氢设备成本,探索新的加氢基础设施建设及运营模式。

(三)打造燃料电池乘用车优势

上海是我国最早开展燃料电池乘用车研发和示范运行的城市。得益于起

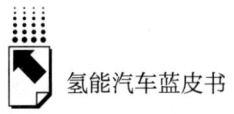

步早、支持力度大等因素，上海已在燃料电池乘用车方面具备一定优势。未来，上海市有必要加大燃料电池乘用车研发和示范运行力度，打造燃料电池乘用车发展优势。首先，强化燃料电池乘用车研发。通过与国内外有实力的科研院所、燃料电池相关企业等开展合作等方式，提升燃料电池乘用车技术水平和产业化能力。其次，借鉴日本、韩国、美国加州等燃料电池乘用车示范运行经验，加大燃料电池乘用车示范运行力度，开展运营模式探索，加快燃料电池乘用车产品的推广应用。

B.14
佛山/云浮车用氢能产业发展实践

赵吉诗 麦家铭 刘志祥 周柳初 段必杨*

摘 要： 氢能因其节能高效被认为是人类社会发展的终极能源。近年来，随着燃料电池技术的不断成熟，车用氢能与燃料电池汽车产业备受世界各国关注。2015年以来，我国有超过20个地方政府宣布要发展氢能或燃料电池汽车产业，佛山市、云浮市是其中较早引入氢能产业，并取得显著成效的地区。本章以佛山/云浮两市车用氢能产业发展与氢燃料电池汽车示范运行实践为切入点，系统介绍了佛山/云浮两地发展车用氢能产业的背景、相关支持政策及产业发展现状，并深入分析了佛山/云浮两地车用氢能产业的发展前景。最后，本文有针对性地提出了推动两地车用氢能产业持续健康发展的政策建议。

关键词： 佛山/云浮 车用氢能 燃料电池汽车 示范运行

一 佛山/云浮车用氢能产业发展背景及相关支持政策

（一）发展背景

佛山是一个以工业为主导、三大产业协调发展的制造业名城，"佛山制

---

* 赵吉诗，博士，副研究员，佛山科学技术学院特聘青年研究员，现任云浮（佛山）氢能标准化创新研发中心主任；麦家铭，助理研究员，现任云浮（佛山）氢能标准化创新研发中心咨询服务部主任；刘志祥，博士，教授，佛山科学技术学院特聘教授，现任佛山云浮氢能产业与新材料发展研究院执行院长；周柳初，佛山市交通运输局；段必杨，佛山对口帮扶云浮指挥部办公室。

造"享誉海内外。经过改革开放 30 多年发展，形成了家用电器、机械装备、金属材料加工及制品、陶瓷建材、纺织服装、电子信息、食品饮料、塑料制品、精细化工及医药、家居用品制造等十大优势行业。进入 21 世纪以来，为加快传统产业转型升级，佛山市逐步引入汽车零部件及整车装备生产企业，并于 2014 年成为广东省汽车零部件生产基地。

佛山市是我国较早关注并引入车用氢能产业的地区。2010 年底，广东广顺新能源动力科技有限公司正式成立，拉开了佛山市氢能产业发展的帷幕。以此为契机，佛山市陆续与中国科学院大连化学物理研究所、华南理工大学等高等科研院所在车用氢能燃料电池及其核心零部件等领域展开深度合作，为后续引进长江汽车、爱德曼等产业化项目奠定了坚实基础。

云浮市车用氢能产业的发展始于佛山、云浮两市结对帮扶合作。在广东省委、省政府的关心支持下，佛山、云浮两市深入贯彻落实对口帮扶工作部署，有序推进全面对口帮扶各项工作。2014 年以来，佛山、云浮两市以产业合作共建为主要抓手，紧跟新一轮科技和产业变革方向与步伐，充分依托对口帮扶和产业共建合作平台，前瞻性创新推进氢能全产业链跨区域协同布局发展，率先整合构筑起领跑全国的氢能源产业体系和集群，加快培育支撑未来云浮经济发展的新兴产业和主导产业。

经过多年的努力，佛山、云浮两市在车用氢能产业发展政策、基础设施建设、产业链构建及氢燃料电池汽车推广应用等方面率先突破，已经初步确立了先发优势。

（二）支持政策

随着车用氢能产业快速发展，佛山、云浮两市陆续出台了系列支持政策，并推动广东省逐步加大了对车用氢能产业的支持力度。

1. 省级政策支持

广东省历来注重新能源汽车产业的发展，自 2013 年开始出台系统的新能源汽车产业发展规划和一系列支持政策，对车用氢能技术创新、燃料电池汽车示范运行等大力支持，为佛山、云浮两市车用氢能产业快速发展营造了有利环境。

2013年广东省出台的《广东省新能源汽车产业发展规划（2013～2020）》明确指出，要根据燃料电池技术发展适时开展制氢、储氢、加氢技术与装备的研发，研究探索燃料电池汽车整车和高可靠性低成本燃料电池。2016年3月，省政府办公厅发布《广东省人民政府办公厅关于加快新能源汽车推广应用的实施意见》，提出对包括燃料电池汽车在内的各类新能源汽车实行差别化和分类扶持的补贴政策。2017年3月，省交通厅发布《广东省城市公交车成品油价格补助和新能源公交车运营补助实施细则》，细化了新能源公交车运营补助方法。2018年1月，广东省出台了《关于广东省新能源汽车推广应用省级财政补贴政策的通知》，明确了氢燃料电池汽车补贴政策，同时鼓励地方统筹用好国家奖励资金、省奖励资金、市县财政资金支持示范加氢站。2018年6月，广东省出台了《广东省人民政府关于加快新能源汽车产业创新发展的意见》，明确提出2018～2020年新能源汽车推广应用省级财政补贴中30%用于支持氢燃料电池汽车推广应用，同时出台了取消对新能源车的限行、大力推进氢燃料电池汽车产业化、大幅降低氢燃料电池汽车专用制氢站谷期用电价格（执行蓄冷电价政策）、推进公交电动化（含氢燃料电池汽车）和扩大其他公共服务领域新能源车应用规模、开展氢燃料电池汽车标准体系研究等氢燃料电池汽车发展支持政策。

为培育氢燃料电池汽车产业并持续增强新能源汽车产业核心竞争力，广东省正在研究制定《加快氢燃料电池汽车产业发展工作方案》（以下简称《方案》）。《方案》明确提出将重点支持开发高性能氢燃料电池电堆与系统、氢燃料电池乘用车、优化氢燃料电池商用车产品体系，加大力度支持空压机、氢气循环泵、加氢机等核心关键零部件产业化，以推进佛山（云浮）产业转移工业园、广州开发区、南海高新区等氢燃料电池产业园区发展打造氢能产业集群。同时，《方案》明确在2018～2020年，广东省每年将安排资金不少于1.5亿元对氢燃料电池、关键零部件、基础材料以及系统集成予以支持；对2020年底前建成的加氢站，日加氢能力200（含）~500（不含）

公斤，给予补贴200万元；500（含）~1000（不含）千克的，补贴500万元；1000千克及以上的，补贴600万元。

2.佛山市政策支持

为巩固车用氢能产业先发优势，佛山市不断推进体制机制创新，加快车用氢能产业支持政策制定，出台了一系列创新程度高、支持力度大的政策措施，初步构建了车用氢能产业支持政策体系，有力促进了产业持续快速发展。

2018年6月，佛山市经济和信息化局发布了《佛山市加快新能源汽车产业发展及推广应用若干政策措施（征求意见稿）》，从"加强引进培育，推动新能源汽车产业集聚发展""加强技术研发，提高新能源汽车产品核心竞争力""加强推广力度，积极鼓励使用新能源汽车""加强推进落实的保障措施"四大方面推动新能源汽车产业跨越发展和传统汽车产业转型升级。引进培育方面，对于总投资达到一定额度的整车和关键零部件企业，按照标准分别给予500万~5000万元以及300万~2000万元的一次性奖励，对燃油车整车企业则鼓励其转型研发新能源汽车，研发销售后按标准分别给予乘用车100万元/款、客车、货车50万元/款、专用车40万元/款的一次性奖励；技术研发方面，对新落户的新能源汽车整车及关键零部件技术平台按标准予以奖励或配套扶持；推广应用方面，佛山市将大力推进新能源汽车在公共服务领域的应用，并制定了有利于新能源汽车使用便利性及实惠性的措施。

佛山市出台的《佛山市2018~2019年新能源公交推广应用和配套基础设施建设财政补贴资金管理办法》，明确规定了佛山市新能源公交车和公交加氢站的建设运营补贴标准。其中，氢能燃料电池公交车按照国家补贴的100%确定地方购车补贴，且各级财政对车辆购置的补贴总额不超过车辆销售价格的60%；加氢站方面，2018~2019年建成的加氢站，日加氢能力在300~500千克的固定式加氢站，补贴300万元，大于500千克的固定式加氢站，补贴500万元，对日加氢能力不低于200千克的撬装式加氢站，补贴150万元。

2018年7月,佛山市组织召开了《佛山市氢能源产业发展规划》结题评审会,预计将于近期正式发布《佛山市氢能源产业发展规划》。该规划历经3年多时间,在市委市政府领导下,经过多家国内知名机构和多位专家论证,确立了佛山市氢能产业到2020年、2025年和2030年的阶段发展目标和行动计划。同时,为加快推进基础设施建设,佛山市正研究制定《佛山市加氢站管理暂行办法》(目前正征求意见),该办法率先在加氢站审批、建设、验收、运营等环节取得了突破,将有效加快佛山市加氢站等基础设施的建设进度、提升管理运营水平。

南海区是佛山车用氢能产业发展的重点区域,近年来陆续出台了系列区级产业扶持政策。2015年4月,南海区出台《佛山市南海区新能源汽车产业发展规划(2015~2025年)》,明确提出将南海打造成为国内领先的氢燃料电池汽车核心部件研发生产基地。2017年7月,南海区出台了《佛山市南海区促进新能源汽车产业发展扶持办法》,专门针对新能源汽车产业进行扶持,扶持对象包括区内从事新能源汽车产业(含氢能产业)的企业,且对新能源汽车产业企业在租金、人才引进、产业孵化方面给予政策支持。2018年4月,南海区针对氢能产业进一步推出扶持政策《佛山市南海区促进加氢站运营及氢能源车辆运行扶持办法(暂行)》,明确了加氢站建设与运营补贴政策(详见表1、表2)。

表1 加氢站建设补贴标准

单位:万元

加氢站类型	日加氢能力	建设类型	2018年12月31日前建成	2019年12月31日前建成	2020年后建成
固定式加氢站	500千克及以下	新建	500	300万元	200
		改建	400	300万元	200
	500千克及以上	新建	800	500万元	300
		改建	600	450万元	300
撬装式加氢站	350千克及以上	新建	250	150万元	—
		改建	200	150万元	—

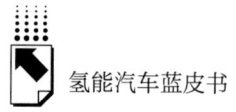

表2 加氢站运营企业加氢补贴标准

单位：元/千克

年度	销售价格	补贴
2018～2019年度	40元及以下	20
2019～2021年度	35元及以下	14
2022年度	30元及以下	9

注：南海区的《南海区氢能源产业发展规划》也在研究制定当中，预计年内将正式发布。

3. 云浮市政策支持

依托佛山—云浮对口帮扶平台，云浮市建成了覆盖制氢、氢燃料电池与动力总成、氢燃料电池整车、加氢站装备制造与建设运营、第三方检验检测等主要产业链环节的氢能产业园区。近期，在地方产业扶持政策方面，云浮市也取得一定突破。

2017年12月，云浮市发布了《云浮市推进落实氢能产业发展和推广应用工作方案》，为云浮市氢能产业建设和氢能产业链完善提供具体工作方案。该方案明确支持简化加氢站建设审批程序、推进建设氢能小镇、争取政策扶持并将氢能与燃料电池产业纳入多项省投资基金的扶持范围，并提出加大氢能产业招商、标准体系建设和氢能商用车推广应用等具体措施。

近期，云浮市正研究制定《云浮市2018～2020氢能源汽车推广应用工作方案》（征求意见中），该方案指出，2018年起云浮市新增或更新公交车100%推广使用氢燃料电池车或纯电动车，2020年底完成全市公交车全部使用氢燃料电池车或纯电动车；加氢站方面，云浮将在2018年～2020年规划建成10座加氢站，原则上要求新建加油站配套建设加氢设施，推广加油加氢合建站；补贴政策方面，加氢站（含合建站）建设一次性补助标准为50万元/100千克，加氢站运营补贴为每站每年5万元/百公斤，氢燃料电池汽车购置补贴中，中央和省购车补贴合计不足车辆销售价格的60%的，由市县两级财政补足；氢燃料电池公交车运营补贴标准为20万元/（辆·年）；氢燃料电池出租车、农村客运运营补贴标准为15万元/（辆·年）；氢燃料电池物流车运营补贴标准为10万元/（辆·车）。

二 佛山/云浮车用氢能产业进展

随着产业链构建趋于完善，以及氢燃料电池汽车推广应用逐步展开，佛山、云浮两地的车用氢能产业取得显著进展。

（一）佛山市车用氢能产业进展

1. 产业链布局

近一年来，佛山市车用氢能产业链布局取得显著进展，初步形成了"三个平台、两大基地、三个主要产业化项目"的格局，并明确了打造"仙湖氢谷"的远景目标。

"三个平台"分别是国家技术标准创新基地（氢能）、佛山绿色发展创新研究院和佛山燃料电池及氢能源产业创新联盟。国家技术标准创新基地（氢能）是在广东省委、省政府的支持下，依托佛山市、云浮市较好的氢能产业发展基础申报的。2018年3月20日，国家标准化管理委员会批复同意广东省创建国家技术标准创新基地（氢能），并明确项目由佛山科学技术学院牵头实施，2018年4月1日，基地项目正式启动，明确了基地创建目标和实施步骤。通过创建国家技术标准创新基地（氢能），有望率先在广东省建立起完善的氢能标准体系，并在一些领域率先垂范，为国内其他地区发展氢能产业提供借鉴。佛山绿色发展创新研究院是佛山市与中国标准化研究院联合创建、以促进氢能产业快速发展为突破口推动佛山市绿色转型升级发展的专业化平台。佛山绿色发展创新研究院是佛山科学技术学院下属的具有独立法人资格的二级学院，具有良好的产学研基础，将成为佛山市氢能产业发展引进高端人才及团队、先进技术引进与转化、绿色产品体系构建的重要支撑平台。佛山燃料电池及氢能源产业创新联盟是由爱德曼等14家企业和机构发起成立，致力于引进高端人才，在南海区建立"院士工作站"和"博士后工作站"，大力推进南海燃料电池生产基地建设，并以燃料电池为核心，打造爱德曼大数据支持下的新型物流服务平台。

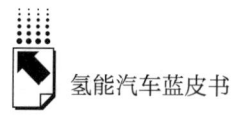

"两大基地"是广东新能源汽车核心部件产业基地和中车四方氢能源有轨电车修造基地。广东新能源汽车核心部件产业基地位于佛山市南海区，主要承载氢燃料电池汽车、燃料电池关键零部件研发和产业化项目，已先后引进氢能燃料电池工程中心、广顺新能源、科先精密机电等34家机构和企业，为佛山市车用氢能产业持续发展奠定了坚实基础。中车四方氢能源有轨电车修造基地位于佛山市高明区，主要推动氢能源有轨电车产业化发展和商业化运营，目前高明区正在建设全国首条现代氢能有轨电车示范运营线路，同时南海区也将规划布局一条氢能有轨电车运营线路。

"三个主要产业化项目"分别指燃料电池汽车核心零部件制造、爱德曼氢燃料电池及长江氢燃料整车制造基地与氢动力研发中心。佛山市是较早布局氢燃料电池核心零部件制造的地区，以广顺新能源为主要代表的零部件生产企业在氢气压气机、增湿泵、氢气循环泵、喷射泵、燃料电池加热器、电暖风等10多个用于氢燃料电池动力装置的核心零部件研发与应用方面取得了突破。部分产品已在上汽集团等汽车制造公司的燃料电池汽车制造中取得了很好的应用效果，其与上汽合作开发的第二代离心涡轮压缩机APM140~100W机型，是国内目前唯一配套装车并供燃料电池系统使用的空压机，已形成小批生产能力。2018年5月8日，佛山市南海区与爱德曼氢能源装备有限公司正式签订合作协议，双方将在佛山南海建立氢燃料电池及动力总成生产基地，计划投资30亿元，年产能8万台氢燃料电池，年产值可在200亿元以上。2018年2月，长江汽车与广东佛山市南海区签约，携手打造氢燃料商用车基地和研发中心。长江汽车将与广东泰罗斯汽车动力系统有限公司联合，在南海区设氢燃料整车制造基地和氢动力研发中心，在氢燃料电池寿命、氢燃料电池小型化、氢燃料汽车应用等领域展开研究。同时，长江汽车将在佛山建设整车生产基地，设计产能6万辆，将涵盖客车、货车及物流车型，兼顾纯电动和氢燃料电池。

佛山市的车用氢能产业布局科学合理，既能依托制造业等传统优势产业的发展基础，又能催生新动能。为促进氢能产业集约发展，佛山市将氢能领域主要产业化项目集中到南海区丹灶镇仙湖片区，并规划打造"仙湖氢谷"。按照规划，仙湖氢谷占地约47.3平方公里，包括仙湖组团、生态工业园、日本中小企业园、物流城等重要部分。计划依托仙湖生态核心，在南海区现有汽车产业基础上，发展新能源汽车尤其是以氢燃料电池汽车的相关项目为核心，致力于成为整车及动力电池、驱动电机、电控等关键零部件全方位发展的新能源汽车产业基地及氢能产业"硅谷"。

2. 基础设施建设

加氢站等基础设施建设相对滞后是当前制约我国车用氢能产业快速发展主要因素之一。近几年来，佛山市在推动加氢站等基础设施建设方面进行了大量的探索，并取得了一定成效，有望为国内其他地区提供借鉴。

首先，佛山市在加氢站建设项目审批流程上做了创新与示范应用。2014年，为支持实施"GEF/UNDP中国燃料电池公共汽车商业化示范项目"二期，佛山市启动了瑞辉加氢站建设项目。由于加氢站在我国尚属新鲜事物，从立项审批到建设过程的管理，以及建成后的运营管理等环节，都缺乏既有的流程与管理制度。为了顺利推进项目建设，佛山市创新提出了全国首个"加氢站建设审批流程"，并于2016年9月委托全国氢能标准化技术委员会组织专家对其进行了评审。该流程成为推动瑞辉加氢站项目顺利实施的重要依据，同时也被国内其他车用氢能产业发展较快的城市借鉴。

其次，佛山市在加氢站等基础设施布局及建设推进上较为领先。2017年9月，瑞辉加氢站在佛山市南海区正式投产运营。为全面推动佛山市加氢站等基础设施建设，2017年12月，佛山市与中石化、中石油签署了加氢加油合建站项目计划，依托已有的加油站网点，增设加氢功能。按照佛山市氢能燃料电池汽车推广计划，2018年，佛山市辖五区将建成至少10座加氢站，以支撑氢燃料电池汽车的率先商业化运行。到2020年，佛山全市将建成约20个加氢站。

3. 推广应用及运行效果

2016年9月28日，佛山市在三水区开通了首条氢燃料电池公交线路、投入12台氢能源公交车开展试运行，线路连接中心城区与经济发展新区的高丰公园和水都工业园公交首末站。2017年8月18日，云浮市佛云新能源交通发展有限公司开通连接佛山西站的两条氢燃料电池公交线路（616 路百威大道—佛山西站、620 路三水万达广场—佛山西站），分别投入 4 辆和 2 辆氢燃料电池公交车载客运营。截至 2017 年 7 月，上述三条公交示范线共发班 1470 次，运行总里程超过 5 万公里；2017 年 8 月，佛山正式上牌氢燃料电池公交车 6 辆，并实行载客收费运营，现已运营总里程 23 万公里，百公里耗氢 7.73 千克。

为响应广东省委省政府的号召，佛山市计划提前一年（即 2019 年底）在公交领域实现"全电动化"。根据市交通局等部门的工作计划，将在 2018 年投放 290 辆氢燃料电池公交车替代传统燃油车辆，到 2019 年底，佛山市新增或替换的公交车中氢燃料电池汽车的数量将超过 1000 辆。同时，佛山市出台了系列政策鼓励在物流行业推广氢燃料电池汽车。

（二）云浮市车用氢能产业进展

2014 年以来，云浮市依托对口帮扶平台，前瞻性引入氢能产业并确立其未来支柱产业地位，推动地区氢能产业快速发展。目前，云浮市氢能产业集聚发展已经初具规模，成为国内氢能产业发展的代表地区之一。

1. 产业链布局

"1135"战略是云浮市推动车用氢能产业链条布局的重要指引。"1135"的具体含义是"一个战略规划、一个资金平台、三大工作计划以及五大项目布局"。

（1）一个战略规划

2015 年，佛山对口帮扶云浮指挥部委托清华大学节能与新能源汽车工程中心，组织编制完成《佛山云浮氢能源产业发展战略规划》研究成果，作为云浮市氢能产业发展的总指引。该规划重点包括氢能产业现状及趋势、发展内外部环境分析、产业发展路径、氢燃料电池产业现状、重大项目及任务、各项保障工作等。

（2）一个资金平台

筹建资金平台总的思路是通过省、市合作共建氢能产业基地的途径，搭建氢能源产业重大资金筹措平台，通过省、市两级财政帮扶资金的引导，撬动社会资本注入，采取PPP合作模式、股权基金融资、银行贷款、组织企业通过新三板上市等多种方式，吸引各方面社会力量参与。目前已有园区开发公司与广东省建行云浮分行合作筹建的股权投资基金约46亿元进入。资金平台对云浮氢能产业的发展发挥了重要作用，依托资金平台，广东国鸿氢能科技有限公司、云浮市飞驰新能源汽车有限公司等云浮氢能骨干企业顺利渡过了发展初期的资金难关，迅速成长为氢能龙头企业。

（3）三大工作计划

一是28台氢能源公交车投入运行计划。目前该项计划已经全部实施，2016年9月和10月，先后在佛山市三水区和云浮市投入28台12米氢能燃料电池汽车公交示范线。2018年下半年和2019年，该项计划将进一步延续，计划在佛山、云浮两地共计投运300台氢燃料电池公交车，替换或增设公交示范线，扩大示范运行规模。

二是高明现代有轨电车试验线项目推进计划。该项工作计划顺利推进，中车青岛四方在佛山市高明区建设了现代有轨电车生产基地，首辆机车已经顺利下线。目前，高明区正积极推进轨道铺设和加氢站等基础设施建设，预计将于2018年底启动有轨机车示范运营项目。

三是1000台氢燃料电池公交车生产运行计划。在省委省政府、佛山/云浮两市市委市政府的支持下，该项计划进展顺利，首先，云浮飞驰已经建成产能规模可达5000台整车的柔性生产基地；其次，广东国鸿建成投产了年产20000台套（15千瓦/台套）氢燃料电池的生产线；此外，在氢燃料电池动力总成方面，广东国鸿与上海重塑合作成立了国鸿重塑，形成了全面配套飞驰和国鸿动力总成的装备制造能力。按照计划，佛山市将于2019年底前投运1000辆氢燃料电池公交车，云浮市也将于2020年左右实现公交电动化，预计将有超过200辆氢燃料电池公交车投入运营。这项工作不仅能够在广东省起到表率作用，也将带动国内其他地区加大力度在公交领域推广氢燃料电池汽车。

（4）五大项目布局

一是飞驰氢能源整装客车项目。由佛山飞驰汽车制造有限公司投资建

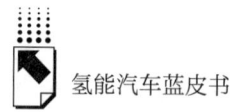

设,集底盘装配、整车生产、零部件安装及车辆检测于一体。该项目进展顺利,已经建成年产5000辆新能源汽车的生产线,是目前国内最大的氢燃料电池客车生产基地,近两年来,陆续有三个型号的氢燃料电池汽车入围工信部新能源汽车推荐车型目录。

二是氢燃料电池电堆与系统项目。该项目是云浮氢能产业的核心项目之一,也是引进并转化巴拉德公司燃料电池核心技术的重要载体。通过与加拿大巴拉德公司合作,超前引进国外商用车燃料电堆核心技术,并进行消化吸收和创新升级,研发出具有自主知识产权的30kW燃料电池系统模块,实现设计标准、供应链体系、性能成本等最大优化,综合成本比进口价格降低20%。佛山(云浮)产业转移工业园区核心企业现已完成45kW、70kW、120kW燃料电池系统模块的自主开发。2017年,园区国鸿巴拉德公司建成年产2万台燃料电池电堆9SSL生产线,成为全球较大产能的燃料电池电堆及动力系统生产线,已投入9000套电堆订单产品生产;国鸿重塑公司建成5000套燃料电池动力系统生产线。目前,园区氢能产业基本实现生产原材料连同生产设备国产化,并形成自主知识产权。

三是加氢站建设项目。2016年9月,为首批氢燃料电池公交车提供加氢服务的"云浮国鸿加氢站"已经投入运营。2017年和2018年,先后与上海舜华新能源系统有限公司、山西美锦能源股份有限公司等成立了云浮舜为氢能有限公司和云浮锦鸿氢源科技有限公司两家加氢站建设与运营管理平台公司。2017年11月以来,云浮市先后有4个加氢站开工建设,其中两座是油氢合建站,这使得云浮有望在油氢合建站领域率先取得突破。

四是氢燃料电池汽车示范线试运行项目。按照最初的设想,该项目仅规划了3条示范运营线路。目前,通过成立公交运营平台,推动2016年在佛山市三水区和云浮市云城区分别启动的氢燃料电池公交车示范线,又陆续开通了佛山西站-桂城公交示范线。预计到2018年,佛山市五个行政区都将至少开通一条公交线路。此外,2017年以国能联盛牵头成立氢燃料电池物流车运营平台,并率先开通了罗定—云浮—佛山的氢燃料电池物流配送专线。示范运行线路有效发挥了宣传作用,让社会公众对氢能及氢燃料电池汽车有了比较全面客观的了解，既在珠三角乃至华南地区树立了标杆，又为车用氢能终端产品的深入推广应用奠定了认知基础。

五是佛山—云浮氢能产业持续发展研发支撑项目。一方面，云浮市与佛山科学技术学院合作共建佛山云浮氢能产业与新材料发展研究院（以下简称研究院），立足于引进国内外氢能高端领军人才团队，先行打造氢能产业人才高地。现已建立由原巴拉德技术总监Chris，原西南交通大学、四川省"千人计划"刘志祥博士，全国五一劳动奖章获得者燕希强博士，香港科技大学赵钢博士等为研发核心的技术团队，拥有燃料电池领域一流技术专家和来自全国各地燃料电池领域资深工程技术人员50多人，主要进行燃料电池电堆、系统集成以及相关零部件开发，获批广东省新型研发机构和广东省绿色能源与材料工程技术研究中心。另一方面，云浮市和中国标准化研究院共建云浮（佛山）氢能标准化创新研发中心（以下简称"研发中心"），主要开展"氢能与燃料电池标准化建设、产业发展政策规划研究、检测检验技术引进转化"等工作，协助推进建设国家级氢能产业标准创新基地，积极抢占行业标准话语权。

以"1135"战略为重要指引，云浮市氢能产业布局趋于完善，目前共引进氢能源上中下游全产业链项目20个，计划投资60亿元。集聚形成上中下游产业集群，氢能全产业链布局建设初具规模。打造完整产业闭环发展模式，成功引入一批氢能核心企业，率先全国构建起涵盖"制氢加氢、氢燃料电池及动力总成、氢能源车整车制造、氢能产业研究及产品检测"的产业集群。

目前，"1135"战略已经得到有效延伸。一是初步建成五大支撑车用氢能商业化的平台，即氢燃料电池客车整车生产平台、氢燃料电池批量化生产平台、氢能源和燃料电池技术研发平台、制氢加氢基础设施配套服务平台、氢能商用车示范推广运营平台。二是氢燃料电池系统引进与转化取得突破，已开发出国产MEA9SSL电堆，并加速推进自主开发完全国产燃料电池电堆（2.0kW/L）、功率密度2.5kW/L的高性能电堆、功率密度超过3.0kW/L的国鸿高性能电堆；在燃料电池备用电源开发与示范方面计划与广东铁塔公司在云浮市通信领域试点开展氢燃料电池备用电源的应用示范。三是依托已获省批准云浮思劳氢能特色小镇载体，与南方电网合作打造以氢能源为主要特色的综合能源示范区，同时以氢能源汽车、氢燃料电池、氢能综合利用为重点，推进氢能源全产业链建设，打造产城人高度融合的"中国氢谷·国际氢能创新中心"。

2. 基础设施建设

云浮市加氢站等基础设施建设推进顺利，截至目前，已有4座加氢站破土动工，其中2座是油氢合建站，有望在全国范围内率先突破。尤为可喜的是，在云浮开工建设的4座加氢站中，新兴加氢站是由中国石化广东公司云浮分公司投资建设的，这对吸引中国石化、中国石油等能源巨头企业参与加氢站建设布局具有重要意义。

按照规划，云浮市将于2019年底建成10座加氢站。在"1135"战略指引下，云浮市成立了两家专业从事加氢站建设和运营管理的公司，奠定了云浮市加氢站等基础设施建设的技术基础，同时由于加氢站关键设备依赖进口，与上海舜华等知名企业合作，有利于缩短进口设备的采购周期，确保加氢站项目按计划推进。

云浮市注重发挥氢能产业率先发展的影响力，联合世界500强企业法国液化空气集团以及中石油、中石化、中广核等能源企业，洽谈合作在粤港澳地区布局建设加氢站，谋划推动全省加油站配建加氢站，并逐步在国内有条件的省、市合作推广。率先在粤港澳大湾区做出示范，逐步构建起跨区域的加氢站网络体系，为氢燃料电池车和备用电源广泛推广应用夯实基础。

3. 推广应用及运行效果

负重试运行近8个月后，首批投放到云浮市Q101路的5辆氢燃料电池公交车于2017年6月16日正式上牌投入运营。到2018年3月31日，该5辆车总发班2926次，总耗氢13214.58千克，运营总里程171298公里，百公里耗氢7.71千克，总营收57648.55元。

2018年3月，云浮飞驰公司交付4辆已纳入国家新能源推荐车型目录的 11 米氢燃料电池公交车于 4 月完成相关上牌手续，并在当月 23 日投放到 Q101 路进行运营，现在云浮氢燃料电池公交示范线 Q101 路共有 6 辆氢燃料电池公交车在线运营，至 2018 年 5 月 15 日，Q101 路总发班 3216 次，运营总里程 188195 公里，总耗氢量 14509.53 千克，百公里耗氢 7.70 千克，总营收为 62436.05 元。

在车辆示范运行阶段，云浮市积累了大量的氢燃料电池汽车运行数据，将对后续车辆开发和设备选型提供技术支撑。

三 佛山/云浮车用氢能产业发展前景分析及政策建议

（一）前景分析

在全球应对气候变化、我国能源消费革命以及产业结构转型升级等背景下，氢能产业已经受到越来越多国家和地区的高度关注，氢能在交通领域的应用既是氢能产业快速发展的突破口，也是氢能产业的重要基础市场，因此世界各大车企纷纷布局氢能燃料电池汽车产业。

佛山、云浮两地选择以氢能产业为主要抓手，带动地方产业结构转型升级，完全契合当前我国节能低碳、产业升级、产业扶贫等重大战略方针。在具体推进产业发展过程中，两地注重引进国际先进技术和高端人才团队，加快对先进技术的吸收与转化，提高氢能产业领域核心技术与装备的国产化率，逐步降低对发达国家的依赖；同时，两地重视融合发展，积极探索央地融合、军民融合、城乡融合、国企民企融合的共享经济发展模式；在佛山对口帮扶云浮发展中，以氢能产业为主要突破口共建产业园区，探索出一条产业兴城之路，有效避免了产业空心化、工业园区房地产化的发展陷阱。

目前，佛山、云浮两市的氢能产业发展仍相对滞后于发达国家，但已经初具规模。从产业发展阶段和发展环境看，顺利度过了产业导入期，进入了产业快速成长期，基本确立了在当前国内氢能产业发展版图中的领先地位。

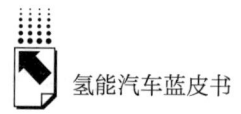

依托佛山市制造业的传统优势和雄厚的经济实力，以及佛山、云浮两地在氢能产业领域积累起来的持续创新能力，佛山、云浮两地的氢能产业发展前景良好，并有望在以下三个方面继续领先全国。

一是商用车氢燃料电池电堆与系统。目前，以爱德曼和广东国鸿为主要代表的燃料电池电堆生产企业，既具备最大的产能规模，也具备稳定的系统性能；国鸿重塑是当前国内最大的燃料电池动力总成生产企业，目前为超过一半的国内氢燃料电池汽车提供了动力总成；氢燃料电池电堆与系统自主创新体系基本构建完成，在大功率、高功率密度电堆的开发与应用方面，已经走在国内前列。这些都为佛山、云浮在未来较长一段时间内引领国内商用车用氢燃料电池与系统奠定了坚实基础。

二是核心关键零部件。目前，氢燃料电池动力总成需要的空气压缩机、氢气循环泵、增湿器、过滤器等核心关键零部件仍然主要依赖进口。广顺新能源、国能联盛、广东重塑等佛山、云浮两地核心企业积极布局核心零部件的开发与应用，压缩机和氢气循环泵等部分产品已经初步具备产业化推广的技术条件。在佛山市南海区氢能源产业发展规划（研究制定中）中提出"要依托广东省新能源汽车零部件制造基地为基础，打造国内氢燃料电池核心关键零部件基地"。

三是氢燃料电池电堆与系统的推广应用。首先，在氢燃料电池汽车推广应用方面，佛山、云浮两地高度重视加氢站等基础设施建设，预计到2022年底，将基本建成能够覆盖公共交通系统的加氢站网络。按照规划，2018年底，佛山、云浮两地将投运300台氢燃料电池公交车，到2019年底，氢燃料电池公交车保有量将超过1000辆。此外，随着加氢站等基础设施日臻完善，氢燃料电池物流车也将大幅推广。预计到2025年，佛山、云浮两地氢燃料电池汽车保有量将突破5000辆，有望形成在国内的领先地位。其次，在通信基站、应急专用车辆等备用电源方面，佛山、云浮两地已经与中国铁塔、南方电网等终端用户建立良好的合作关系，燃料电池备用电源产品开发与验证进展顺利，目前已经率先开始示范推广。

（二）政策建议

1. 加大氢燃料电池汽车推广应用

一是建议明确要求氢燃料电池汽车在公交电动化推广应用中的最低比例；在北京、上海、广东等车用氢能产业先发地区，该比例不低于30%。同时明确氢燃料电池物流车、出租车及专用车的推广计划。

二是建议细化氢燃料电池汽车购车补贴政策。以广东省为例，相关支持政策明确规定："各市对2018年1月1日起在省内注册登记的氢燃料电池汽车，可按燃料电池装机额定功率进行补贴，最高地方单车补贴额不超过国家单车补贴额度的100%。各级财政补贴资金单车的补贴总额（国家补贴+地方补贴），最高不超过车辆销售价格的60%"。当前，氢燃料电池汽车的部分核心技术、关键设备、高新材料等不能完全国产化，需要同外企合作研发生产，或购买引进成套产品，导致现阶段厂家的研发成本和整车制造成本较高。同时，由于氢燃料电池汽车目前尚未全面形成规模化市场，其应用规模方面远少于纯电动车，不具备规模经济效应，导致市场价格难以快速下降。因此，建议对燃料电池汽车的补贴政策细分，短期内取消"各级财政补贴资金单车的补贴总额（国家补贴+地方补贴）限制，即最高不超过车辆销售价格的60%"的政策规定。

三是建议扩大氢燃料电池汽车营运补贴范围。国家相关政策明确提出："地方应不断加大基础设施建设力度和改善新能源汽车使用环境，从2018年起将新能源汽车地方购置补贴资金逐渐转为支持充电基础设施建设和运营、新能源汽车使用和运营等环节"。对于氢燃料电池汽车，建议研究出台以加氢量为基准、与运营里程相挂钩的奖励补贴制度，由地方政府对氢燃料电池物流车、出租车、公务车及专用车给予车辆运营方面的补贴。

2. 加快培育产业集群推动集聚发展

一是建议支持加大完善产业配套。支持建设氢燃料电池汽车整车检测认证平台、氢燃料电池与动力系统检测认证中心。支持将广东、上海等地建设成为氢燃料电池国家级检验检测认证中心，支持建设长三角、珠三角等区域性新能源汽车检验中心。

二是建议统筹规划布局氢能基础设施建设。首先，研究制定车用氢气定价机制，优化资源配置，支持鼓励发展电解水制氢储能和工业副产氢；其次，鼓励中石油、中石化、中广核等能源企业积极布局建设加氢站，率先在北京、上海及广东等氢能产业先发地区逐步构建起跨区域的加氢站网络体系。

三是建议支持创建氢燃料电池技术研发创新平台。在省级政府层面，积极支持佛山（云浮）氢能产业与新材料发展研究院、广州鸿基氢能研究院、长江氢动力（佛山）研发中心、佛山绿色发展创新研究院、云浮（佛山）氢能标准化创新研发中心等创建省级创新平台。依托佛山绿色发展创新研究院和云浮（佛山）氢能标准化创新研发中心，加大力度支持创建国家技术标准创新基地（氢能），积极开展氢燃料电池与动力系统标准体系研究，制定标准体系规划和路线图，推动广东氢能产业技术及优势产品成为国家乃至国际标准。

四是建议支持成立"广东省氢能产业行业协会"。整合行业企业资源，搭建交流与服务平台，促进氢燃料电池与动力系统技术创新。

3. 加大引进高端人才强化研发队伍建设

在国家层面，加大对车用氢能高端人才与团队的支持力度，在重点支撑项目、产业化示范项目立项方面给予一定倾斜，支持氢能技术创新与产业化。

在省级层面，一是建议加大支持氢能产业地区引进培育高层次人才。在广州、深圳、佛山建设2~3家氢能产业院士工作站，优先纳入"珠江人才计划"等高层次人才计划支持，积极申报国家"千人计划""万人计划"等高层次人才计划。对云浮等具备一定氢燃料电池汽车产业发展基础的地区，实施产业扶贫和人才扶贫战略。二是建议给予资金补贴扶持。对引入国家"千人计划""万人计划"及省内"珠江人才计划""扬帆计划"等的高层次人才，在科研项目经费、创建研发团队等方面给予资金扶持。

B.15
如皋氢能燃料电池汽车产业进展

赵 巍[*]

摘 要： 除北京、上海等先行地区之外，如皋是我国较早布局氢能燃料电池汽车产业的城市。通过建立氢能产业领导组织机构、出台支持政策、引进和培育龙头企业等措施，如皋构建了较为完善的氢能燃料电池汽车产业链。为更好地促进氢能燃料电池汽车产业发展，如皋积极争取国家政策支持，明确未来产业发展目标，率先打造"氢能小镇"等产业发展平台，加快开展燃料电池汽车示范运行。此外，如皋还通过组织和承办氢能与燃料电池领域重要活动等方式，提升区域影响力和聚集产业资源。

关键词： 如皋 车用氢能 燃料电池汽车 示范运行

一 如皋车用氢能产业发展背景、组织机构及相关支持政策

（一）如皋车用氢能产业发展背景

2010年，如皋在对接百应能源项目时，初次接触氢能，经过深入调研、学习，认识到氢能这一"终极能源"的巨大潜力，果断决策，积极响应国家

---

[*] 赵巍，江苏省如皋市经济技术开发区氢能产业园管委会主任。

新能源汽车产业发展战略，结合已有的新能源汽车及零部件产业基础，开始布局氢能产业发展，并且专门成立了"氢能产业发展领导小组"，协调服务氢能产业发展，研究完善推动发展的相关政策，是全国涉足氢能产业较高、产业集聚度较高的地区之一。2017年，如皋氢能产业总产值已突破30亿元。

（二）如皋车用氢能产业组织

如皋通过积极整合政策、技术、资金和产业链各方资源，目前已拥有百应能源、南通泽禾、美国安思卓、加拿大星动新能源、江苏清能、神华集团等10余家氢能企业，产品覆盖了制氢加氢设备、膜电极、氢燃料电池电堆系统、氢燃料电池汽车等多个环节，一条集制储、运氢、加氢、氢燃料电池研发生产、氢燃料电池汽车开发制造、氢能产品示范应用"五位一体"的氢能产业链已初步形成（见表1）。

表1　如皋氢能产业链概况

序号	企业名称	主要产品及内容
1	南通百应能源有限公司	专业从事氢燃料电池研发与生产,提供从膜电极→电堆→系统→集成、装配、调试一条龙的研发、生产、运维服务
2	南通泽禾新能源科技有限公司	引进巴拉德公司技术及产品,提供氢燃料电源系统集成解决方案
3	如皋市青年氢燃料发动机有限公司	与百应能源合作,提供氢燃料电池动力系统整车装配、调试服务
4	南通安思卓新能源有限公司	专业的制氢、加氢设备生产商,加氢站集成服务商,致力于氢能全产业链核心设备的技术研发及设备生产
5	江苏清能动力科技有限公司	重点专注于30kW以上车用燃料电池的研发、生产以及甲醇重整燃料电池系统的集成
6	神华新能源有限责任公司	35MPa/70MPa双模式商业加氢站
7	星动新能源科技（如皋）有限公司	氢燃料电池系统研发与生产
8	如皋擎速车辆科技有限公司	氢燃料电池汽车运营
9	宇石能源（南通）有限公司	氢燃料电池系统研发与生产
10	如皋市亚曼汽车有限公司	氢燃料电池汽车的研发生产
11	江苏陆地方舟新能源车辆股份有限公司	新能源电动汽车及氢燃料电池汽车的研发生产（氢燃料电池汽车生产资质预计2018年10月取得）

(三)如皋车用氢能产业相关支持政策

在金融支持方面,如皋市积极创新金融服务,组建了2只各50亿元的产业基金,创造性地开展了非公开定向融资工具的发行、债权融资、海外发债以及供应链金融等多项业务,保障企业发展资金需求,扶持产业发展。

在政策支持方面,为进一步鼓励氢能产业做大做强,如皋市编制出台了《如皋市氢能产业发展激励意见》。

在人才支持方面,如皋市突出招引两院院士、千人计划专家、长江学者等国内外高端人才,鼓励企业与重点高校、科研单位共建研发机构、工作站,培养和储备技术人才。同时深入对接上海,柔性使用在沪人才,在上海设立科技孵化平台——上海金皋新能源科技发展有限公司,招引与产业相配套的研发、推广、服务机构,打通沪皋人才双向交流机制。

二 如皋车用氢能产业进展

(一)如皋车用氢能产业体系基本完善

如皋拥有良好的车用氢能产业基础,目前拥有陆地方舟、康迪(吉利)、青年亚曼、金杯、皋开、赛麟等6家具备整车生产能力的企业,初步建立了国内新能源汽车产业中集大中型客车、乘用车、专用车等为一体,以混合动力、纯电动、燃料电池三类新能源汽车动力系统并行发展的产业集群,先后被认定为省级"新能源汽车产业基地""江苏省特色产业示范集聚区""国家火炬如皋新能源汽车产业基地"。

如皋市积极推动上游燃料电池企业与下游车企合作,充分发挥本地企业配套优势,推动两大产业良性互动、合力发展。南通百应能源与本地企业广泛开展合作,积极开拓产品应用市场,与陆地方舟合作研发氢燃料乘用车、大客车,其中8.5米、10米、12米的燃料电池公交均已获得工信部新能源汽车产品公告;与青年亚曼合作开发的多款燃料电池物流车先后已有8款进入了工信部产品公告,并已在西安市场投放500辆;与中富通合作生产100套燃料电池发电基站用燃料电池系统已在紧密排产中。南通百应能源还与上海一汽开展合作,为其微卡提供氢燃料动力系统和集成技术。江苏清能与陆地方舟合作开发5辆氢燃料电池大巴,目前正在加紧生产中;与中植集团合作的氢燃料电池汽车、与东风特汽合作生产的氢燃料电池物流车均已进入工信部产品公告;与上海申龙、南京金旅等合作生产的燃料电池汽车,目前正在组装调试中,即将完成公告。此外,江苏清能生产的燃料电池系统已用于韩国蔚山工业园200kW燃料电池电站项目。在氢气的制储运环节,得益于如皋市周边工业副产氢丰富、氢源广泛,随着安思卓、神华等制氢加氢企业的落户,如皋市大大降低了对外运氢的依赖,形成了更为完善的氢能产业生态体系。

(二)如皋车用氢能技术创新能力不断提升

氢能产业是技术密集型产业,如皋氢能企业通过自主研发创新、与高校院所开展产学研合作以及进口产品引进后再开展国产化替代等路径,不断提升优化自身产品技术水平。龙头企业南通百应能源有限公司作为如皋重点培育的氢能企业,自主研发、生产的燃料电池膜电极使用专利铂碳纳米复合技术,有效地提高了膜电极寿命,提升了催化剂利用率,减少了贵金属用量,增加膜电极的能量密度,大大降低了核心部件在氢燃料电池系统中的造价,成本优势明显。公司积极与同济大学、南京大学等多家国内外知名高校开展技术交流合作,不断进行技术储备和提升,已完成40kW金属双极板的燃料电池单堆开发。目前,南通百应能源在积极推进车用燃料电池、通信基站备用电源系统、燃料电池应急补电车、叉车、无人机、船舶以及单兵作战等领域的合作。待公司二厂全面投产后,南通百应能源产能可达2万台/年。南通泽禾新能源科技有限公司与加拿大巴拉德紧密合作,走进口产品国产化替代路线,引进巴拉德的模块集成技术,建成了两条氢燃料电池生产线,以降低产品成本。江苏清能动力科技有限公司是清能燃料电池集团在江苏如皋设立的合资公司,清能集团成立于2003年,研发总部位于上海,公司海外品牌 Horizon Fuel Cell 具有较高的国际知名度，重点关注于 30kW 以上车用燃料电池的研发和生产，自主研发和生产了包括催化剂、膜电极、石墨极板、金属极板在内的燃料电池核心材料，并开发了独特的空气流、自增湿技术以及新型膜电极密封和电堆组装技术等，大幅降低了系统复杂度和系统成本，提高了系统功率密度和系统稳定性。南通安思卓新能源有限公司总部位于美国波士顿，是专业的制氢、加氢设备生产商和加氢站集成服务商。公司自 2009 年开始与美国最大的国家级实验室 NREL 合作，完成制氢设备的设计并申请到美国产品发明专利。南通安思卓新能源有限公司 2017 年落户如皋，已正式投产并与清华大学等国内顶尖院校合作，共同开展基础研究，推进国产化进度。公司正在全力推进 500 标立方/小时集装箱式制氢设备以及制氢加氢一体机的生产，将填补国内市场的空白。加拿大星动新能源为纳斯达克上市企业，公司基于加拿大滑铁卢大学氢燃料电池专利，专注于膜电极及燃料电池系统的开发与应用，系统具有低铂、耐久、高性能的特点，拥有氢燃料电池的生产制造技术以及氢燃料电池与汽车传动系统匹配的相关技术。神华加氢站由国家能源集团如皋分公司—神华新能源有限责任公司联合美国空气产品公司按照高水准建设，建成后将成为符合国际标准、35MPA/70MPA 双模式、全天候运营的商业加氢站，项目建设目前正在全面推进中，预计 2018 年 9 月底可正式开展试运行。

（三）如皋氢能产业载体平台完善

如皋氢能产业链初步形成，当地政府围绕产业链积极打造新平台、集聚新资源，全力助推产业发展。如皋在国内率先打造"氢能小镇"，目前小镇概念规划已确定，正在进一步细化落实空间规划。"氢能小镇"位于如皋经济技术开发区核心区，规划面积 $3.3km^2$，2018 年 7 月，如皋"氢能小镇"正式获批江苏省第二批特色小镇。小镇将围绕氢能产业链，着力发展氢能及燃料电池汽车产业，构建集研发、生产、检测、应用、推广等于一体的创新创业生态体系，并将能源管理、智慧网联技术、基础设施建设、居民活动、城镇空间规划等相结合，使之成为氢能应用示范的最佳载体，打造

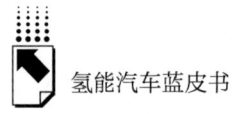

"氢能社会"的样板工程。同时,为实现氢能生产型项目的相对集聚,如皋筹划建设镇中园——氢能产业园,将充分结合现有已落户项目和在谈项目的生产建设需求,以及氢能企业生产、检测过程中对于氢气的储运和使用要求,超前规划布局,高标准建设现代化标准厂房和园区。另外,为进一步提升产业配套支持力度,如皋市目前正积极对接清华大学策划共建"氢能战略研究院",对接同济大学、北京低碳清洁能源研究院、江苏省产业技术研究院策划共建"氢能产业协同创新中心",对接上海机动车检测中心合作共建"国家级氢能源汽车研究检测中心",对接江苏省汽车工程学会策划成立"江苏省氢能与燃料电池汽车产业联盟",相关工作均在有序推进中。

(四)如皋氢能产业示范应用全面开展

氢能产业作为新兴产业,目前尚处在商业化前期示范应用阶段,需要政府层面积极示范引导。2016 年,联合国开发计划署(UNDP)将"氢经济示范城市"项目落户如皋,项目为期四年。

在 UNDP 项目下,如皋开展多角度、多层次的理论规划研究工作,包括编制了《如皋氢能发展路线图》,开展了如皋可再生能源制氢可行性研究、氢燃料电池汽车发展政策研究、燃料电池汽车标准化路线图研究、中国氢能产业技术标准推广研究、燃料电池技术标准制定研究以及如皋氢能小镇概念性规划设计等,目前正在开展的项目包括燃料电池在交通及热电联供方向的应用、温室气体减排方法开发研究、燃料电池汽车回收利用管理制度研究以及氢能与燃料电池汽车产业发展报告编制等。

同时,如皋也开展了多领域的氢能产品示范应用探索。一是投资 1.5 亿元兴建汽车文化馆,馆内专门开辟氢能科普区,通过宣传栏、视频讲解等形式向社会大众进行氢能知识科普宣传,且展馆的部分照明用电采用分布式燃料电池发电系统发电。二是规划了氢燃料电池大巴公交路线,开展燃料电池大巴示范运行。2018 年 6 月 11 日,由如皋百应能源和青年亚曼汽车合作生产的 3 辆氢燃料电池大巴正式交付给如皋星星公交,投入运营。2018 年下半年，如皋还将投放 10 辆氢燃料电池大巴。三是开展氢燃料电池备用电源示范项目，由如皋经济技术开发区采购燃料电池系统，与开发区博爱医院、开发区实验中学和移动运营公司合作开展燃料电池备用电源应用示范，目前博爱医院氢燃料电池备电系统已安装结束，与移动公司的合作正在细节对接中。下一步，如皋还将进一步推动落实可再生能源制氢和燃料电池热电联供示范应用，初步计划拿出一栋小区楼宇，利用太阳能光伏电解水制氢。同时，结合氢燃料电池的使用，实现为楼宇居民进行供电供热，真正让社会大众零距离接触氢能这一未来绿色能源。

如皋目标基于"氢经济示范城市"的平台，积极开展全方位的氢能示范应用，进一步提升氢能产品市场接受度，推进氢能产业商业化进程。

（五）如皋氢能产业国内外影响力持续攀升

近两年来，如皋积极参加并组织筹办氢能产业活动，在国内外影响力持续攀升。

2016 年 8 月 27 日，联合国开发计划署（UNDP）为如皋授牌"中国氢经济示范城市"，开展为期 4 年的"氢经济示范城市项目"。同期，如皋组织召开"中国氢能产业发展·如皋峰会"，会议形成了"氢能峰会·如皋共识"。2016 年 11 月，如皋受邀出席国际零碳公交大会并代表中国介绍氢能发展情况。2016 年 11 月底，国际氢能燃料电池协会筹备会在北京成立，如皋市作为 13 家发起单位之一在大会上交流发言。2017 年 5 月，全国燃料电池及液流电池标准化技术委员会国家标准起草工作组会议在如皋召开。2017 年 11 月 9 ~ 10 日，第二届国际氢能与燃料电池汽车大会在如皋成功举办，大会吸引了来自欧洲、美洲和亚洲的国外专家学者以及国内政产学研界的近 1200 位代表参会。目前，"国际氢能与燃料电池汽车大会"永久会址已确定落户如皋。第三届国际燃料电池大会将于 2018 年 10 月 23 ~ 25 日在如皋召开，大会同期将举办氢燃料电池汽车及零部件技术展览，展览计划邀请 50 家展商参与展览展示。本田、丰田、现代、上汽等国内外知名氢能燃料电池汽车制造商将在现场展示其最新研发的燃料电池轿车，并提供试乘试驾和深度交流机会。氢气生产、储运和加注企业，如美国空气化工、北京科泰克、美国PDC、富瑞特装等；燃料电池及系统供应商上海重塑、弗尔赛能源、新源动力等，以及核心零部件及原材料供应商霍尼韦尔、庄信万丰、德燃动力、寰宇喷雾等将与会。

同时2018首届"长三角燃料电池汽车科普巡游"活动也将于如皋全面启动，活动旨在更进一步提升地方氢能产业的热度，提高公众对氢能的认知度，增加公众对氢能城市规划的参与度，增强公众对燃料电池汽车的感受度，凝聚社会共识，推动氢燃料电池汽车的市场化进程。巡游车辆将从如皋出发，途经南通、盐城，最后于上海收官，如皋至南通段开展路线试驾及静态展示，盐城以及上海段只进行静态展示。其间，活动主办方将协同每个城市地方政府开展科普展览及宣传推介。"长三角氢走廊"将充分利用长三角资源和区位优势，以长三角高速为纽带，通过创新模式引领区域产业聚焦、升级，打造氢能与燃料电池汽车产业经济带。

三 如皋燃料电池汽车示范运行情况

目前，如皋已投放3辆氢燃料电池大巴用于商业化示范运行（见图1），且制定了专门的氢燃料电池公交线路（见图2）。3辆氢燃料电池大巴均由如皋本地的百应能源和青年亚曼两家企业共同研发生产。青年亚曼的母公司青年汽车集团有限公司拥有客车、卡车、轿车全牌照整车生产资质，是国内为数不多的拥有全套车型生产资质的企业之一，也是国内较早涉及氢燃料电池汽车领域的车企之一。南通百应能源有限公司创建于2011年，是如皋首家落户的专业从事氢燃料电池的研发与生产的企业，协助制定氢燃料电池系统应用解决方案，也是国内少数几家拥有自主知识产权、国产化的从膜电极→电堆→系统→集成、装配、调试一条龙的研发、生产、运维服务的整体解决方案型企业。

氢燃料电池大巴于2018年6月11日正式交付给如皋星星公交公司运营使用，为如皋市民带来了安全、零污染的全新绿色出行体验。

图1　如皋开展示范运行的氢燃料电池大巴

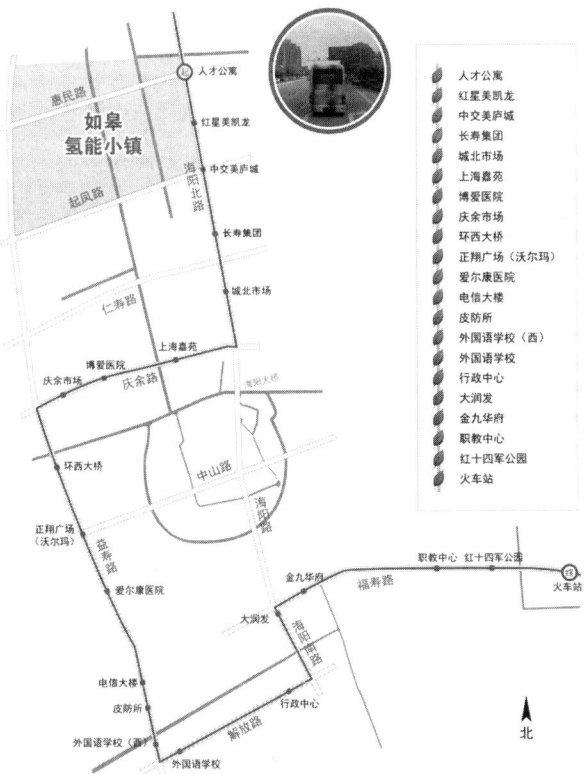

图2　如皋氢燃料电池大巴路线

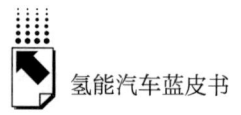

投入示范运行的氢燃料电池大巴搭载了南通百应能源的燃料电池系统,动力总成30kW,峰值功率最高可达37kW,电机功率为80kW,峰值功率可达到160kW,为大巴提供动力源的是总容量达560升的4个车载储氢瓶,同时配备了锂离子动力电池以应对紧急措施,车辆加满氢满载情况下可持续行驶440km。

2018年下半年,神华加氢站建成后,如皋计划还将新增10辆氢燃料电池大巴和100辆燃料电池物流车,目前车辆均已在排产中,燃料电池物流车运营公司已注册完毕,待车辆到位后启动运营。

四 如皋车用氢能产业政策建议

(一)建议国家加强车用氢能产业顶层设计

目前,上海、苏州、武汉、佛山、云浮等地都相继出台了氢能产业发展规划和产业指导意见,加速布局氢能产业,形成地方多头并进局面。但是,我国国家层面还没有整体性、全局性的氢能产业发展规划。建议国家出台氢能产业发展规划,统筹谋划,科学布局;制定国家氢能行业标准,加快车用氢能标准体系建设,规范氢能产业发展。

(二)建议国家加强车用氢能产业发展政策扶持

建议国家出台关于促进氢能产业发展的扶持政策,将氢能产业作为战略新兴产业发展,进一步加大对氢能产业核心技术研发和产业化的支持力度,发挥政策及财政资金的引导作用,鼓励鼓励企业和科研机构技术攻关,激励企业创新创优,做大做强。

(三)建议加强氢能基础设施建设

国家应进一步建立健全加氢站规划审批建设和监管体系,完善加氢站项目建设规划审批建设和监管体系。支持各地方先行先试,加快完善加氢站、储氢设施等基础设施，构建氢能产业发展配套体系。建议国家明确审批标准和审批部门权责，规范加氢站建设；可在推动全国充电桩规划和建设的同时，同步推动加氢站的布局和建设，鼓励利用现有加油站新建加氢设施。探索性开展可再生能源制氢（如皋主要采用光伏电解水制氢）项目研究；结合应用示范项目，探索高压气氢、低温液氢等多种形式的储/运氢气模式；鼓励能源企业积极参与，建设分布式制氢—储氢—加氢一体化示范站、加氢站与加油站/充电站合建示范站，探索多种供氢模式并存的可持续氢能基础设施体系；同时，基于制氢、储氢、运氢、加氢的相关成本，探索建立国家车用氢气价格体系。

（四）建议加强氢能示范应用

组织开展规模化氢能示范应用推广，提升技术水平、降低成本、完善配套体系，加快推动氢能产业化、商业化。在全国范围内选取一些产业基础较好的地方，率先开展城市公交、物流等氢燃料电池汽车试点应用。鼓励如皋、台州等地的"氢能小镇"建设和示范应用，鼓励学校、银行、医院、电讯运营商等需要使用备用电源的单位采购氢燃料电池备电系统。同时，在示范应用全过程中，注重运行数据的收集、分析及示范运行经验的总结，最终形成政府扶持、社会认可、企业主导的良好氢能示范应用氛围。

（五）建议鼓励技术攻关及技术创新

鼓励企业开展自主研发，积极引进氢能燃料电池高端人才，鼓励并协助企业积极对接高校、研究机构、协会、学会、产业联盟等组织，广泛开展产学研合作，鼓励高校、科研院所通过转让、许可等市场化方式转移科技成果，促进各领域的紧密合作，逐步攻克燃料电池电堆、燃料电池系统、燃料电池整车及氢能供给系统等核心技术，提升产业创新能力和产品技术水平。

（六）建议加强区域协同发展

鼓励在氢能产业发展基础较好的长三角、珠三角地区加强区域协同发

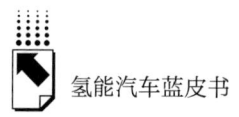

展。比如鼓励推进沪苏通盐"长三角加氢走廊"建设。"长三角加氢走廊"由如皋市政府等联合发起,旨在以长三角高速公路为纽带,以氢能基础设施为基础,将沿线的上海、苏州、常熟、南通、如皋和盐城等氢能产业发展较好的城市串联起来,共建共享区域氢能基础设施,进一步加快燃料电池汽车市场化进程。

(七)建议国家加强氢能宣传和公众引导

大力提升公众认知度及接受度、营造良好的发展环境是氢能产业健康发展的重要保障。鼓励开展多样化的宣传教育及培训活动,通过多媒体宣传、试乘试驾、开展巡游等活动加大对氢能及燃料电池汽车的公众宣传力度。通过邀请行业专家召开专题会议及讲座、举办专业性博览会、海内外宣传活动、扩大氢能产业公众认知度和社会认可度,为氢能产业发展营造良好的社会环境,助推氢能产业发展。

五 如皋车用氢能产业发展展望

如皋将以打造国内领先的氢能产业示范城市为目标,形成优质产业链资源聚集效应,使如皋氢能产业在国内乃至国际上具有较强的竞争优势。

(一)近期目标

到2020年,氢能小镇基本建成,氢经济示范城市建设取得显著成效。氢能产业链年产值突破200亿元,建成加氢站5座,公交车、物流车、市政环卫车运行规模力争达到100辆。

(二)中期目标

到2025年,建成长三角地区具有重要影响力的氢经济示范城市,形成国内有影响力的整车企业1~2家、关键零部件企业31~35家,氢能产业链年产值突破500亿元，建成加氢站30座，公交车、物流车、市政环卫车和乘用车运行规模力争达到300辆。

（三）远期目标

到2030年，建成国内具有重要影响力的氢经济示范城市，氢能装备制造、燃料电池电堆、零部件等形成核心竞争力，氢能产业链年产值突破1000亿元，建成加氢站100座，公交车、物流车、市政环卫车和乘用车运行规模力争达到1000辆。

/ 借 鉴 篇

Experience and Lessons

B.16 韩国氢能产业发展战略与支持政策的启示

朴钟震*

摘 要： 韩国对氢能与燃料电池汽车高度重视。为支持氢能产业发展，韩国从经济社会可持续发展和能源安全等战略层面着手，制定了氢能发展战略。同时，为推动氢能燃料电池汽车普及，韩国政府还制订了《氢燃料电池汽车产业生态战略路线图》。作为韩国汽车领域的龙头企业，现代汽车是全球最早开发和实现燃料电池汽车产业化的企业之一。通过自主研发和构建本土化的产业体系，韩国氢能燃料电池汽车经形成了明显的竞争力。结合中国氢能与燃料电池汽车产业发展的实际，这些经验值得研究和借鉴。

---

* 朴钟震，韩国现代自动车研究开发本部燃料电池性能开发部部长。

关键词: 韩国 氢能 燃料电池汽车 现代汽车

一 韩国氢能产业发展战略分析

随着氢能技术发展和逐渐成熟,以及全球应对气候变化压力的持续增大,氢能产业的发展在世界各国备受关注。各国政府为了减少温室气体排放、提高能源利用效率,构建替代化石能源的可持续发展经济,积极推进氢能产业发展。其中,一些国家将发展氢能产业提升到国家能源战略高度,在氢能产业化应用方面迈出了实质性步伐,韩国便是其中的代表。

(一)提出能源过渡政策,布局可再生能源实施计划

着眼韩国的能源消耗结构,化石能源使用量占韩国总能源使用量的83%,其中可再生能源只占总数的4.9%。然而,由于韩国石油价格的急剧下降和石油化工设施的扩张,韩国现阶段总能源消费量主要以石油为主。为了改善能源结构,改善环境问题,韩国政府提出了能源过渡政策。

具体来说,韩国政府建立淘汰核能路线图;建立生态友好型智能能源基础设施,减少煤炭的使用,推进新能源产业的发展;通过支持技术创新等大力促进能源效率向低碳高效结构过渡;同时推进能源价格体制改革与分布式电力的扩张。预计到2030年,可再生能源发电设备占比将达到20%,其中新建的设施将提供49GW装机容量(合计装机容量63.8GW)。2030年,多于95%的新建站将由太阳能和风能提供。在2018~2022年,将提供12.4GW装机容量,2023~2030年,将提供36.3GW装机容量。国家参与的发电企业将提供19.9GW装机容量,大型项目将提供28.8GW装机容量。2018~2030年,年度平均装机容量将由1.7GW扩展到3.7GW。

(二)制定氢能产业综合计划,谋划氢能经济社会建设

目前,韩国化石燃料能源系统面临如下问题:①环境污染,韩国二氧

化碳排放量为世界第七；②完成巴黎协议中规定的减少二氧化碳的任务：2030年减少37%；③能源不平等性：93%依靠外国能源；④过度排放细粉尘：2016年有258天空气污染；⑤过度集中的供电：紧急情况时的能源安全。

发展氢能可以很好地解决上述问题。在环境优势方面，可以减少化石燃料发电厂，减少基于柴油的交通方式，减少温室气体及细粉尘。在能源安全性方面，可以代替石油进口，实现能源自由，通过分散的能源供应实现能源安全。

2018年2月，韩国Hydrogen Fusion Alliance Bureau（H2KOREA）组织在韩国平昌论坛（PyeongChang Forum）上发表了关于韩国建立氢能经济社会的方案。所谓氢能经济社会，是指通过如太阳能、风能、液化天然气、液化石油气及水来产生氢气，从而打造一个以氢气为主要能源的零二氧化碳排放社会（一个可持续发展的清洁社会），其系统路径详见表1。

表1　实现氢能经济社会的系统路径

项目		基础建设 （到2025年）	经济效率保障 （到2030年）	进入氢能社会 （2030年以后）
重要特征		政府资助的基础增长	·私有引领的增长 ·自我维持的市场增长	·快速增长 ·全球化
氢能应用	加氢站	建设基础设施：至少200个加氢站	大量、本地化、标准化：减少建设成本，520个加氢站	扩大至全国
	燃料电池汽车	初始分布：100000辆	全面分布：保证既具有竞争性的价格，占新车市场的10%	机动化
	发展	技术发展和示范：建立全面性示范	扩大规模及商业化：保证耐久性并减少成本；占可再生能源生产的10%	基于能源分布
氢能产量		·基于氢能的副产品 ·水电解技术发展/示范	·扩大重整生产设施 ·扩大水电解生产的规模	基于水电解的增长（氢能引领，无二氧化碳排放）

续表

项目	基础建设 (到2025年)	经济效率保障 (到2030年)	进入氢能社会 (2030年以后)
氢能储量	氢能储存系统技术发展/示范	扩大氢能存储系统,基础扩张:保证150000吨规模	建立全国性供应寄出
氢能传输	・基于长管拖车 ・管道示范	・大容量运输,新材料容器应用 ・扩大管道长度	・国内运输成本标准化 ・全规模管道建设

资料来源：Jeahang Shin（H2KOREA），"2030 Hydrogen Society construction plan in Korea," *Pyeong Chang Forum*。

（三）布局《氢燃料电池汽车产业生态战略路线图》，构建氢能燃料电池汽车产业生态

韩国政府推进氢燃料电池车政策的背景有以下几个方面。第一，随着挪威、荷兰、英国、法国等国家宣布停售燃油车时间表，德国斯图加特、法国巴黎限行柴油车，世界范围内很多地区加快新能源汽车推广应用，新能源汽车市场必将不断扩大。为此，韩国需要通过促进氢燃料电池汽车等新能源汽车的发展，提前占领国际市场，培育新产业、新发展动力和扩大就业。第二，柴油汽车在空气细微粉尘污染中占有很大的比重，因此韩国需要通过推广新能源汽车降低空气中粉尘浓度，降低温室气体排放。韩国政府曾经在2016年12月提出2030年温室气体排放减少37%的目标。第三，中国和美国率先实施"硬性规定电动汽车和氢能燃料电池车的销售比例"政策后，其他国家也在积极跟进。尤其是中国，计划到2020年为止将普及500万辆插电式混合动力汽车、纯电动汽车、氢能燃料电池等新能源汽车，并积极推进公共用车的新能源汽车占比在30%以上。而补贴方面，中国计划将逐步缩减插电式混合动力汽车和纯电动汽车的补贴。对氢能燃料电池汽车的补贴，到2020年为止将保持在当前的水平。最后，为应对氢能燃料电池汽车的推广应用，必须建立氢

能源基础设施。根据计划,截至2030年,全球将建设中国1000个、日本900个、法国600个、丹麦1000个、英国1150个等加氢站。氢能时代主导权的竞争,将愈演愈烈。目前,韩国共有16个加氢站,对外开放的有8个。

2018年6月,韩国政府颁布《氢燃料电池汽车产业生态战略路线图》(以下简称《路线图》),旨在推动氢能燃料电池汽车的普及。《路线图》提出了尽快布局包括氢能燃料电池汽车、加氢站、氢能源在内的产业生态系统。具体措施包括,到2022年,政府与企业合作投资2.6万亿韩元、推广1.6万台燃料电池汽车、建设310座加氢站,并投入1250亿韩元支持相关核心部件和原材料的研发。

另外,《路线图》还把健全完善氢经济相关的法律制度、创造多样的氢能商业模式、提前实现氢经济时代的内容编入2018年底出台的《第三次能源基本规划》。在氢燃料电池汽车等产业领域的创新发展方面,提出了政企合作的实施方案。积极进行前瞻性投资,积极进入国际燃料电池汽车市场,让民众切实感受到具体的成果。扩大燃料电池电堆及燃料电池汽车的生产,积极参与加氢站的投资,构建以企业合作为基础的零配件及原材料生态系统,从战略的高度开拓氢能源有关的新产业领域。

(四)引导国际氢能委员会,成为全球氢能社会建设先驱

国际氢能委员会是2017年1月成立的联盟,将全球致力于氢能发展的企业齐聚一堂,旨在顺利履行2015年巴黎气候变化协议目标,共同探讨氢能源的长期发展问题。韩国现代汽车于2017年11月在德国波恩举行的"第二次氢能委员会总会"上,与法国工业气体专用企业Airliquide一起当选为联席主席(见图1)。

2017年11月举行的第2次国际氢能委员会总会上,韩国提倡建设"氢经济社会发展路线图"。根据路线图,到2050年,全球氢能源相关的产业领域将创造年均2.5万亿美元的市场价值,新增就业岗位3000万个以上。此外,全球氢能源预计占全部能源需求量的18%,每年二氧化碳排放量将减

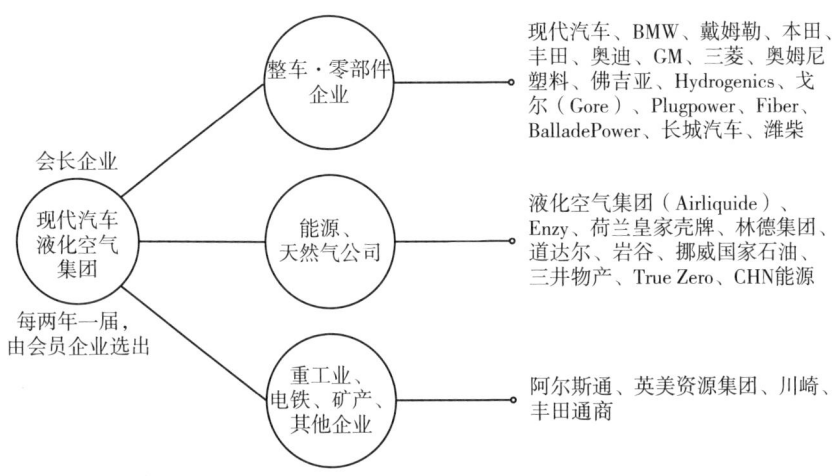

图 1　国际氢能委员会主要会员企业

资料来源：韩国现代集团。

少约60亿吨。同时，将有4亿辆轿车、1500万~2000万辆货车、500万辆巴士总计4.25亿辆氢燃料电池汽车在道路上行驶。

二　韩国氢能产业支持政策分析

（一）建立专门的政府组织机构，强化对氢能发展的引领和支撑

如前所述，氢能经济社会是指通过如太阳能、风能、液化天然气、液化石油气及水来产生氢气，从而打造一个以氢气为主要能源的零二氧化碳排放社会。为实现构建氢能经济社会的目标，韩国政府通过优化和调整政府部门分工、增加设立专门组织等方式，初步形成了建设氢能经济社会的领导组织机构（见图2）。韩国政府的具体调整包括：在韩国工业部下设置了助力氢发展的可再生能源部、帮助氢燃料电池汽车发展与分销的汽车与航空部、负责加氢站安全的能源安全部；在韩国环境部下设置了负责加氢站建设的清洁空气规划部；在韩国国土交通部下分设了负责加氢站分布的道路运营部和负

责氢燃料电池汽车安全工作的汽车管理部。此外，韩国议会正在酝酿氢能法案，法案将涉及氢能产业综合计划、预算方案、基础设施建设和涉及氢能的各项应用等。据悉，该法案将有计划地进行提交及审议。韩国政府希望通过加氢站商业化、合理的氢能价格、供应管理计划，建立起具有市场竞争力的氢能价格及供应系统。

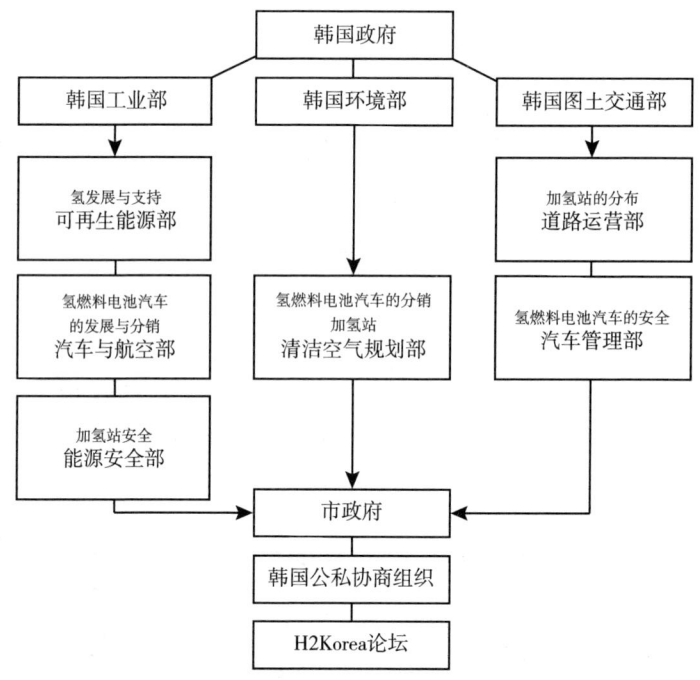

图2　韩国氢能经济社会的领导组织机构

资料来源：Jeahang Shin（H2KOREA），*2030 Hydrogen Society Construction Plan in Korea*，2018 PyeongChang Forum.

韩国政府计划通过以下措施建立具有市场竞争力的氢能价格及供应系统：

·加氢站商业化：发表关于加氢站商业化的声明并建立商业化的服务系统

·合理的氢能价格：提出关于指导价格的议案，提出关于加氢站供氢价格的议案

·供应管理计划：建立氢燃料分布中心，加快加氢站生态系统的建立，

为大量生产及交通设施提供技术发展

·提升氢能燃料的需求：为出租车、巴士所用的氢燃料提供价格补贴，建立出租车、巴士大规模示范项目

·维持及管理合理的价格系统：与当地政府部门合作制定价格体系政策，和私营部门合作，为临时加氢站的成本提供运营支持。

（二）政企加大研发资金投入，发展氢能及氢燃料电池技术

在燃料电池方面，韩国长期以来集中研究 MCFC 和 PAFC 在大型固定式电池方面的应用。目前，韩国政府认识到燃料电池技术是关系到国家未来经济增长的关键技术，因此将研发的范围进行拓展，研究燃料电池在交通运输以及移动电话领域的应用，并且致力于 PEMFC 和 SOFC 的研究，还制订了"韩国燃料电池研发路线图"，详细地提出了阶段性目标，以及不同应用领域的燃料电池拟达到的性能指标（见表2）[1]。

表2 韩国不同应用领域燃料电池拟达到的性能指标

项目	手机、PDA 等用燃料电池	交通工具用燃料电池	固定式燃料电池
能量密度	1000Wh/kg	1kW/L(体积) 1kW/kg(重量)	—
电量	600mW – 1kW	75kW	10kW(私人用) 100kW – MW（大中型，MCFC、PAFC、SOFC）
电池充电时间	<1min	0.5s	—
启动时间	—	0.1min	—
使用寿命	5年	5000hr	>40000hr 非连续所用 >10000hr 累积使用
电力产生效率	—	50%	>40%；>80%(加热状态)
价格（成本）	1美元/1W电池	20美元/kW	<3000美元/kW(2005年) <1000美元/kW(商业化)

资料来源：据 Fuel Cell Today 相关资料整理。

---

[1] 陈晖：《世界氢能及燃料电池产业发展动态》，《太阳能》2006年第6期，第14~17页。

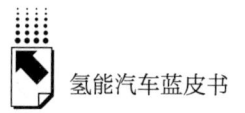

在资金投入方面,在 1990～2003 年政府与企业双方的投入规模相当。当前,韩国政府对氢能及燃料电池的研发投入强度加大,2003～2019 年通过科技部投入的研发资金将累计达到 15 亿美元,其中 60% 以上将投入氢能领域。韩国 2005 财政年度有关"新能源和可再生能源"预算为 3.219 亿美元,其中包括对氢能、太阳能、风能、热能以及生物质能。

韩国氢能及燃料电池研发的资金的另一渠道是企业。韩国很多大型企业涉及氢能和燃料电池研发与生产的事实是非常明显的,如,三星(Samsung)主攻 PEM 和 DMFC、现代(Hyundai)主攻 FCV。此外,LG - 化工和 LG - 电子则分别从事 MEA、DMFC 和 PEM、DMFC 的研发。

(三)多举措并行推进氢能燃料汽车研发与普及

作为一种新能源汽车,氢能燃料电池汽车在韩国也得到了车辆购置补贴、税费减免以及高速公路费、公营停车场停车费减免的激励。同时,韩国政府也在改善氢燃料电池汽车的性能和构建基础设施方面做出努力。

总体来看,韩国政府鼓励氢能燃料电池汽车研发与推广应用的措施主要有以下几个方面。

1. 鼓励核心技术开发,发展加氢技术

降低氢能燃料电池汽车的成本,提高使用寿命。提高加氢站的国产化率,引导多开发氢能燃料电池汽车车型,实现气体扩散层的国产化、降低铂金催化剂的使用量。掌握高价进口材料的源技术、开发零部件技术。使氢能燃料电池乘用车的价格降低 30%。改善 -30℃ 以下的燃料电池汽车低温性能,使其机械寿命增加 4 倍。通过激励措施,将加氢站的氢传感器和储存容器等核心零部件的国产化率提高 2 倍以上。为了实现大容量快速加氢,将加氢站容量从每天 250 千克提高到每天 500 千克,加氢速度从每分钟 1 千克提高到每分钟 3 千克。为了增加车型,降低燃料电池电堆的价格,争取实现与纯电动汽车、混合动力汽车零部件的通用。目前,韩国正在开发市内 50 万公里以上寿命的氢能燃料电池客车和垃圾清运、街道清扫、冷链物流、应急抢险车等 5 吨级氢能燃料电池卡车和专用车。

2. 利用政策性资金投资，加速氢能基础设施建设

在高速公路服务区、市内网点、公交车始发站等区域集中建设副产氢加氢站。在缺少副产氢的地区建设液化石油气改质的复合加氢站，在客车始发站建设压缩天然气改质的复合加氢站。利用产业银行、企业银行的政策性资金，成立专门从事加氢站的建设和运营的民营"特殊目的公司（Special purpose Company）"，保证加氢基础设施能够稳定运营。鼓励对民营"特殊目的公司"进行金融投资或长期低利息融资，加速氢能燃料电池汽车的基础设施建设。为解决地区之间氢气价格差问题，成立专业机构，统一大量购买、运输氢气，改善氢气流通体系，保障氢气价格稳定。

3. 提高制造企业在研究开发及引领市场方面的作用

鼓励整车制造企业积极参与加氢站建设，为消费者构建便利的使用环境。例如，现代汽车公司参股韩国电动汽车充电服务公司（特殊目的公司）和参与营业网点的充电设施运营。将全国100多个服务网点增加到1400个，为销售的汽车提供充分的售后服务。有关政府部门和制造商、民间团体合作成立官民联席会议，调整利益关系，提出制度设计和运营方案，采用非财政手段促进氢能燃料电池汽车产业发展。

4. 实施购车及加氢站建设鼓励政策

在车辆购置补贴金额方面，考虑氢能燃料电池客车和内燃机客车的价差，2022年之前电动汽车的购车补贴标准每年下调，但氢能燃料电池汽车的购车补贴标准不变，实现规模化生产之后逐步下调。氢能燃料电池汽车购买补贴标准是中央政府2250万韩元，各地方政府根据情况补助1000万~1250万韩元；购买氢能燃料电池汽车时，最多减免720万韩元的税费；加氢站建设方面，每个加氢站补助建设费用的50%，不超过15亿韩元；另外，氢能燃料电池汽车高速公路费减免50%、公营停车场停车费减免50%。2017年之前，韩国一共签约销售177台氢能燃料电池汽车。实施鼓励政策后，现代汽车的NEXO在2018年第一季度签约预购的数量就超过了1000台。

5. 促进制度的改善，增加推广量

韩国正在研究将电动客车、氢能燃料电池客车的购置税减免50%的政策延长至2021年12月。放宽在商住、商业地区建设加氢站的限制，放宽民营企业参与加氢站项目的限制。重新将大企业列入加氢站建设的补贴对象名单（以前曾经对是否应该对大企业进行补贴有过争议），允许成立"加氢站特殊目的法人"。另外，针对加氢零部件需要超高压环境等问题，建立加氢零部件试验中心。通过加氢零部件国产化，降低加氢站的建设费用。为此，韩国产业资源部、企划财政部等有关部门将通过协商，筹集约200亿韩元资金。

三 韩国氢能燃料电池汽车产业发展及普及现状

（一）全产业链布局引领氢能产业发展

韩国的氢燃料电池汽车产业是以现代汽车集团为主发展。现代汽车正积极与世界各国政府及地方民间组织签订MOU，协商普及加氢基础设施的同时，努力投入核心零部件的研发、生产，从而直接减轻消费者的负担。现代汽车在集团建立了从氢气生产、氢燃料电池研发到氢燃料电池车生产等一系列核心价值链。通过不断发展其在发电机、电池等核心零部件的技术，优化成本等，最终实现各方面领先，引领氢能源产业发展，确立了全球氢燃料电池汽车市场的地位，确保了未来的竞争力（见图3）。

（二）韩国氢燃料电池车研发历程

20世纪90年代末，现代汽车开始研发氢燃料电池汽车。1998年，现代汽车成立了燃料电池研发小组；2002年9月以续航里程230km的圣达菲氢燃料电池车，跑完了美国加利福尼亚汽车拉力赛全程；2004年12月，现代汽车成功研发了搭载自主研发电堆的第二代途胜氢燃料电池车；2006年实现了氢燃料电池车主要零部件的自主研发；2010年，现代汽车研发出了续

图3 现代汽车集团氢能燃料电池汽车生态

资料来源:韩国现代集团。

航里程达到635km的途胜ix氢燃料电池车。

现代汽车在2011年研发了低价燃料电池汽车材料及生产工艺之后,2013年实现了世界首款途胜ix氢燃料电池车的成功量产。2013年1月,途胜ix氢燃料电池车以594km(NEDC模式)的续航里程及100kW的燃料电池系统功率,获得了"2013 Future Auto Award"一等奖以及全球氢燃料电池车领域首次WardsAuto十佳发动机奖。2018年,专用平台的氢燃料电池汽车NEXO的成功上市,标志着现代汽车氢燃料电池汽车技术已达到国际先进水平。

(三)韩国氢燃料电池车产品开发及应用现状

目前,现代汽车在全球氢燃料电池车市场处于主导地位,与丰田Miria

和本田 Clarity 展开激烈竞争。2018 年，现代汽车推出的新一代氢燃料电池车 NEXO，竞争变得更加白热化。NEXO 身上凝结着现代汽车过去 20 年对氢燃料电池车的自主研发生产工艺以及对核心零部件的研发技术。NEXO 装配了高功率、高效率、高性能的第 4 代燃料电池系统，确立了现代汽车在全球氢燃料电池车领域名副其实的地位（见表3）。

表3　NEXO 与其他氢燃料电池车对比

项目	途胜 ix	NEXO	MIRAI	CLARITY
汽车制造商	现代汽车	现代汽车	丰田	本田
研发/上市年份	2013 年	2018 年	2014 年	2016 年
续航距离（NEDC 模式）	594km	800km	650km	700km
储氢罐容量	5.63kg/700bar	6.33kg/700bar	5.7kg/700bar	6kg/700bar
电机功率	100kW	120kW	114kW	100kW

资料来源：韩国现代集团。

1. 现代汽车氢燃料电池车特点

2018 年推出的 NEXO 汇集了现代汽车的全部氢燃料电池技术力量，也代表了当前世界氢燃料电池技术力量的水平。尤其是在继承了环境污染物"零排放"、可净化99.9%可吸入颗粒物的现有氢燃料电池车优点的基础上，实现了世界领先水平续航能力的惊人成果。此外，在面向未来的时尚设计中采用了远程智能停车辅助系统等高科技技术，大幅提高了顾客的用车便利性。

（1）第4代燃料电池系统

第4代燃料电池系统是实现 NEXO 性能最大化的一等功臣。燃料电池系统功率和效率的同时提高，使其达到了和内燃机车同等水平的最高功率和续航能力。尤其是 NEXO，配备了效率高、能耗低，NVH 和耐用性都非常优秀的常压系统；搭载了新研发的可变压系统，在高温环境中其动力性能不下降，其有效的热管理系统使冷却性保持良好，大大提升了车的性能、效率及续航能力（见图4、表4）。

韩国氢能产业发展战略与支持政策的启示

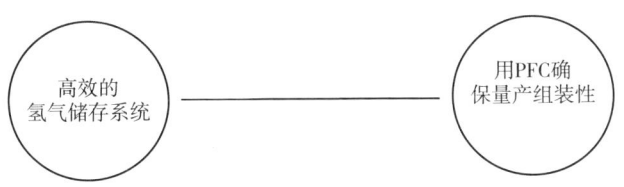

| 3个52.21储罐模块化，降低投资费用。提高氢气储存密度，实现最长续航能力。 | 将燃料电池系统（PMC）和电动力系统（PE）组成一个模块，确保量产组装性 |

图4 第4代燃料电池系统优势

表4 NEXO 燃料电池系统

系统功率	135kW（电堆95kW+电池40kW）
燃料电池服务系统	・效率60% ・冷启动性 -30℃
电动力服务系统	・发动机功率120kW ・发动机扭矩395Nm
氢气储存系统	・氢气储存量6.33kg ・储存容量156.6L（3罐） ・氢气储存密度5.7wt%

资料来源：韩国现代集团。

（2）加氢5分钟续航800km

为实现世界领先水平的续航能力，NEXO 从研发阶段就进行新设计。NEXO 最大极限地缩短加氢时间、增大续航能力，最终实现了加氢5分钟续航800km 的成果。储氢罐通过了高空坠落、爆破、耐火等安全检测，合理安置于车内，保留了后备厢839升的宽敞空间。

（3）面向未来的设计和高科技新技术

连接左右的贯穿式 DRL（Day Running Light）、仅在乘坐时才向外突出的自动平面式门把手等 NEXO 面向未来的设计是氢燃料电池 NEXO 更为出众的要素。同时，高级驾驶辅助系统（ADAS）和远程自动泊车辅助系统（RSPA）等新技术的应用，大幅度提高了驾驶者的便利性。

基于远程自动泊车辅助系统，NEXO 从转向到变速、刹车，停车所需的所有动作都可以用钥匙来控制，T字、侧方停车、直角停车、直角出车等所有停车方式均可辅助。

（4）NEXO的三层空气净化系统

相当于传统燃油车发动机的氢燃料电池车的电堆中，若生成有效电能，需要清洁空气的供应。首先空气流入NEXO后，通过高效能空气过滤器净化97%的大气中的可吸入颗粒物；之后，在加湿器的膜表面进一步进行对可吸入颗粒物净化；最后，通过微气孔结构的气体扩散层，进行第三重净化，可去除99.9%的可吸入颗粒物。最后从NEXO排出的空气变成了清洁空气。

现代汽车集团为了实现氢燃料电池核心零部件100%自主生产，建造了规模为13000平方米的新工厂。新工厂具有年产3000辆规模的"动力总成燃料电池整合模块"高新设备，年产规模在全球竞争企业中达到了最高水平。近期，现代汽车集团成功完成了燃料电池核心零部件之一的MEA的自主研发。MEA可以将氧气和氢气发生化学反应后转化为电能，此部件之前都是靠进口。MEA的成功研发对未来降低氢燃料电池车生产成本做出了巨大贡献。同时，现代汽车集团还构建了从氢燃料电池车核心零部件生产到系统组装等一系列生产体系，在集团内部就可以自主承担氢燃料电池车量产。

（四）氢燃料电池汽车示范运行与推广应用

目前，现代汽车集团正致力于研发所有类型的新能源汽车，以灵活应对日益扩大的新能源汽车市场。与此同时，大力改善内燃机车辆消耗率从而降低二氧化碳排放，开发专用平台提升燃油消耗率。树立了提高零排放车辆比例的新能源汽车战略，加速向"Clean Mobility"转换。其建立了HEV、PHEV、EV、FCEV等全部类型新能源汽车生产线，在灵活应对全球新能源汽车市场变化的同时，将通过持续的技术开发确保新能源技术的领导力。

现代汽车集团计划到2025年，将2018年现有的13种新能源汽车车型增加到38种。电动汽车方面，将持续促进电池能量密度及系统改善，开发适合车辆级别特性的系统和车辆,以积极应对全球新能源汽车市场变化。

而燃料电池汽车方面,考虑到扩建氢能源基础设施及降低车辆价格需要花费一定时间,在尽量降低材料费用的同时,现代汽车将优先推出大中型SUV及大型商用车辆。而随着氢能燃料电池汽车技术开发及基础设施扩建,投入车型及销量也将逐步增加。

1. 氢燃料电池乘用车

现代汽车以进军全球18个国家的世界首款商用化车型"途胜ix FCEV"和新一代氢燃料电池车型"NEXO"抢占全球氢能燃料电池汽车市场。经过十几年的积累,现代汽车在2013年开始量产氢燃料电池汽车途胜ix。相比之下,丰田在2014年量产Mirai、本田在2016年量产Clarity。途胜ix搭载了100kW电池堆和700bar的IV型储氢罐,0~100km加速时间是12.5秒,最高速度160km/h。

2013年,现代汽车开始向丹麦哥本哈根市政府提供氢燃料电池汽车,其后的5年里在全世界18个国家推广了1000台。其中,现代汽车2016年参与了法国巴黎的氢燃料电池出租车项目,提供62台途胜ix,韩国蔚山市的出租车也使用了途胜ix。另外,现代汽车还向德国慕尼黑的无排放分时租赁项目BeeZero提供50台途胜ix。

以途胜及其积累的技术为依托,2018年推出了第二代氢燃料电池汽车NEXO。NEXO进一步提高了燃料电池性能和氢能效率,一次加氢按欧洲NEDC标准可行驶750km,北美和韩国标准可以行驶609km。比途胜ix的续驶里程提高40%。在业界第一次使用3个储氢罐的系统,5分钟内可以加满氢气。通过储氢罐的技术开发,保证了汽车后备厢的空间达到839升。

现代汽车自2009年销售HEV以来,2013年实现全球首款FCEV量产,2015年构建了全类型新能源汽车量产体制,销量不断攀升,2017年以70.6万辆实现新能源汽车主要地区销量排名第二。自2018年3月推出以来,现代汽车已售出223辆NEXO氢燃料电池汽车,其中179辆在韩国国内市场销售,44辆销往国外。虽然总体数量并不高,但接近途胜ix氢燃料电池车

2015年全年售出的269辆。

2. 氢燃料电池客车

现代汽车在开发燃料电池乘用车同时,也开发燃料电池客车。迄今为止,现代汽车集团开发了第一代和第二代燃料电池客车并完成了实路测试。2018年,平昌冬奥会期间使用了现代第三代氢燃料电池客车。第三代氢燃料电池客车一次加氢可以行驶328km,最高时速达到93km/h。考虑巴士车停驶频繁,在低速驾驶情况下,起步加速可提高23%,坡道启动性能可提高13%,即使装载再多的乘客也能够顺畅行驶。冬奥会期间,5台氢燃料电池客车完成了2.3万人次交通服务。现代氢燃料电池客车计划从2018年7月开始到2019年7月的一年时间里,在蔚山市进行实路测试,2019年正式在韩国推广。

现代汽车计划凭借氢燃料电池客车技术进军中国大中型商用车市场,预计在2021年上半年推出量产车型。不久,现代大中型氢燃料商用车即将面世。

3. 符合各国市场趋势的氢燃料电池车

现代汽车基于轿车领域积累的技术能力,在扩大客车、货车、出租车等生产线的同时,计划推广符合各国市场趋势的氢燃料电池车。特别是中国,正在形成以物流用卡车和厢式货车、客车等商用车为中心的氢燃料汽车市场。现代汽车计划不久将推出结合NEXO优点的小型及大型卡车、氢燃料电池巴士等,加速FCEV的推广。现代汽车以FCEV核心零部件"堆栈"的小型化、高功率化,提高燃料电池系统的耐用性,采用新技术,批量生产,降低成本(见表5)。

表5 氢燃料电池车技术路线

	第1阶段	第2阶段	第3阶段
氢燃料电池车	·确保车辆安全性 ·构建生产技术研发及零部件供给体系 ·700气压、-20℃冷启动	·改善商品性及续航能力 ·-30℃冷启动 ·燃料电池、电机、减速器模块化	·拓展生产线普及(巴士、卡车、出租车等) ·燃料电池发电

续表

	第1阶段	第2阶段	第3阶段
燃料电池系统	·世界首次量产(2013) ·电堆及驱动装置模块化 ·100kW电堆： 金属双极板	·HEV/EV零部件通用化，提高效率性及耐用性，紧凑化 ·组成电堆	·提高可靠性 （巴士、卡车、出租车） ·降低成本(大批量生产、技术) ·电堆小型化、高功率化

资料来源：韩国现代集团。

4. 氢燃料电池出租车和共享汽车

同时现代汽车还进军氢燃料电池出租车和共享汽车领域，助推了全球氢燃料电池汽车产业的发展。途胜ix FCEV作为氢燃料电池出租车，2015年在法国巴黎、2016年在韩国蔚山广域市投入运营。特别是在巴黎，一年半期间共投入37辆氢燃料电池出租车，累计搭载乘客约10万人。随后，德国、瑞典等国家也加入了氢燃料电池出租车运营的行列。

共享汽车方面，全球工业气体企业林德集团从2016年起就在德国慕尼黑市中心及其周边地区启动50辆途胜ix FCEV共享汽车"零排放（BeeZero）"服务。而韩国光州广域市也自2017年起启动氢燃料电池车共享汽车试点项目（见表6）。

表6 氢燃料电池出租车和共享汽车参与城市

法国巴黎(2015年)	氢燃料电池出租车	一年半期间投入运营37辆途胜ix FCEV/累计乘客量约10万名
韩国蔚山广域市(2016年)	氢燃料电池出租车	12个月投入10辆途胜ix FCEV/使用附近石油化学园区生产的副产氢气作为燃料
德国慕尼黑(2016年)	共享汽车	6个月向林德公司提供途胜ix FCEV 50/应用氢燃料电池实施无公害共享汽车项目
韩国光州广域市(2017年)	共享汽车	3个月使用15辆途胜ix FCEV进行试点项目/预计至2020年，包括电池车在内其规模将扩大至300辆

资料来源：韩国现代集团。

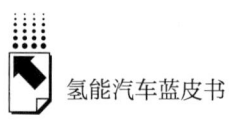

四 对中国氢能燃料电池汽车产业发展的启示

为推进氢能与燃料电池汽车产业发展,韩国制定了专门的氢能发展战略,出台了专门的氢能燃料电池汽车支持政策。在发展战略与支持政策的共同作用下,韩国依托现代汽车集团等支柱企业,初步建立了自主化的氢能燃料电池汽车产业体系,在氢能燃料电池汽车产品及产业方面具备了竞争力。结合中国氢能与燃料电池汽车产业发展的实际,有以下几个方面值得借鉴:

1. 制定氢能发展战略,补齐氢能支持政策短板

首先,加快制定氢能发展战略。韩国对氢能发展高度重视,从国家能源战略和经济社会可持续发展的高度,提出了关于韩国建立氢能经济社会的方案。相比而言,中国尚未从国家层面制定专门的氢能战略和发展规划。为此,中国亟须开展系统研究,加快制定和出台氢能发展战略。其次,出台氢能产业支持政策。中国的一些政策措施,如《"十三五"国家战略性新兴产业发展规划》,虽然提出了氢能产业支持的方向,但缺乏必要支持政策。为保障氢能产业发展,中国有必要制定对应的氢能支持政策措施。最后,实现氢能与燃料电池汽车的融合与互动。韩国《氢燃料电池汽车产业生态战略路线图》提出的支持氢能体制建设、发展氢经济等内容,将被编入韩国2018年底出台的《第三次能源基本规划》。鉴于此,中国也应实现能源政策、氢能规划与燃料电池汽车支持政策的协调,从而实现氢能与燃料电池汽车的融合与互动。

2. 有效提升燃料电池汽车产品及产业竞争力

为培育燃料电池汽车产品及产业竞争力,韩国采取了一系列有效举措。除政府层面的支持之外,现代汽车集团积极研发燃料电池汽车产品,形成了燃料电池汽车整车及关键技术的自主研发能力。并且,现代汽车还通过研发低价材料、提升生产工艺、打造专门平台等方式,大大降低了燃料电池汽车成本,并有效提升了产品性能和质量。此外,现代汽车还依托韩国国内合作伙伴,构建了自主化的燃料电池汽车产品配套体系,在技术研发、产品水平

和产业体系等方面形成了显著的竞争力。这些经验值得中国整车企业和氢能燃料电池领域相关企业借鉴。

3. 做好氢能燃料电池汽车示范及应用

为拉动和支持氢能燃料电池汽车产业发展，韩国以现代汽车集团为核心，积极开展了多种形式的燃料电池汽车示范及应用。例如，韩国自2013年起，就开始在国内向私人消费者销售燃料电池汽车，开始了商业化探索。商用车方面，韩国开启了燃料电池客车实路测试，并在平昌冬奥会示范运行。值得注意的是，韩国在燃料电池乘用车方面开展了力度较大的探索。现代汽车的燃料电池汽车产品不仅面向私人消费者，还在出租车、政府公务车、分时租赁等领域投入运营。对中国而言，燃料电池汽车示范可进一步扩大应用范围，丰富应用形式，更多引入市场力量。

4. 开放发展，强化国际交流与合作

推进发展氢能燃料电池汽车产业过程中，韩国积极开展国际交流与合作，并逐渐发挥引领作用。在2018年平昌冬奥会开幕前夕，韩国组织召开了平昌论坛，并提出了建立氢能经济社会的方案。作为轮值主席，韩国在国际氢能委员会中也发挥着重要作用。另外，现代汽车集团积极推进氢能燃料电池汽车国际合作，已在欧洲多国开展示范推广，并进入美国市场。为及时把握国外氢能与燃料电池汽车进展、借鉴国外发展经验和聚集国外资源，中国有必要本着开放发展的原则，加强氢能燃料电池领域国际交流与合作。

B.17 美国氢能燃料电池汽车产业与支持政策

王云石 张长令 管宇 胡辰树*

摘 要： 美国政府对氢能燃料电池汽车产业大力支持，不仅从国家层面对氢能技术研发、燃料电池车辆购置等进行支持，加州等地方政府也出台了一系列促进产业发展和燃料电池汽车示范运行的措施。美国制定了明确的燃料电池客车示范运行评估目标，并针对燃料电池乘用车使用者需求特征，开展加氢站建设等配套服务研究和支持。此外，美国还在燃料电池购置和使用支持政策、加氢站建设等方面开展了创新和探索。

关键词： 美国 燃料电池汽车 加州 加氢站

一 美国氢燃料电池汽车发展背景与支持政策

（一）发展背景

2003年，在美国进口原油依赖度首次超过60%时（见表1），布什政府对氢燃料电池在交通领域的使用产生了很大兴趣。目的是减少美国对进口石油的依赖度并减少对空气的污染。布什总统在2003年的国情咨询研究提出，

---

* 王云石，加州大学戴维斯分校教授，中国交通能源中心主任；张长令，博士后，高级工程师，中国汽车技术研究中心有限公司北京工作部产业发展市场咨询部；管宇，高级工程师，中国汽车技术研究中心有限公司北京工作部产业发展市场咨询部副部长；胡辰树，工程师，中国汽车技术研究中心有限公司北京工作部产业发展市场咨询部主管。

"今天出生的孩子将来开的第一辆车可能是氢能驱动,而且无污染。与我一起参与这个重要的发明使得我们的空气明显地改善,而且让我们的国家大大减少对外国能源的依赖。"随着这项新的国家承诺,制定了一项氢态势计划,以开始规划氢技术研究、开发和示范的未来。

表1 美国石油进口依赖度

单位:%

Year	Liquids plus "Other" Petroleum Products, Refinery Gain Counted at Refinery	Liquids plus "Other" Petroleum Products, Refinery Gain Allocated to Source of Crude Oil and Unfinished Oils	Crude Oil Only
1990~2000	46.4	48.8	51.5
2001	55.5	58.3	61.5
2002	53.4	56.4	61.1
2003	56.1	59.2	63.1
2004	58.4	61.7	65.0
2005	60.3	63.6	66.3
2006	59.9	63.2	66.2
2007	58.2	61.5	66.0
2008Jan-July	56.4	59.8	65.8

资料来源:https://www.ela.gov/petroleum/weekly/archive/2008/081029/twipprint.html。

同年,美国能源部(DOE)制定了氢能方向性规划,布什总统宣布12亿美元的预算用于加速氢能技术的研究、开发和示范。在布什总统任期结束的2008年,氢能技术项目的预算达到高峰值2.06亿美元。然而,在2009年5月,奥巴马总统的能源部长认为氢燃料电池车的商业化发展至少需要10~15年的时间,他削减了预算。在麻省理工的Technology Review采访中,他指出氢燃料技术被大规模使用需要四个重大技术突破:氢能的非天然气生产、高密度储藏、配送基础设施及燃料电池的价格,但这四个突破同时发生的可能性极小。在2010财年预算中,美国能源部推荐了1亿美元,但国会基本上恢复了原来的支持水平,保持在1.74亿美元。这是美国的特点,当有预算支持后,要削减预算就会受到反对。至今,特朗普总统基本上没有改变对氢燃料电池的支持。

（二）联邦政府对氢能产业的支持

2005 年的能源政策法案要求就与氢能、燃料电池和相关基础设施的生产、净化、分配、储存和使用有关的技术开展广泛的研究和开发计划，目的是在运输、公用事业、工业、商业和住宅应用中展示和商业化氢能的使用。国务卿与私营企业，学术机构和联邦机构合作，来解决与氢能有关的许多问题。到 2015 年，汽车制造商必须承诺为大众消费市场提供氢燃料电池汽车，且到 2020 年，氢燃料电池汽车必须实现更高的燃料经济性，更低的排放量，以及与 2005 年型号轻型车等效或改进的安全能力。基础设施目标类似。该法案还为 2020 年之前的氢气供应和燃料电池技术拨款。该法案要求为有限数量的示范项目提供资金，这些项目涉及在现有设施中使用氢气，依靠氢气的可靠电力，导致氢气技术的复制并将这些技术引入市场，包括车辆，便携式和固定式示范，提高公众对氢技术的认识，促进确定最佳氢技术。

燃料电池和氢能协会（FCHEA）鼓励美国国会为能源部计划提供持续稳定的资金，该计划支持燃料电池和氢能技术的研究、开发和部署。这些计划包括能源效率和可再生能源办公室（EERE）内的燃料电池技术办公室（FCTO），以及位于化石能源办公室内的固体氧化物燃料电池（SOFC）计划（见图 1）。

在私人购车方面，美国联邦政府给予私人购买燃料电池乘用车 8000 美元/辆的抵税优惠。此政策在 2016 年年底自动取消，但 2018 年 2 月美国国会又延长了这个政策并追溯回 2017 年（2017 年买车的也可享受这个待遇）。

（三）加州对氢燃料电池的支持政策

2004～2005 年，加州采纳了《加州氢能高速公路蓝图规划（California Hydrogen Highway Blueprint Plan）》提出的燃料电池车基础设施框架。2006 年，加州参议院法案 SB 1505 建立了加州空气资源委员会作为对氢燃料排放和可再生能源管制的权利。SB 1505 规定在加州的加氢基础设施里通入的 33.3% 的氢需达到"合格的可再生能源来源"制造。2007 年，加州众议院

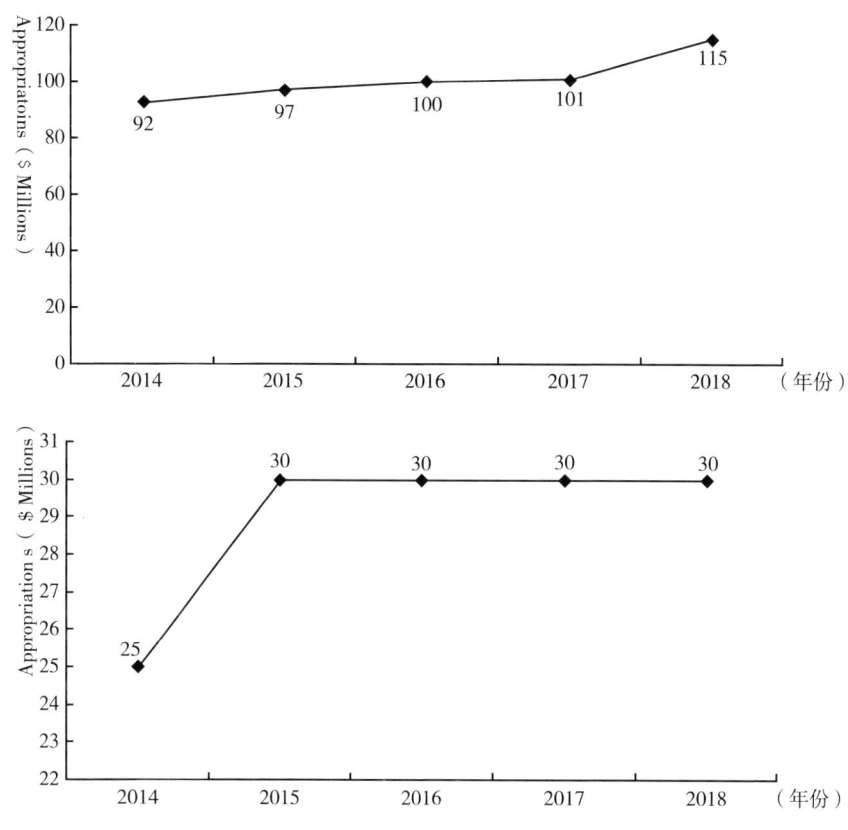

图 1　美国联邦政府氢能燃料电池资助项目

资料来源：http://www.fchea.org/federal-appropriations。

118 法案（AB118）在加州能源委员会内建立了可替代、可再生能源和汽车技术项目（ARFVTP）。同年，加州州长以 S-01-07 行政命令建立了低碳燃料标准，要求加州空气委员会设立在 2020 年达到交通领域内碳密度降低 10% 的目标。2009 年，加州空气资源委员会乐观地预测到 2050 年在交通领域里零排放技术和燃料中，氢能要占 1/3（纯电和插电混合占 2/3）。2013 年，加州众议院 AB8 法案承诺每年 2000 万美元支持 100 个加氢站的建设。2017 年，加州空气资源委员会在对零排放汽车政策的中期评估中大大减少了氢燃料电池汽车在三种零排放汽车技术的比例（远小于 1/3），反映了当前动力电池技术和价格的迅速发展。2018年,加州州长的行政命令B-48-18把州内的建设目标翻了一倍,新的目标是2025年在加州达到200个加氢站和2030年加州路上要有500万辆零排放汽车。

在2018年7月加州燃料电池联盟给加州空气资源委员会的报告中指出,加州目前的加氢站发展基本与一年前预测相,燃料电池车辆的发展也与汽车厂商四年前的预测相近。加州能源委员会最近第一次支持了一个每天2吨100%可再生能源的加氢站的建设,对于零排放汽车的预测也在增加。燃料电池联盟最近提出2030年100万辆燃料电池车和1000个加氢站的展望。这个报告认为,从示范加氢站到完全零售加氢站的过渡已接近完成;新的加氢站的建设速度不断加快;燃料电池车总数的预测为2021年超过23000,2024年超过47000辆;加氢站的建设还要加快,这样才能达到州长2025年和燃料电池联盟2030年的目标。

为鼓励私人购买氢燃料电池汽车,加州政府为私人购车(或至少三年租赁)的消费者提供5000美元/辆的补贴。并且,加州政府对低收入家庭另外增加1500美元/辆的补贴。氢燃料电池汽车企业还会提供三年免费加氢,补偿高达15000美元/辆的加氢成本。此外,与其他零排放汽车一样,氢燃料电池汽车在加州还可享受高速公路的HOV快车道特权。

(四)美国加州以外各州氢能与燃料电池汽车支持政策

美国一些州制定了能源法案,规定免税和企业所得税减免,旨在促进支持氢固定电力技术的基础设施发展。美国有的州还有生产税收抵免,根据固定氢能源产生的电量提供企业所得税抵免。此外,加州以外各州的政策还包括激励措施、拨款、RPS、互联标准、倡议等。

纽约州:净计量和互联标准已更新。对燃料电池项目的激励,纽约公共服务委员会(NYPSC)提供了3000万美元的激励措施,以鼓励客户选择涉及燃料电池的大型项目。通常只为不超过客户电力负荷的装机容量授予激励。对于小于25千瓦的系统,奖励的总价值上限为50000美元,对于较大的系统,奖励的上限为100万美元。NYPSC批准了纽约六家投资者拥有的公用事业公司的关税备案，以鼓励安装在住宅的微型燃料电池热电联产和燃料电池发电系统，使房主能够向公用事业公司出售多余的电力。纽约的净计量规则允许住宅燃料电池和热电联产装置各自高达10千瓦。

俄克拉荷马州：建立了可再生能源目标。俄克拉荷马州为该州的电力公用事业公司制定了一项目标，即到2015年，其总装机容量的15%将来自可再生能源。符合条件的可再生资源包括风能、太阳能、水力发电、氢能等。

马里兰州：立法增加燃料电池作为合格的净计量资源。众议院821号法案于2010年5月通过，将燃料电池列入符合条件的净能量计量客户发电机列表中，系统规模限制为2兆瓦。

科罗拉多州：可再生能源标准增加。这项新法案提高了科罗拉多州的可再生能源组合标准百分比，到2020年实现30%的可再生能源发电，使用来自合格能源的氢气的燃料电池是合格的发电技术。

哥伦比亚特区：提高净计量上限。拥有由可再生能源、热电联产、燃料电池和微型燃气轮机驱动系统的住宅或商业客户有资格达到最大容量1兆瓦，从100千瓦提高。

燃料电池汽车补贴方面，康涅狄格州在2016年氢燃料电池车补贴增加到5000美元/辆，车主还可享受停车的优惠。马萨诸塞州的氢燃料电池车补贴为2500美元/辆，华盛顿州对零售价在43500美元以下的氢燃料电池车免销售税，内布拉斯加州对氢燃料电池车上的储氢罐给予50%的成本或4500美元的补贴。纽约州补贴力度较大，氢燃料电池车可获得5000美元/辆的补贴，加氢站拥有者可得到高达250000美元的补贴。

二 氢燃料电池汽车示范运行进展

（一）燃料电池客车示范运行

加州空气资源委员会（CARB）2000年发布的"公交机构车队规则"是加州开展燃料电池公共汽车示范运行的主要原因。该规则为新的城市公共

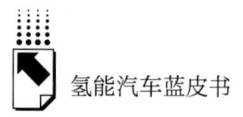

汽车发动机设定了更严格的排放标准,并促进了零排放公共汽车等清洁技术的进步。2006年,加州空气资源委员会更新了公交管理规则,并对加州大型公交机构提出了增加先进的零排放公交的要求。因此,旧金山湾区的五大公交机构组成了零排放湾区(ZEBA)示范运行团队。

1. 零排放湾区燃料电池公共汽车示范

AC Transit(Alameda-Contra Costa Transit District)在美国加州旧金山湾区引领一项燃料电池公共汽车示范运行,运营着国家可再生能源实验室(NREL)最大的燃料电池公共汽车车队,拥有13辆先进设计的燃料电池客车和2座加氢站。这些公共汽车于2010年5月开始提供商业化服务。除AC Transit之外,还有其他一些公交相关机构参与了零排放湾区的示范运行,它们提供资金并参与数据共享讨论和培训活动。

零排放湾区的合作伙伴正与美国能源部和国家可再生能源实验室合作,对这些提供商业化服务的公交车进行评估。国家可再生能源实验室一直在美国能源部和美国运输部联邦运输管理局(FTA)的资助下评估燃料电池公共汽车。国家可再生能源实验室使用最初为美国能源部重型车辆评估开发的标准数据收集和分析协议。该协议记录在用于公交车评估的联合评估计划中。相对于传统车辆而言,这些评估为燃料电池公共汽车发展和性能提供全面、无偏见的评估。

2. 燃料电池公共汽车示范运行评估

在2018年7月的FCTO网络研讨会上,美国国家可再生能源实验室的燃料电池公共汽车评估项目负责人审查并介绍了包括AC Transit在内的几个示范项目的数据和成果。燃料电池时长累积和可靠性两项结果均超过了美国能源部和交通部的技术性目标。截至2018年4月,AC Transit运营的2辆燃料电池公共汽车的燃料电池系统超过了美国能源部—交通部的25000小时耐久性的最终目标。除了一辆燃料电池公共汽车之外,其余所有车辆都超过了18000小时耐久性的中期目标。

美国国家可再生能源实验室测度了反映燃料电池可靠性的道路呼叫间隙英里数。截至2018年1月,AC Transit燃料电池公共汽车车队累积的燃料电池系统相关道路呼叫间隙英里数超过了最终目标 24200 英里。美国能源部—交通部的可靠性中期目标是 15000 英里,最终目标是 20000 英里。

表 2 列出了美国目前的燃料电池电动汽车示范。截至 2017 年 8 月,26 辆燃料电池公共汽车在全国多个地区开展示范。

表 2 美国燃料电池公共巴士运营情况

序号	公交运营商	所在地	运营巴士[2]	技术描述
1	AC Transit, ZEBA[1]	San Francisco Bay Area,加州	13	Van Hool 巴士和混合动力集成,美国混合动力支持燃料电池
2	SunLine Transit Agency(AFCB 原型)[1]	Thousand Palms,加州	1	ENC/BAE Systems/Ballard 下一代先进设计来满足"Buy America"的要求
3	阳光车道运输公司[3]	Thousand Palms,加州	3	ENC/BAE Systems/Ballard 更新了 AFCB 设计
4	加州大学欧文分校(UCI)	Irvine,加州	1	AFCB
5	马萨诸塞州海湾运输局(MBTA)[1]	Boston,马萨诸塞州	1	AFCB
6	奥兰治县交通管理局(OCTA)[1]	Santa Ana,加州	1	AFCB
7	斯塔克地区交通管理局(SARTA)[1]	Canton,俄亥俄州	5	AFCB,一辆由俄亥俄州立大学运营一年的公共汽车
8	弗林特大众运输局[3]	Flint,密歇根州	1	AFCB
—	—	合计	26	—

注:1 项目通过 NFCBP 获得资金;2 公共汽车数量统计截至 2017 年 8 月;3 项目通过 TIGGER 获得资金。

具体来看,美国能源部和美国交通部的联邦运输管理局为燃料电池动力系统设定了 4~6 年(或 25000 小时)的耐久性最终性能目标。根据这个目标,美国燃料电池动力系统到2016年要实现耐久性18000小时的中期目标。国家可再生能源实验室持续跟踪并积累关于燃料电池发电系统（FCPP）小时数的大量数据。目前,国家可再生能源实验室已经收集到了超过3年的燃料电池公共汽车运行数据,这个时间超过了公共汽车使用寿命（6年）的一半。2016年的报告显示,有一套燃料电池发电系统运行超过23000小时,中间没有经过修复或更换燃料电池。2017年7月,该系统运行时间超过了25000小时的最终目标。截至2017年11月,已有9个燃料电池发电系统超过2016年美国能源部和联邦运输管理局设定的18000小时目标,其中6个达到20000小时。该组燃料电池发电系统的平均耐久性为14309小时。美国的其他项目也报道了燃料电池耐久性超过最终目标的情况。

燃料电池公共汽车的正常使用率范围为42%~93%,总体平均值为75%。诸如制动器、悬架、空气系统和空调等故障,占据了燃料电池公共汽车故障天数的较大比例（45%）。燃料电池系统问题占故障天数的27%,混合动力系统问题,包括牵引电机、冷却系统和逆变器等组件的问题占故障天数的15%。在某些情况下,部件的故障导致燃料电池公共汽车停驶时间延长。AC Transit员工持续了解燃料电池系统,在故障排除和修复方面更加娴熟,燃料电池公共汽车停驶时间预计会随着时间的推移而减少。道路呼叫频率的目标包括整个公交车的道路呼叫间隙英里数和燃料电池系统道路呼叫间隙英里数。燃料电池系统的道路呼叫包括由于燃料电池堆问题或相关的发电系统平衡问题而导致的任何道路呼叫。总体来看,燃料电池公共汽车的道路呼叫为4648次,燃料电池系统道路呼叫为21255次。自2015年5月左右超过最终目标以来,燃料电池公共汽车道路呼叫继续呈现总体上升趋势。2016年和2017年初的几次燃料电池相关道路呼叫导致此数据下降,但仍超过了最终目标。在2017年11月之前的半年中,燃料电池系统的道路呼叫在增加。图2为AC Transit燃料电池公共汽车。

图 2　AC Transit 燃料电池公共汽车

（二）燃料电池乘用车示范运行

加州是美国燃料电池汽车推广最快的地区，至 2018 年 7 月，加州有近 5000 辆燃料电池车在路上，享用 35 个民用加氢站，还有 29 个正在建造。其中，加州燃料电池汽车中 90% 以上为燃料电池乘用车。为把握示范运行进展，CVRP 和 UC Davis 对燃料电池乘用车使用者进行了调研，共有 640 位或 15% 的使用者回答了答卷。根据答卷得出以下分析结论。

从图 3 看出，被调研的 640 位使用者中约 87% 的使用者回答了收入分布情况，其中收入 20 万美元以上的使用者约占 30%，收入 10 万美元以上的使用者约占 67%，说明燃料电池乘用车使用者属于高收入群体。从图 4 看出，约 79% 的使用者对燃料电池汽车感兴趣，只有 15% 的人不知道燃料电池汽车的存在。这说明，燃料电池汽车在美国市场以及形成了较高的知晓程度，这将对燃料电池乘用车在加州的示范运行工作形成有力支撑。

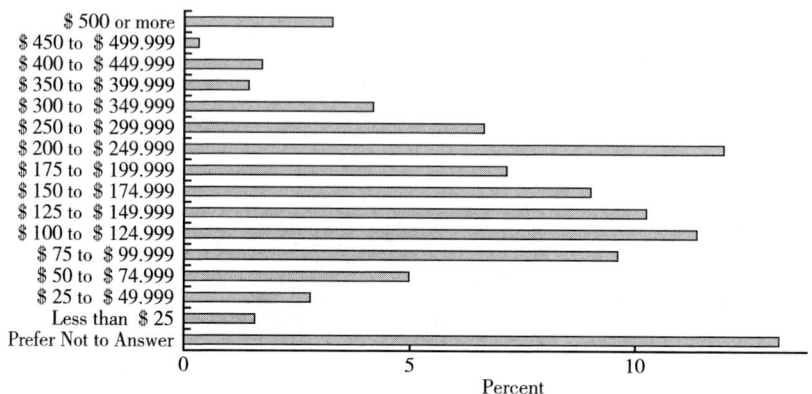

图3 购车者收入分布

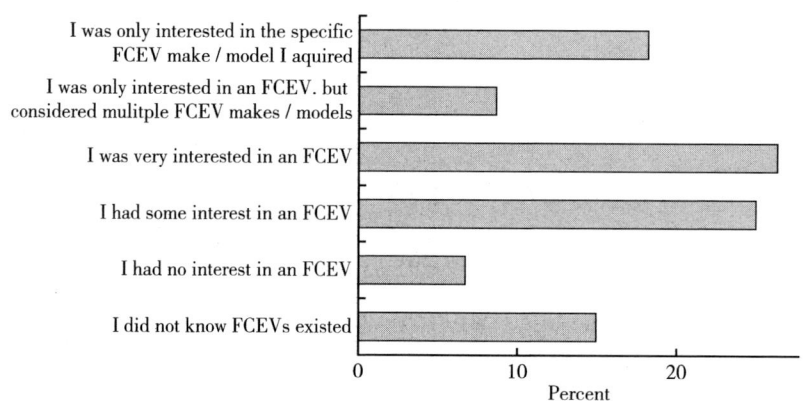

图4 购车时的想法

图5显示了使用者买车时考虑其他汽车技术的想法,从图中可以看出,买车时考虑纯电动汽车的占第一位,约占32%,考虑插电混合汽车的约有23%,考虑传统混合汽车、传统燃油汽车和其他氢燃料汽车的约占15%、13%和12%。这表明,相对于燃料电池汽车,纯电动汽车在技术成熟度、销售价格、消费者习惯、配套服务等方面更具优势。然而,燃料电池汽车对混合动力汽车、传统燃油汽车已形成一定替代性。

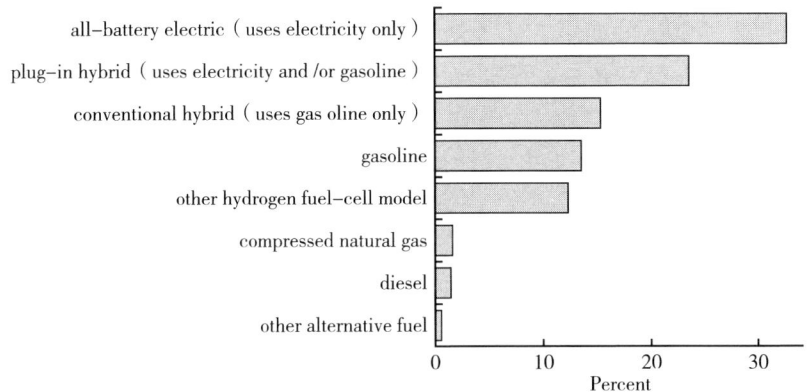

图 5　买车时考虑过的其他汽车技术

图 6 反映了使用者买车时最重要的决定因素，其中考虑降低环境压力占第一位，约占 30%。这表明，相对于其他类型汽车和燃料电池汽车自身性能而言，燃料电池汽车降低环境压力的优势更为突出。从使用的能源而言，氢气是一种清洁高效的二次能源。从排放特征来看，燃料电池汽车在使用过程中能够实现零排放。在氢能的供应端，如果能够实现可再生能源等清洁能源制氢，燃料电池汽车将在全生命周期实现降低环境压力。

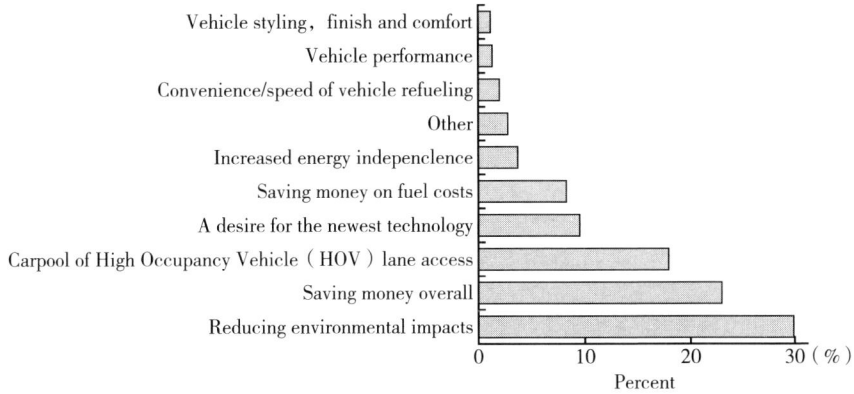

图 6　在买车时最重要的决定因素

图 7 显示了加氢站建设地点对燃料电池汽车使用者购车行为的影响。调研表明，超过 50% 的使用者认为加氢站建在家附近是对其购车行为的影响最大。其次是加氢站建在上下班路上，影响超过 30%。图 8 表明，从燃料电池汽车使用者加氢频率来看，超过 50% 的使用者需要一周加一次氢，另有超过 20% 的使用者需要一周加两次氢。不难发现，加氢站建设要紧密结合燃料电池使用者加氢需求。对于燃料电池乘用车使用者而言，考虑其加氢地点偏好和加氢频率，是加氢站选址的关键因素。

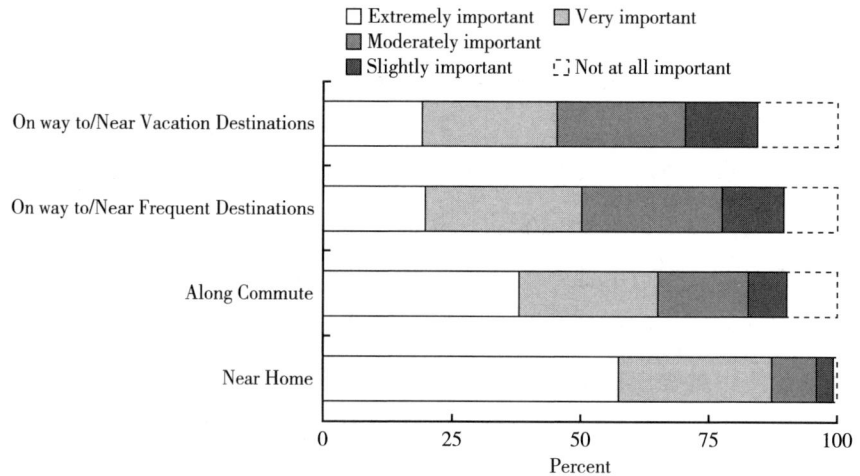

图 7　加氢站建设地点对购车决定的影响

图 9 显示了使用者过去开传统车时去加油站总数与当前开燃料电池车去加氢站总数的比较。由图可以看出，使用者开燃料电池车去加氢站总数小于 2 个所占的比例超过 80%，而使用者开传统车去加油站总数为 3 个所占的比例最大，约占 30%，去过总数超过 3 个加油站所占的比例约 35%。其中，去过总数达 10 个加油站的使用者所占比例亦达到 5%。这表明，加油站分布广、密度高，使用者加油时有较大选择空间。相对于加油站，加氢站从范围和密度上都需要进一步提高。

美国氢能燃料电池汽车产业与支持政策

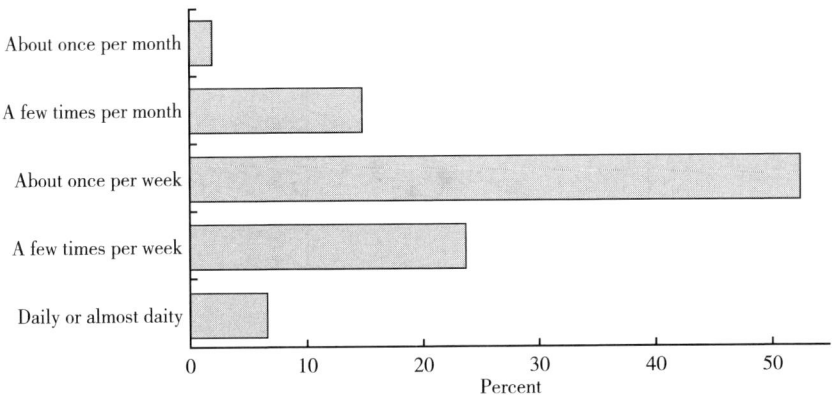

图 8 自己汇报的加氢频率

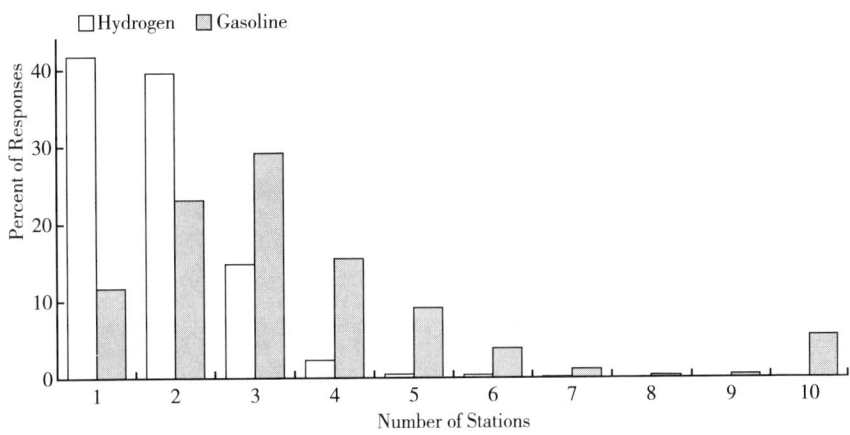

图 9 过去开传统车时去加油站总数与开燃料电池车去加氢站总数

图 10 是氢燃料电池汽车使用者到加氢站的最近距离（从家里到工作地点）。由图可知，加氢站与使用者的距离比较远，10 英里以上占了大多数，平均距离约有 13 英里。图 11 为燃料电池汽车使用者每年到最主要的加氢站的开车里程，平均里程为 791 英里。以使用者每年加氢 50 次计算，每次加氢的平均开车里程可达 15.82 英里，可见使用者到最主要的加氢站的开车里程仍比较长。

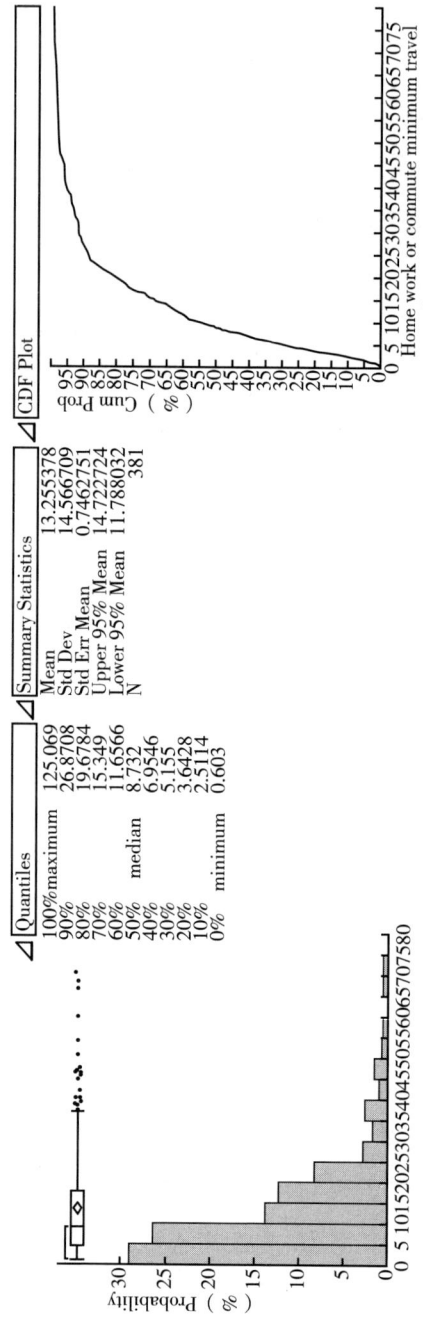

图 10 到加氢站最短的距离（从家里到工作）

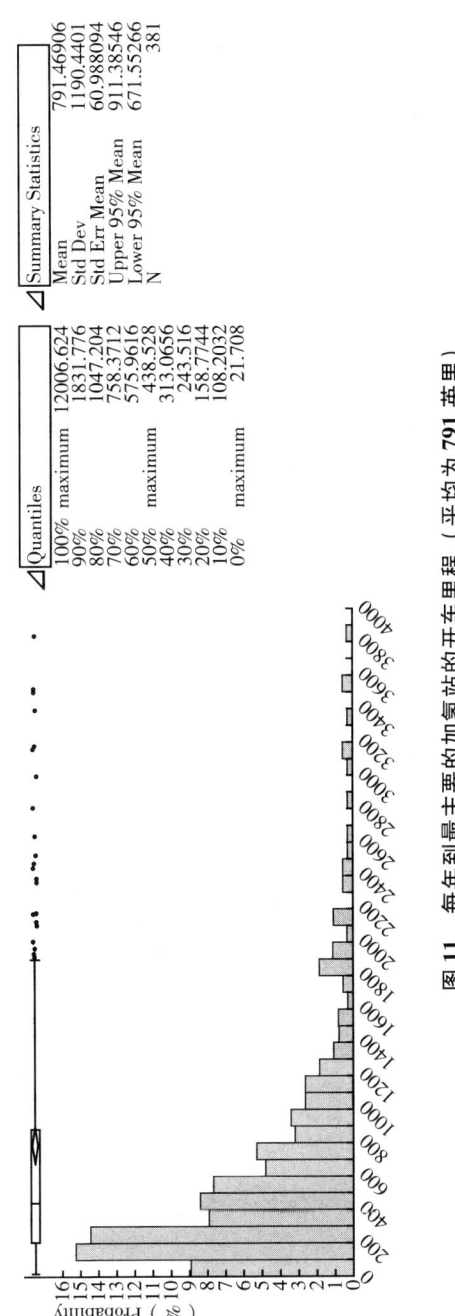

图 11 每年到最主要的加氢站的开车里程（平均为 791 英里）

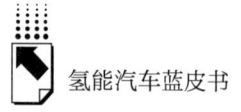

（三）结语

氢燃料电池汽车环境友好，能够有效改善大气污染问题，是目前国内外用来替代传统内燃机汽车有效解决化石能源危机的主要途径之一。美国氢燃料电池汽车发起时间较早，研究技术领先，且美国政府对燃料电池汽车给予了大力支持，对燃料电池汽车企业与使用者都给予不同程度的鼓励与减免政策。目前美国燃料电池汽车的应用正逐步扩大，并在特定领域（客车）商业化应用。相应的氢气加注站也已经建立，为示范车辆与私人用车提供充足燃料供给。

三 小结

美国政府对氢能燃料电池汽车产业大力支持，不仅从国家层面对氢能技术研发、燃料电池车辆购置等进行支持，加州等地方政府也出台了一系列促进产业发展和燃料电池汽车示范运行的措施。不同于中国，美国燃料电池客车示范运行力度和范围都较小。同时，美国积极推进燃料电池乘用车购买和使用，已经成为全球燃料电池乘用车示范应用的先行区。总体来看，美国氢能燃料电池汽车产业发展的经验主要有以下几点。

第一，明确了国家和地方层面的支持。美国对氢能产业的国家层面和地方层面支持具有不同特点。国家层面，美国主要从国家能源安全考虑，开始规划氢能产业发展和部署氢技术研究、开发与示范。地方层面，以加州最具代表性，不仅建立了交通领域的低碳标准，还提出了"合格的可再生能源来源"等交通能源要求。

第二，重视燃料电池汽车示范运行效果。对于燃料电池客车示范运行，美国重视其对技术进步的促进作用。具体而言，美国制定了明确的燃料电池客车示范运行评估目标，对燃料电池系统的可靠性、耐久性等进行严格的分阶段评估。对于燃料电池乘用车应用，美国注重结合使用者需求特征，开展加氢站建设等配套服务研究和支持，强化私人消费市场培育。

第三，开展多种形式的创新和探索。在氢能燃料电池产业支持政策方面，美国开展了一些创新。例如，加州政府对低收入家庭另外增加1500美元/辆的补贴。车企向使用者提供三年免费加氢，补偿高达15000美元/辆的加氢成本。同时，美国还积极探索新的能源供给路径。例如，加州能源委员会在支持可再生能源的加氢站建设。

B.18 日本氢能与燃料电池产业现状及对我国的启示

韩敏芳 吕泽伟*

摘　要： 日本政府已经将氢能的重要性提升到与可再生能源相当，将发展氢能和燃料电池技术提升到了国家战略层面。近年来，日本采取各种优惠措施扩大氢能终端产品市场，极大地推动了氢能和燃料电池领域的技术突破和产业进展，俨然成为引领世界氢能应用的先锋。本文详细梳理了日本近年来在氢能与燃料电池技术应用及产业示范方面的最新进展，包括家用分布式燃料电池热电联供系统、燃料电池汽车以及分布式燃料电池发电站等。在此基础上对比分析了目前我国发展氢能和燃料电池技术面临的主要挑战，并提出现阶段推进我国氢能及燃料电池技术研究及产业化的政策建议。

关键词： 日本　氢能　燃料电池

尽管人类对自然能源的大规模利用已有数百年的历史，但直至今天全球近80%的能源消耗仍然来自对煤炭、石油、天然气等化石能源的开采和转

---

* 韩敏芳，清华大学能源与动力工程系长聘教授，教育部"长江学者"特聘教授，能源行业高温燃料电池标委会主任，中国能源研究会燃料电池专委会副主任兼秘书长，中国硅酸盐学会固态离子学分会副理事长；吕泽伟，清华大学能源与动力工程系博士研究生，研究方向为固体氧化物燃料电池发电系统。

化。化石能源的低能效利用是引起当前气候异常、海洋污染、重度雾霾等环境问题的重要原因，因此寻找清洁、高效的能源载体和转化途径是现阶段至关紧要的任务。

氢能被视为 21 世纪最具发展潜力的清洁能源之一，是未来能源应用方式的重要发展方向。作为氢能到电能（和热能）的主要转换技术，燃料电池（Fuel Cell，FC）能够不经过燃烧而直接将燃料的化学能转化为电能，与现有的发电技术相比具有更高的发电效率和更低的污染物排放[①]，数十年来在世界范围内获得了大量的推广应用。燃料电池具有比能量高、环境友好、兼容可再生能源等特点，在交通运输、飞行器及水下潜器、便携电源、分布式电站等民用与军用领域展现出广阔的应用前景，得到了各国政府、企业及研究团体的极大重视。

日本、美国、德国等发达国家都陆续将发展氢能和燃料电池技术提升到国家战略层面，制定行动计划、描绘路线图、探索产业化路径。其中，日本氢能源研究启动早、发展快，在家用分布式燃料电池热电联供系统和燃料电池汽车等领域率先实现突破，俨然成为引领世界氢能应用的先锋。

日本国内自然资源相对匮乏，90% 以上的能源消费依赖进口的化石能源，福岛核事件后能源自给率进一步降低。氢能被视为日本能源结构转型、保障能源安全和应对气候变化的重要抓手，氢能源利用已经上升为日本的国家战略。1980 年，日本经济贸易产业省（METI）在东京设立下属的日本新能源产业技术综合开发机构（New Energy and Industrial Technology Development Organization，NEDO），目前日本的氢能与燃料电池技术研发和产业示范都主要由 NEDO 负责组织。2014 年 6 月，METI 制定了日本"氢能与燃料电池战略路线图"，提出了实现"氢能社会"目标分三步走的发展路线图：第一阶段预计持续到 2025 年左右，这一阶段要求实现氢能利用市场的进一步普及；第二阶段持续到 2030 年左右，要求建立大规模氢能供给体

---

① 国家高技术研究发展计划（"十一五"863 计划）先进能源技术领域专家组：《中国先进能源技术发展概论》，中国石油出版社，2010。

系；第三阶段预计持续到2040年，要求完成无碳排放的氢燃料供给体的系建设。

2017年12月，日本政府进一步发布了"氢能源基本战略"，确定了2050年氢能社会建设的目标以及到2030年的具体行动计划。在这一计划中，日本将发展氢能源的重要性列为与可再生能源同等地位，通过补贴政策、税收优惠、设立示范基地等一系列举措进一步扩大国内氢能需求侧的市场潜力。近年来，日本广泛采取各种优惠措施扩大氢燃料终端产品市场，应用范围包括家用分布式燃料电池热电联供系统、燃料电池汽车以及分布式燃料电池发电站，极大地推动了氢能和燃料电池领域的技术突破和产业进展。

一 家用分布式燃料电池热电联供系统

分布式热电联供（Combined Heat and Power，CHP）系统直接针对终端用户，相较于传统的集中式生产——运输——终端消费的用能模式，分布式能源供给系统直接向用户提供不同的能源品类，能够最大限度地减少运输消耗，并有效利用发电过程产生的余热，从而提高能源利用效率。国际上，日本率先推出以燃料电池为核心的CHP系统，整体系统效率可在90%（LHV）以上，截至2017年4月已经累计商用20多万套，是全球分布式供能发展中最为成功的国家，其发展过程和相关政策对我国有很好的借鉴意义。

（一）日本分布式燃料电池CHP系统发展历程

1999年日本政府设立"新日光计划"，燃料电池作为新一代发电技术进入大众视野。日本燃气协会首先研制出1kW质子交换膜燃料电池（PEFC）型热电联供系统样机，随后由松下电器、三洋电机和松下电工试制的三个1kW系统分别安装在东京、大阪和东邦三大煤气公司，并与试验住宅相配合进行现场运行实验，运行情况良好。

2000~2004年，NEDO进一步加快推进PEFC-CHP系统的商业化，吸引到更多企业参与到 PEFC 技术开发和示范运行,包括荏原 – Ballard、三洋电机、东芝、丰田、富士电机、松下电器、松下电工、三井物产、三菱重工和三菱电机等。2004 年,松下、东芝等公司陆续推出了自主研发的 PEFC – CHP 样机,功率均为 1kW 左右。东京燃气公司在 2005 年 2 月采用租赁的方式向 200 户日本家庭提供 PEFC – CHP 系统,标志着日本家用燃料电池系统进入实用化阶段。到 2008 年底,日本家庭用户已经累计使用超过 3000 台 PEFC – CHP 系统。2009 年 5 月,东京燃气宣布 PEFC – CHP 产品全面进入市场,这意味着日本家用分布式燃料电池 CHP 系统真正走向商业化应用。

为了普及燃料电池技术、提高日本民众对于燃料电池的认可度,日本燃料电池协会(FCCJ)于 2008 年 6 月将家用燃料电池 CHP 系统统一命名为"ENE – FARM",2009 年日本政府进一步支持"ENE – FARM"项目计划的实施。这一时期,除了 PEFC 以外,日本对于具有更高输出和效率的固体氧化物燃料电池(SOFC)的研发逐渐增多,相关产品也随后推向市场,被命名为"ENE – FARM Type S"。在 SOFC 型家用燃料电池热电联供系统(SOFC – CHP)方面,吉坤能源公司研制的家用 SOFC – CHP 系统于 2011 年正式进入市场,率先实现了 SOFC 系统的实用化。2012 年 4 月,大阪燃气公司、爱信精机公司和京瓷公司合作推出的家用 SOFC – CHP 系统进入市场;2016 年 4 月,大阪燃气公司推出了新一代家用 SOFC – CHP 系统,在系统效率和长期稳定性方面有了进一步的提升。

在两类系统之中,PEFC 型产品由于技术研发较早,产品于 2009 年 5 月进入市场,SOFC 型产品则于 2011 年 10 月进入市场。目前,产品的输出功率都是 700W,PEFC 工作温度 80℃ ~ 90℃,电效率 39%(LHV),热效率 56%(LHV);SOFC 工作温度 700℃,电效率 46.5%(LHV),热效率 45%(LHV);2016 年新一代 SOFC 产品发电效率进一步提高到 52%(LHV),在小型分布式发电系统中基本上是最高水平。与传统家庭用能方式相比,该系统可以有效减排二氧化碳,每套系统平均每年可减排二氧化碳 1.3 吨。图 1 中展示了 SOFC – CHP 产品 2016 型和 2014 型"ENE – FARM Type S"系统的外观比较。

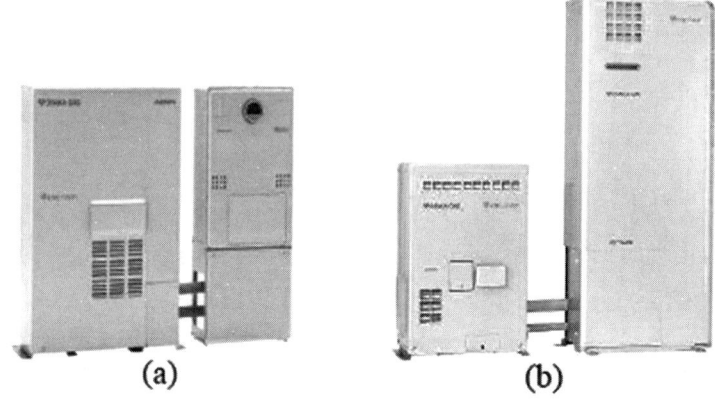

图1 （a）2016型ENE–FARM Type S （b）2014型ENE–FARM Type S

PEFC型发电系统的核心部件是质子交换膜燃料电池，其电解质为全氟磺酸型固体聚合物，采用金属铂作电极催化剂，工作温度在80℃左右。采用城市管道天然气或者煤气为燃料，由于一氧化碳对铂催化剂具有毒化作用，必须净化燃料气中的一氧化碳，使得系统结构较为复杂。SOFC型系发电统的核心部件是固体氧化物燃料电池，采用氧化钇稳定的氧化锆（YSZ）作为电解质，阳极为镍金属陶瓷，阴极为钙钛矿材料。SOFC型系统的工作温度在700℃，具有更高的发电效率（50%~60%），而且系统无须一氧化碳净化装置，大大缩减了部件数量。在系统效率和设备复杂程度方面SOFC型系统具有明显优势，是未来发展的主要方向。表1给出了"ENE–FARM"CHP系统PEFC型和SOFC型产品较详细的参数。

截止到2017年4月，日本"ENE–FARM"项目累计售出CHP系统20万套，其中PEFC系统18万套左右，SOFC系统2万套左右。700W PEFC–CHP系统2009年初入市场的价格是303万日元/套，2015年下降到136万日元/套；700W SOFC–CHP系统2011年初入市场的价格是244万日元/套，2015年下降到175日元/套。日本政府预计，2020年700W燃料电池CHP系统用户将达到140万套，售价（包括建设和安装费用）为PEFC型80万日元/套，SOFC型100万日元/套，7~8年左右收回成本；2030年700W燃料电池CHP系统用户为530万套,5年左右收回成本。预计日本市场700W燃料电池CHP系统年均增长40万套/年,仅这一个型号的产品市场增量40亿美元/年。

表1 "ENE-FARM"系统燃料电池CHP产品参数

燃料电池种类	PEFC	SOFC
产品型号	NA-0717ARS-KB	NT-0717ARS-KBC
额定发电功率可调范围	700W 200~700W	700W 50~700W
额定供热功率可调范围	1010W 235~1010W	470W 140~470W
燃料处理方式	水汽重整	水汽重整
电器接线方式	单相三线制100/200V	单相三线式100/200V
额定发电效率 热回收效率	39.0% 56.0%(LHV)	52.0% 35.0%(LHV)
外形尺寸	长400mm×宽400mm×高1750mm(0.28m^3)	长780mm×宽330mm×1195mm(0.31m^3)
质量	65kg(运转时75kg)	106kg(运转时137kg)
噪音	38dB	37~39dB
启动时最大耗电量	510W (防止冻结)	111W (防止冻结)
最长连续运转时间	120小时	无限制
运行寿命	90000小时	10年
停电时功率	最大500W	可继续发电,功率为700W

资料来源:http://www.tokyo-gas.co.jp/index.html。

(二)日本家用燃料电池CHP系统商业化成功因素分析

目前为止,日本家用燃料电池热电联供系统在"ENE-FARM"项目的推动下已经基本实现商业化,从产品的研发制造到出售、安装、维修,均已形成完整的市场体系。PEFC-CHP型产品运行超过10年,SOFC-CHP型产品运行也已达到7年。从其发展历程来看,日本家用燃料电池CHP系统从技术研发走向商业化产品,主要有以下几点重要因素。

技术先进，产品自身优势突出。无论是松下电气生产的PEFC型产品，还是爱信精机生产的SOFC型产品，都具有较高的发电效率。前者的发电效率（39%）为燃气发电机发电效率（约23%）的1.5倍左右，后者发电效率（52%）为燃气发电机效率两倍以上（LHV）。通过高效发电和余热利用可以使用户的用能消耗减少46%，每年节约费用121000日元（以2018年大阪地区用电水平为准）。同时，新产品安装灵活性强，可以兼顾不同户型（如独栋建筑与集中住户），设置廊内安装与室外放置等多种形式，极大地提高了用户的适应性。在使用过程中，先进的控制系统与完备的配套设施也是一大亮点，系统通过总服务台可实现远程控制，能够极大地提升用户体验。

政府持续支持，大力投入。日本家用燃料电池从研发到商业化经历了十余年，其间政府进行了大量的投入。从20世纪90年代NEDO宣布进行燃料电池研究计划开始，政府便出台了一系列支持日本家用燃料电池系统产业化发展的政策。同时日本政府投入大量资金进行燃料电池技术研发工作，从2010~2014年日本政府就累计投入超过1300亿日元进行燃料电池技术研发和产业示范。在产品研发与技术创新之外，为了进一步推动燃料电池CHP系统的商业化，日本政府建立了完备的补贴机制。表2为2009~2014年日本政府的补贴标准，高额的购买补贴极大地提高了民众的购买动力。2015年相关补贴逐渐取消，2016年完全进入市场化运行。

表2　日本政府对家用燃料电池CHP系统的补贴机制

年份	2009	2010	2011		2012		2013	2014
			4月~7月	10月~1月	初始预算	修订预算		
补助金额（万日元/台）	140	130	105	85	70	50	45	PEFC:38 SOFC:43
预算总额（亿日元）	61	67.7	86	50	90	250.5		200

资料来源：《2014年日本氢能白皮书》。

行业规范发展，标准化建设完善。早在2002年6月，日本宣布进行家用燃料电池研究计划后不久，政府单位、科研院所、相关企业、消费者便共同起草了家用燃料电池安全报告。同年日本设立了家用燃料电池安全技术研究会，对燃料电池 CHP 系统的构造、性能要求进行了深入研讨，提出设置燃料电池系统时的操作规范，研讨行业技术标准中必须体现的条款。随后，日本燃料电池发电系统技术委员会、电机工业协会、日本燃气协会等共同参与了日本燃料电池标准方案的制定，多年来不断进行评议和研讨，改进和完善有关认证制度、国内标准，并积极开展市场环境法制工作。

示范工程带动作用，市场宣传到位。在大力推动家用燃料电池 CHP 系统进入市场的同时，建立示范项目进行市场宣传也十分重要。2014 年，日本提出建立基于自给自足和互相共生的能源小镇，命名为"藤泽"，藤泽可持续智慧小镇的概念是每家每户都安装太阳能电池、蓄电池和"ENE-FARM"燃料电池系统以实现能源的自产自销。它将能源的产消单位由单个家庭住宅扩展到多个家庭组成的建筑群和社区，目标是二氧化碳排放相较于 1990 年减少 70%，用水量相较 2006 年减少 30%，可再生能源使用比重达到 30%，在外部电力供应切断的情况下，必要设备可维持三天正常运行。藤泽智慧小镇理念的提出不仅增强了民众对于环境保护的意识，而且以"ENE-FARM"燃料电池发电系统为主要发电单元的能源结构，也极大地推动了家用燃料电池 CHP 系统的市场化发展。

（三）对我国的借鉴意义

日本是分布式燃料电池 CHP 系统产业化发展和商业化运行最好的国家，为全球提供了成功案例。同时期欧洲部分国家通常采用 1~2kW 分布式燃料电池 CHP 系统，也开展了很好的示范运行。所有这些都为中国分布式燃料电池 CHP 系统发展提供了宝贵经验。中国需要尽快出台引导政策，加大支持和投入，加快燃料电池 CHP 系统从技术研发到产品制造的进程。其次，要积极开展示范工程建设，形成中央引导、地方扶持、产业园落地、用户参与的试点机制。借鉴国外成功经验，我国可以选定某地区（如江苏，四川等）开展示范工程建设，由中央某部委（如国家能源局、国家发改委、工信部等）出台引导政策，当地政府投入部分建设资金，在一些小区或产业园建设燃料电池 CHP 系统，形成具有一定影响力的示范项目。除此之外，面对迅速扩大的市场需求，现阶段还应当尽快制定和完善相关行业标准，使燃料电池行业尽快走上规范化发展的道路。

二 燃料电池汽车

在燃料电池汽车领域，日本也一直走在国际前列。2014 年 12 月，丰田在全球首推 4 人乘坐的燃料电池车"Mirai（未来）"，续航距离 500 千米，补充燃料仅需 3 分钟。2016 年，本田公司推出 5 人乘坐的氢燃料电池车"Clarity Fuel Cell"，计划在 2018 年投入市场，续航里程达 750 千米，可在 3 分钟内充满燃料，达到了与常规动力车型相同的标准。此外，丰田公司计划在 2050 年全面停止生产燃油汽车，转向燃料电池和纯电动汽车。日本准备在 2020 年东京奥运会召开之际，向世界展示氢能汽车已成为一种安全、有价格竞争力的交通工具。

截至 2018 年 1 月，日本国内已建成 101 座加氢站，计划于 2020 年建成 160 座。目前氢气零售价约 100 日元/Nm^3，加氢站主要分布在东京、名古屋等几个城市，建设费用昂贵，数量仍然偏少。日本燃料电池乘用车保有量目前约 2000 台，每台优惠后的价格 500 万日元，售价对消费者仍偏高。从目前的燃料电池汽车价格、保有量和加氢站数量来看，日本尚处于燃料电池汽车社会的摇篮期，预计 2050 年将是日本燃油汽车全面向燃料电池汽车过渡之年[①]。

现阶段氢燃料电池汽车的推广受到加氢站等基础设施建设的限制，日产公司在 2016 年对外公布了其搭载 5kW SOFC 动力系统的燃料电池汽车"e-NV200"，在巴西完成了第一阶段的路面测试。该套系统使用乙醇作为燃料，续航里程达到 600 公里，几乎可与汽油车媲美，日产计划在 2020 年左右实

---

① 苏树辉、毛宗强、袁国林主编《清洁能源蓝皮书：国际氢能产业发展报告（2017）》，世界知识出版社，2017，第 51 页。

现该车的量产。图 2 中展示了世界上三款代表性新能源汽车车型的具体参数比较。相比于 PEFC，SOFC 的优点之一就是燃料适应性广，除了氢气之外，SOFC 可以直接使用天然气、煤气等碳基气体燃料，以及甲醇、乙醇等液体燃料。将 SOFC 技术应用于新能源汽车领域，能够克服氢燃料电池汽车对于加氢站建设和锂离子电池电动车对充电桩建设的硬性需求，实现燃料电池与蓄电池的优势互补，将是未来新能源汽车的重要发展方向（见图2）。

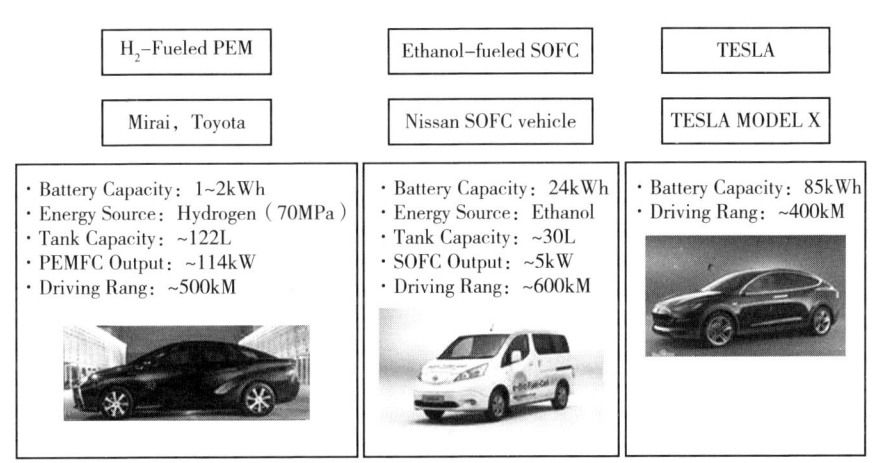

图 2　三款代表性新能源汽车车型具体参数比较

（一）SOFC 能够克服氢燃料电池汽车对于加氢站建设的硬性需求

和质子交换膜燃料电池相比，固体氧化物燃料电池工作温度高，不使用铂等贵金属催化剂，因此不存在一氧化碳毒化的问题，可以直接使用天然气、煤气等含碳燃料。对于柴油、汽油、乙醇等液体碳氢燃料，只需在电池堆前添加重整器，将液体燃料重整后即可供给 SOFC 使用。同时，SOFC 电堆发电副产的热量可以用于重整器，无须外部热源，能够实现发电系统的高效自维持运行（见图3）。

发展使用液体碳氢燃料的 SOFC 汽车是新能源汽车的重大突破口，有助于我国实现在燃料电池汽车领域对国际顶尖水平的弯道超越。2016年6月，日产公司发布了"e-Bio Fuel-Cell"原型车（e-NV200），该车是世界上首款采用SOFC技术的车型，配备了输出功率为5kW的SOFC系统和容量为24kWh的锂电池组，使用生物乙醇作为燃料，30升油箱，续航里程达600公里以上。2017年6月，该车在巴西完成了第一阶段的路面测试，"表明该技术完美适应日常使用"，采用乙醇燃料是因为"巴西现在就有全面的供应乙醇的基础设施"。从技术角度而言，采用汽油、柴油等液体燃料都是可行的。图3中展示了该款车型的外观及内部基本原理。

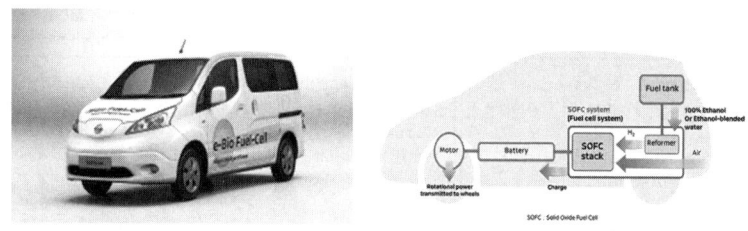

图3 日产发布的SOFC汽车e-NV200

与氢燃料电池汽车相比，SOFC汽车没有对加氢站的硬性需求，能够从核心上解决燃料电池汽车推广成本高的问题。2018年4月美国洛克希德马丁公司推出最新型号的无人机（Stalker XE"潜行者"），采用丙烷燃料（1.1kg），配备245W的SOFC发电系统，空中飞行时间过8小时。这些都充分说明了采用SOFC作为动力系统的可行性和优势。

（二）SOFC增程式电动汽车可以实现燃料电池与蓄电池的优势互补

固体氧化物燃料电池增程式电动汽车是指在纯电动汽车的基础上增加一套SOFC发电系统，可以实现燃料电池与蓄电池的优势互补。动力电池的突出优势是能够快速响应负荷变化，但是能量密度和功率密度较小。而SOFC的突出优势则是高效、稳定、大功率密度的输出特性，但是频繁启停和冷热循环是其最大的技术壁垒之一。当蓄电池电量充足时，SOFC发电系统处于待机或关闭状态；当蓄电池电量不足或输出功率不能满足需求时，SOFC 发电系统开始工作，为蓄电池充电或直接驱动车辆。SOFC 增程式电动汽车能够有效解决纯电动汽车行驶路程短、续航能力不足的问题，将是未来新能源汽车的发展方向。

日产公司首推的"e-Bio Fuel-Cell"原型车采用的就是英国 Ceres Power 公司的 SOFC 系统。2018 年 5 月，我国潍柴动力与英国 Ceres Power 公司签署战略合作协议，将在 SOFC 动力系统领域展开全面合作。根据协议内容，Ceres Power 将在中国市场独家授权潍柴动力产销其 SOFC 发电系统、电堆和单电池，应用范围包括客车、卡车和分布式发电市场。此外，潍柴动力将与 Ceres Power 联合开发以压缩天然气为燃料的 30kW SOFC 发电系统，计划用于电动客车的增程系统，预计 2019 年上半年完成验证。这无疑将会带来国际 SOFC 市场的重大变化，标志着 SOFC 增程式电动汽车走向实际应用的又一开端。

（三）关于开展我国燃料电池汽车自主研发工作的思考

目前我国在新能源汽车研发领域，已经基本确立了以纯电驱动技术为主、带动插电式混合动力汽车和燃料电池汽车的发展策略。当前插电式混合动力汽车、纯电动汽车、燃料电池汽车等各种车型争奇斗艳，却都存在着各自的技术难题。纯电动汽车续航里程较短，需要大量建设充电桩，动力电池的回收问题也亟待解决；而氢燃料电池汽车的推广则严重依赖于加氢站的建设，又涉及氢气制备、储存运输、安全管理等整个产业链发展和基础设施建设的问题，高压氢气在车中的安全存储也是需要解决的突出矛盾。

SOFC 增程式电动汽车结合了 SOFC 与锂电池技术，其突出优势在于可以直接使用液体燃料（包括 LNG、丙烷、乙醇、汽油、柴油等），摆脱了新能源汽车对于充电桩和加氢站的硬性需求，可以很好地与现有的能源供应设施兼容。从全球范围来看，SOFC 与锂电池已经分别在分布式发电、电动汽车领域有了比较成熟的应用，因此 SOFC 增程式电动汽车提供了现阶段新能

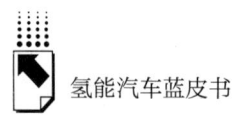

源汽车优势互补的解决方案，进行自主技术研发有助于我国抢占国际技术制高点，实现在新能源汽车领域的弯道超车。

三 分布式燃料电池发电系统

根据日本政府2017年发布的"氢能源基本战略"，日本要在2030年实现氢燃料发电商业化，发电成本每千瓦时低于17日元，形成每年30万吨氢燃料供给能力；2050年氢燃料发电的成本将降低到与液化天然气同等水平，具备较强的市场竞争力。预计届时日本年氢能供给量将达到500万～1000万吨，氢能发电装机容量将增至15～30GW，可大幅替代火力发电。

（一）SOFC分布式电站

相比于PEFC，由于SOFC在高温下工作，具有更高的发电效率和燃料适应性，因此分布式燃料电池电站一般选用SOFC。由于分布式发电系统建立在用户附近，因此与传统的集中发电、电网输电模式相比，减少了输电过程带来的复杂性和不稳定性，同时能够降低电力损耗，节约成本，有利于系统效率的提高。SOFC可以直接采用天然气、气化煤气、焦炉煤气和煤层气等燃料进行发电，而且不需要进行燃烧，产物洁净无污染、噪音小。此外，系统尾气中的二氧化碳便于回收、储存和利用，能够实现二氧化碳的零排放。

世界主要发达国家都在大力发展和推广SOFC分布式发电技术。目前，全球五百强公司中有1/3的公司都在近几年陆续使用SOFC分布式发电系统，作为其总部或下属核心机构的供电设施，诸如苹果总部基地、谷歌全球总部基地、微软总部基地等。以2017年5月完工的苹果公司总部大楼Apple Park为例，其总体建筑面积97万平方米，配备了独立的微电网系统，由17MW太阳能和4MW SOFC发电系统组成（苹果公司在美国已经装配了10MW SOFC发电系统）。这个标志性建筑又一次向全人类展示了新一轮能源技术革命的产物——在用户侧配备的高效、洁净、无噪音的分布式SOFC

发电系统。

日本也有多家企业从事 SOFC 分布式发电系统的研制。京瓷在第二代"ENE – FARM Type S"的基础上开发出更加高效和紧凑的电堆，研制了新一代 3kW 系统，该系统集成了 4 个新型 700W 电堆，使用管道天然气作为燃料，发电效率达到了 52%，系统效率 90%（LHV），已于 2017 年 1 月面向市场。三浦技研于 2017 年 8 月完成了 5kW 级系统的开发并投入市场，其电效率达到 48%，总效率可达 90%（LHV）。日立造船株式会社在 2016 年初步研制出 20kW 级 SOFC 系统，正在致力于数十千瓦级系统的改进。富士电机正在开发的 50kW 级 SOFC 发电系统预计发电效率达 55%，采用余热回收后系统效率可达 80%（LHV），该原型机将进一步用于控制系统的调试。

（二）SOFC 联合循环系统

将传统的发电技术与 SOFC 发电技术有机结合，能够实现更高的发电效率，例如可以将燃气/蒸汽透平（GT/ST）与 SOFC 发电系统进行结合，发电效率可在 60% 以上。在这一方面日本三菱重工（Mitsubishi Heavy Industriesm，MHI）一直走在世界前列。

三菱重工是日本最大的军工设备生产企业，建立于 1914 年。三菱重工从 90 年代开始进行高温 SOFC 系统研发，于 1993 年成功研制出 1kW 电堆，并且稳定运行 3000 小时；1998 年，MHI 与日本电源开发株式会社合作生产出一台管式加压 SOFC 发电系统，最大输出功率 21kW，运转超过 7000 小时，发电效率达到 41.5%（HHV）；2004 年，MHI 在长崎成功开发出 75kW 的 SOFC – MGT 联合发电系统，并从 2007 年起逐步将该系统规模扩大到 200kW；2012 年底，MHI 与东京燃气公司联合开发的 200kW SOFC – MGT 联合发电系统在东京郊区连续运转 4000 多小时，发电效率 50.2%（LHV）。目前，MHI 已经开发出 250kW 的 SOFC – MT 三联循环系统（见图 4），将 SOFC 发电系统与微型燃气/蒸汽透平耦合，发电效率达到 55%（LHV），该系统正在日本九州大学示范运行，累计运行超过 10000 小时。

为了推进 250kW 级联合循环发电系统的市场化，除了位于九州大学的示范机组外,"NEDO 计划"从 2017 年起在日本建立了四个联合发电系统原型机,分别承担不同的示范运行和参数评价研究任务。位于丰田汽车公司(Toyota Motor Corporation)的系统,将进行约每月一次的起停测试,以验证其运行稳定性及寿命受电力需求波动的影响。位于 NGK 火花塞公司(NGK Spark Plug Co., Ltd.)的系统,将开展由其自主生产的电池堆和 MHI 生产的电池堆共同组成 SOFC 系统实验,以验证两种电池堆均能够实现长时间的稳定运行。位于东京燃气有限公司(Tokyo Gas Co., Ltd.)的系统,将开展不同时间段的重复起停实验,如每日起停、每周起停等,以测试起停对系统耐久性的影响,同时还将进行变载试验与跟载试验。位于大成建设公司(Taisei Corporation)的系统,将进行系统自动控制试验,包括停电或变载荷时的自动控制运行。"山雨欲来风满楼",所有这些都彰显了一个新型 SOFC 发电时代的到来,也是高技术领域领先全球的具体体现。

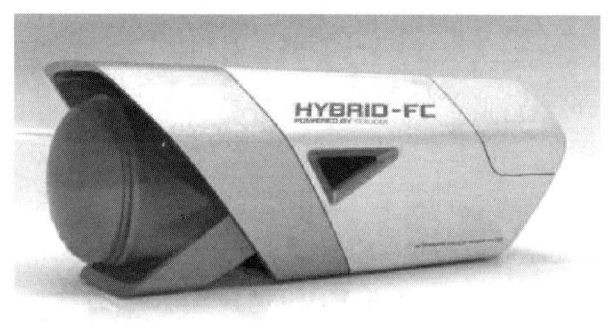

图 4　三菱重工 250kW SOFC – 微型透平三联循环系统

(三)对于我国发展 SOFC 分布式电站的思考

我国以煤为主的资源禀赋决定了能源消费以煤为主的格局,也决定了以煤电为主的电力生产和消费结构。中国电力企业联合会在 2017 年发布了《中国煤电清洁发展报告》,指出现阶段常规大气污染物已不是煤电发展的约束性因素,碳减排将成为煤电发展重要制约因素。国务院《"十三五"控制温室气体排放工作方案》提出大型发电集团 CO_2 排放水平应控制在 550g/kWh，而目前我国煤电 CO_2 排放平均水平约为 890g/kWh，因此发展低碳、清洁、高效的煤炭发电技术已成为一项至关紧要的任务。

基于煤炭资源的煤气化燃料电池（Integrated Gasification Fuel Cell，IGFC）系统结合了先进的 SOFC 发电技术，可实现煤基发电由单纯热力循环发电向电化学和热力循环复合发电的技术跨越，能大幅提高煤电效率，是煤电技术的根本性变革。IGFC 系统受 SOFC 发电系统规模限制，主要定位于中小型分布式发电站（数十 MW），系统发电效率可在 60% 以上，显著高于现有的整体煤气化联合循环（Integrated Gasification Combined Cycle，IGCC）发电系统。由于 SOFC 系统对燃料清洁度要求相对较高，使得系统整体污染物排放水平较低。此外，燃料电池能够分离空气中的氧气和氮气，显著降低了尾气中二氧化碳的捕集难度和成本，有望实现近零排放。

技术分析和经济性分析结果也表明，与现有的各种煤炭发电技术相比，先进的 IGFC 发电技术具有很强的竞争力，发展 IGFC 技术符合我国现阶段国情。目前《中国战略性新兴产业发展报告》、《能源技术革命创新行动计划（2016～2030 年）》和《"十三五"电力发展规划》均将 IGFC 列为战略性能源新技术，计划进行开发与示范。但是也应当考虑到，IGFC 技术实际上是对煤炭催化气化、高温合成气净化、大容量高性能 SOFC 电堆等一系列高难度技术的整合，并且系统配置方式复杂，需要考虑的因素众多，因此 IGFC 技术的实现还有赖于众多关键技术的突破。

四　日本氢能与燃料电池发展的启示与借鉴

（一）我国氢能与燃料电池技术发展现状

目前，日本、美国及欧盟等发达国家经过几十年的技术研发和攻关，在政府多年来持续推进的经费支持和补贴政策激励下，发展和建立起多家具有自主核心技术的企业或研发机构，已经基本实现了氢能和燃料电池技术的商业化运行，正在开展更大规模的示范试验和样品研发。其中，日本更是将氢能产业确定为国家未来重要的战略性产业。正因如此，日本在大规模高效制氢、家用燃料电池发电等领域走在了世界前列。

在全球燃料电池发展大跨步的背景下，我国也接连颁布了《中国制造2025》、《能源技术革命创新行动计划（2016～2030）》等一系列指导政策。能源技术革命创新行动计划规划了能源技术革命重点创新行动路线图，部署了15项具体任务，"氢能与燃料电池技术创新"位列其中（第九项），已经纳入我国能源战略。在《中国制造2025—能源装备实施方案》中，也提出要加快氢能基础设施，促进构建制"氢技术及装备—储输氢技术及装备—燃料电池系统—燃料电池车辆及其他氢能利用技术及装备"完整的产业链的要求。

尽管我国已经初步掌握整车集成及部分关键零部件的生产技术，但是我们应当清楚地认识到，和世界发达国家相比，我国在氢能及燃料电池技术领域起步较晚、研究基础薄弱，在核心技术方面与发达国家还存在一定差距。近30年来，美、日、德等发达国家在政府的大力支持下，针对氢能及燃料电池相关技术，成体系地开展了相当规模的研究工作，已经突破了诸多技术难点，正在推动该技术从工程示范走向更加广泛的商业应用。而我国在该项技术体系方面的工作相对不足，主要集中在研究机构，企业参与较少，关键材料和部件大量依赖进口，与发达国家还存在较大差距。

（二）我国发展氢能和燃料电池技术面临的主要挑战

一是国内起步晚，核心技术积累有限。美、日、德等发达国家一直把氢能及燃料电池技术作为国家级战略高技术，30年来投入巨资持续支持研发和示范应用，核心技术和产品都对我国保密。我国从2000年左右开始进行相关工作。在基础研究方面，缺乏统一组织，致使相关基础研究较为分散，未能形成良好的理论体系和深刻认知。在技术研发方面，投入比较有限，我国没有充分意识到该项技术研发的难度，致使技术研究进展缓慢，目前在核心技术上与发达国家还存在一定差距，没有形成较好的产业化积累。

二是我国尚未设立氢能及燃料电池技术专项，缺乏统一组织的联合攻关。燃料电池技术属于颠覆性技术，是典型的多学科交叉领域，从材料组分设计、结构性能优化，到复杂结构单元器件设计制备、电化学反应过程控制、燃气管理、发电系统集成等，显然不是一个或几个科学家团队能够完成的。日本和美国政府充分认识到该技术的高难度系数，均成立了专门机构，组织全国优势的产、学、研机构进行联合攻关。1989年日本NEDO牵头成立先进固态能源转换联盟（ASEC），组织全国的企业和大学联合攻关，持续30年支持技术研发，推动并支持了"ENE－FARM"家用分布式燃料电池CHP系统商业化项目。美国能源部于2000年牵头成立SECA联盟（Solid State Energy Conversion Alliance），在2000～2018年持续累计投入近10亿美元推动SOFC产业技术发展，而同期美国Bloom Energy公司一家企业投入的资金就超过25亿美元（社会资金），并于2009年开始为美国多家大型数据中心进行供电。我国在"十五"到"十二五"期间，曾由科技部组织过"863"和"973"项目攻关，但是我国一直没有设立专门的组织机构和研究专项，尤其是当前，"十三五"规划已经过半，氢能及燃料电池技术相关项目依然没有启动。

三是氢能及燃料电池技术在国内尚未全面进入实际应用阶段，建立示范项目的数量也比较少。截至2017年10月，我国仅建成7座加氢站（大部分只是特殊时期的示范运行），数量远少于美、日、德等国。美国、日本等发达国家已经相继实现了千瓦级、数百千瓦级到兆瓦级分布式发电系统或热电联供系统的商业化应用或示范运行。我国的燃料电池技术研发目前仍以大专院校、科研院所为主，虽然已经初步掌握关键部件、动力系统、整车集成等核心技术，但是这仅仅解决了从无到有的问题，自主生产的产品性能与国际先进水平也还有一定距离。我国急需进一步完善和发展燃料电池电堆产业链相关核心技术。

（三）大力推进我国氢能及燃料电池技术研究及产业化的建议

我国在氢能及燃料电池技术领域与发达国家还存在较大差距，目前这类

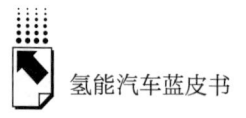

高新、核心技术和产品一直对中国封锁。鉴于该技术对于助推我国供给侧能源改革的重大需求，以及对未来优化我国能源结构、在新能源汽车等领域实现弯道超车的重要作用，特提出如下建议。

一是成立专门项目及机构，组织实施国家级重大研发计划，支持氢能及燃料电池相关基础、技术研究和产业化发展。燃料电池技术是一项全新的、颠覆性的、高难度的先进发电技术，又是多学科交叉的领域，只有在研究过程中才能不断发现、认识和解决其中科学和技术问题。前期工作中，我国基本涉及了燃料电池技术的各个方面，也有了一定的技术基础，对整个产业链有了初步的认识。借鉴国外成功发展经验，现在迫切需要成立专门的项目及管理机构，组织实施国家级重大研发计划，成立国家氢能及燃料电池研究中心，集中全国优势力量，分工协作，联合攻关，共同推动氢能及燃料电池基础研究、技术开发和产业化发展。

二是加快氢能及燃料电池技术和产品标准体系研究和建设，发展测试技术，推动成立产品标准检测中心。目前国内在氢能及燃料电池领域的技术和产品标准工作尚存不足，针对行业快速发展和市场需求的扩大，需要尽快开展行业标准建设工作。在燃料电池方面，我国应以确立单电池、电堆性能测试技术和试验标准为突破口，推进高性能燃料电池及电堆关键技术发展。同时，应当尽快开始氢能及燃料电池相关数据库建设，基础数据是基础研究创新能力的基础，在上述标准研究过程中不断积累大数据，以促进试验方法和试验内容的标准化和合理化。

三是加快推动相关示范工程建设，发展燃料电池分布式供能和车用动力系统示范，推进供给侧能源改革。针对国内氢能和燃料电池产业现存的技术开发不充分、产品性能不够完善、缺乏批量生产能力等问题，我国迫切需要整合各方优势，打通氢气化工、燃料电池系统、燃料电池汽车全产业链，将氢气的制备、储运、利用等多个环节有机整合。此外，现阶段国家大力推行煤改气/电、分布式发电、微电网等，希望通过发展新型能源技术助力国家供给侧能源结构改革。固体氧化物燃料电池发电系统具有发电效率高、燃料适应性强等独特的优势，尤其适合于分布式供能应用，正好可以满足这一重大需求。现阶段应当以《能源技术革命创新行动计划（2016～2030年）》《中国制造2025—能源装备实施方案》等国家规划和部署为契机，广泛开展燃料电池分布式供能和车用动力系统示范项目，在示范运行过程中不断推动氢能及燃料电池技术研究和自主研发，为氢能及燃料电池技术的全面产业化奠定基础。

B.19
日本车用氢能产业进展及启示

吴保宁*

摘　要： 日本从国家安全和可持续性发展的角度，为了摆脱对石油和电力的依赖，将氢能的利用和车用氢能的普及长期作为国家战略来推进。其计划内容完善，目标具体，科目齐备，兼备上游（氢能的制取、运输和储备）、中游（燃料电池汽车和家用氢能发电装置等开发和应用）和下游（加氢站的建设等）。而且近期日本还适时地调整了氢能战略的思路，将宣传"氢能是未来能源的终极解决方案"，转变为提倡"氢电共存"，以适应国际范围内的电动化浪潮。日本在氢能普及方面的经验和得失，对于同样面临能源的国家安全和可持续性发展问题的中国，值得观摩、参考和借鉴。

关键词： 车用氢能　燃料电池汽车　氢气　加氢站

一　日本的氢能基本战略

（一）氢能基本战略的背景和概要

氢能因具有来源广泛、燃烧热值高稳、清洁无污染和适用范围广等特

---

* 吴保宁，（日本）现代文化研究所上席主任研究员。

点，被视作未来极具发展潜力的清洁能源。日本作为石油的纯进口国和发电能力供不应求的国家，高度重视能源的多元化，特别是氢能的利用和发展。传统火力发电与燃料电池发电效率对比见图1，燃料电池汽车、插电式混合动力汽车、纯电动汽车CO_2排放量对比见图2。

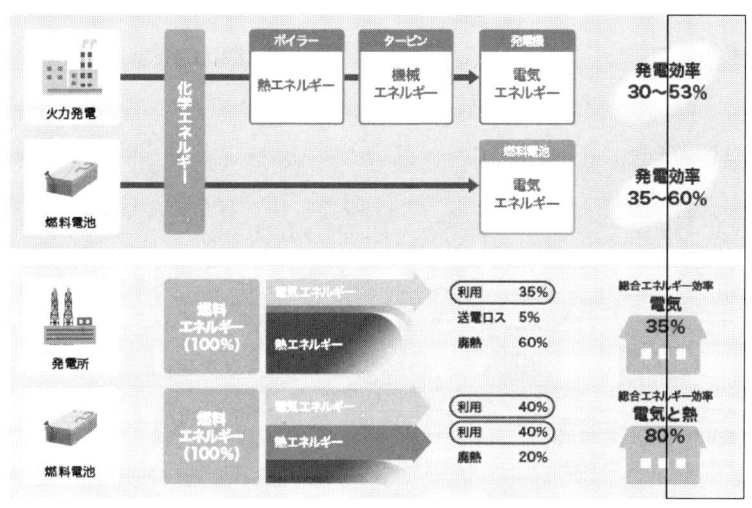

图1　传统火力发电与燃料电池发电效率对比

资料来源：根据日本 NEDO 资料整理。

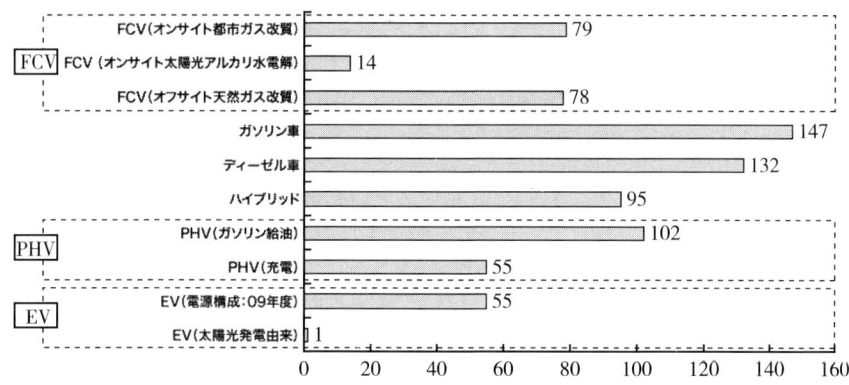

图2　燃料电池汽车、插电式混合动力汽车、纯电动汽车CO_2排放量对比

资料来源：根据日本 JARI 资料整理。

1. 氢能基本战略的背景

2011年发生的福岛核电站泄漏事故,震撼了日本和国际社会,也基本上给日本的新建核电打上了永远的休止符。因此,日本早在2014年4月制定的《第四次能源基本计划》中,就明确地提出了要对建设"氢能社会"进行总体研究的思路。而在随后的同年6月,通过由官产学(政府、产业界和学术界)方式组成的会议机制:《氢能与燃料电池战略协议会》,日本首次制定了《氢能与燃料电池战略路线图》,首次提出了实现"氢能社会"目标的发展路线图(分三期实现,见表1),这是一个分水岭式的进展。

表1 日本"氢能社会"发展路线图

时间	内容
2014年	加速推广和普及氢能利用的市场
20世纪20年代后期	建立大规模氢能供给体系并实现氢燃料发电
2040年	完成零碳氢燃料供给体系建设

注:2016年3月日本对该发展路线图进行了修订,增加了家庭用燃料电池供给系统、燃料电池汽车、加氢站实现自立的路径及量化目标。

不仅如此,2017年4月日本在第一届"可再生能源与氢能的政府联席会"上,就加大引入可再生能源及实现氢能社会的政策措施进行了热烈的讨论,首次提出了为率先进入氢能社会,2017年内制定基本战略,促进政府各部门协同部署并共同推进的明确计划。2017年12月,日本正式形成了作为国家战略的《氢能基本战略》。

2. 氢能基本战略的概要

日本2017年12月26日正式发布了《氢能基本战略》,宣称实现氢能社会绝非坦途,日本将率先向这一目标发起挑战,在氢能利用方面引领世界。为此其主要目标设定见表2,具体目标详见图3。

表2 日本氢能基本战略主要目标

- 到2030年争取实现氢能发电的商用化,以削减碳排放并提高日本能源自给率。
- 未来通过技术革新等手段把氢能发电的成本降低至与液化天然气发电相同的水平。
- 为了推广氢能发电,将重点推进氢气的大量生产和运输的全球供应链体系建设。

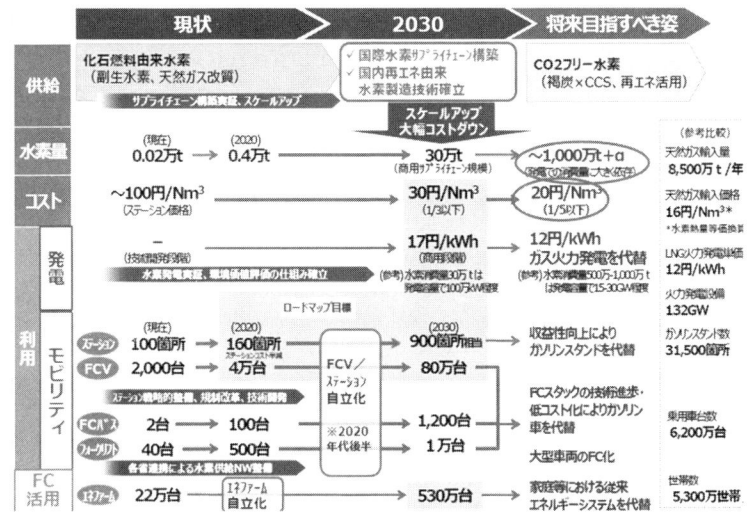

图 3　日本氢能基本战略具体目标

资料来源：根据日本经济产业省资料整理。

《氢能基本战略》的概要如表 3 所示。

表 3　日本《氢能基本战略》主要内容

日本能源供给的结构性问题
·约 94% 的一次能源消费依靠进口的化石能源，能源自给率受核电站关闭的影响仅为 6%～7%，包括水电在内的可再生能源发电占比仅为 15%。特别是汽车燃料的 98% 依靠石油，其中约 87% 来自中东地区
·日本政府承诺的二氧化碳减排目标是 2030 年比 2013 年削减 26%，并根据巴黎协定提出到 2050 年要削减 80%。但福岛核事故后，以火力发电来弥补核电缺口，导致二氧化碳排放大幅增加

氢能的意义和重要性
·供应方、销售方的多样化从根本上降低了采购、供应风险。氢不仅能够从可再生能源等广泛的能源中制出，还可储存、可运输，有助于实现从依靠特定能源转向多样化的供给结构改革
·实现电力、运输、热利用与产业流程所有领域的低碳化。氢的利用不产生二氧化碳。制氢环节采用 CCS（二氧化碳捕获和封存）或可再生能源的话，氢就可以成为完全的零碳能源。其作为燃料或与燃料电池组合，可在各领域实现终极低碳化
·氢能社会是实现 3E+S* 的手段。通过建设氢能社会达到 3E+S 的目标
*Energy Security（能源安全保障）、Economic Efficiency（经济效率）、Environment（环保）+Safety（安全）
·在全球率先通过挑战创新，为国际社会的二氧化碳减排做出贡献。将日本的氢能技术推介到国外，引领世界的低碳化

续表

·产业振兴、增强竞争力。日本的氢能、燃料电池技术居于全球最高水平,通过在国内外的积极推广,有望成为新的成长型产业之一
·时刻把握世界各国动向,在全球率先实现氢能社会

实现氢能社会的基本战略
(1)实现低成本的氢利用:活用海外未被利用的能源和可再生能源
·要实现氢能社会,降低氢的采购、供应成本不可或缺
·降低氢成本的举措基本上是采用国外低价的未被利用的能源与CCS的组合,或从廉价的可再生能源中大量获氢的方法。同时,构筑作为基础设施的国际供应链
·2030年前后建成商用规模的供应链,每年供氢量达30万吨的同时,成本降至30日元/Nm^3(相当于目前加氢站氢气价格的1/3以下)
·未来成本进一步降至20日元/Nm^3,力图实现与现有能源成本相同的竞争力(含环保价值)
(2)开发国际氢能供应链
·开发可高效运氢、储氢的能源载体技术
·液化氢的供应链开发是以2030年左右实现商业化为目标,在2020年代后半期开展商业化实证试验
·有机氢化物(甲基环己烷)储氢供应链开发的目标是到2020年确定基础技术,2025年以后实现商业化。
·作为能源载体,氨的使用方面,则是降低直接燃烧时的氮氧化物排放,解决可燃性有毒物质的安全防护的课题,到2020年代后半期开始采用零碳氨
·探讨使用零碳氢的甲烷化反应的普及方案
·关于国内管道运输,2030年之后随着国际氢能供应链的商业化,临海地区有可能形成本地的氢能网络,而利用基于甲烷化反应技术的现有城市燃气管道也将成为可能
(3)加大导入国内可再生能源与地方培育
a)加大利用国内可再生能源制氢
·扩大再生能源的利用需要在确保调整电源(可根据需要调整输出功率的电源)供电的同时,还具有剩余电力的存储技术
·对于蓄电池无法应对的长周期的变化,有望采用电转气技术(P2G:Power-to-gas),即将可再生能源发电的剩余电力电解水生成氢来储能
·关键在于降低成本。作为P2G核心的电解水系统,需要实现国际上最具有成本竞争力的价格,到2020年预计可降至5万日元/kW的技术将会确立
·2032年左右实现P2G系统的商业化,未来结合可再生能源制氢的导入情况实现可与进口氢比肩的成本目标
b)地区资源的利用及地方培育
·尚未加以利用的地区资源(可再生能源、废塑料、下水污泥、副产品氢等)的利用,不仅有利于增大低碳氢的使用,也有助于提高地区能源自给率、培育新的地方产业、建设以可再生能源为中心的分散型能源系统
·面临的课题有:①地区氢能需求的增加、优化供氢;②设备的低成本化;③减少发电和原料采购成本。
·以目前示范试验的结果为样板,开展利用地区资源支援建设低碳氢能供应链的活动
(4)在电力领域的应用
·氢燃料发电与天然气火力发电相同,作为加力引入可再生能源发电所必需的调整电源、备用电源所发挥的作用越来越大
·在稳定、大量消费氢这一点上也是有益的
·氢燃料发电与国际氢能供应链同步于2030年左右实现商业化,发电成本达17日元/kWh。形成年30万吨氢燃料供给能力(相当于1GW的发电容量)

续表

- 到2050年氢燃料发电的成本将降低至与液化天然气同等水平(含环保价值),具有较强的市场竞争力。氢能供给量将达到500万~1000万吨(相当于15~30GW的发电容量)
- 对于引入氢燃料发电的经济性、环保价值的评估,在关注其他制度设计有关的讨论的同时,加以研究。
- 甲烷、氨作为载体的直接利用成为可能。2020年左右开始使用氨与煤混烧发电

(5)在交通工具中的应用
- 燃料电池汽车的普及目标是2020年达到4万辆,2025年增加到20万辆,2030年上升到80万辆。2020年要建成加氢站160座,2025年达到320座。2020年代后半期实现加氢站的经营自立
- 为实现上述目标,从对有关限制性规定进行改革、开发新技术、官民一体参与加氢站的战略性建设等三方面共同推进
- 从加氢站最佳配置的观点考虑,可再生能源制氢的加氢站(目前制氢、供氢量仅为35MPa、0.7~5Nm³)要与商业加氢站(对不特定多数的燃料电池汽车具有稳定供氢能力,70MPa、50~900Nm³)的建设密切配合
- 燃料电池大型客车的投入目标为2020年100辆,2030年1200辆
- 燃料电池叉车的投入目标是2020年500辆,2030年1万辆
- 基于国内外对于大型货车燃料电池化的研究,开发面向货车燃料电池化的技术,达到普及的目的。
- 推进小型船舶的燃料电池化

(6)在产业流程、热利用中活用氢能的可能性
- 零碳氢能够①在电气化难度较大的能源利用领域,作为燃料加以利用;②在工业用氢方面,替代化石燃料制氢,实现低碳化
- 未来通过零碳氢实现产业领域等的低碳化

(7)燃料电池技术的应用
- 家用燃料电池系统(利用城市燃气和液化石油气制氢,再让氢与空气中的氧产生化学反应后直接发电,并同时能回收热能的氢能微型热电联产装置)的售价,到2020年PEFC(固体高分子型)和SOFC(固体氧化物型)标准机分别降至80万日元和100万日元(投资回收年限缩短为7~8年),在普及上实现自立
- 开拓公寓、寒冷地区、欧洲等大量需要热能地区的市场
- 2030年以后,扩大引入以零碳氢为燃料的纯氢燃料电池系统

(8)革新技术的开发
- 为2050年迈入氢能社会、正式普及氢能利用,高效电解水等制氢技术、低成本高效率的能源载体、高质量低成本的燃料电池等革新技术的开发很有必要
- 相关政府部门协同实施、无缝衔接

(9)国际化(标准化等)
- 充分运用IEA、IPHE*等政府间国际平台积极介绍日本的举措,并在国际标准化方面占据主导地位,开展技术研发和与相关机构的合作

*International Partnership for Hydrogen and Fuel Cells in the Economy

(10)增进国民理解、促进地区协作
- 在对氢能安全性的理解、利用氢能的意义等方面,取得全体国民的共识十分重要。为此,国家与地方政府、企业联手发送、传递正确的信息
- 积极利用"促进燃料电池汽车等普及地方政府联络会"及各地的协议会等制度,在国家和地方政府以及各地方政府之间实现信息共享等

资料来源:根据网络资料整理。

值得注意的最新动向是：日本在强调"氢能社会"的同时，其总体思路也在适时调整。笔者观测到的最典型的实例是：以往的主流论调是强调"氢能是未来能源的终极解决方案"，但随着近期的汽车电动化的浪潮，主流论调已经适时转变为强调"氢电共存"，这种重要转变尤其更为合理地反映了车用能源多元化的现实和未来技术路径（见图4）。

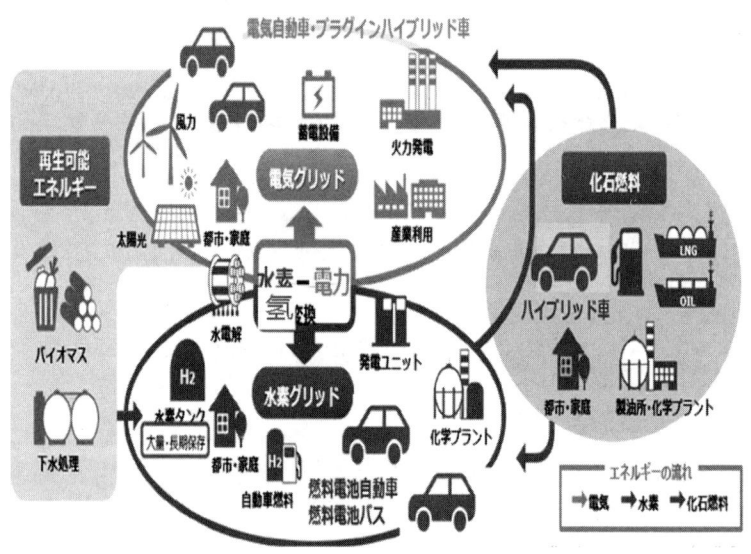

图4　未来社会：氢电共存

资料来源：根据日本JHyM资料整理。

（二）氢气的制取、运输、储存和利用

1. 氢气制取

日本现在已经实现实用化的氢气主要制取路径及流程如图5所示，制取方法可以大致分类为以下四种（见图6）。

①电解水

电解水字如其意，是通过电力来分解水的方法。但是由于纯粹的水几乎不通电，因此，必须先将水融化氢氧化钾等电解质中，通电而产生氢气。电解水方法的特征是可以产生高纯度的氢气，但是整个制取过程必须使用电力。

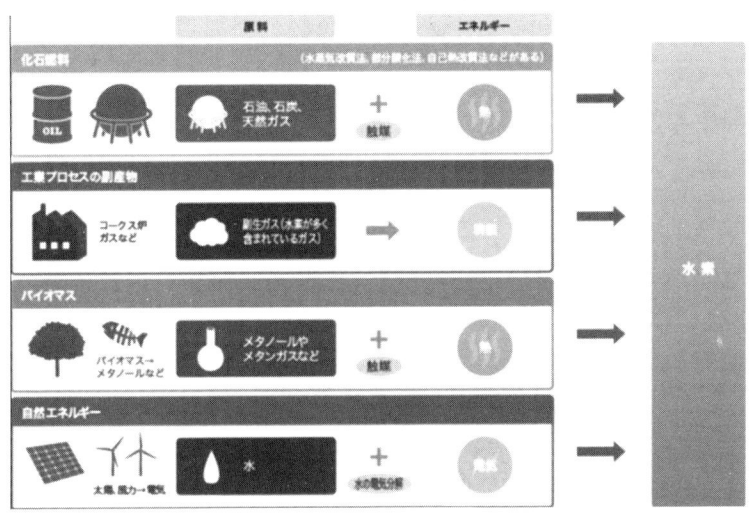

图 5　氢气主要制取路径及流程

资料来源：根据日本 NEDO 资料整理。

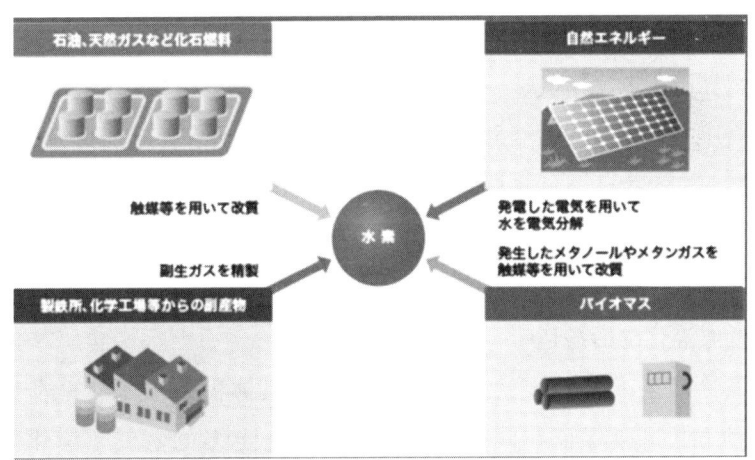

图 6　氢气主要制取方法

资料来源：根据日本经济产业省资料整理。

②利用天然气等化石燃料制取

利用化石燃料制取氢气的做法是：将由氢和碳构成的物质——天然气中含有的甲烷（CH_4）或者原油中含有的粗汽（粗制汽油）等，与水蒸气进

449

行化学反应,产生氢气和一氧化碳及二氧化碳,再进一步从产生的气体中去除一氧化碳及二氧化碳,从而得到纯粹的氢气。

③利用森林资源或者废料等生物资源进行制取

利用森林资源或者废料等生物资源进行制取的方法是:将这些生物资源以高温加热之后,与上述化石燃料制氢的情形相同,使其与水蒸气反应,从而产生氢气。由于这种情况下同样发生氢气以外的气体,因此也需要进行气体分离工作。

④分离炼钢、食盐电解等工厂产生的氢气副产品(副产氢)

炼钢厂在制取作为热源的焦炭的过程中产生的气体,含有氢气、甲烷、一氧化碳等各种各样的气体。根据这些气体的特性进行各种化学反应,最终就可以提取高纯度的氢气。另一方面,食盐电解厂的主要目的是制取氢氧化钠(烧碱)和氯气,在这个过程中也会产生氢气。

2. 氢气运输

对制取出来的氢气,日本现在使用了以下四种方法进行运送。

①用高压压缩之后搬运

用高压来压缩氢气之后搬运的方法,作为氢气的运输手段最为多用。用灌注在高压气罐中的氢气来驱动燃料电池汽车也是类似事例。另外,使用专用拖车重叠安置多个高压气罐,可以实现对氢气的大量运送。这种方式要符合日本《高压气体安全法》的规定。

②低温液化之后搬运

氢气冷却至 -253℃之后变为液化状态,其体积只有气态的约1/800。因此这种方式可以保证在同体积的情况下运送更多的氢气。液化氢不仅是火箭不可缺少的燃料,同时在大量运送氢气的情况下也广为使用。运输时使用配备了液化氢罐的拖车,或者使用液化氢罐拖车专用集装箱搬运。

③用管道运送

像管道煤气一样使用专用管道运送氢气的方法,最适合大量运送氢气。但是管道的设置距离过长,就会出现非常花费成本的情况。因此目前在日本，管道运送氢气只限于将炼铁厂的副产氢运送到附近的化工厂等类似的近距离运送场景。

④转换成其他物质之后运送

并不是直接运送制取出来的氢气，而是将其转变成另一种化学物质进行运送，在其使用地再次将其转变回氢气的方法也在研究开发和进行实证实验之中。例如，将 C_7H_{10} 与氢气进行反应，转变成 C_7H_{16} 进行运送的技术，已经开始了实用化。而 C_7H_{10} 和 C_7H_{16} 不仅在常温和常压的状态下即可使用化学油轮和拖车搬运，而且具有反应后的体积只有 1/600 的优点。另外，作为能够使氢气暂时转变的物质，对氨（NH_3）等的研究也在进行之中。日本千代田化工建设大型化学转换装置如图 7 所示。

图 7　日本千代田化工建设大型化学转换装置

资料来源：网络照片。

3. 氢气储存

因为氢气是非常轻盈的气体，所以制取后在 1 气压的温度状态下保存的话，需要非常大的空间，谈不上任何效率。因此，作为储氢的方法，日本主要使用以下四种手段：

①用高压压缩之后储存

用高压储存的方法是现在最常见的方法,但是高压氢罐里不能使用普通钢。因为高压氢气具有遇到钢铁等金属脆化的特性,因此高压氢罐使用的是氢气不容易脆化的特殊不锈钢、铝合金或者高分子复合材料。

②低温液化之后储存

在液化储存的情况下,将氢气冷却到 -253℃后,放入类似于保温瓶的带有真空夹层的双层结构容器中保存,以防止液化氢的温度上升。尽管如此,由于不是完全真空,而且由于振动等会产生热能,致使部分氢气由于温度上升而气化,所以将气化了的氢气安全地去除的技术,以及为了减少氢气的气化尽量实现真空状态的技术正在研究开发之中(见图8)。

图8 日本岩谷产业大型低温液化储存设备

资料来源:网络照片。

③用金属等吸附之后储存

通过金属吸藏氢气加以储存的方法,就是逆向利用氢气吸附于金属的现象,将氢气保存在金属之中。这种金属被称为吸氢合金。利用吸氢合金储存氢气的最直接的实例就是已经实用化了的镍氢电池。大规模的储存设施也在开发之中。另外,虽然不是金属,利用碳纳米管或者大表面积分子的表面吸附氢气进行储存的技术,也在研究开发之中。

④转换成其他物质之后储存

将氢气转变成另一种化学物质进行储存，如将 C_7H_{10} 与氢气进行反应转变成 C_7H_{16} 的技术，在研究开发之中。

4. 氢气利用

氢能的利用，主要有两种方法：燃料电池发电和直接燃烧氢气。

氢燃料电池不仅可以作为汽车的动力源和家庭用燃料电池系统，也可以作为大型化的业务用发电机进行使用。另外，也可以发展燃料电池叉车。

在直接燃烧氢气的方法中，已经实现实用化的典型例子是以液化氢为燃料的火箭。

作为氢能的新的利用方法，被广为关注的是氢能发电。所谓氢能发电，是用燃烧后的氢热能驱动大型涡轮发电机进行发电。现有的天然气涡轮发电机也可以混合一部分氢气，由于氢气不产生二氧化碳，混合部分即能相应减少二氧化碳的排放量。另外，只使用氢气作为燃料，完全不排出二氧化碳的发电机的开发也在进行之中。

二 日本的车用氢能产业

（一）车用氢能产业概要

1. 现状

截至 2018 年 8 月，日本燃料电池汽车的保有为 2400 辆，已建加氢站为 101 座（见图 9）。

2. 国家计划和政策

以上的成绩，得益于日本在 2014 年 6 月制定的《氢能与燃料电池战略路线图》中，明确提出了发展燃料电池汽车和加氢站建设的国家目标和时间表（见图 10）。

而且早在 2010 年制定的《新一代汽车战略》中，日本就对 2020 年和 2030 年的包括燃料电池汽车在内的各种车辆的销量比例目标（相对于当年

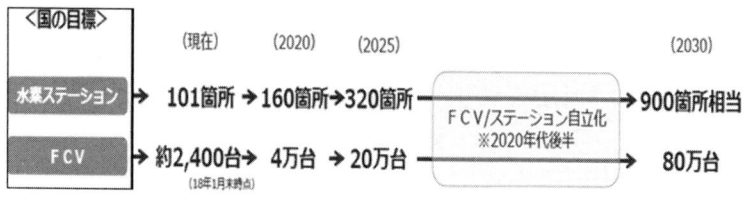

图 9　日本加氢站及燃料电池汽车现状与普及目标

资料来源：根据日本 JHyM 资料整理。

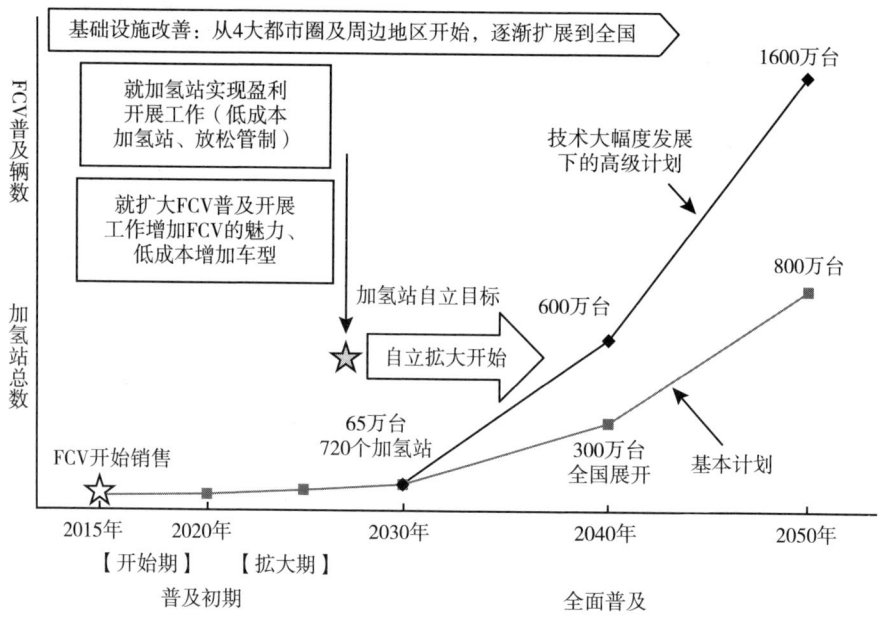

图 10　日本燃料电池汽车和加氢站建设的国家目标时间表

资料来源：根据日本 FCCJ 资料整理。

汽车总销量）进行了明确描述，指导政策制定和企业规划。而 2014 年制定的《汽车产业战略》，再次肯定了这些销量比例目标，也确保了政策的稳定性（见表 4）。

从 2016 年销量比例来看，燃料电池汽车只占总销量的 0.02%，辆数也只有 1204 辆，但相对于过往，已经是一个巨大的进步（见表 5、表 6）。

表 4　日本各类型乘用车销量比例目标

2020～2030年の乗用車車種別普及目標（政府目標）	2020年	2030年
常規汽車	50～80%	30～50%
新一代汽車	20～50%	50～70%
HEV	20～30%	30～40%
EV PHEV	15～20%	20～30%
FCEV	～1%	～3%
CDV	～5%	5～10%

资料来源：根据日本经济产业省资料整理。

表 5　2015～2016 年日本各类型乘用车销量比例

	2015年（実績）	2016年（実績）（新車販売台数）
常規車	73.5%	65.15%
新一代汽車	26.5%	34.85%
混合動力車（HEV）	22.2%	30.76%
純電動汽車（EV）	0.27%	0.37%
挿電式混合動力車（PHEV）	0.34%	0.22%
燃料電池車（FCEV）	0.01%	0.02%
清潔柴油車（CDV）	3.6%	3.46%

资料来源：根据日本经济产业省资料整理。

表 6　2011～2016 年日本各类型新能源汽车销量

单位：辆

年度		2011	2012	2013	2014	2015	2016
EV	乗用車	8,674	11,705	14,494	14,649	12,794	13,056
	その他	21	18	19	372	897	354
	軽自動車	4,585	4,719	2,283	1,786	1,042	407
PHV	乗用車	3,742	13,178	12,972	14,714	14,997	13,847
FCV	乗用車	-	-	-	102	494	1,204
EV・PHV・FCV 合計		17,022	29,620	29,768	31,623	30,224	28,868
HEV	乗用車	631,335	857,240	1,015,356	1,005,099	1,144,528	1,335,085
	その他	2,373	2,399	2,154	1,675	1,636	2,412
HEV 合計		633,708	859,639	1,017,510	1,006,774	1,146,164	1,337,497

资料来源：根据日本经济产业省资料整理。

其中政府（中央和地方）对燃料电池汽车的补贴政策功不可没。

1辆燃料电池大客车的价格为1亿日元（约合588万元人民币），经过中央和地方政府的补助，客车公司最终的负担价格为2000万日元（约合118万元人民币），等同于购买同类常规大客车。这个结果对于促进商用车的普及是至为重要的。

1辆燃料电池乘用车的价格为670万～709万日元（约合39万～42万元人民币），如果作为出租车使用，经过中央和地方政府的补助，出租车公司最终的负担价格为336万～355万日元（约合20万～21万元人民币），虽然略高于购买同类常规出租车——240万日元（约合14万元人民币），但也不是不可以负担的程度（见表7）。

表7　日本燃料电池汽车补贴政策

车种	バス 自家用・営業用	乘用车 タクシー	乘用车 自家用車
	平成29年3月に東京都交通局に2台導入。平成30年3月までに3台導入予定。	平成29年8月現在福岡県、東京都、愛知県、神奈川県、埼玉県、宮城県に計25台導入	H29.8月末時点登録台数約2千台
車両価格	10,000万円（税抜）	670～709万円（税抜）	670～709万円（税抜）
国庫補助金	5,000万円（環境省補助 車両本体価格[上記]の1/2）	223～236万円（国交省補助 車両本体価格[上記]の1/3）	202～208万円（経産省補助）
自治体補助	3,000万円（想定）	111～118万円（国庫補助の1/2）	101～104万円（国庫補助の1/2）
事業者負担	2,000万円	336～355万円	367～397万円

(参考)通常車両価格　バス 2,000万円　タクシー 240万円

资料来源：根据日本经济产业省资料整理。

必须指出的是，依笔者的长期观察，日本在制定包括燃料电池汽车在内的汽车产业战略时，有一个基于本国国情（上述能源供给情况）的基本的和综合的思路，这个思路不仅贯穿于日本的汽车产业政策，也渗透于主要厂家的技术路线和规划：燃料电池汽车适用于长距离和大尺寸车辆，纯电动汽

车适用于短距离和小尺寸车辆,两者之间是混合动力和插电式混合动力的世界(见图11)。

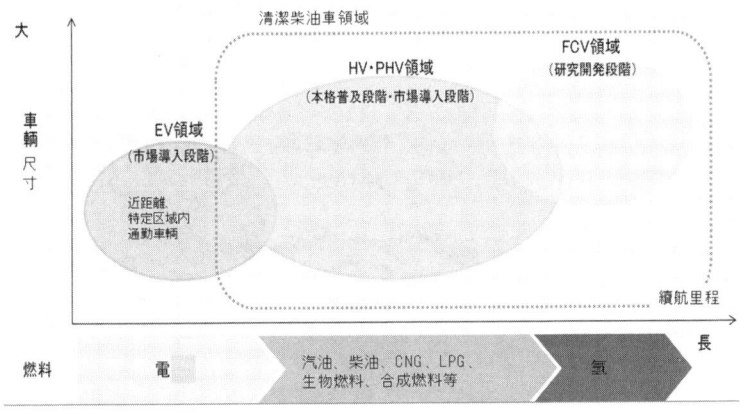

图11 各类型新能源汽车技术路线规划

资料来源:根据日本经济产业省资料整理。

(二)加氢站建设和规划

燃料电池汽车的普及,与加氢站的建设息息相关。日本政府采取的政策是对加氢站的建设成本由国家财政补助一半(除土地成本外)。由于这项政策,现在日本全国建成了101座加氢站。

但由于投资主体和经营主体分散,加之燃料电池汽车的保有只有2400辆,出现了不同的加氢站之间甚至同一加氢站不同的时间段之间加氢车辆参差不齐、顾客满意度下降、经营环境恶化的状况。

日本为了迎接2020年东京奥运会,计划将燃料电池汽车的普及辆数大幅提高到4万辆,除了乘用车厂家和商用车厂家的努力之外,加氢站成了一个明显的瓶颈。

在这种情况下，在日本政府有关部门和丰田的协调下，2018年3月出现了笔者称为"划时代事件"的重大进展：11方共同出资设立加氢站建设实体，统一规划、建设和经营加氢站。具体情况为：汽车厂家（丰田、日产、本田）、目前为止主导建设了101座加氢站的燃气公司、加油站公司和商社（东京燃气、东邦燃气、岩谷产业、出光、JXTG能源、液化空气和丰田通商）以及国家政策银行共11家公司，以体系化地建设燃料电池汽车加氢站为宗旨，成立了"日本加氢站网络公司"（Japan H2 Mobility，简称JHyM）（见图12）。

图12　日本加氢站网络公司11家出资方

资料来源：根据日本JHyM资料整理。

JHyM的定位是"加氢站建设的推动者"，是上述11家公司通过与政府方针联动的形式达成共识的结果。JHyM将根据燃料电池汽车普及初期阶段加氢站业务面临的各项课题，由基础设施公司、汽车公司、金融机构等各自发挥作用，通过在上述11家公司主导下在全日本开展合作，推动加氢站战略性建设和高效运营，从而提高燃料电池汽车用户的便利性，使燃料电池汽车的数量越来越多、加氢站业务独立运营、加氢站建设愈发完善，最终形成"燃料电池汽车和加氢站的良性循环的商业模式"。日本政府的计划是到

2020年建设160座加氢站以普及4万辆燃料电池汽车。JHyM基于此目标,将业务期设定为10年,首先把到2022年3月的4年时间里建设80座加氢站作为第1期目标,力求在之后继续扩建。

在综合考虑中央政府补贴政策、地方政府的普及措施等的基础上,JHyM将自主制定"加氢站建设计划",在日本全国范围建设供更多用户使用燃料电池汽车的环境。同时为了切实实现加氢站建设目标,除了上述11家公司外,还将广泛招募更多公司加入。而为了推进JHyM的各项举措,基础设施公司负担加氢站的投资和建设成本,并接受JHyM委托的加氢站运营业务。汽车公司通过JHyM向基础设施公司委托加氢站运营业务,支持加氢站建设,并致力于扩大燃料电池汽车普及。金融机构等通过向JHyM出资,在加氢站实现独立运营之前筹集所需资金,减轻基础设施公司的初期投资负担,以此促进更多公司更加广泛地参与加氢站业务,为扩大旨在实现氢能源社会的融资机会做贡献。今后,JHyM将广泛寻求相关企业和投资者参与加氢站业务,为加氢站尽早独立运营以及扩大燃料电池汽车普及(见图13)。

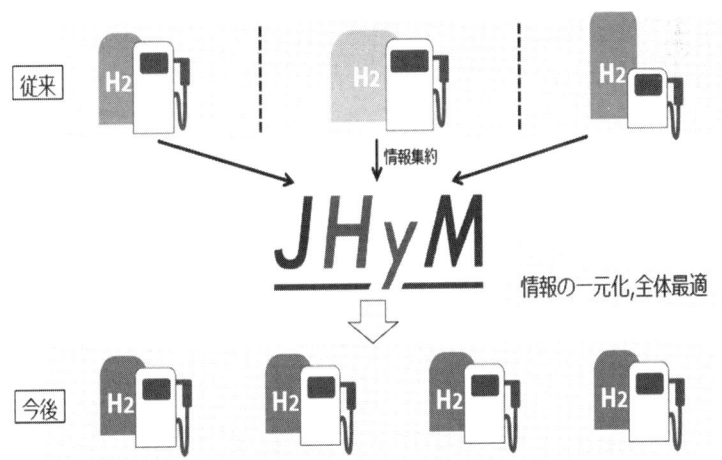

图13 JHyM统一规划、建设和经营加氢站

资料来源:根据日本JHyM资料整理。

三 日本车用氢能产业的企业和技术

在燃料电池汽车领域,丰田规划最早,投入最大;本田则紧追不舍。两家公司都先后实现了商品化,推出了高续航里程的燃料电池汽车。而日产的技术路线似乎处于摇摆不定的状态(见表8)。

表8 丰田、日产、本田燃料电池汽车市场化现状

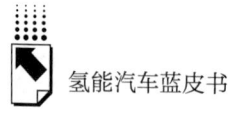

〈自動車会社の取り組み〉

トヨタ自動車	・燃料電池自動車 MIRAIを発売(2014年) ・2020年頃以降 国内FCV年間1万数千台程度を目指す(2015年)
日産自動車	・ダイムラー・フォードと燃料電池システムの共同開発を開始(2013年) ・市販化に向けた技術開発を継続中
本田技研工業	・燃料電池自動車 クラリティ FUEL CELLを発売(2016年) ・GMとの合弁会社Fuel Cell System Manufacturing, LLCを設立し、2020年頃に次世代の燃料電池システムを量産予定(2017年)

资料来源:根据日本JHyM资料整理。

(一)丰田

1. 追求产业的延续:在混合动力技术的基础上发展燃料电池汽车

丰田于1997年推出全球首款量产混合动力乘用车"PRIUS普锐斯",并一直为实现其"绿色交通"愿景而努力,最终希望汽车能够在不破坏环境的前提下满足社会的交通需求。

为实现这一愿景,丰田开发出了以油电混合动力技术为核心的多款汽车,包括外插充电式混合动力车、电动车和燃料电池汽车等(见图14)。此外,丰田将继续探索各种可能性以充分利用各种能源形式,包括氢能、汽油、柴油、电能和其他石油替代燃料。丰田的造车哲学就是,在最合适的时间和地点为人们提供最合适的汽车,旨在根据各国的能源状况、基础设施和政策环境,为客户提供最环保的汽车。丰田对环保车的类型和特点的看法见表9。

日本车用氢能产业进展及启示

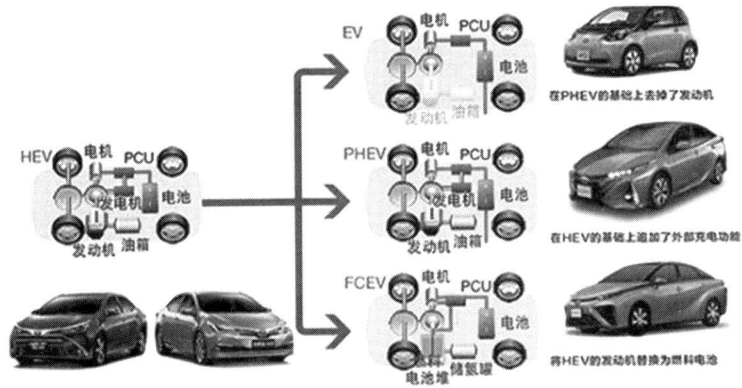

图 14　丰田燃料电池汽车技术路线

资料来源：根据中国丰田资料整理。

表 9　丰田对各类型新能源汽车特点认知

	HEV	PHEV	EV	FCEV
特点	拥有一个以上动力单元，比如一个发动机配一个电动机	与HEV相似，拥有一个以上动力单元，而且能够通过外部电源进行充电	单靠电动机驱动，通过外部电源进行充电	利用氢和氧的化学反应来发电的燃料电池为动力的汽车
驱动能源	汽油	电能+汽油	电能	压缩氢气
能源储存形式	电池+油箱	电池+油箱	电池	燃料电池+氢气罐
动力单元	发动机+电动机	发动机+电动机	电动机	电动机
外部充电	不需要	可外插充电	外插充电式	不需要
低电量状态下能否行驶	能	能	不能	能

资料来源：根据中国丰田资料整理。

2. 乘用车和商用车计划

丰田于 2014 年 12 月在日本开始销售燃料电池汽车"MIRAI"，随后从 2015 年秋季开始将销售范围扩大至美国和欧洲。年产量也从 2015 年的约

461

700辆，到2016年的约2000辆，再到2017年的约3000辆，每年不断增长。在此基础上，为了在21世纪20年代实现燃料电池汽车的真正大规模普及，丰田计划在2020年前后将MIRAI、氢燃料电池大巴等氢燃料电池汽车的销量扩大至每年3万辆以上。

目前，MIRAI在日本、美国、欧洲，共计9个国家进行销售。此外，还在中国、澳大利亚、加拿大和阿拉伯联合酋长国进行实证实验，在了解当地对于燃料电池汽车的需求的同时，也积极地在当地配合开展推进加氢站建设的工作，从而为将来扩大燃料电池汽车销售范围而进行基础设施的准备。

在日本也计划在2020年前后实现每月1000辆左右，每年超过1万辆的销售目标。为了实现这一目标，将扩大目前仅限于4大都市圈（东京、大阪、名古屋、福冈）的销售范围，从而让更多消费者享受到燃料电池汽车产品。此外，氢燃料电池大巴自2017年2月在东京开始销售以来，也在逐年增加，预计到2020年东京奥运会、残奥会时，超过100辆。

今后丰田将在不断强化燃料电池汽车、氢燃料电池大巴的基础上，与丰田集团各公司一起，为建设氢供给设施、构筑低碳的氢供给链而不断努力，从而为实现"氢社会"做出贡献。

2018年7月，丰田北美公司Toyota Motor North America，Inc.（以下简称TMNA）发布了氢燃料电池（FC）大型商用卡车的升级版车型（见图15），经过升级之后的车辆的续航里程和舒适性更加出色。TMNA从去年夏天开始在美国加利福尼亚州进行氢燃料电池（FC）大型商用卡车的实证实验，将在2018年下半年导入升级版车型。

该实证实验是"丰田环境挑战2050战略"举措的一环，旨在将丰田在物流过程中排放出的二氧化碳降为零。第1台实验车已经开始在港口地区运输货物，现在已经行驶了大约1.6万公里。这款升级版车型是丰田运用在实证实验中积累的经验开发的。具体来说，在提升舒适性和操控性方面，采用了在驾驶席位置可以便捷地安装简易床从而便于休息的设计。在FC单元的配置上也精心设计，在不延长轴距的基础之上，确保了更加宽敞的车内空

图 15　升级版 FC 商用卡车

资料来源：中国丰田网络照片。

间。此外，通过增加高压储氢罐的数量，在充满氢的情况下，可使常规行驶状态下的续航里程延长至大约 480 公里。丰田北美公司旨在通过在测试跑道和洛杉矶市的公路上评测 FC 大型商用卡车的性能，从而总结出卡车装配工序和车辆性能的改善点。

现在，美国长滩港和洛杉矶港有超过 1.6 万辆重污染货运卡车行驶。根据推测，到 2030 年将增至大约 3.2 万辆。此外，整个美国有超过 4.3 万辆货运卡车往返于港口地区并排放出大气污染物质，对周边社区而言，这是一个严重的问题。为了解决这些问题，丰田致力于扩大氢能源的利用，在加利福尼亚州，除了开展 FC 大型商用卡车实证实验之外，还计划建设通过生物质制取氢、电和水的发电设施"Tri‐Gen"。TMNA 通过实证实验，验证了 FC 技术应用于大型商用车的可能性。未来，TMNA 还将验证 FC 大型商用卡车的实用性。

3. 扩大产能计划

根据丰田 2018 年 5 月 24 日的发布，丰田面向燃料电池汽车的普及，计

463

划到2020年前后全球燃料电池汽车年销量在3万辆以上。为了实现这一与目前年销量3000辆相比10倍以上的增长目标,丰田将扩大燃料电池汽车核心零部件氢燃料电池堆及存储氢气的高压储氢罐的生产能力。此外,为了扩大在全球市场上燃料电池汽车的销售,丰田将扩大销售燃料电池汽车的销售国家和地区。同时,在日本扩大销售范围。

为了提升燃料电池汽车核心零部件的产能,丰田在位于日本爱知县丰田市的总公司工厂内新建厂房,用于增加氢燃料电池堆的产能(见图16、表10)。同时,在位于爱知县三好市的下山工厂内新建高压储氢罐专用生产线。此次新增生产设施,除为了满足在2020年后通过丰富产品线带来燃料电池汽车销量增长所需的产能外,同时也将满足应用于自2017年2月开始在东京开始销售的氢燃料电池大巴、丰田自动织机与2016年开始销售的氢燃料电池叉车等所需的氢燃料电池堆、氢燃料电池单元及高压储氢罐所需的产能。而且,新增生产设施,作为2015年10月发布的《丰田环境挑战2050》战略中"挑战工厂二氧化碳零排放"的一环,计划使用生产阶段能够彻底削减二氧化碳排放的设备。新设备计划于2020年前后投入使用。

图16 丰田总公司氢燃料电池电堆生产厂房

资料来源:中国丰田网络照片。

表 10　丰田氢燃料电池生产设备概要

项目	氢燃料电池堆生产厂房	高压储氢罐专用生产线
所在地	在总公司工厂内新建	下山工厂
生产零部件	氢燃料电池堆	高压储氢罐
面积	约 7 万平方米	约 1.5 万平方米

（二）本田

1. 乘用车计划

2008 年 6 月 16 日，本田新型燃料电池汽车"FCX Clarity"的第一辆车（美国规格）下线，与此同时，本田公开了部分生产工艺。本田（车体组装）搭载氢气罐及车体的焊接详见图 17。

FCX Clarity 在本田汽车新车型中心生产（日本栃木县盐谷郡高根泽町），该汽车研发中心增设了燃料电池汽车专用的总装生产线，进行燃料电池汽车特有的组装加工，例如燃料电池堆及氢气罐的安装等。其核心部件燃料电池电堆由本田生产技术株式会社（栃木县芳贺郡芳贺町）生产。特别是对制造精度要求很高的电池单元工序，需要将数百枚电池单元层叠成燃料电池堆，本田采用专用设备提高机械化，使每台机器的生产能力达到生产数百枚品质统一的电池单元。通过这些措施，面向 FCX Clarity 在未来社会的普及，不断进行生产阶段的改进。FCX Clarity 作为燃料电池专用车从零开始设计，以本田独创的 V Flow（垂直系统单元结构）的燃料电池堆技术为核心，带来了燃料电池汽车独有的驾乘感觉和划时代的设计。FCX Clarity 于 2008 年 7 月在美国开始进行租赁销售，并于 2008 年秋季在日本开始租赁销售。日本和美国的综合销售计划为一年数十辆，3 年内达到 200 辆。

2. 国际合作

2013 年 7 月 5 日本田与通用宣布达成一项长期战略合作协议——2020

图 17　本田（车体组装）搭载氢气罐及车体的焊接

资料来源：本田中国网络照片。

年前合作开发下一代燃料电池技术，以进一步推动燃料电池汽车的普及。

根据本次战略合作协议，本田和通用双方将共享各自的燃料电池技术见解，期望通过开发出小型轻量，且具有高性能、低成本的燃料电池系统和氢气储存技术，以降低燃料电池汽车的成本。新一代燃料电池技术有望于

2020年投入使用。除在技术合作之外,本田和通用双方还将在氢气储存基础设施的完备及规格化、标准化等方面共同采取举措。

汽车行业当前面临着能源危机和二氧化碳排放两大课题,而燃料电池技术可一举解决上述两项难题。燃料电池汽车可利用风力及生物能量等产生的可再生性氢气为燃料行驶,而排放物仅为水。燃料电池汽车在短短3分钟内就可完成燃料补给,且持续行驶距离可达400英里。这种动力传动技术可广泛搭载于小型、中型、大型等各种车型。

本田与通用已各自在燃料电池汽车开发领域,通过实证试验及租赁销售,开展了一系列的先驱性活动。在美国发布的"清洁能源专利成长指数"数据统计中,两公司拥有2002~2012年关于燃料电池的美国专利超过1200项,且分别排在前两位。

通用自2007年起就在北美开始进行"车行道计划"实证实验,参与该计划的119辆氢燃料电池汽车已完成了累计约300万英里(约合483万公里)的实际行驶里程积累,这是其他任何一个汽车公司从未取得过的成绩。本田亦于2002年在日、美两国开始燃料电池电动车"FCX"的租赁销售,"FCX"与2009年获得"World Green Car"奖项的"FCX Clarity"在日、美两国共销售了85台,积累了车辆在实际路况行驶中的宝贵数据资料。

此外,本田还于2015年继"FCX Clarity"之后,在日本、美国及欧洲地区销售燃料电池汽车。通用亦有关于燃料电池汽车的生产计划,并将在今后的适当时期发布该计划。

四 日本车用氢能产业的经验和借鉴

中国领导人访问日本,考察了丰田的技术,特别是燃料电池汽车。在各种媒体的热心报道下,中国各地的地方政府和资本市场似乎对氢能,特别是燃料电池汽车再度高度垂青,新的一轮热潮呼之欲来。

在氢能的利用方面,日本确实独树一帜,将"建立氢能社会"作为其国家基本战略之一，其中的重点就是燃料电池汽车。

必须注意到日本的这种举措有其独特的背景：一方面，作为石油的纯进口国，日本随时都面临国家安全和可持续性发展的瓶颈问题。另一方面，由于福岛核泄漏事件，核电站的新建几无可能，电力不足将常态化。有效地运用大量的工业副产氢等成了日本能源结构多元化和供给安全化的必经途径。

同时还必须注意到：日本也在不断地适时调整其氢能战略的目标和内容。既往多有宣传的是："氢能是未来能源的终极解决方案"，近来提得更多的是："氢电共存"。那些视燃料电池汽车为"最终生命线"的日本厂家，亦在适时推出纯电动汽车车型。

因此可以说：汽车生产先行国家发生的事情并不见得一定就是最先进的，但可以说一定是符合其本国国情的。中国方面有必要在冷静地审视以上背景的前提下，摸索出一条符合中国国情的能源多元化的路径。

具体到日本车用氢能产业的经验和借鉴的内容而言，本着"他山之石，可以攻玉"和"抛砖引玉，切磋交流"的原则，笔者认为至少有以下几个方面可供中国参考和讨论。

第一，根据中国国情和国际趋势，早日制定出中国的《氢能国家战略》，统一规划氢能利用的国家目标和时间表、氢能利用主要方面（燃料电池汽车、船舶、家用发电等）研发和政策支持、氢能基础设施各个环节（制取、运输、储存、加氢站等）的完善，等等。特别是有必要首先明确氢能的地位：日本根据自身的国情提出了"氢电共存"，中国是否可以根据自身的国情提出"电氢共存"？

第二，早日成立跨部门、跨行业和跨地区的加氢站建设和经营实体。在中央政府的协调和支持下，以商业化运营方式，吸引地方政府、金融资本（银行、基金等）、整车厂（内资和外资）、基础设施企业（能源、化工等）和其他企业在共同出资，共担责任，共享效益的基础上设立股份制法人式联盟，统一规划加氢站的建设和布局，统一交涉、购买和保修设备，统一经营管理加氢站，统一推动各种限制性规章的调整，统一推进标准化，等等，从而有效地促进燃料电池汽车的普及。

第三，早日实现中日间的氢能交流机制。可以在现有的中日间交流平台，也可以专门设立中日间的氢能交流平台，不仅是政府间和行业团体间，还应当包括整车厂和基础设施企业等，每年定期交流，以促进"技术"和"市场"的对接。

权威报告·一手数据·特色资源

皮书数据库
ANNUAL REPORT(YEARBOOK) DATABASE

当代中国经济与社会发展高端智库平台

所获荣誉

- 2016年，入选"'十三五'国家重点电子出版物出版规划骨干工程"
- 2015年，荣获"搜索中国正能量 点赞2015""创新中国科技创新奖"
- 2013年，荣获"中国出版政府奖·网络出版物奖"提名奖
- 连续多年荣获中国数字出版博览会"数字出版·优秀品牌"奖

成为会员

通过网址www.pishu.com.cn访问皮书数据库网站或下载皮书数据库APP，进行手机号码验证或邮箱验证即可成为皮书数据库会员。

会员福利

- 使用手机号码首次注册的会员，账号自动充值100元体验金，可直接购买和查看数据库内容（仅限PC端）。
- 已注册用户购书后可免费获赠100元皮书数据库充值卡。刮开充值卡涂层获取充值密码，登录并进入"会员中心"—"在线充值"—"充值卡充值"，充值成功后即可购买和查看数据库内容（仅限PC端）。
- 会员福利最终解释权归社会科学文献出版社所有。

卡号：344833242486
密码：

数据库服务热线：400-008-6695
数据库服务QQ：2475522410
数据库服务邮箱：database@ssap.cn
图书销售热线：010-59367070/7028
图书服务QQ：1265056568
图书服务邮箱：duzhe@ssap.cn

S 基本子库
SUB DATABASE

中国社会发展数据库（下设12个子库）

全面整合国内外中国社会发展研究成果，汇聚独家统计数据、深度分析报告，涉及社会、人口、政治、教育、法律等12个领域，为了解中国社会发展动态、跟踪社会核心热点、分析社会发展趋势提供一站式资源搜索和数据分析与挖掘服务。

中国经济发展数据库（下设12个子库）

基于"皮书系列"中涉及中国经济发展的研究资料构建，内容涵盖宏观经济、农业经济、工业经济、产业经济等12个重点经济领域，为实时掌控经济运行态势、把握经济发展规律、洞察经济形势、进行经济决策提供参考和依据。

中国行业发展数据库（下设17个子库）

以中国国民经济行业分类为依据，覆盖金融业、旅游、医疗卫生、交通运输、能源矿产等100多个行业，跟踪分析国民经济相关行业市场运行状况和政策导向，汇集行业发展前沿资讯，为投资、从业及各种经济决策提供理论基础和实践指导。

中国区域发展数据库（下设6个子库）

对中国特定区域内的经济、社会、文化等领域现状与发展情况进行深度分析和预测，研究层级至县及县以下行政区，涉及地区、区域经济体、城市、农村等不同维度。为地方经济社会宏观态势研究、发展经验研究、案例分析提供数据服务。

中国文化传媒数据库（下设18个子库）

汇聚文化传媒领域专家观点、热点资讯，梳理国内外中国文化发展相关学术研究成果、一手统计数据，涵盖文化产业、新闻传播、电影娱乐、文学艺术、群众文化等18个重点研究领域。为文化传媒研究提供相关数据、研究报告和综合分析服务。

世界经济与国际关系数据库（下设6个子库）

立足"皮书系列"世界经济、国际关系相关学术资源，整合世界经济、国际政治、世界文化与科技、全球性问题、国际组织与国际法、区域研究6大领域研究成果，为世界经济与国际关系研究提供全方位数据分析，为决策和形势研判提供参考。

法律声明

"皮书系列"(含蓝皮书、绿皮书、黄皮书)之品牌由社会科学文献出版社最早使用并持续至今,现已被中国图书市场所熟知。"皮书系列"的相关商标已在中华人民共和国国家工商行政管理总局商标局注册,如LOGO( )、皮书、Pishu、经济蓝皮书、社会蓝皮书等。"皮书系列"图书的注册商标专用权及封面设计、版式设计的著作权均为社会科学文献出版社所有。未经社会科学文献出版社书面授权许可,任何使用与"皮书系列"图书注册商标、封面设计、版式设计相同或者近似的文字、图形或其组合的行为均系侵权行为。

经作者授权,本书的专有出版权及信息网络传播权等为社会科学文献出版社享有。未经社会科学文献出版社书面授权许可,任何就本书内容的复制、发行或以数字形式进行网络传播的行为均系侵权行为。

社会科学文献出版社将通过法律途径追究上述侵权行为的法律责任,维护自身合法权益。

欢迎社会各界人士对侵犯社会科学文献出版社上述权利的侵权行为进行举报。电话:010-59367121,电子邮箱:fawubu@ssap.cn。

社会科学文献出版社